Karin Hofinger

HANDBUCH
GESUNDE
KÜCHE

Wohlfühlen und genießen mit dem Vital-Teller-Modell

Über 200 köstliche Rezepte

Mit Fotografien von Stephan Hofinger

löwenzahn

INHALT

www.vitalimpuls.com
karin.hofinger@vitalimpuls.com
Mag. pharm. Karin Hofinger
A-6080 Innsbruck-Igls
Österreich

*Tue deinem Körper etwas Gutes,
damit die Seele Lust bekommt, darin zu wohnen."*
Teresa von Avila, 1515–1582 n. Chr.

Das Zitat von Teresa von Avila inspiriert mich schon lange und in diesem Sinne möchte auch ich die Vitalität und Lebensfreude anderer Menschen ganzheitlich fördern. Entgegen der gängigen Reparatur-Medizin liegt mir dabei vor allem die Krankheitsprävention, die Aufklärung von Gesundheits-Mythen und die Förderung des individuellen gesunden Gespürs am Herzen. Meine vielschichtige Arbeit als interdisziplinäre „Vitalitäts-Impulserin" beruht auf soliden Ausbildungen und ist mir auch persönlich eine Herzensangelegenheit:

Begonnen hat es mit kindlichem Blumenpflücken und meiner jugendlichen Begeisterung für die Natur und Biologie, welche ich im Beeren-, Kräuter- und Pilzesammeln im Wald auslebte. Schon während des Pharmaziestudiums vertiefte ich mich in die Biochemie und Pflanzenheilkunde. Als beratende Apothekerin spezialisierte ich mich immer mehr auf Mikronährstoffe, Orthomolekularmedizin und Ernährung bis hin zum Ayurveda. Meine erfüllende Yoga- und Meditationspraxis mündete schließlich in den Zweitberuf als Yogalehrerin. Aus der von klein auf naturverbundenen Bewegungsfreude ergab sich noch ein Drittberuf als Bergwanderführerin. Vorwiegend arbeite ich jedoch als Vortragende in Apotheker-Fortbildungen sowie buntgefächert im Bereich Erwachsenenbildung. Die Ernährungsberatung – auf Wunsch auch ayurvedisch – übe ich in eigener Praxis aus. Meinen Umweltaktivismus und meine „innere Kräuterfee" lebe ich in meinem Garten sowie in einschlägigen Vereinen wie Slow-Food oder der Permakulturbewegung aus.

Jedenfalls steht bei mir die Gesundheit im umfassenden Sinne im Zentrum meines Tuns. Ernährung, Bewegung, Entspannung und Spiritualität gehören dabei zusammen. All dies spiegelt mein tiefes Interesse am Wunderwerk Mensch, an der Natur und der dahinterliegenden Lebenskraft, die mich motiviert, auf all diesen sich ergänzenden Ebenen tätig zu sein.

Besonders gerne arbeite ich mit meinem Mann Stephan Hofinger (www.seinundwerden.at) im Team. Dies nicht nur bei Burnout-Präventions-Workshops und Yoga-Retreats, sondern auch dann, wenn es ums Fotografieren geht. So hat er auch für dieses Buch das von mir gekochte und angerichtete Essen mit außergewöhnlichen Bildern unverfälscht „eingefangen".

MASSE, ABKÜRZUNGEN UND SYMBOLE

1 Handvoll	locker gefüllte Hand (Kinderhand) oder ein handtellergroßes Stück (Bei intensivem Sport oder körperlicher Schwerarbeit dürfen es auch größere, optimal an den Bedarf angepasste Mengen sein.)
TL	Teelöffel
EL	Esslöffel
Msp.	Messerspitze
l	Liter
ml	Milliliter
kg	Kilogramm
g	Gramm
Glas	200 ml
Häferl	250 ml
Tasse	100 ml
„Zehe"	Fingerhutgröße
EW	Eiweiß/e
F	Fett/e
KH	Kohlenhydrate
Kcal	Kalorien
/	Schrägstrich zeigt das Wort „oder" (Synonyme, Varianten) an oder steht bei Mengenangaben für „pro", beispielsweise 1 Ei/Tag.
⊕	(eher) von Vorteil für die Gesundheit
⊖	(eher) von Nachteil für die Gesundheit
TIPP/HINWEIS	*grün*: positiver, praktischer, gesunder Tipp/Hinweis, „gute, gesunde Botschaft"
HINWEIS	*rot*: Warnhinweis, Achtung, Vorsicht, Gesundheitsgefahr, „warnende Botschaft"
DACH	Deutsche-österreichische-schweizerische Ernährungsgesellschaften, die in regelmäßigen Abständen Nährstoffzufuhr-Empfehlungen herausgeben (DACH-Referenzwerte)
DGE	Deutsche Gesellschaft für Ernährung
ÖGE	Österreichische Gesellschaft für Ernährung
WHO	Weltgesundheitsorganisation

Abkürzungen, Symbole und Farben im Vital-Teller-Modell:

G	Gemüse, gegart
GS	Gemüse-Salate/Säfte/Smoothies/Sprossen (Rohkost)
St	stärkereiche Lebensmittel
EW	eiweißreiche Lebensmittel
F	fettreiche Lebensmittel
S	Süßes

EINLEITUNG

Dieses Kochbuch mit Ratgebercharakter ist eine Art „Lebenselixier", von dem ich Sie gerne kosten lassen möchte, um Ihre Lust auf gesunden Genuss, mehr Vitalität und Lebensfreude zu fördern. Denn Essen kann eine Art Kurzurlaub im Alltag sein und ist zugleich eine tragende Säule der Gesundheit. Mit Qualitäts-Lebensmitteln, der dazugehörigen Koch-Praxis und einer bewussten, achtsamen Esskultur können Sie am Esstisch Ihre Akkus auffüllen und sich danach genährt und gestärkt wieder Ihren Lebensaufgaben zuwenden. Wenn Sie mit meiner Unterstützung am Esstisch „urlauben" und dabei gesünder werden wollen, dann ist dieses motivierende Ratgeber-Kochbuch genau richtig für Sie. Offen ausgebreitet liegt eine inspirierende, informative und praktische Mischung aus meinem vielfältigen interdisziplinären Fachwissen, meinen Erfahrungen und meiner Koch-, Kräuter- und Gewürz-Begeisterung vor Ihnen. Üblicherweise spreche ich nur darüber – in Vorträgen, Kursen und in der Einzelberatung. Oft wurde ich dabei nach einem Buch gefragt, um meine Empfehlungen in der Küche umsetzen und auch zu Hause nachschlagen zu können – hier ist es. Nehmen Sie gleich eine Kostprobe davon und lesen Sie in die einführenden, theoretischen Kapitel hinein. Dies kann Ihr Leben verändern: in eine gesündere, freudvollere Richtung – weil der Mensch auch ist, WAS und WIE er isst.

Unter „**WAS ESSEN?**" erfahren Sie, wie das „Wunderwerk Mensch" mittels gesunder, artgerechter Nahrung funktioniert und wie wir Menschen mit dem Ökosystem Erde verbunden sind. In den vertiefenden Abschnitten des Buches bekommen Sie Klarheit über die wichtigsten Nährstoffe, über gesunde Lebensmittel, aber auch über (vermeintliche) Risiken im Essen, wie beispielsweise Zucker, Cholesterin, Milch oder Fleisch. Im Gesundheitsteil werden die Themen Sport, Nahrungsergänzung, Alkohol und die häufigsten ernährungs-/lebensstilbedingten Erkrankungen inklusive verschiedenster Unverträglichkeiten näher beleuchtet. Als Abrundung bekommen Sie im Kapitel „**WIE ESSEN?**" noch eine kleine Einführung in das „Achtsame Essen" – die lohnendste Ess-Kultur, die ich kenne.

Viele praktische und köstliche Kochrezepte bilden das – dank meines Mannes Stephan so authentisch und schön bebilderte – Herzstück des Buches. Zahlreiche einfache Grundrezepte mit vielen kreativen Variationsmöglichkeiten laden Sie zum Nachkochen ein. Der dahinterliegende praktische Leitfaden für gesundes, alltagstaugliches Kochen ist dabei das *Vital-Teller-Modell*. Es beantwortet die Frage „**WIE KOMBINIEREN UND KOCHEN**" einfach, einleuchtend und praktisch und es erspart zudem das leidige Kalorienzählen. Das Modell kann an Ihre persönlichen Ernährungsvorlieben angepasst werden, egal, ob Sie vegetarisch, vegan, flexitarisch, mediterran, nordisch, traditionell-österreichisch-alpin kochen wollen. Es geht nur darum, dass 4 Handvoll und 1 EL von den richtigen, gesunden Lebensmitteln auf Ihrem Teller zusammenfinden – und fertig ist

ein vollwertiges Genießer-Gericht. Auch die heilsame Kunst des Würzens kommt dabei nicht zu kurz. Echte Lebensmittel, also Mittel zum Leben, finden so köstlich zubereitet und richtig dosiert am Teller und im Magen zusammen.

Im umfassenden **RATGEBER-TEIL** dieses Handbuches finden Sie Basiswissen zu Nährstoffen, Lebensmitteln und ernährungsbezogenen Gesundheitsproblemen. In den lexikalischen „**ABC**"-Kapiteln finden Sie Details zu einzelnen Vitalstoffen, Gemüsesorten, Getreiden/Ersatzgetreiden, Kräutern und Gewürzen.

Ich hoffe, dass Sie meine alltagstaugliche Vital-Küche anspricht und es Ihnen Spaß macht, die Rezepte nachzukochen und eigene „Vital-Teller-Varianten" zu komponieren. Mein interdisziplinäres Wissen und meine praktische, alltägliche Koch-Erfahrung, die in diesem Handbuch stecken, mögen Sie inspirieren, Ihr Ernährungswissen erweitern und dazu beitragen, dass Sie achtsames Genießen von gutem, gesundem Essen zu einer schönen Hauptsache in Ihrem Leben machen. Denn Essen, Gesundheit und Lebensfreude gehören zusammen.

WAS ESSEN?

*„Den Leib soll man nicht schlechter
behandeln als die Seele."*

HIPPOKRATES VON KOS (460–370 V. CHR.)

Du bist, was du isst – Wunderwerk Körper

Genussvolles, gesundes Essen ist nicht nur ein Lebenswert, sondern zugleich „Vital-Treibstoff" und Lebenselixier. Wissen Sie, warum? Weil rein materiell betrachtet gilt: Dein Essen heute ist dein Körper morgen. Ihre Körpersubstanz, also letztlich jede Ihrer schätzungsweise 60 Billionen Zellen, baut sich genau aus den chemischen Bestandteilen auf, die Sie zu sich nehmen – beim Essen, Trinken und Atmen. Ein vitaler Mensch braucht ein lebenswertes, „artgerechtes" Essen – das heißt, die Zufuhr der richtigen (orthomolekularen) Bausteine: Das sind Makro- und Mikronährstoffe in ausgewogener Mischung in bedarfsdeckender, dem Verbrauch angepasster Menge – und dies idealerweise wohlschmeckend. Darüber hinaus kann natürlich bei Mangelerscheinungen, Erkrankungen oder bei Dauereinnahme von Medikamenten fallweise auch eine gezielte Nahrungsergänzung notwendig sein. Doch dazu später.

TIPP!

⊕ Sie ganz persönlich haben die Wahl, Sie selbst entscheiden, wie und was Sie Ihrem Körper beim Essen zuführen, ⊖ zumuten oder etwa ⊖ vorenthalten – und Sie tragen auch die Konsequenzen – körperlich, geistig und seelisch. Darin liegt eine Riesenchance! Ihre Entscheidung ist es, in welche Richtung sich Ihr Körper und Ihr ganzes Leben entwickelt: in Richtung Gesundheit oder Krankheit.

⊕ Schon allein vom Aspekt der Energiegewinnung her ist es für die „Maschine Mensch" mittel- und langfristig ziemlich entscheidend, was und wie viel wovon mit dem Essen und Trinken zugeführt wird. Ersparen Sie sich daher wertlose Kalorienträger, insbesondere Zucker-Alkohol-Fett-Bomben, die den Körper nur belasten. Gönnen Sie sich bewusst und dosiert „artgerechten Edel-Treibstoff und Edel-Schmieröl"! Dieses Buch liefert Ihnen das Wissen, den Koch-Leitfaden und die Rezepte dazu.

„Alles, was zu viel ist, wird der Natur zuwider."
HIPPOKRATES VON KOS (460–370 V. CHR.)

10

Die „Verbrennungskraftmaschine" Mensch braucht Qualität

Verdeutlichen möchte ich die Wichtigkeit qualitätvollen Essens anhand eines anschaulichen Vergleiches zwischen Auto und Mensch. Das Auto ist eine recht simple Verbrennungskraftmaschine mit nur 30 % Wirkungsgrad gegenüber der genial-biologischen „Maschine Mensch" mit einem Wirkungsgrad von etwa 50 %. Beim eigenen Auto achten die meisten Menschen darauf, dass die Karosserie aus stabilem Material gefertigt ist, der Lack unbeschädigt, weil er nur so vor Rost schützt, dass Reifen und Öl gewechselt werden, dass Kühlwasser (nicht Alkohol) und gutes Schmieröl nachgefüllt werden und immer wieder ein Innen- und Außenputz sowie ein Service fällig ist. Es ist auch ganz und gar nicht egal, was getankt wird, ob Diesel, Benzin, Gas oder Strom. Beim eigenen Körper hingegen wird die Qualität des Treibstoffes, Schmieröles und Rostschutzes oft nicht beachtet, höchstens am Lack wird mittels Kosmetik und Schönheitschirurgie herumpoliert. Grundreinigung und Ölwechsel im Sinne von regelmäßigen Fastentagen sind eine Seltenheit, und wer geht schon einmal jährlich zur Gesundenuntersuchung? Würde Ihr Arzt Ihnen ein gültiges „Pickerl" ausstellen?

Was passiert in den Zellen mit den Essensbestandteilen?

Werfen Sie zum besseren Verständnis einen Blick auf das Wunder der Körperchemie: Der menschliche Organismus „verbrennt" die energiegeladenen Inhaltsstoffe des Essens (insbesondere Zuckerverbindungen/Kohlenhydrate und Fette) mit Hilfe von eingeatmetem Sauerstoff, denn jede unserer etwa 60 Billionen Zellen braucht Energie für die Erfüllung ihrer speziellen Aufgaben. Man nennt diesen sauerstoffabhängigen Verbrennungs-Vorgang auch Zellatmung und dieser findet in den sogenannten Zellkraftwerken (Mitochondrien) statt. Stoffwechselaktive Organe und Gewebe beinhalten pro Zelle bis zu 5000 Stück davon, zum Beispiel die Muskulatur, das Gehirn oder die Leber. Jedes dieser unzähligen Zellkraftwerke ist für sich eine Art innerer Wasserstoff-Sauerstoff-Reaktor mit enorm hoher Energieausbeute. Unser Körper nützt dabei die Energie der Knallgasreaktion[1] – geordnet,

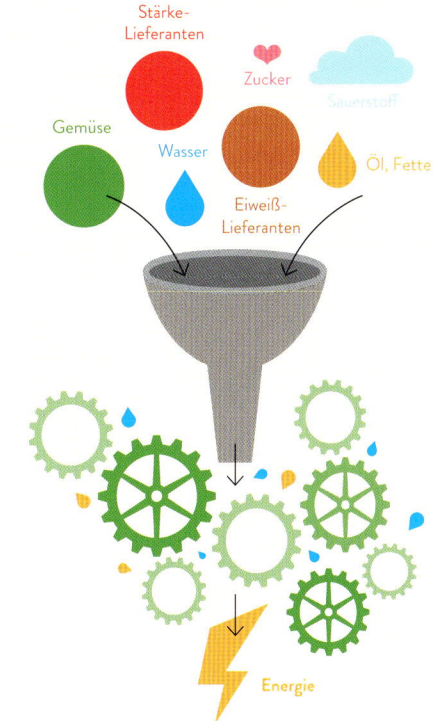

Energiebildung der „Maschine Mensch"

nicht explosiv, bei etwa 37 °C Körpertemperatur und mit geringem Schadstoffausstoß. Das dahinterliegende hochkomplexe elektro-biochemische Prinzip erfordert als Basis gesunde Zellen mit intakten Zellwänden. Im Idealfall sind diese Zell-Außengrenzen aus elastisch-fluiden Qualitätsfetten aufgebaut. Denn „glibberige" fetthaltig-ölige Membranen dienen im ganzen Körper bildlich gesprochen als „Schmieröl" in Form von Schutz-/Isolierschichten. Unzählige winzige Fettbarrieren begrenzen zelluläre Arbeitsräume, haben Schleusenfunktionen für Nährstoffe, Botenstoffe und Zell-Abfall und sie gewährleisten die elektrische Reizleitung, also das Funktionieren des Nervensystems. Außerdem laufen die entscheidenden chemischen Reaktionen der Energiegewinnung direkt in den öligen Zellmembranen der Mitochondrien ab. ⊕ Passendes Qualitätsfett in der Nahrung ist also enorm wichtig!

Allerdings laufen alle diese beschriebenen Prozesse nur unter Anwesenheit von Enzymen, Vitaminen, Mineralstoffen und Spurenelementen ab, die als Biokatalysatoren lebensnotwendig sind.

---

1. Die Knallgasreaktion wird z. B. auch in Raketenantrieben genützt.

Ohne Mikronährstoffe geht nichts

Für die ganze Körperchemie, insbesondere für die Energiegewinnung, sind Enzyme, Vitamine, Mineralstoffe und Spurenelemente lebensnotwendig. Diese Mikronährstoffe dienen den Zellen quasi als spezialisierte „Mitarbeiter" und „Präzisionswerkzeuge" und ermöglichen so die unzähligen Lebensfunktionen des menschlichen Organismus. Dazu gehören beispielsweise Verdauung, Körpersubstanzaufbau, Hormonbildung, Reizleitung, Sinnesfunktionen, Regeneration, Entgiftung und Zellschutz. Insbesondere der hochkomplexe Prozess der Energiegewinnung, der für alle anderen Zellfunktionen die Basis ist, läuft nur unter der Anwesenheit unzähliger Mikronährstoffe (wie B-Vitamine, Coenzym Q10, Eisen, Magnesium und Antioxidantien) rund ab. Andernfalls schwächeln die „inneren Motoren" oder sie „rauchen und rußen". Das heißt, es fallen bei der sauerstoffabhängigen Nährstoff-Verbrennung in den Zellkraftwerken vermehrt Schadstoffe und aggressive Moleküle, wie Sauerstoffradikale, an. Darunter leiden die Energieproduktion und die Zellstrukturen. Es kommt zu eingeschränkter Leistungsfähigkeit, verminderter Regenerationsfähigkeit und erhöhtem Verschleiß mit Zellalterung (Ageing).

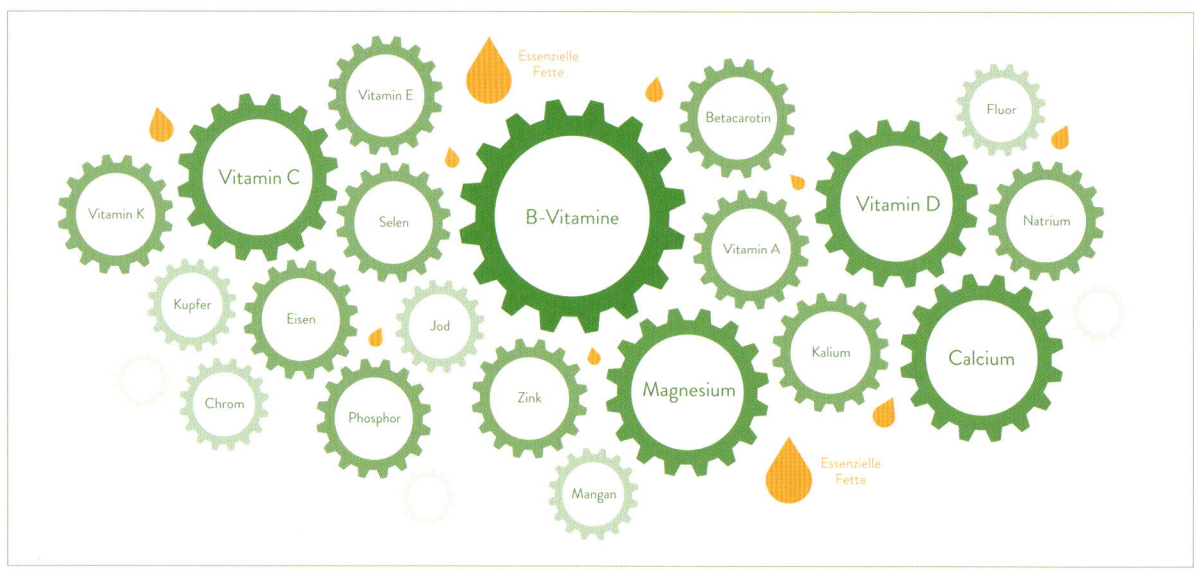

Mikronährstoffe wirken im Teamwork

Die Erde als Lebensmittel-Quelle

Als irdische Wesen sind wir Teil dieses Planeten, untrennbar verbunden mit seinen Ökosystemen. In der modernen Wohlstandswelt ist vielen das Gespür für diese Tatsache verloren gegangen. Es braucht die chemischen Bausteine, das Meer und den Regen, fruchtbaren Humus, Luft und Sonnenlicht als Voraussetzung für das Wachsen und Gedeihen von Pflanzen. Ohne Pflanzen gäbe es keine Lebensmittel, keine Atemluft und keine fossile Energie – denn auch Erdöl und Kohle entstanden einst aus Pflanzenresten.

Ist Ihnen bewusst, dass jeder Mineralstoff, jedes Spurenelement (wenn nicht über Wasser oder „Staub" in der Atemluft) über Pflanzen, die diese aus dem Boden oder dem Wasser aufnehmen, in unseren Körper kommt? Dies geschieht entweder direkt über pflanzliche Lebensmittel oder indirekt über tierische Produkte. Und noch viel mehr: Jedes Stärkemolekül, welches uns zum Beispiel in Form von Getreidemehl als Energiespender dient, haben Pflanzen (für uns) produziert, und zwar mittels des genialen Vorganges der Photosynthese in den grünen Farbpigmenten namens Chlorophyll.

Wir sind aufs Engste verwoben mit der Chemie des Erdbodens, der Atmosphäre und jener der grünen Pflanzen, die allein die Sonnenenergie für Menschen und Tiere verfügbar machen. Im Pflanzengrün werden aus Wasser, Kohlendioxid – welches wir ausatmen – mit Hilfe der Lichtphotonen Kohlenhydrate (Zucker, zuerst Glucose und daraus Stärke, dann auch Fette, Proteine und vieles mehr) aufgebaut, die wir Menschen in unserer Verdauung und den Zellkraftwerken wieder zerspalten können. Dabei gewinnen wir Energie und scheiden Wasser und Kohlendioxid aus. So einfach – und sehr komplex zugleich. Ein Kreislauf, der uns dazu bewegen sollte, mit der Erde achtsamer umzugehen, im Bewusstsein unserer Abhängigkeit.

Hierbei handelt es sich nicht etwa um „grüne Ideologie", sondern um die blanke Biochemie des Lebens auf unserem Planeten. Lassen Sie sich das noch einmal auf der Zunge zergehen: Grüne Pflanzen sorgen (im Grunde selbstlos) für unser Essen! Wir können in unseren Breiten sogar im Winter frisches Grün von Wildpflanzen ernten, wie beispielsweise Brombeerblätter oder auch Labkraut, die sich beide für Green Smoothies sehr gut eignen. Das leitet über zum Thema Nachhaltigkeit, damit auch die nächsten Generationen noch etwas zum Essen auf der Erde vorfinden.

Brombeerblätter für Winter-Smoothies

Nachhaltigkeit und Vollwertigkeit

Nachhaltiger Umgang mit unserem Planeten bedeutet, zu vollwertigen Lebensmitteln zu greifen. Vollwertig meint wertvoll, voll von gesundem Nähr-Wert/Lebenswert für den Esser und voll von gesunder Wertschöpfung. Es gilt: „Gesund für mich = gesund für die Mitwelt".

Warum ist nachhaltige Ernährung persönlich und global wichtig?

Fast drei Viertel der weltweiten Anbauflächen dienen dem Intensiv-Anbau von Tierfutter. Dabei werden Unmengen von Dünger und Spritzmitteln eingesetzt, um die Basis für unseren Fleischkonsum zu schaffen. Daher ist dringend eine deutliche Reduktion dieses Konsums nötig, um das Welt-Hungerproblem vor dem Hintergrund der stetig wachsenden Weltbevölkerung nicht noch mehr zu vergrößern. Stellen Sie sich vor: Für 1 Kcal Fleischprotein müssen etwa 3–10 Kcal Getreide verfüttert werden – eine enorme Energie- und Ressourcenverschwendung, welche oft bchübschend als „Veredelungsverlust"[2] bezeichnet wird. Buchstäblich gilt: „Unsere Wurst kostet andere ihr Brot", denn viele Menschen in Ländern, wo Kraftfutter-Getreide (Soja, Mais) von Großkonzernen für die europäische und nordamerikanische Tiermast angebaut wird, leiden an Hunger, weil ihnen die Anbauflächen für die eigene Versorgung fehlen[3]. Der gnadenlose Verteilungskampf um fruchtbaren Erdboden hat schon längst begonnen. Das heißt, für Fleisch-Esser ist es ökologisch-sozial ratsam, einfach wieder zum „Sonntagsbraten" zurückzukehren und die restliche Woche fleisch- und wurstlos zu leben. Viel gesünder wäre das obendrein. Gesunde und nachhaltige Alternativen zu Fleisch sind vom Menschen direkt verwertbare pflanzliche Proteinträger wie Hülsenfrüchte, Getreide und Nüsse, aber auch Zuchtfisch aus sauberen, einheimischen Gewässern, denn für 1 g Fischprotein muss nur etwa 1 g Futterprotein eingesetzt werden.

Um die Bodenfruchtbarkeit langfristig zu erhalten, sind zudem biologische Lebensmittel zu bevorzugen, denn im ökologischen Landbau bestehen wesentlich strengere Regeln, die nicht nur die Tiere und die Artenvielfalt, sondern auch das Bodenleben und damit die fruchtbare Humusschicht schützen. Im Gegensatz dazu ist die konventionelle Monokultur-Massen-Produktion und insbesondere die Massentierhaltung im industriellen Großmaßstab aus vielerlei Gründen als sehr kritisch zu betrachten. Sie funktioniert nur unter hohem Einsatz von Technik, Energie, Kunstdünger, Gentechnik, Spritz- und Arzneimitteln, oft verbunden mit fortschreitender Bodenzerstörung, Trinkwasser- und Luftverschmutzung, Tierquälerei, Antibiotika-Resistenzbildung, Höfesterben sowie Arbeitsplatzverlusten. Im globalen Wettbewerb kommt es zu Preisdumping und in der Folge zu erhöhtem Druck, dies wieder mit mehr Masse auszugleichen, was so gut wie immer mit weiteren Qualitätsverlusten verbunden ist. In Summe eine Negativspirale mit nahezu unüberschaubaren Folgen, vor allem für kommende Generationen. Daher ist es ethisch und ökologisch angebracht, die Lebensmittelherkunft genau zu hinterfragen und mit unserem Geld als Konsumenten diejenigen zu unterstützen, die möglichst sauber und schonend arbeiten – dem Boden, dem Wasser, der Luft, den Tieren, den Arbeitsplätzen, letztlich uns selbst und unseren Kindern zuliebe.

Vor diesem Hintergrund empfehlen viele Ernährungswissenschafter eine vegetarische, genaugenommen eine lacto-ovo-vegetarische Ernährung, wie im Rezeptteil bei den vegetarischen und veganen Menüs näher beschrieben (→ S. 124). Dabei sollten Sie zu möglichst biologisch produzierter, saisonaler, regionaler und fair gehandelter Ware greifen. Dies vermindert nicht nur den Transport- und Massenproduktionswahnsinn rund um die Welt, sondern hat auch einen persönlichen Mehrwert – es ist gesünder. Beispielsweise ist biologisches Gemüse und Obst wesentlich geringer mit Chemikalien belastet, als konventionell produziertes. Darüber hinaus sind frische, vor Ort verfügbare Lebensmittel auch meistens geschmackvoller, reifer und nährstoffreicher. Das nützt Ihrer Gesundheit und gleichzeitig helfen Sie

---

2. Veredelungsverluste bei der Fleisch-Produktion:
   Rind 10:1, Pute 7:1, Schwein/Huhn 5:1
3. Fleischatlas Deutschland Regional 2016, → S. 351

mit, die regionale Ernährungssouveränität, so manche einheimische Spezialität und kulinarische Besonderheiten sowie lokale Arbeitsplätze in engagierten Klein- und Nischenbetrieben zu sichern. Dies tun auch Institutionen, Vereine und Interessengemeinschaften, die eine ökologische Ernährungssouveränität bis hin zur Selbstversorgung fördern wollen, wie Arche Noah, Attac, Slowfood, die Permakulturbewegung und Via Campesina Austria (→ Literaturverzeichnis, S. 348)

Das Thema nachhaltige vollwertige Ernährung finden Sie umfassend aufbereitet in den Büchern von Dr. Karl Koerber (→ Literaturverzeichnis, S. 348).

HINWEIS!

⊖ Sparen Sie bei verpackten Fertigprodukten und Junkfood: Verzichten Sie möglichst auf verarbeitete Fleischwaren wie Wurst sowie fertige Snacks, Riegel, Süßigkeiten, Chips, Softdrinks und Alkohol. Tun Sie es einfach Ihrem Körper zuliebe, es nützt auch der Mitwelt und mit dem gesparten Geld können Sie sich locker sonstige Lebensmittel in bester Qualität und einmal in der Woche ein edles Bio-Fleisch leisten.

WAS ZEICHNET EIN VOLLWERTIGES (WERTVOLLES) LEBENSMITTEL AUS?

Gesundheitswert/Nährstoffdichte:
Lebensmittel sollten im Verhältnis zum Kaloriengehalt einen hohen Gehalt an essenziellen Mikronährstoffen – Vitaminen, Mineralstoffen, Spurenelementen, essenziellen Fettsäuren und Aminosäuren, Ballaststoffen sowie sonstigen gesundheitsfördernden Inhaltsstoffen haben. Zudem sollten sie möglichst naturbelassen und sauber sein.

Genuss-Wert/Geschmack/Verträglichkeit:
Appetitliches, wohlschmeckendes und gut verträgliches Essen sorgt für Freude und Essgenuss. Die richtige Lagerung, die schonende Zubereitung und ausgiebiges Kauen (Vorverdauung) gehören dazu.

Nachhaltigkeit/Umweltaspekte:
Die ausgewählten Lebensmittel sollten auch ökologisch, sozialverträglich und ökonomisch „vollwertig" sein. Das ist am ehesten bei regionalen, saisonalen Produkten aus ökologischer Landwirtschaft und mit möglichst geringer und umweltschonender Verpackung der Fall. Bei exotischen Waren sind fair erzeugte und gehandelte Produkte zu bevorzugen.

Die Nährstoffe – Bausteine des Lebens

In der Schwangerschaft ist es offensichtlich, dass die Ernährung der Mutter eine große Rolle für die Entwicklung eines gesunden Kindes spielt. Aber auch im Körper eines erwachsenen Menschen mit seinen rund 60 Billionen Zellen ist ein ständiger Auf-, Um- und Abbau im Gange. Denn Lebendigkeit ist zwingend verbunden mit ständig ablaufenden biochemischen Prozessen wie Energiebildung, Aufbau, Verschleiß und weitgehender Regeneration der Körpersubstanz. Dazu braucht das System laufend Qualitäts-Nahrung – also Bau- und Reparaturmaterial, anhaltende Energiespender sowie unzählige lebensnotwendige Stoffwechselhelfer. Eine ausgewogene, vollwertige Mahlzeit setzt sich aus verschiedensten Makro- und Mikro-Nährstoffen – genau genommen aus orthomolekularen[4] Bausteinen, die der Organismus braucht – zusammen. Von den Makronährstoffen braucht unser Stoffwechsel täglich größere Mengen, von den Mikronährstoffen werden hingegen nur Gramm- oder Milligramm-Mengen gebraucht. Dies bedeutet aber nicht, dass diese deshalb weniger wichtig sind – im Gegenteil: Ohne Mikronährstoffe können die Makronährstoffe vom Körper nicht verwertet werden. Die wichtigsten Nährstoff-Gruppen sind hier im Überblick dargestellt:

Makronährstoffe:
- Kohlenhydrate/Zuckerverbindungen (mit Ballaststoffen)
- Fette/Fettsäureverbindungen
- Eiweiße/Aminosäureverbindungen

Mikronährstoffe:
- Vitamine
- Mineralstoffe und Spurenelemente

Sonstige wichtige „Quasi-Nährstoffe":
- Wasser
- Sauerstoff
- sekundäre Pflanzenstoffe
- Enzyme und Bakterienkulturen

Alle drei (!) Gruppen von Makronährstoffen sind Energiespender und wichtige Baumaterialien für die Körpersubstanz. Manche Mode-Diäten, die einen dieser Makronährstoffe „verteufeln" oder in unphysiologischen Mengen betont zuführen, entsprechen keinesfalls einer ausgewogenen Ernährung, die unsere Gesundheit erhält. Da zum Leben und für die Nutzung (Verbrennung/Veratmung) dieser Makronährstoffe viel Atmungs-Sauerstoff und Wasser gebraucht wird, betrachte ich diese beiden als „Quasi-Nährstoffe", da unter Sauerstoff- oder Wassermangel sehr schnell der Tod eintritt – viel schneller als unter Kalorienmangel. Unbedingt lebensnotwendig sind auch die essenziellen Mikronährstoffe als Stoffwechsel-Helfer. Weiters spielen sekundäre Pflanzenstoffe, Enzyme und Bakterienkulturen eine große Rolle im Gesundheitsgeschehen. Auf den richtigen, gesunden Nährstoff-Mix kommt es an und dieser ist mit dem Vital-Teller-Modell leicht umsetzbar (→ S. 24).

> **TIPP!**
>
> Bitte beachten Sie folgenden überspitzten Merksatz: *„Mein Teller heute = mein Körper morgen"*. Ihre Vitalität hängt in materieller Hinsicht direkt zusammen mit der ausgewogenen Mischung und der rechten Menge an Nährstoffen, die Sie mit dem Essen und Trinken zuführen – passend zum persönlichen Energiebedarf und den körperlich-geistigen Anforderungen. ⊖ Fast jede überschüssige Nahrungs-Kalorie, die nicht verbraucht wird, wird im Körper zwangsläufig in Form von Speicherfett eingelagert – egal, ob sie als Fett, Zucker oder Eiweiß zugeführt wurde.

Basiswissen zu den wichtigsten Nährstoff-Gruppen sowie ernährungswissenschaftlichen Zufuhr-Empfehlungen und Qualitätskriterien finden Sie im „Nährstoff-ABC" zusammengestellt. Außerdem erfahren Sie dort unter anderem, warum zu viel Zucker so gefährlich ist, warum Cholesterin gar nicht so „böse" und warum der verallgemeinernde Slogan „fat is bad" ein folgenschwerer Irrtum ist.

---

4. orthos: gut, richtig; Molekül: kleine chemische Verbindung

Die Lebensmittelgruppen als Nährstoffträger

Lebensmittel sollten wahre Mittel zum Leben sein – vollwertig im umfassenden Sinne. Selbst wenn Ihnen das bewusst ist, ist die Entscheidung, welche Lebensmittel konkret im Einkaufskorb, im Kochtopf und letztlich im Magen landen, vielleicht schwierig. Im Überangebot an optisch attraktiven Waren, Werbung und Information kann leicht das Gespür für eine einfache und gesunde Lebensmittel-Auswahl verloren gehen. Der folgende Überblick möchte Klarheit schaffen.

Empfehlungen zur Lebensmittelauswahl:
Entscheidend ist, alle wichtigen Nährstoffe regelmäßig zu sich zu nehmen. Verschiedenste Lebensmittel liefern diese in unterschiedlichem Ausmaß. Eine abwechslungsreiche Mischung von frischen, naturbelassenen und nachhaltigen (also vorwiegend lacto-ovo-vegetarischen) Lebensmitteln ist daher wichtig.

⊕ Empfehlenswerte (Bio-)Vollwert-Lebensmittel*:
- naturbelassene Getränke: Wasser, Kräutertees, in Maßen Grüntee
- naturbelassene pflanzliche Lebensmittel: Gemüse und Obst, Hülsenfrüchte, Getreide, Ersatzgetreide, Kartoffeln und ähnliche Knollen, Nüsse, Mandeln, Ölsaaten, Ölfrüchte, Algen, Pilze, Wildkräuter und sonstige essbare Wildpflanzen, Küchenkräuter und Gewürze
- naturbelassene tierische Lebensmittel: Fleisch, Fisch, Eier und Milch (Kuh, Schaf, Ziege)
- gering verarbeitete, weitgehend naturbelassene pflanzliche und tierische Lebensmittel: Tiefkühl-Gemüse, -Kräuter, -Beerenobst, -Fischfilet; Getreidemehle, Vollkornbrot, Leguminosenmehle, Milchprodukte wie Butter, Süßrahm, Naturmolke, Topfen, Naturjoghurt, Frischkäse, Hartkäse, ungezuckerte Sojamilch(produkte) wie Tofu, ungezuckerte Reis-/Hafer-/Mandelmilch; reines Kakaopulver, Honig, Hefe, schonend gepresste Pflanzenöle, naturbelassene Gemüsesäfte, naturbelassene Fruchtsäfte, Schwarztee und Kaffee

* Mengenmäßigen Einschränkungen bei tierischen Lebensmitteln, Fetten/Ölen sowie bei Obst (wegen des Zuckergehaltes)

⊖ Nicht zu empfehlen sind folgende „Nahrungsmittel", die gesundheitlich nahezu wertlos, meist hochkalorisch und in größeren Mengen gesundheitlich bedenklich sind:
- stark verarbeitete Fertigprodukte mit tierischen, pflanzlichen und künstlichen Zutaten: Fastfood, Formfleisch (z. B. Leberkäse, Würste), Schmelzkäse, Fertig-Snacks, Riegel, Knabbereien, Süßigkeiten, Fertigpizza, Fertigkartoffelpüree, Würzmittel, Fertig-Salatsaucen, Packerlsuppen, Fruchtjoghurts, Fertigdesserts, Fertig-Kuchen, Blätter/Plunderteig(waren) etc.
- zuckrige Kunstprodukte: konzentrierter Zucker in jeder Form, insbesondere Soft-/Energydrinks, Limos, Nektare, Saftgetränke, bunte Süßigkeiten und süße Snacks/Riegel

Die Lebensmittelgruppen geordnet nach Haupt-Nährstoffen
In diesem Buch werden die Lebensmittel grob vereinfachend nach den Haupt-Nährstoffgruppen eingeteilt, die sie liefern, damit gesundes Kombinieren und Kochen möglichst einfach wird und auf Ihrem Teller ein ausgewogener Nährstoff-Mix zusammenfindet. Denn im Hintergrund liefert jede Lebensmittel-Gruppe eine Vielzahl an weiteren Nährstoffen mit, die in Summe ein vollwertiges Essen ergeben.
- **vitalstoffreich:** Gemüse, Kräuter, Gewürze, Obst (eingeschränkt wegen des Zuckergehaltes)
- **stärkereich:** Vollkorngetreide, Ersatzgetreide, Kartoffeln und ähnliche Knollen
- **eiweißreich:** Hülsenfrüchte (mit Sojaprodukten), Milch(produkte), Eier, Fleisch, Fisch
- **fettreich:** Nüsse, Ölsaaten, Ölfrüchte, pflanzliche Öle; Butter, Süßrahm, Butterschmalz/Ghee
- **zuckerreich:** Süßes aller Art, fester und flüssiger Zucker, auch Weißmehl und das meiste Obst

Die einzelnen Lebensmittel-Gruppen mit ihren Besonderheiten sowie Vor- und Nachteilen werden im Kapitel „Lebensmittel-ABC" ausführlich besprochen, die Nährstoff-Gruppen im „Nährstoff-ABC".

---

5. Leguminosen: Hülsenfrüchte

„WAS ESSEN?" – Kurzanleitung

⊕ **„Gut für mich" – Grundregel:** möglichst frische, wenig verarbeitete, naturbelassene (z. B. auch pur tiefgekühlte) Lebensmittel aus weitgehend regionaler, saisonaler, im Idealfall biologischer, nachhaltiger Erzeugung aus fairem Handel und mit möglichst wenig Verpackungsmüll. Denn diese Lebensmittel liefern anhaltende Energie, wertvolles Bau-/Reparaturmaterial, lebensnotwendige Mikronährstoffe sowie verdauungsfördernde Ballaststoffe für den Körper. Bei Übergewicht, erhöhten Blutfetten, Typ-2-Diabetes, Fettleber, Gicht und anderen ernährungs(mit)bedingten Erkrankungen gelten viele dieser Grundregeln in angepasster/modifizierter Form (↗ Gesundheitsteil, ab S. 204).

Getränke und flüssige Lebensmittel: 1,5–2 l/Tag, Wasser = Hauptgetränk, Mineralwasser, Kräutertee, verdünnte Gemüsesäfte/Green Smoothies, Naturmolke, verdünntes Lassi (↗ Rezept, S. 182), verdünnte Soja-, Reis-, Haferdrinks; in Maßen *sehr* verdünnte Direktsäfte/Fruchtsäfte, Grüntee, Schwarztee und Kaffee

Gemüse: mindestens 3, besser 4–5 Handvoll/Tag, schonend gegart und ein Teil davon als Rohkost

Obst: 1 (maximal 2) Handvoll am Tag, nicht mehr davon wegen des Zuckergehaltes – insbesondere bei Gewichtsproblemen und Übergewicht, Diabetes & Co. gilt: *„Gemüse ist das bessere Obst!"*

Kartoffeln (mit Schale gegart): mehrmals/Woche 1 Handvoll Pell-/Petersilien-Kartoffeln/Kartoffelsalat

Hülsenfrüchte: Bohnen, Erbsen, Kichererbsen, Linsen, Lupinen, Soja; mindestens 2-mal pro Woche 1 Handvoll, bei guter Verträglichkeit ruhig öfter (außer bei Gicht) und immer gut durchgegart!

Getreide/Ersatzgetreide(flocken): täglich 3–5 EL; Sorten abwechseln; Müsli selbstgemischt, warm/kalt

Brot: 2–5 Scheiben Vollkornbrot am Tag – frisch vom ehrlichen Bäckermeister oder selbst gebacken

Brotersatz (glutenfrei): Ersatz-Getreide(flocken)[6], hausgemachte Cracker und Fladen

Eier*: bis zu 1 Stück/Tag, möglichst aus Bio-/Freiland-Haltung und/oder guten Ab-Hof-Quellen

Fisch: 1–2-mal/Woche, frisch (!); möglichst nachhaltig aus einheimischer Zucht oder Bio-Aquakulturen

Fleisch: maximal 1–2-mal/Woche, edle, magere Stücke, in bester Bio-Qualität aus der Region

Milchprodukte: 2–3 Handvoll/Tag; möglichst Frischmilch, Bio, ab Hof, Heumilch; Naturmolke; Käse: eher magere Sorten; Naturjoghurt, Topfen, Süß-/Sauerrahm (Fruchtjoghurt: nur hausgemacht)

Öle, Butter*, Süßrahm* & Co.: 3 EL/Tag; Topqualität, gezielt, dosiert, abwechseln; kaltgepresste „extra-vergine" Öle für die kalte Küche; Butter, Rahm, natives Kokosöl oder rotes Palmöl in Maßen; Kochfette wie Rapsöl, Olivenöl, Butterschmalz etc. (Wichtig: Fette/Öle nie über den Rauchpunkt erhitzen!)

Nüsse und Ölsaaten: 2 EL/Tag; gezielt, dosiert, im Essen integriert oder als Mini-Dessert

Marmelade, Kompotte und Chutneys: selber einkochen mit wenig Zucker, in Maßen genießen

Honig: ~ 80 % (!) Zucker, daher sehr achtsam dosieren, nie erhitzen und auf die Qualität achten

Trockenobst: nur kleine Mengen; faser-, mineralstoff-, aber auch zuckerreich

Zum Würzen: frische und getrocknete Kräuter und echte, rein pflanzliche Gewürze; Kräutersalz; dosiert Salz und Meersalz; hausgemachte Gemüsewürze (im Glas)

---

* Diese beiden Punkte unterscheiden sich deutlich von den geltenden DACH-Empfehlungen, weil ich der Ansicht bin, dass ein Ei am Tag im Kontext einer ausgewogenen, gemüsebetonten Ernährungsweise niemandem schadet (außer bei Hühnereiweißallergie). Für den Genuss der beiden Naturprodukte Butter und Rahm gilt in vernünftigen Mengen dasselbe. Übertriebenes Fettsparen führt nämlich oft zu Heißhunger. Außerdem ist die große Angst vor (von außen zugeführtem) Cholesterin schon längst wissenschaftlich widerlegt, wie Sie unter „Mythos Cholesterin" im Kapitel „Fettstoffwechselstörungen" nachlesen können.

6. ↗ S. 316 „Getreide-ABC"

⊖ **„Schlecht für mich" – Grundregel:** industriell produzierte, vielfach verarbeitete Getränke und Nahrungsmittel, insbesondere Softdrinks, Energydrinks, alkoholische (Misch-)Getränke, Fastfood, Fertiggerichte und viele Fertigprodukte, von denen viele große Mengen an Zucker, Fett, Salz, Alkohol und (teilweise bedenklichen) Zusatzstoffen enthalten. Solche Nahrungsmittel belasten den Körper, da sie kaum wertvolle Nährstoffe, aber viele Kalorien liefern. Alkohol und auch jedes Zuviel an Zucker wird vom Körper in Fett umgewandelt! Diese Grundregel gilt ganz besonders bei Übergewicht, Typ-2-Diabetes, erhöhten Blutfetten, Fettleber, Gicht, Rheuma, Allergien etc. – teilweise sogar noch verschärft.

Alkohol: Zellgift (!) in jeder Dosis und zudem enorm kalorienreich

Zuckerwasser: Softdrinks, insbesondere Cola-Getränke (Calcium-Räuber), Energydrinks, Saftgetränke, Limonaden, Nektare, Saftgetränke, Sirupe, Eistee etc., aber auch unverdünnte (!) echte Fruchtsäfte

Zuckrige „Milch"-Getränke: Trinkjoghurts, Fertig-Kakaogetränke, Lös(milch)kaffeezubereitungen

Zucker-Naschereien mit Farbstoffen: wie Bonbons, Lollis, Gummibären und Fruchteis auf Wasserbasis

Zuckrig-fette Süßigkeiten: Nutella & Co., Fertigkekse, -kuchen, -desserts, Croissants, Golatschen und andere Plunder-/Blätterteigwaren, süße Schoko-Snack-Riegel, „Müsli"-Riegel, Bananenchips, Eiscreme, Pralinen und Schokolade *(Bitterschokolade enthält gleich viel Zucker, Fett und damit Kalorien wie Milchschokolade.)*

Zuckrig-fette Frühstückscerealien: süße Flakes & Co., insbesondere Crunchy-/Crispy-Produkte, süße Fertig-„Müslis" und ebensolche „Müsli"-Riegel

Milchprodukt-Süßigkeiten: Fruchtjoghurts, Topfen-Fruchtcremes, Trinkjoghurts, Schnitten und Riegel

Salzig-fette Snacks: wie Pommes frites, Chips, Crackers, Salzstangerln, Salznüsse

Frittiertes Salziges und Süßes: Pommes, Wienerschnitzel, gebackene Champignons, Krapfen, Donuts

Fastfood: Fleischkäse-Semmel, Burger, Döner, Pizzaschnitten, Hotdogs, Pommes

Fertig- und Instant-Gerichte: Fertigpizza, Dosengulasch, Packerlsuppen, Fertigsaucen

Fertigsaucen und -würzen: Ketchup, Mayonnaise, Salatdressings, Flüssig- und Streuwürzen

Schmelzkäse: fett- und zusatzstoffreiche Kunstprodukte (künstliche Phosphate sind Calcium-Räuber)

Würste und verarbeitete Fleischprodukte: wie Leberkäse, Würstel, Press-Schinken, Salami, „Nuggets"; sehr fett, teilweise stark gepökelt, mit vielen Zusatzstoffen, oft verarbeitete Schlachtreste

Räucherwaren: insbesondere stark Gepökeltes wie Würste, Speck oder Räucherfisch

Seefisch ohne Siegel, Fischstäbchen: Umweltproblem, verarbeitete Fischreste, Schadstoffe?

„Light"-Produkte, „Diät"-Desserts: meist fettreduziert, aber oft umso zuckriger; verführen zu scheinbar „unbedenklichem" Essen und haben meist keine Sättigungswirkung (wegen des geringen Fettgehaltes)

Weißbrot: insbesondere Toastbrot, Salz- und Laugengebäck (Weißmehl setzt schnell/viel Zucker frei)

Nahrungsergänzung* „auf eigene Faust": aus Supermärkten, Drogeriemärkten, Fitness-Studios, „Party"-Direktvertriebs-Systemen oder Internet-Handel

---

* Gezielte Nahrungsergänzung mit Qualitätsprodukten kann jedoch fallweise sinnvoll oder auch dringend nötig sein! Beispielsweise in der lichtarmen Jahreszeit, in bestimmten Lebensphasen, bei besonderen Belastungen, bei bestimmten Beschwerden, Erkrankungen, Medikamenten, Mangelsymptomen oder Blutbefunden. Lassen Sie sich dazu von speziell geschulten Ärzten, Apothekern oder Ernährungsfachkräften beraten! Selbstversuche nach dem Motto „Kein Nutzen, kein Schaden" sind bei Mikronährstoffen sicher unangebracht und unter Umständen sogar gefährlich. Denn alles, was wirken kann, hat potenziell auch Nebenwirkungen. Zu diesem Thema erfahren Sie mehr im Gesundheits-Abschnitt des Buches.

WIE ESSEN?

Du bist, wie du isst – Esskultur

Die Art und Weise, wie wir essen, wird in ihrer Rolle im psychologischen und physiologischen Gesundheitsgeschehen weit unterschätzt. Genuss und Freude, aber auch Sättigung und Verdauung der Nahrung sind sehr stark davon abhängig, in welcher Grundhaltung, in welcher geistigen Verfassung, in welchem Tempo oder auch in welcher Umgebung gegessen wird. Probieren Sie es einfach aus, Sie werden es selbst erfahren. Es sind zwei verschiedene Welten in der Wirkung auf Körper, Geist und Seele, ob Sie beim Vorgang des Essens aufmerksam und wertschätzend bei der Sache sind oder das Essen nebenbei hinunterschlingen. Achtsames Genießen von schmackhaften und ausgewogenen Gerichten ist eine Art Kurzurlaub im Alltag. Denn das bewusste Auskosten einer Mahlzeit ermöglicht es, am Esstisch wesentlich mehr Energie und Lebensfreude zu tanken.

Eine Hauptsache des Lebens, die Nahrungsaufnahme, verkommt heutzutage oft zur Nebensache. In der Überfülle unserer Wohlstandswelt vergessen wir leider allzu oft, dass Essen in mehrfacher Hinsicht Grundlage für unsere Lebendigkeit und unser Wohlfühlen ist. Viele essen achtlos nebenher, zum Zeitvertreib, zur Ablenkung, im Stress, im Gehen auf der

HILFREICHE GRUNDHALTUNGEN/AFFIRMATIONEN

- Essen ist Luxus: *„Ich bin dankbar, dass ich etwas Gutes zum Essen habe."*
- Essen ist Urlaub im Alltag: *„Ich nehme mir Zeit für mich und genieße mein Essen."*
- Essen im Sitzen am gedeckten Tisch: *„Ich bewirte mich (uns) wie einen lieben Gast."*
- Essen in Muße und Ruhe: *„Ich schenke mir Zeit zum Energie- und Lebenskraft-Tanken."*
- Essen ist Genuss und Freude: *„Ich koste die Speisen mit allen meinen Sinnen aus."*
- Essen nährt Körper, Geist und Seele: *„Ich werde rundum gesättigt und genährt."*
- Essen ist weder Belohnung noch Strafe: *„Essen ist Essen, achtsam, bewusst, hier und jetzt."*
- Essen als Säule der Vitalität: *„Mein Essen ist frisch, bunt, aromatisch, gesund und nährstoffreich."*
- Essen aus nachhaltiger Produktion ist gesünder für mich und die Mitwelt: *„Ich achte die Umwelt und alle an diesem Essen beteiligten Menschen und greife deshalb bewusst zu möglichst fairen, umweltfreundlichen Produkten."*

Straße, im Stehen vor dem Kühlschrank oder beim Zeitunglesen, Telefonieren oder Fernsehen. Manche kauen regelrecht auf ihrem Ärger und ihren Problemen herum, wieder andere beruhigen sich mit Essen oder lenken sich ab. Viele Menschen sind mit Geist, Herz und Sinnen nicht bei der Sache, nicht beim konkreten Vorgang des Essens, der so erholsam, erfüllend und köstlich sein könnte. Dadurch fühlen sie sich nachher nicht wirklich genährt, gieren oft nach mehr, spüren die gute Grenze nicht, „snacken" sich buchstäblich durch den Tag, greifen zu Genussmitteln oder entwickeln gar leidvolle Ess-Störungen wie Fett- und Magersucht.

Gut gekaut ist halb verdaut

Die Verdauung der Speisen beginnt tatsächlich schon im Mund - im Grunde noch früher, wenn uns beim Anblick oder Duft eines köstlichen Essens der Speichel im Mund zusammenfließt. Das Speichelsekret enthält stärkespaltende Enzyme und außerdem werden über Geschmacks-Reflexe weitere Verdauungssekrete und Botenstoffe im Magen-Darm-Trakt freigesetzt.

Sie haben sicher schon einmal die Empfehlung gelesen, jeden Bissen 30 Mal zu kauen. So mathematisch müssen Sie es gar nicht angehen, aber besonders für Schnellesser kann es sehr hilfreich sein, die Anzahl der Kaubewegungen zu definieren und mitzuzählen. (Ich finde, 10 Mal reicht.) Das Zählen kann helfen, besser und ausführlicher zu kauen, und darum geht es! Ich rate eher dazu, sich dem Kauen ganz bewusst genüsslich hinzugeben und dabei jeden Bissen auszukosten – so, wie ein Sommelier einen guten Wein verkostet. Damit sind wir schon bei den ersten Schritten des achtsamen Essens, wovon gleich die Rede sein wird.

Wie oft soll man essen?

⊕ Die Verdauung der Speisen braucht einiges an Zeit, die natürlichen körperlichen Rhythmen wollen bedacht sein. Deshalb empfehle ich, zwischen den Mahlzeiten relativ regelmäßige etwa 4–5-Stunden-Abstände einzuhalten. Die ayurvedische Ernährungslehre und meine Erfahrung aus jahrelanger Arbeit mit Menschen bestärken mich in der Ansicht, dass 3 Mahlzeiten für viele nicht nur vollkommen ausreichen, son-

dern auch für den Blutzuckerverlauf und vor allem für das Wohlbefinden von Vorteil sind. So bleibt den Verdauungsorganen Zeit, alles vollständig zu verdauen, und es entsteht vor der nächsten Mahlzeit ein deutliches Hungergefühl (nicht nur Esslust), was wiederum die Verdauungsleistung für das nachkommende Essen verbessert. Dies gilt allerdings nicht für Menschen mit einem sehr hohen Energiebedarf (Grundumsatz und Leistungsumsatz), die bei normaler Vollwertkost relativ bald zu Leistungseinbruch und Unterzuckerung neigen. Bei diesen Menschen, wie beispielsweise Sportlern, Kindern im Wachstum, Schwangeren, Stillenden oder körperlich schwer Arbeitenden, ist eine kleine (nicht süße) Zwischenmahlzeit sicher nötig. Auch bei Senioren oder/und Patienten mit Schluck- und Verdauungsstörungen sind mehrere kleine (nicht süße) Mahlzeiten meist von Vorteil. Die westliche Ernährungswissenschaft (wie ÖGE und DGE) empfiehlt generell, neben Frühstück, Mittagessen und Abendessen noch zwei kleine Zwischenmahlzeiten zur Vermeidung von Heißhunger einzunehmen. Das sehe ich, wie oben beschrieben, ein wenig differenzierter. Testen Sie selbst, womit es Ihnen besser geht, denn wir Menschen sind sehr verschieden und brauchen/entwickeln oft eine ganz persönliche Ernährungs„strategie".

Achtsames Essen macht gesund und glücklich

Achtsamkeit beim Essen meint eine wertschätzende und zugleich aufmerksame Haltung beim konkreten Vorgang des Essens. Es geht darum, wach und bewusst im Hier und Jetzt beim Essen zu sein und dabei das Sehen, Riechen, Fühlen, Kauen, Schmecken, Schlucken der Speisen, das Wohlfühlen und Sattwerden wahrzunehmen. Kopf, Herz und Sinne sollen und wollen dabei sein, bei dem, was jetzt gerade geschieht – nämlich beim Essen. Dabei gilt es eine neue Welt zu entdecken, eine Welt, die immer schon (mehrmals täglich) vor Ihrer Nase war. Erlauben Sie sich, diese zu erforschen, auszukosten und zu genießen – sich an ihren seelischen „Nährstoffen" zu laben – beispielsweise auch an der Tischdekoration als Augenweide.

Achtsames Essen erfordert eine gewisse Übung, aber es lohnt sich, es zu lernen und zu praktizieren. Mit dieser Methode nährt Essen nämlich auch sinnlich-seelisch, tut rundum gut und Sie werden automatisch mit kleineren Mengen und gesünderen Dingen satt und zufrieden sein. Da aber auch bestimmte Mikronährstoffe (insbesondere bei vorliegendem Mangel) im Rahmen der Nervenbotenstoff-Bildung die Stimmung stark beeinflussen, sollte dies immer mitberücksichtigt werden. Besonders wichtig in diesem Zusammenhang sind Folsäure und weitere B-Vitamine, Vitamin C, Magnesium, Kupfer, Zink, Lecithin sowie die Aminosäure Tryptophan. Die besten Lebensmittelquellen für diese Stoffe finden Sie im „Vitalstoff-ABC", wobei auch Scharfstoffe/Capsaicinoide mit ihrem „pepper-high" die Stimmung kurzfristig heben können.

Mit wachsender Achtsamkeit greifen Sie intuitiv immer mehr zu sinnvollen und mikronährstoffreichen Lebensmitteln und lösen sich nebenbei von unbewussten (oft ungesunden) alten Ess-Mustern, weil Sie wach genug sind, sich z. B. vor dem meist automatischen Griff zur Schokolade zu fragen: „Brauche ich jetzt wirklich etwas zum Essen?" „Wer/was in mir ist da jetzt gerade hungrig und wonach?" „Welches Bedürfnis, welches Gefühl oder welches alte Muster steckt denn eigentlich hinter meinem Ess-/Nasch-Impuls oder scheinbaren Hunger?" „Was brauche ich denn jetzt gerade wirklich?" Und nach kurzem Innehalten, Hineinspüren, Wahrnehmen und Erkennen, was tatsächlich in Ihnen los ist, können Sie bewusst agieren, statt (wie üblich) programmhaft zu reagieren.

Das hat den Effekt, dass Sie dann, statt Schokolade zu essen, Ihr tiefes Bedürfnis hinter dem Schokolade-„Hunger" verstehen lernen und dieses dann gezielter und nachhaltiger befriedigen können. Vielleicht ist es wirksamer, gegen die möglicherweise dahinterliegende Einsamkeit mit einer guten Freundin spazieren zu gehen. Falls Stress die Ursache für die Süßgelüste ist, könnten Sie stattdessen ruhen, duschen, sich genüsslich einölen oder Musik hören.

Wenn Sie diese achtsamkeitsbasierte „Methode" näher kennenlernen und ernsthaft praktizieren wollen, möchte ich Ihnen das Buch „Achtsam essen" der amerikanischen Kinderärztin und Zen-Meisterin Dr. Jan Chozen Bays sehr ans Herz legen (→ Literatur, S. 348). Es zeigt sich, dass diese Methode nicht nur bei Übergewicht und Fettsucht, sondern auch bei anderen Ess-Störungen wie Magersucht und Bulimie helfen kann. Im Folgenden finden Sie eine von mir entwickelte, hilfreiche Kurzanleitung zum achtsamen Essen für erste Experimente und Erfahrungen auf diesem Gebiet. Sie möge Sie inspirieren, sich tiefer auf dieses lohnende Thema einzulassen.

„WIE ESSEN?" – Kurzanleitung

ACHTSAM ESSEN IN DREI SCHRITTEN

⊕ **Innehalten – ankommen (Sinnesnahrung)**
- Sitzen – durchatmen
- Schnuppern – Duft: ein tiefer Atemzug … mmmh, das duftet und nährt …
- Schauen – Augenschmaus: Farben, Formen, Vielfalt am Teller, gedeckter Tisch, Rahmen …

⊕ **Danken und würdigen – staunen (Seelennahrung)**
- Fülle – täglich mehr als genug zum Essen haben: ein Grund zur Freude und Dankbarkeit
- Zutaten – Wunder der Nahrungskette – Staunen: Erde, Sonne, Wasser, Luft, Pflanzen, Tiere …
- Arbeit – Menschenwerk: Köche, Bauern, Gärtner, Jäger, Tierzüchter, Erntehelfer, Händler, Industriearbeiter, Fahrer, Regalbetreuer, Kistenschlepper, Verkäufer, Designer …
- Tischgemeinschaft – gemeinsam essen: Familie, Freunde, Gäste …

⊕ **Achtsam genießen – Speisen auskosten (Körper-Geist-Seelen-Nahrung)**
- Erster Bissen – auskosten: so achtsam, als wäre diese Speise unbekannt
- In Ruhe – mit Muße: genüssliches Kauen, Schauen, Riechen, Schmecken, Entschleunigen, … bewusst „viele erste Bissen" nacheinander nehmen …
- Rechte Menge – gerade genug: das leise „Satt-Gefühl" spüren (lernen), zwischendurch Pause machen, Hand auf den Bauch legen, fragend fühlen

TIPP!

⊕ Basteln Sie sich eine „Tischkarte" für den Esstisch oder ein Memo für den Kühlschrank.
- Innehalten – ankommen: sitzen, schnuppern, schauen, fühlen
- Danken/würdigen und staunen: Fülle, Zutaten, Arbeit, Gemeinschaft
- Achtsam genießen – Speisen auskosten: erster (zweiter, dritter …) Bissen, in Ruhe, rechte Menge

WIE KOMBINIEREN UND KOCHEN?

Vollwertig kochen mit dem Vital-Teller-Modell

Mit Hilfe dieses praktischen Leitfadens können Sie Ihre persönlichen Ernährungs-Vorlieben ausgewogen und vollwertig gestalten, egal, ob Sie vegetarisch, vegan, flexitarisch, asiatisch, indisch, mediterran, nordisch oder traditionell-österreichisch-alpin kochen möchten. So wird vollwertiges Kombinieren und Kochen ganz simpel, damit die Nährstoff- und Kalorienbilanz stimmt.

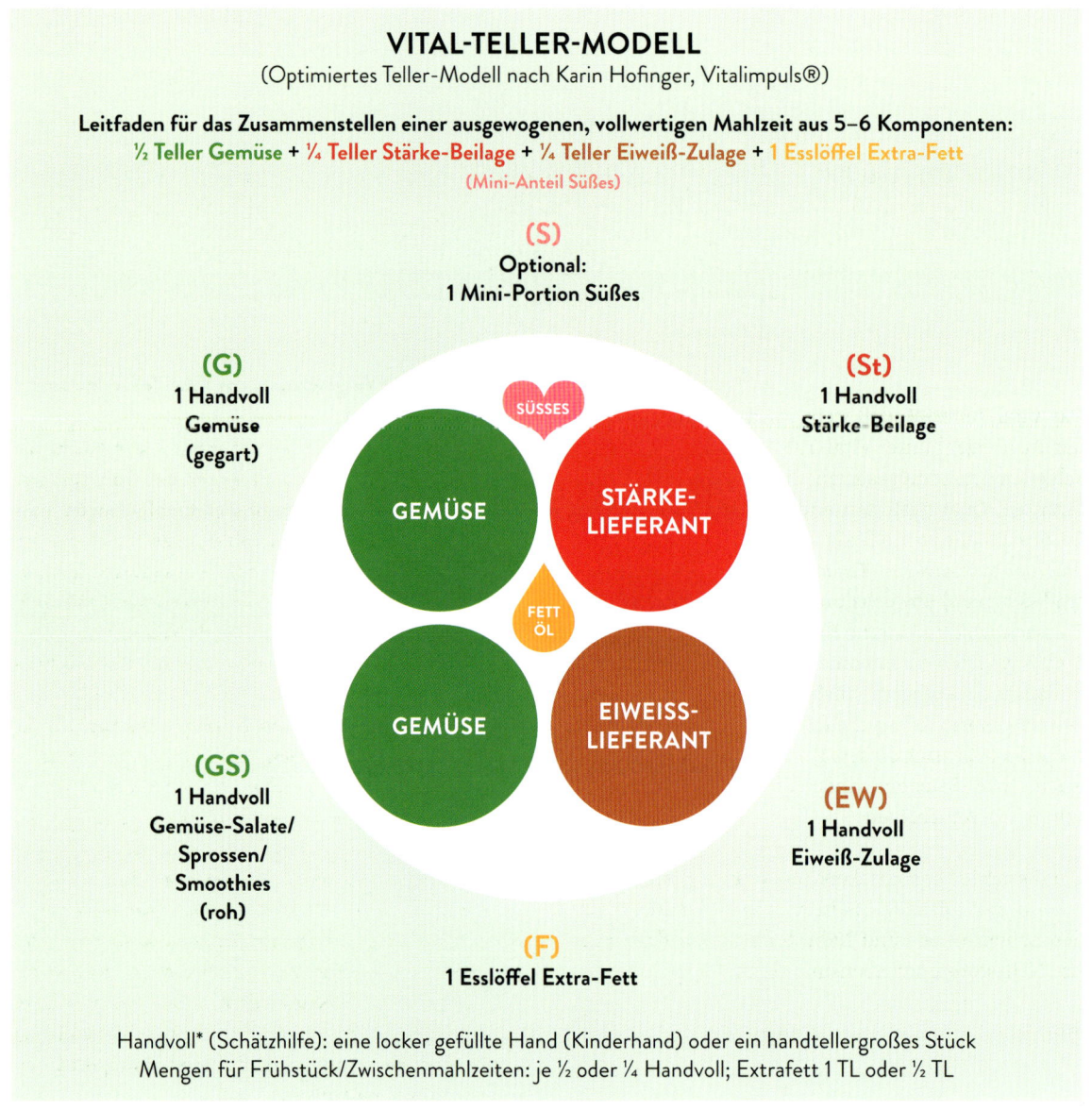

VITAL-TELLER-MODELL
(Optimiertes Teller-Modell nach Karin Hofinger, Vitalimpuls®)

Leitfaden für das Zusammenstellen einer ausgewogenen, vollwertigen Mahlzeit aus 5–6 Komponenten:
½ Teller Gemüse + ¼ Teller Stärke-Beilage + ¼ Teller Eiweiß-Zulage + 1 Esslöffel Extra-Fett
(Mini-Anteil Süßes)

(S)
Optional:
1 Mini-Portion Süßes

(G)
1 Handvoll
Gemüse
(gegart)

(St)
1 Handvoll
Stärke-Beilage

SÜSSES

GEMÜSE

STÄRKE-LIEFERANT

FETT ÖL

GEMÜSE

EIWEISS-LIEFERANT

(GS)
1 Handvoll
Gemüse-Salate/
Sprossen/
Smoothies
(roh)

(EW)
1 Handvoll
Eiweiß-Zulage

(F)
1 Esslöffel Extra-Fett

Handvoll* (Schätzhilfe): eine locker gefüllte Hand (Kinderhand) oder ein handtellergroßes Stück
Mengen für Frühstück/Zwischenmahlzeiten: je ½ oder ¼ Handvoll; Extrafett 1 TL oder ½ TL

* Bei intensivem Sport oder körperlicher Schwerarbeit dürfen es auch größere, optimal an den Bedarf angepasste Mengen sein.

Die Vital-Teller-Abschnitte mit ihren Farben stehen für die wichtigsten Gruppen an Nährstoff-Lieferanten:
Grob vereinfachend sind hier bewusst nur die „Haupt-Nährstoffe" der Lebensmittel im Blick. Details zu den Lebensmittelgruppen und Nährstoffen finden Sie auf folgenden Seiten und im „Lebensmittel-/Nährstoff-ABC" ausführlich beschrieben.

Gemüse (G) Stärke-Beilagen (St) Eiweiß-Zulagen (EW) Fette und Öle (F) Optional: Süßes (S)

- **Gemüse (G):** über 100 Sorten (außer fettreiche Ölfrüchte wie Avocado und Oliven, die als **(F)** zählen)
- **Stärke-Beilagen (St):** Vollkorn-Getreide/-Brot/-Reis/-Nudeln, Ersatzgetreide, Kartoffeln/Stärke-Knollen etc.
- **Eiweiß-Zulagen (EW):** Hülsenfrüchte inklusive Soja, Eier, Milchprodukte, Fisch und Fleisch
- **Fette und Öle (F):** kaltgepresste Pflanzenöle, Nüsse, Ölsaaten, Ölfrüchte, Butter/Ghee, Süßrahm etc.
- **Optional: Süßes (S):** 1 Handvoll Obst oder eine Miniportion eines anderen süßen Desserts

Das Vital-Teller-Modell steht für das Zusammenstellen unzähliger bunter Vital-Teller-Varianten: mit verschiedensten Gemüsesorten, Stärke- und Eiweiß-Lieferanten, Qualitätsfetten und kleinen „Süßigkeiten". So einfach und so vielfältig zugleich. Indem Sie *innerhalb der symbolischen Teller-Abschnitte* (Haupt-Nährstoff-Gruppen) abwechslungsreich tauschen, können Sie nach Lust und Laune Ihre eigenen ausgewogenen Lieblingsgerichte komponieren. Sie können aber auch einfach meine Rezepte – insbesondere die Hauptmahlzeiten-Menüs mit ihren Varianten nachkochen, denn diese sind alle nach diesem Prinzip zusammengestellt. Auch Einzel-Bausteine finden Sie im Rezeptteil (S. 37) mit Menü-Vorschlägen.

Details zur Lebensmittelauswahl (Zutatenliste) finden Sie auf den folgenden Seiten und Informationen zu den Lebensmittel- und Nährstoffgruppen finden Sie im „Nährstoff- und Lebensmittel-ABC".

Exkurs zur Vorgeschichte des Vital-Teller-Modells:

E s ist mein Herzensanliegen, dass ratsuchende Kunden, Klienten, Patienten und Vortragshörer meine gesunden Ernährungs-Empfehlungen umsetzen. Als Mikronährstoff-Spezialistin nenne ich das „orthomolekulares Kochen" – die Kunst der gesunden Kombination. Denn „orthos" bedeutet „gut, richtig" und Moleküle sind letztlich die kleinsten chemischen Bestandteile beim Kochen. Deshalb habe ich – inspiriert durch die ayurvedische Küche – mit meinem Vital-Teller-Modell ein praktisches „Strickmuster" für gesundes, vollwertiges (orthomolekulares) Kochen entwickelt. Wie von selbst landen die oft sperrigen (pyramidenförmigen) Ernährungs- und Nährstoff-Empfehlungen der Ernährungs-Fachgesellschaften in einem ausgewogenen, bunten Nährstoff-Mix praktisch auf dem Teller – auch bei eigenen kulinarischen Kompositionen. Mein orthomolekular optimiertes Teller-Modell punktet mit noch mehr Gemüse (dafür weniger Obst) frei nach dem Motto: *„Gemüse ist das bessere Obst"* und – das ist wichtig – mit einer zusätzlichen, dosierten Extraportion an wertvollen Fetten/Ölen.

Erläuterung zum Vital-Teller-Modell und seinen Bausteinen

Hier werden die 5 Haupt-Komponenten eines Vital-Tellers kurz beleuchtet, eine umfassende Zutaten-Übersicht für das Kochen finden Sie auf S. 28.

(G + GS): 2 Handvoll gegartes und/oder rohes Gemüse sollten den halben Teller füllen: *Zur Auswahl stehen über 100 Sorten Gemüse – pure Vitalkost – aromatisch, bunt, knackig, sättigend, vitalisierend, verdauungsunterstützend, kalorienarm, wasser-, mikronährstoff- und ballaststoffreich.* Die meisten Sorten dürfen Sie uneingeschränkt genießen (außer Avocado und Oliven, die wegen des hohen Fettgehaltes zu den wertvollen Fett-Lieferanten zählen). Gemüse sollte schonend gegart und zum Teil als Rohkost verzehrt werden. Zur Auswahl stehen Gemüse-Suppen, -Pfannen, -Currys, -Sticks, -Salate, -Sprossen, -Säfte oder Green Smoothies. Zum Gesundheitswert von Gemüse können Sie im „Lebensmittel-ABC" (S. 256) und zu den einzelnen Sorten im „Gemüse-ABC" (S. 304) nachlesen. Entscheidend ist, dass Gemüse nicht totgekocht und gut gewürzt wird – wie das geht, erfahren Sie im Kapitel „Garen und Würzen" (S. 31) und bei den Kochrezepten (S. 37).

(St): 1 Handvoll Stärke-Beilage (aus stärkereichen Lebensmitteln) füllt ein Viertel des Tellers: *Zur Wahl stehen Vollkorngetreide/-Brot/-Reis/-Nudeln, Ersatzgetreide, Kartoffeln/Stärke-Knollen, Esskastanien.* Stärke gehört zu den komplexen Kohlenhydraten (Mehrfachzuckern), versorgt den Körper mit Energie und sättigt gut – insbesondere gemeinsam mit Ballaststoffen. Sie können aus einer Vielzahl an stärke- und ballaststoffreichen Lebensmitteln wählen, wozu insbesondere Vollkorngetreide(produkte), (glutenfreie) Ersatzgetreide und Kartoffeln gehören. Welche Kohlenhydrate günstig und welche ungünstig sind (z. B. Zucker und Weißmehl), erfahren Sie im „Nährstoff-ABC" (S. 240), vertiefende Informationen zu den Lebensmittelgruppen finden Sie im „Lebensmittel-ABC" (S. 256) und im „Getreide-ABC" (S. 316).

(EW): 1 Handvoll Eiweiß-Zulage (aus eiweißreichen Lebensmitteln) füllt ein Viertel des Tellers: *Zur Wahl stehen Hülsenfrüchte inklusive Soja, Eier, Milchprodukte, Fisch und Fleisch.* Eiweißreiche Lebensmittel sättigen gut und dienen dem Körper vorwiegend als Baustoff- und Ersatzteil-Lieferanten. Sie können aus verschiedensten pflanzlichen und tierischen Eiweiß-Trägern wählen, wobei pflanzliche (wie Bohnen und Linsen) vermehrt verwendet werden sollten und im Gegenzug insbesondere der Wurst- und Fleischkonsum reduziert werden sollte. Warum das so ist, erfahren Sie im „Nährstoff-ABC" (S. 240), im „Lebensmittel-ABC" (S. 256) und im Kapitel „Nachhaltigkeit" (S. 14).

(F): 1 EL Extra-Fett (aus fettreichen Lebensmitteln) rundet eine Vital-Teller-Hauptmahlzeit ab: *Zur Wahl stehen kaltgepresste Pflanzenöle, Nüsse, Ölsaaten, Ölfrüchte, Butter/Ghee, Süßrahm.* Fett ist wichtig zum Sattwerden, für den Geschmack, für die Sämigkeit, für die Aufnahme fettlöslicher Vitamine und als „Schmieröl" für die Geschmeidigkeit und Funktion aller Körperzellen. Obwohl in fast jedem Gericht sowieso schon Fett mit dabei ist (Anschwitzen, Anbraten, Lebensmittel-Inhaltsstoff), dürfen/sollten Sie sich dennoch zusätzlich etwa dreimal am Tag 1 EL kaltgepresstes Pflanzenöl, Nüsse oder Ölsaaten gönnen – ein Teil davon kann auch Butter/Ghee oder Süßrahm sein. Faustregeln für eine gesunde Fettauswahl/Fettzufuhr sowie Qualitätskriterien von Fetten finden Sie im „Nährstoff-ABC" (S. 240) und interessante Details zu Ölen, Ölsaaten und Nüssen im „Lebensmittel-ABC" (S. 256).

(S): Eine kleine Menge Süßes (aus zuckerreichen Lebensmitteln) ist erlaubt: *Zur Wahl stehen beispielsweise 1 Handvoll Obst, 1 EL Trockenobst, 3–4 EL Kompott/Fruchtmus, 1–2 Vollwert-Kekse oder 1 Stück Schokolade.* Zu bedenken ist, dass selbst naturbelassenes Obst neben wichtigen Mikronährstoffen und Ballaststoffen auch fallweise beträchtliche Zuckermengen liefert. Trockenobst, Kompotte und Fruchtmus sind noch zucker- und kalorienreicher, aber durchaus hie und da dosiert „erlaubt", wenn der Rest des Essens gemüsebetont, ballaststoffreich und ausgewogen zusammengestellt ist. Kekse, Kuchen und Schokolade sollten nur ab und zu und in möglichst kleinen Mengen zugeführt werden. Als gesunde „süße" Alternativen bieten sich selbstgemachte, wenig gesüßte Topfen-/Joghurt-Cremen (als Eiweißbaustein) oder praktisch zuckerfreies Gewürz-Lassi an (→ Rezepte, ab S. 182).

Vital-Teller-Gerichte auf einen Blick

Ayurvedisches Gemüse-Duo

(G + G)	2 Handvoll Gemüse: Lauch und Fenchel
(St)	1 Handvoll Reis
(EW)	1 Handvoll Linsen-Dal
(F)	1 EL Ghee/Butterfett/Butter, unsichtbar
(S)	2 EL Chutney

Gemüse-Duo mit Linsen-Dal

(G + G)	2 Handvoll Gemüse: Karotten und Weißkraut
(St)	1 Handvoll (Tomaten-)Reis
(EW)	1 Handvoll Linsen-Dal
(F)	1 EL Cashewkerne als Extraportion Fett
(S)	2 EL Kürbis-Chutney und Weichselpickles

Wild- oder Rindfleisch in Wurzelsauce mit Rotkraut

(G + G)	2 Handvoll Gemüse: Wurzelgemüse-Sauce und Rotkraut
(St)	1 Handvoll Pizzocheri-Buchweizen-Nudeln
(EW)	1 Handteller voll Fleisch
(F)	1 EL Leinöl, unsichtbar, vor dem Servieren übers Kraut
(S)	2 EL Preiselbeeren

Römische Grieß-Schnitten mit Tomatensauce und Gurkensalat

(G + GS)	je 1 Handvoll Tomatensauce **(G)** und Gurkensalat **(GS)**
(St)	1 Handvoll Grieß im Schnittenteig
(EW)	1 Handvoll Ei-Milch im Schnittenteig; Sauerrahm im Salat
(F)	1 EL Olivenöl (im Tomatensugo)
(S)	Dessert, optional: z. B. 1 Handvoll Obst oder 1–2 Vollkornkekse

Polenta-Kürbiskern-Nocken mit Gemüse und Gurken-Salat

(G + GS)	je 1 Handvoll Karotten **(G)** und Gurken-Rucola-Salat **(GS)**
(St)	1 Handvoll Polenta im Nockenteig
(EW)	1 Handvoll Ei, Milch, Käse im Nockenteig, Sauerrahm im Salat
(F)	1 EL Kürbiskerne (in den Nocken)
(S)	Dessert, optional: 1 Handvoll Obst oder 1–2 Vollkornkekse

TIPP!

Bei fast allen Kochrezepten finden Sie Anregungen zum Komponieren und Abrunden von Vital-Tellern mit ausgewogen zusammengestellten Menüvorschlägen und Varianten. Es steht Ihnen frei, die Rezepte einfach nachzukochen oder die Gerichte mittels Austausch innerhalb der Vital-Teller-Abschnitte (Nährstoffträger/Lebensmittelgruppen) nach Belieben abzuwandeln, um ganz nach Ihrem persönlichen Geschmack und mit den Zutaten Ihrer Wahl zu kochen. Mit Hilfe des „Vital-Teller-Strickmusters" **(G + GS)** + **(St)** + **(EW)** + **(F)** + optional **(S)** wird gesundes Kombinieren, Kochen und Essen mit der Zeit ganz selbstverständlich.

Zutaten-Vielfalt für Vital-Teller-Gerichte

Hier können Sie das weite Spektrum an möglichen Vital-Teller-Varianten überblicken. Für die Kochpraxis von Hauptmahlzeiten dürfen Sie *innerhalb der Teller-Abschnitte Ihre Zutaten frei auswählen* – ganz nach Belieben und Verträglichkeit. Zu den Mengen: Für das Frühstück, kleine Zwischenmahlzeiten oder bei wenig Hunger nehmen Sie je Baustein 1/2 oder 1/4 Handvoll und beim Extrafett 1 TL oder 1/2 TL. Bei intensivem Sport oder körperlicher Schwerarbeit dürfen es auch größere, optimal an den Bedarf angepasste Mengen sein.

●● (G/GS) Gemüse und Salate etc.: ~ 2 Handvoll gegartes und/oder rohes Gemüse (½ Teller)

(G) Gemüse, schonend gegart: ~1 Handvoll
Gemüse-Suppen, -Beilagen, -Eintöpfe, -Snacks

Zur Auswahl stehen über 100 Sorten Gemüse – pure Vitalkost – aromatisch, bunt, knackig, sättigend, vitalisierend, verdauungsunterstützend, kalorienarm, wasser-, mikronährstoff- und ballaststoffreich. Die meisten Sorten dürfen Sie uneingeschränkt genießen (außer Avocado und Oliven, die wegen des hohen Fettgehaltes zu den wertvollen Fett-Lieferanten zählen).
• *Faustregeln Gemüsezufuhr →*
„Lebensmittel-ABC"
• *Gängige Gemüsesorten →*
„Gemüse-ABC"

(GS) Gemüse-Rohkost-Salate: ~ 1 Handvoll
Gemüse-Sticks, -Säfte, -Smoothies, Gemüse-Sprossen, Gemüse-Samen, Kräuter-, Wildkräuter-Salate, -Drinks

Zur Auswahl stehen über 100 Sorten Gemüse – pure Vitalkost. Nicht als Rohkost eignen sich (mit wenigen Ausnahmen) die botanisch zum Gemüse zählenden Hülsenfrüchte, denn diese enthalten im Rohzustand giftige Lectine, vor allem in der Schale!
• *Hülsenfrüchte →* „Lebensmittel-/Gemüse-ABC"

Ergänzende „grüne" Vitalstoff-Konzentrate:
Gewürze-/(Wild-)Kräuter
→ *„Kräuter-/Gewürz-ABC"*
→ *„Lebensmittel-ABC"*

Ergänzende Getränke:
Kräutertees, Grüntee (in Maßen)

● (St) Stärke-Beilagen: ~ 1 Handvoll (¼ Teller)

Getreide/Ersatzgetreide(-produkte): Frischkorn, Keimlinge/Sprossen, Vollkorn-Flocken/-Mehl/-Brot/-Grieß/-Nudeln
Getreide-Sorten: Dinkel, Grünkern, Hafer, Gerste (Graupen), Einkorn, Emmer, Hartweizen (Couscous, Bulgur), Kamut, Triticale, Weizen
Glutenfreie Ersatzgetreide-Sorten: Amaranth, Braunhirse, Hirse (Sorghum), Mais/Polenta, Spezialhafer, Reis, Quinoa, Wildreis/Wildgräsersamen
Stärke-Knollen (glutenfrei): Kartoffeln, Bataten, Topinambur, Maniok
Schalenfrüchte (glutenfrei): Esskastanien und Maroni

Ergänzende „Getränke":
Hafer- und Reismilch
• *Faustregeln Kohlenhydratzufuhr →* „Nährstoff-ABC"
• *Getreide →* „Getreide-ABC"

◗ (F) Extraportion wertvolles Fett: ~ 1 EL

Pflanzliche Fette: Kaltgepresste, native Pflanzenöle • Nüsse, Mandeln, Ölsaaten, Samen/Kerne • Ölfrüchte wie Avocado und Oliven
Tierische Fette: Butter und hausgemachtes Butterschmalz/Ghee, Süßrahm, Mascarpone
• *Faustregeln Fettzufuhr →* „Nährstoff-ABC"
• *Details zu Ölen/ Nüssen etc. →* „Lebensmittel-ABC"

● (EW) Eiweiß-Beilagen: ~1 Handvoll (¼ Teller)

Pflanzliche Eiweiß-Lieferanten:
Hülsenfrüchte: (Soja-)Bohnen, Erbsen, Kichererbsen, Linsen, Lupinen, Mungbohnen(sprossen)/„Sojasprossen"
Tierische Eiweiß-Lieferanten: Milch/Milchprodukte (auch in Desserts), Eier/ Ei-Produkte, Fisch/ Fischprodukte, Fleisch/ Fleischprodukte (z.B. Schinken), Weichtiere, Meeresfrüchte (selten essen, wegen Schadstoffen!)

Ergänzende „Getränke":
Natur-Molke, Magermilch, Buttermilch, Gewürz-Lassi, ungesüßte Sojadrinks
• *Faustregeln Eiweißzufuhr →* „Nährstoff-ABC"
• *Eiweiße/Proteine →* „Lebensmittel-ABC"

♥ (S) **Süßes: sparsam!** *Zuckerzufuhr →* „Nährstoff-ABC" und Süßrezepte

Nährstoff-Info zum Vital-Teller-Modell:

(Details → „Lebensmittel-/Nährstoff-/Vitalstoff-/Gemüse-/Getreide-/Kräuter-/Gewürz-ABCs")

- **Die meisten Gemüse (Kräuter und Gewürze)** sind besonders kalorienarm und vitalstoffreich: Sie liefern viel Wasser, reichlich Ballaststoffe, komplexe Kohlenhydrate sowie Enzyme und viele Mikronährstoffe:
  Vitamine: insbesondere B-Vitamine, Vitamin C, Vitamin K, auch Vitamin A, E und D (in Spuren)
  Mineralstoffe: insbesondere Magnesium, Kalium, Calcium, Eisen, Kupfer, Mangan, (Selen) und Zink
  Sekundäre Pflanzenstoffe: verdauungsfördernde ätherische Öle/Aromen, Chlorophyll, galletreibende Bitterstoffe, zellschützende/antioxidative Carotinoide wie Betacarotin/Provitamin A, Lutein und Lycopin, immunstärkende Glucosinolate/Senföle/Scharfstoffe wie Sulforaphan (Broccoli), antioxidative Flavonoide und Polyphenole wie Resveratrol, Gerbstoffe wie Epicatechine, entgiftende Sulfide etc., aber fallweise auch Oxalat und Nitrat.

- **Stärke-Beilagen in Vollwert-(Vollkorn-)Qualität** liefern vorwiegend Stärke, weitere komplexe Kohlenhydrate und Ballaststoffe, einfache Kohlenhydrate (Zucker), Eiweiß (essenzielle Aminosäuren), sekundäre Pflanzenstoffe, viele Mineralstoffe, Vitamine (bes. B-Vitamine), Eiweiß; Getreide-Keimöl: essenzielle Fettsäuren, Lecithin, Vitamin E.

- **Eiweiß-Zulagen** liefern tierisches und pflanzliches Eiweiß (mit essenziellen Aminosäuren), Fett, Wasser, Vitamine, Mineralstoffe, Ballaststoffe*, komplexe Kohlenhydrate*, sekundäre Pflanzenstoffe wie Saponine* „Phytoöstrogene*" (Soja), giftige Lektine* – * in Hülsenfrüchten (Lektine nur im Rohzustand)

- **Qualitäts-Fette** liefern gesättigte und (essenzielle) ungesättigte Fettsäuren, fettlösliche Vitamine (A, E, K, in Spuren Vitamin D) sowie Carotinoide, Lecithin und viele weitere sekundäre Pflanzenstoffe.

- **Süßes in fester und flüssiger Form** liefert viel Zucker, fallweise auch Fett – im Falle von Obst auch Mikronährstoffe und Ballaststoffe. Die restlichen Zutaten entscheiden also über die Gesamtqualität im Verhältnis zum Zuckergehalt. Beispielsweise punkten leicht gesüßte Topfen-/Joghurtcremen (→ Rezepte, S. 186) mit einem Plus an Eiweiß- und Calcium bei relativ geringem Zuckergehalt.

- **Getränke und getränkeartige, verflüssigte feste Lebensmittel**[7] liefern viel Wasser und können bei guter Auswahl einen zusätzlichen wertvollen Beitrag zum Nährstoff-Mix, also auch Anteile im Vital-Teller-Modell, ersetzen oder ergänzen. Dies gilt insbesondere für Gemüsesäfte, Gemüse-/Obst-(Nuss-, Öl-, Milch-)Smoothies, eiweißhaltige, verdünnte Milch-Drinks oder auch verdünnte Fruchtsäfte.

HINWEIS!

⊖ Bei ungeschickter Auswahl können Getränke beträchtliche Energie- und Zuckermengen enthalten – ganz besonders in Form von alkoholischen Getränken, Limonaden, Säften, Saftgetränken, Nektaren und süßen Trinkjoghurts (allesamt flüssige Naschereien). Selbst frisch gepresste Fruchtsäfte enthalten beträchtliche Zuckermengen! Daher empfiehlt sich eine 1:4-Mischung/Verdünnung mit Gemüse oder Wasser, insbesondere bei Gewichts-, Leber- oder Zuckerstoffwechsel-Problemen. Achten Sie einmal bewusst darauf, wie viele Orangen Sie auspresssen müssen für 1 Glas Saft – würden Sie diese Orangen als Ganzes „auf einen Sitz" essen? Im zweiten Fall hätten Sie etwas zum genüsslichen Kauen im Mund gehabt, Sie wären eine Zeitlang damit beschäftigt, es wäre der Bauch voller und Sie hätten mehr Ballaststoffe zu sich genommen. Jedenfalls führen Sie mit 3–4 Orangen zu viel Zucker, insbesondere appetitsteigernden Fruchtzucker zu.

---

7. Verflüssigte Nahrung ist kein (durstlöschendes) Getränk im ernährungswissenschaftlichen Sinn.

Menü-Beispiele nach dem Vital-Teller-Modell

Leichtes vitalstoffreiches Abendbrot

Hier sehen Sie einige Menü-Vorschläge für vollwertige, vegetarische, eher leichte Abendmahlzeiten, wobei innerhalb einer Spalte die Lebensmittel-Bausteine nach Belieben austauschbar sind. Diese köstlichen Gerichte sättigen sanft, fördern guten Schlaf und lassen (insbesondere bei Verzicht auf das Süße) keinen Heißhunger entstehen und dienen damit langfristig zur Verbesserung der Figur und des Gesundheitszustandes. Falls Sie (am Abend) Rohkost nicht vertragen, empfehle ich stattdessen mehr gedünstetes/gekochtes Gemüse zu genießen. Im Rezeptteil (S. 37) finden Sie übrigens viele der hier aufgezählten Gerichte sowie eine kleine Tabelle mit Frühstücks-Vorschlägen.

Im Rezeptteil finden Sie bei den meisten Gerichten entsprechende Vital-Teller-Menü-Vorschläge, bei denen natürlich innerhalb der Längsspalten genauso frei getauscht und variiert werden kann.

●● Gemüse-Bausteine (G + GS): ~2 Handvoll, 1 davon roh	● Stärke-Beilage (St): ~1 Handvoll	● Eiweiß-Zulage (EW): ~1 Handvoll	● Extra-Fett (F): ~1–2 EL	♥ Süßes (S): wenig, optional
Sellerie-Kartoffel-Suppe Sprossen/Salat	Vollkorn-Brot	Topfen-Kräuteraufstrich	5–7 Cashewkerne 1 TL Leinöl	1 Handvoll Obst
Tomatensauce Sprossen/Salat	Spaghetti	Mozzarellastreifen mariniert	3–4 Walnüsse 1 TL Olivenöl	2 Dörrpflaumen
Gemüse-Curry Sprossen/Salat	Couscous/Quinoa	Panir-/Mozzarella-Stückchen	1 TL Walnussöl im Salat 1 EL gehackte Walnüsse Ghee als Kochfett	2 Vollkorn-Kekse
Fenchelgemüse Sprossen/Salat	Pellkartoffeln	Naturschnitzel/Fischfilet	1 EL Hanfsamen 1 TL Hanföl	3–4 EL Apfelmus
Lauch-Gemüse Sprossen/Salat	Polenta	Tofuwürfel	1 EL Leinsamen 1 TL Olivenöl	1 Glas Lassi
Gemüse-Curry Sprossen/Salat	Vollkorn-Reis	Sojasprossen	5–6 Mandeln 1 TL Rapsöl	1/2 Handvoll Schokopudding
Linsensuppe Sprossen/Salat	Leinsamen-Cracker	Ricotta-Aufstrich	1 EL Leinöl im Aufstrich 1 TL Olivenöl	1 Handvoll Obst
Zucchini-Pfanne Sprossen/Salat	Kartoffelsalat	Sauerrahm-Dip	3–4 Walnüsse (Dessert) 1 TL Kürbiskernöl	1 Handvoll Natur-Joghurt mit Obst und Nüssen
Lauch-Fenchelgemüse Sprossen/Salat	Hirse/Amaranth	Schafskäsewürfel	1 EL Kürbiskerne 1 TL Rapsöl	5–10 Rosinen
Tomate-Melanzani-Gemüse Sprossen/Salat	Mischbrot/Quinoa	Rührei/Spiegelei	1 EL Pinienkerne 1 TL Olivenöl	3–4 EL Obstsalat (ungezuckert)
Krautfleckerl (Weißkraut) Sprossen/Salat	Vollkorn-Fleckerlnudeln	(im Dessert)	2 Paranüsse 1 TL Sojaöl	1 Handvoll Topfencreme
Rotkraut Sprossen/Salat	(in den Nocken)	Topfen-Nocken	1 EL Butter/Leinöl 3–4 Walnüsse	1 Handvoll Obst

GAREN UND WÜRZEN

Bevor es mit dem Kochen losgeht, erhalten Sie hier noch ein paar grundlegende Tipps zum Garen sowie Inspirationen für raffiniertes und gesundheitsförderliches Würzen.

Schonende Garverfahren

Im Grunde geht es darum, Lebensmittel (insbesondere Gemüse) möglichst schonend und schnell zu verarbeiten und so sanft zu garen, dass die teilweise sehr empfindlichen Mikronährstoffe und sonstigen Wertstoffe möglichst erhalten bleiben. Vieles wird – im Vergleich zu rohem Verzehr – im Allgemeinen durch sanftes Garen bekömmlicher und leichter verdaulich. Die Hitliste der Gar-Verfahren finden Sie hier:

⊕ ⊕ ⊕ Dünsten: sanftes, möglichst kurzes Wärmen mit wenig Flüssigkeit
⊕ ⊕ ⊕ Dampfgaren: Dampfgarer, Dampfeinsatz, Schnellkochtopf
⊕ ⊕ Kochen: Kochgut immer in bereits siedendes Wasser einlegen (auch im Schnellkochtopf)!
⊕ Braten: kurzes „Vergolden" in heißem (keinesfalls rauchendem) Fett
⊕ Backen: besser bei 180 °C als bei höheren Temperaturen
⊖ langes Warmhalten, mehrfaches Aufwärmen
⊖ ⊖ Braten und Backen in großer Hitze, mit dunklen Krusten
⊖ ⊖ ⊖ Frittieren; Grillen am offenen Feuer

Ein Teil der Lebensmittel kann und sollte auch roh und möglichst frisch verzehrt werden, wie beispielsweise Obst, Gemüse, Salate und Kräuter. Rohkost in großen Mengen ist aber nicht für jeden Menschen nützlich und verdaulich (für Kranke oft überhaupt nicht), auch wenn fanatische „Rohköstler" darauf schwören. Bestimmte Lebensmittel müssen sogar unbedingt gegart werden, um überhaupt genießbar und nicht giftig auf den Körper zu wirken. Das betrifft vorwiegend Kartoffeln und die meisten Hülsenfrüchte. Aber auch bei einigen Wildkräutern ist ein kurzes Überbrühen vor dem Genuss eines Smoothies oder „Spinats" aus meiner Sicht sehr wichtig – insbesondere bei der Brennnessel, um die Brennhaare zu „entschärfen".

TIPP!

⊕ Zum Erhitzen empfehlen sich hitzestabile Öle/Fette wie gewöhnliches Olivenöl, Rapsöl (neutral im Geschmack) oder in Maßen auch hausgemachtes Butterschmalz/Ghee und Kokosfett. Zum cremigen Abrunden warmer Gerichte bieten sich insbesondere Butter und Süßrahm an. Für die kalte Küche oder zum Beträufeln von warmen Gerichten direkt vor dem Servieren eignen sich auch empfindliche kaltgepresste (extra vergine) Öle. Nähere Informationen zur Auswahl von geeigneten Fetten/Ölen und Faustregeln für eine gesunde Fett-Zufuhr finden Sie im „Nährstoff-ABC".

HINWEIS!

⊖ Beim Frittieren, Backen und Braten von Kohlenhydrat-Eiweißmischungen wie Kartoffeln, Palatschinken, Brot, Kuchen und Keksen empfiehlt es sich, diese nur zu schonend zu vergolden. Denn beim zu scharfen (zu dunklen) Anbraten, insbesondere beim Frittieren und Anbrennen bildet sich giftiges Acrylamid – ein verzuckertes, für den Körper unspaltbares Eiweißmolekül. Relativ viel Acrylamid ist daher in Pommes Frites, Fertig-Crackern, Chips & Co. enthalten – noch ein zusätzlicher Grund, auf solche Salz-Fett-Bomben zu verzichten.

Von der Kunst des Würzens

Schonendes Zubereiten und vor allem das geschmackvolle und zugleich heilsame Würzen ist das Geheimnis guter - insbesondere vegetarischer und veganer - Küche. Nichts ist langweiliger als die in Gasthäusern oft als einziges vegetarisches Gericht

Uromis Rezepte

Persönlicher Exkurs in die Vergangenheit:

Einst gab es Zeiten, da waren die einfachsten Gewürze (zumindest in der Stadt) so rar, dass eine Einbrennsuppe mit Kümmel schon fast eine Besonderheit war. An frischen Kräutern, Gemüse, Obst, Eiern, Milch und Fleisch herrschte sowieso rundherum Mangel. In dem mit wunderschöner Handschrift geschriebenen Kochbuch meiner Urgroßmutter Grete ist (neben der abgebildeten Anleitung zum Essig-Herstellen) beim Rezept von „Kriegs-Kümmelsuppe mit Eingetropftem" bei der Zutat Kümmel zu lesen „falls verfügbar" und „wenn möglich, mit gerösteter Zwiebel verbessern". Es berührt mich tief, solche persönlichen Einblicke in eine Zeit zu bekommen, die „wir Jungen" (50-Jährigen) uns gar nicht mehr richtig vorstellen können. Es findet sich darin beispielsweise auch ein eingeklebter Zeitungsausschnitt mit dem Titel „Rezepte der Notzeit", wo ein Rezept für eine Marmelade aus weichgekochten Bohnen von einer Frau Marianne aus Mürzzuschlag beschrieben wird, die mit etwas Milch und Zucker abgerundet etwas nach Kastanien schmecken soll. Da überkommt mich beim Lesen die Demut und ich bemühe mich, umso achtsamer zu kochen und zu essen … Und es wird eine Erinnerung an meine Uromi wach, wie sie aus unzähligen winzigen Wollresten, die sie mit ihren krummen Fingern zusammengeknotet und zu Knäueln aufgewickelt hatte, quadratische Fleckerln gestrickt und daraus Decken gehäkelt hat. Da hatte ich in der Volksschule gerade erst Stricken gelernt und sie hat mir (heimlich) weitergeholfen. Diese unverwüstlichen Decken, das Kriegs-Kochbuch (u. a. mit dem hier weitergegebenen Hafer-Vanillekipferl-Rezept) und unser traditionelles Familienweihnachtsessen nach Gretes Nachkriegs-Rezept (→ Rindsbraten in Wurzelsauce, S. 89) leben noch weiter – auch in diesem Buch.

→ Rezept, S. 52; → Rezept, S. 53; → Rindsbraten in Wurzelsauce, S. 89

Bunte, aromatische Gewürze machen glücklich und sind zugleich köstliche Medizin. Lassen Sie daher Ihrer Experimentierfreude beim Würzen gewissermaßen freien Lauf, spielen Sie mit Farben und Aromen, aber überstürzen Sie dabei nichts. Schmecken Sie immer wieder genüsslich ab und genießen Sie diese sinnliche Prozedur. Die Einzelgewürze mit ihren Inhaltsstoffen finden Sie im „Gewürz/Kräuter-ABC" näher beschrieben. ⊖ Meiden Sie industrielle Fertigwürzen, -saucen und -dressings sowie herkömmliche Suppenwürfel, denn sie alle enthalten viel Salz, künstliche Geschmacksverstärker und oft auch Zucker.

angebotene Gemüseplatte mit Ei, wenn sie schlecht gewürzt und das Gemüse quasi „totgekocht" ist. Da verwundert es nicht, dass viele Menschen vegetarisches Essen als öde abstempeln.

Würzen mit Pfiff

Basic:
Salz, Pfeffer, fallweise Essig/Zitrone sowie etwas kaltgepresstes Öl/Butter sind praktisch überall dabei – das allein kann aber geschmacklich zu fade sein. Allerdings gilt bei manchen sehr aromatischen Gemüsesorten wie Spargel oder frischen Wildgemüsen beim Würzen die Regel „weniger ist mehr", um den typischen Geschmack nicht zu übertünchen. Fallweise genügt sogar nur eine Prise Salz.
TIPP! *Die Säure von Essig/Zitronen erleichtert nicht nur die Verdaulichkeit von Rohkost, sondern reduziert die Keimzahl und verbessert die Vitamin-C-, Zink- und Eisenaufnahme.*

Einheimisch traditionell:
Gemüsewürze aus dem Glas (→ Rezept, S. 52), getrocknete einheimische Gewürz-Kräutermischungen – ohne Zusatz von ⊖ Glutamat!, Kräutersalz (→ Rezept, S. 53), frische Küchenkräuter oder Tiefkühl-Kräuter nach Wahl wie Dill, Petersilie und Schnittlauch oder Wild-/Bergkräuter wie Bergbohnenkraut, Dost (wilder Ma-

joran), Gundelrebe, Kresse, Pimpinelle, Breitwegerich, Quendel, vielleicht aufgepeppt mit exotischen Gewürzen wie Chili, Muskatnuss (ideal zu Spinat-Arten) und Paprika oder auch bei süßlich-milden Gemüsen mit/ohne Bärlauch, Lauch, Knoblauch und Zwiebel

Mediterran:

Basilikum, Chili, Knoblauch, Oregano, Paprika, Provence-Kräutermischungen, Rosmarin, Thymian, Ysop, Zwiebel; auch Anchovis, Kapern, Oliven, Sardellenpaste und Zitrone.

TIPP! *Getrocknete Gundelrebe, ein stark wucherndes einheimisches Wildkraut, kann Provence-Kräuter ersetzen.*

Arabisch angehaucht:

Ingwer, Kardamom, Knoblauch, Koriander, Kurkuma, Kreuzkümmel, Paprika, Sesampaste, Sesam geröstet, Zimt etc. oder mit traditionellen Gewürzmischungen wie „Baharat", „Harissa", „Kubbeh", „Ras-el-Hanout", „Zatar" oder auch „Sieben-Gewürz" und Falafel-Gewürz

BEGRIFFS-INFO: CURRY, MASALA, CHURNA

In unseren Breiten wird unter Curry meist ein gelbes Gewürzpulver oder auch eine orientalische Gewürzmischung verstanden. Die wenigsten wissen, dass dessen/deren Farbe von Kurkuma/Gelbwurzel stammt und nicht von der Currypflanze. In Indien bedeutet „Curry" einfach Gericht „mit Sauce". Indische Currys werden mit möglichst frisch zusammengestellten Gewürzmischungen/Masalas gewürzt, worin neben vielen anderen getrockneten Gewürzen meist auch Kurkumapulver und auch zerstückelte grüne Curryblätter enthalten sind. Mit einer Masala oder einer Curry-Mischung können Sie im Prinzip aus jedem „saucigen" Gemüse-, Hülsenfrucht-, Fisch- oder Fleischeintopf ein „indisch inspiriertes" Curry-Gericht zaubern. Masala-Chai ist eine typische Gewürzmischung für Tee (→ Chai-Rezept, S. 184). Churnas sind „typgerechte" ayurvedische Gewürzpulver-Mischungen (→ S. 34).

Indisch:

Traditionell wird in Indien frisches Ghee zum Anbraten der Gewürze verwendet. Es ist aber nicht jedermanns Geschmack, da es bei mangelnder Frische manchmal einen leicht ranzigen oder kuhstallartigen Geschmack haben kann. Ghee entspricht unserem bäuerlichen, traditionell am Herd ausgelassenen Butterschmalz (→ Rezept, S. 47). Sie können aber genauso gut geschmacksneutrales Rapsöl zum Anbraten verwenden. Zur Wahl stehen einzelne Gewürze, indische Gewürzmischungen/Masalas wie das Fünfgewürz/Panch-Phoron oder ayurvedische Gewürzmischungen/Churnas. Die meisten Gewürze werden in großen Mengen, meist kaffeelöffel- oder gar esslöffelweise verwendet und die Saucen am Schluss mit einem zusätzlichen Schuss Fett, wie z. B. Kokosmilch oder Süßrahm, abgerundet. Das ergibt die typischen sämigen Gewürz-Saucen/Currys, die dem Gemüse eine besonders aromatische Note geben. Wenn der halbe Teller mit Gemüse gefüllt ist, ist dieses Fett auch kein Problem – im Gegenteil sogar gesund.

Traditionelle Einzelgewürze der indischen Küche:
Gemüsezwiebeln und Rhizome: Ingwer, Knoblauch, Kurkuma, Zwiebel • ganze getrocknete Pflanzenteile und Pulver: Ajowan/Ammei, Amchur/Mangopulver, Asa Foetida/Stinkasant, Bockshornkleesamen, Chili, Curryblätter, Galgant, Kardamom, Koriander, Kreuzkümmel/Kumin, Kurkuma/Gelbwurzel, Lorbeerblätter, Macis, Muskat, Nelken, Palmzucker, Piment, schwarzer und weißer Pfeffer, langer Pfeffer/Pippali, Rosenwasser, Senfsamen, Schwarzkümmel, Tamarindenpaste, Vanille, Zimt

Beliebte Gewürz-Mischungen/Masalas:
Garam-Masala vor allem für Fleisch, Korma-Masala für Gemüse, Tandoori-Masala für Geflügel • Panch-Phoron/Fünfgewürz (körnig oder pulvrig) für fast „alles": Bockshornklee, Fenchel, Kreuzkümmel, Schwarzkümmel, Senf

Ayurvedisch:

Die ayurvedische Kochkunst (→ Exkurs S. 35) ist die bioenergetisch ausgewogene Gesundheitsvariante der indischen Küche. Das Würzen erfolgt grundsätzlich

Das Geheimnis der typischen Aroma-Entwicklung der indischen und ayurvedischen Küche ist das aufeinanderfolgende Anrösten aller Gewürze in heißem Fett (Ghee/Öl) in einer gewissen Reihenfolge:

1. Körnige Gewürze anrösten, bis sie knistern, duften und teilweise aufplatzen.
2. Gehackte Zwiebeln, Ingwer und Knoblauch sanft mitschwitzen.
3. Gewürzpulver dazugeben und einmal aufschäumen lassen.
4. Gemüse/Hülsenfrüchte/Kartoffeln/Fleisch/Fisch dazugeben und durchrühren.
5. Aufgießen mit ein wenig Wasser, fallweise mit Orangensaft/Zitronensaft.
6. Zugedeckt sanft garen.
7. Salzen.
8. Sauce mit Ghee/Kokosmilch/Sojarahm/Süßrahm abrunden.
9. Abschmecken und gegebenenfalls mit Churna der Wahl nachwürzen.

milder und energetisch ausgleichend bezogen auf die aktuelle körperliche und geistig-seelische Verfassung (und den zu Grunde liegenden Konstitutionstyp) des Essers, indem die Gewürze und Zutaten harmonisch und ausgleichend aufeinander abgestimmt werden. Die Grundprinzipien der ayurvedischen Küche sind mit professioneller Unterstützung erlernbar und problemlos mit einheimischen/vertrauten Zutaten umsetzbar. Dabei sind bewährte ayurvedische Gewürzpulvermischungen/Churnas – insbesondere zum Nachwürzen kurz vor dem Servieren – sehr hilfreich: *Vata-Churna* ist wärmend-blähungsmindernd-beruhigend, *Pitta-Churna* ist mild-kühlend-besänftigend, *Kapha-Churna* ist scharf-hitzend-belebend. Ein neutral-ausgleichender *Tridosha-Churna* ist beispielsweise eine Mischung aus Asant, Bockshornkleesamen, Ingwer, Koriander, Kreuzkümmel, Kurkuma und Salz. Auch ayurveda-inspirierte „Kurkuma-Latte"-Gewürzmischungen von Sonnentor können in diesem Sinne verwendet werden.

Asiatisch (Wok-artig):

Mit traditionell hergestellten Thai-Curry-Mischungen und Sojasaucen wie Shoyu und anderen fermentierten Würzen wie Miso oder Tempeh, wobei sie alle ungünstig bei Überempfindlichkeit auf Glutamat sind. Zu beliebten Asiagewürzen gehören auch Thai-Basilikum, chinesischer Schnittlauch, Galgant, Kokosmilch und Zitronengras.

Blähungsmindernd:

Bei Kohlgemüse und Hülsenfrüchten rate ich dazu, verstärkt blähungslösende Gewürze einzusetzen: Ajowan, Anis, Basilikum, Dill, Fenchel, Kamille, Kardamom, Koriander, Kreuzkümmel, Kümmel, Kurkuma, Lorbeerblätter, Nelken, Oregano, Pfefferminze und Vata-Churna. Ganz besonders gut wirkt eine kleine Prise Asa Foetida/Stinkasant – diese wirkt oft Wunder bei Personen, die sehr leicht mit Völlegefühl und Blähungen reagieren.

Verdauungsfördernd:

Bei Darmträgheit und/oder bei schweren, potenziell stopfenden Gerichten sind – vorausgesetzt, dass die Schärfe vertragen wird – folgende Gewürze empfehlenswert: Chili, Ingwer, Kurkuma, Nelken, Paprika, Piment, Piri-Piri-Mischung (Zwiebel, Chili, Pfeffer, Paprika, Knoblauch, Salz), grüner/schwarzer Pfeffer, langer Pfeffer/Pippali, ayurvedische Mischungen wie Kapha-Churna oder Trikatu (Ingwer, schwarzer und langer Pfeffer).

Da dieses Buch ayurvedisch inspiriert ist, meine diesbezüglichen Diplome/Erfahrungen integrativ in dieses Buch einfließen und sich dies auch punktuell mit praktischen Tipps und Rezepten zeigt, möchte ich hier ein paar grundlegende Dinge zum Ayurveda vorstellen.

Das jahrtausendealte ayurvedisch-yogische Wissen (veda) ist sowohl ein traditionelles „Medizinsystem" als auch eine umfassende spirituelle Lebensphilosophie. Das zugrundeliegende Weltbild basiert auf der Lehre der alles durchdringenden und formenden 5 grobstofflichen Elemente. Die Elemente Raum, Luft, Feuer, Wasser und Erde manifestieren sich in der Natur und daher auch im Menschen in drei dynamischen Bioenergien, den sogenannten Doshas: Vata, Pitta und Kapha. Das Bewegungsprinzip Vata repräsentiert die Elemente Raum und Luft, das Transformationsprinzip Pitta spiegelt primär das Feuer-Element und das Strukturprinzip Kapha generiert sich aus Wasser und Erde. Die Doshas/Elemente sind in jedem Menschen[8] in unterschiedlichem Ausmaß angelegt und aktuell individuell ausgeprägt. Dies ist die Grundlage der ayurvedischen Medizin mit ihrer Konstitutionslehre, bei der man 3 Grundtypen und 9 Mischtypen unterscheidet. Das Essen wird daher maßgeschneidert auf den jeweiligen Menschen - insbesondere auf dessen aktuelle körperliche und geisti-

ge Reaktionslage, sowie auf den zu Grunde liegenden Konstitutionstyp. Hierbei werden neben tages- und jahreszeitlichen Überlegungen auch die 3 Gunas (feinstoffliche Eigenschaften) der Natur – also auch von Menschen und Lebensmitteln - berücksichtigt. Man unterscheidet bei den Gunas zwischen tamas (schwer, träge), rajas (feurig, erhitzend, aktiv), sattva (rein, leicht, ausgewogen), wobei Gleiches Gleiches verstärkt und Gegensätzliches sich ausgleicht. Definitiv erfordert das Umsteigen auf eine dermaßen individualisierte Ernährung eine ausführliche persönliche Beratung mit Kochschulung auf der Grundlage einer umfassenden Situationsanalyse und Konstitutionsbestimmung. Von simplen Multiple-Choice-Selbsttests rate ich ausdrücklich ab.

Das ayurvedische Kochen, gezielte Kombinieren und Würzen von Lebensmitteln dient dazu mitzuhelfen, die Gunas, Doshas und Elemente des Essers auszubalancieren und damit seine Balance und Gesundheit zu fördern. Sowohl der Geschmack, die Farbe, die (botanische) Genese, die Herkunft als auch die Inhaltsstoffe von Lebensmitteln (und Gewürzen) wirken Guna- und Dosha-ausgleichend und werden dementsprechend harmonisierend eingesetzt. Eine Grundregel dabei ist, dass in einer ausgewogenen Mahlzeit stets alle sechs Geschmacksrichtungen der

Ayurveda-Lehre (süß, sauer, salzig, bitter, scharf und herb/zusammenziehend) enthalten sein sollten, um alle Geschmacksknospen zu bedienen und so das System möglichst vollständig zu nähren. Zusätzlich ergänzen, dämpfen oder/und vervollständigen Gewürze die in den sonstigen Zutaten jeweils fehlenden/überwiegenden Geschmacksrichtungen. So können beim Kochen/Würzen die individuellen und aktuellen Bedürfnisse des Essers berücksichtigt, die Verträglichkeit des Gerichtes gesteigert, das persönliche Gleichgewicht gefördert und damit die Gesundheit verbessert werden. Da bestimmte Geschmacksrichtungen für bestimmte Typen und Gesundheitsprobleme besonders günstig/ungünstig sind, resultieren daraus drei besonders sinnvolle Würz-Strategien, nämlich das gezielte Vermindern von Vata, Pitta und Kapha im Verdauungs- und Stoffwechselgeschehen. So wurden bewährte Mischungen entwickelt, die als Vata-, Pitta- und Kapha-Churnas im Handel sind oder auch selbst gemischt werden können. Zum Hineinschnuppern ins ayurvedische Kochen empfehle ich gerne die Kochbücher von Nicky Sitaram Sabnis, dem Ayurvedakoch auf der Fraueninsel am Chiemsee, das Buch „Ayurvedisch Kochen" von Anjum Anand und zur grundlegenden Lehre des Ayurveda die Bücher von Dr. Ernst Schrott und Dr. David Frawley (→ Literatur, S. 348).

---

8. Auch in jedem Lebensmittel, jedem Gewürz, jeder Farbe, jedem Klang, in allem, was ist …

REZEPTE

Frühstücksgerichte

Hafer-Fitness-Müsli

Mit einem ausgewogen dosierten und richtig kombinierten Frühstück fühlen Sie sich – auch ohne Jause – den ganzen Vormittag lang fit und energiegeladen. Sollte morgens kein Hunger vorhanden sein, kann das Frühstück (vorerst) entfallen und eventuell später eine nicht-süße (!) Jause folgen. Jedenfalls empfiehlt sich ein warmes Getränk für einen guten Start in den Tag. Bei Obstgenuss sollten Sie zur Zucker-Begrenzung nichts sonstiges Süßes zum Frühstück essen/trinken.

Frühstücks-Vital-Teller-Varianten (für eine Person):

Gemüse (G)/wenig Obst (S) ~1 Handvoll, teilweise roh	Stärke-Beilage (St): ~1 Handvoll	Eiweiß-Zulage (EW): ~1 Handvoll	Extra-Fett (F): ~1 EL	Süßes (S): wenig, optional
(Apfel)	Hafer-Porridge	Milch (im Porridge)	3–4 Walnüsse/ 1 EL Leinsamen	½ gedünsteter Apfel
(Dörrobst)	Hirsebrei	Naturjoghurt/Topfen	1 EL Leinsamen	3 Dörrpflaumen
(Rosinen)	Ayurvedischer Brei	Sojamilch	5–6 Mandeln/Cashews	1 EL Rosinen
Roter Paprika/Tomate Gemüse-Saft/ Green-Smoothie	Hirsebrei/Couscous	Sojasprossen/Käsewürfel	1 TL Leinöl	---
Karotten-Orangen-Saft (4:1) frisch gepresst	2 Scheiben Vollkornbrot	Kräuter-Topfenaufstrich/ Frisch- oder Hartkäse/	Hanfsamen/Nüsse/ Butter etc.	(Orange im Saft)
Tomaten(-Eierspeise)	2 Scheiben Vollkornbrot	Rührei/weiches Ei	Butter/Olivenöl/Oliven	1 TL Marmelade/Honig
Gurke/Paprika/Radieschen	2 Scheiben Vollkornbrot	Topfen-Aufstrich/ Glas Milch	Butter/Ölsaaten	1 EL Fruchtmus (im Aufstrich)

HINWEIS: Das Vital-Teller-Modell dient als Richtschnur mit (meist) verkleinerten Mengen, da morgens die Verdauungskraft (Agni) eingeschränkt ist. Agni ist der ayurvedische Begriff für Verdauungs„feuer".

Hafer-Fitness-Müsli

Dieser einfache, unkomplizierte und köstliche Frühstücksbrei eignet sich sogar für unterwegs. Er ist als warmer Porridge oder auch kalt genießbar und kann natürlich mit jedem Getreide zubereitet werden. Hafer ist jedoch ideal (→ Nährstoff-Info) und sorgt für einen besonders guten Start in den Tag.

Rezept für 1 Person:
3 EL Haferflocken • 1 EL geschroteter Leinsamen • 1/2 EL Rosinen • 200 ml Wasser • 6 Walnusshälften • Gewürze nach Geschmack, z. B. Zimt, Kardamom, Piment • etwas Zitronensaft oder ein wenig (mitgedünstetes) Obst

Zubereitung:
Flocken und Leinsamen mit Rosinen über Nacht in Wasser einweichen, am Morgen kurz erwärmen oder kalt genießen. Abrunden mit grob gehackten Nüssen, Gewürzen, Obst und/oder etwas Zitronensaft.

VARIANTEN

nach Lust und Laune, auch Ayurveda-like, würzig-warm
▷ **Gewürz-Müsli „Ayu-classic-warm" mit Kardamom, Nelken/Piment und Zimt**
▷ **Gewürz-Müsli „Ayu-scharf-belebend-bunt":** mit Ingwer, Kardamom, viel Kurkuma, Pfeffer und Zimt oder mit „Kurkuma-Latte"-Gewürzmischung; süß-saure Abrundung mit 1 TL Zwetschkenröster/Honig/Kürbis-Chutney (→ Rezepte, S. 197)
▷ **Eiweiß-Calcium-plus:** mit Naturjoghurt/Topfen/Milch oder Soja-/Reis-/Hafer-Milch
▷ **Vitamin-Mineral-/Ballaststoff-plus:** mit frischem/gedünstetem Obst
▷ **Süßes-Mineralstoff-Plus:** mit Kompott/Apfelmus/Marmelade (alles hausgemacht)
▷ **Edles-Extra-Fett:** mit Nüssen/Ölsaaten: z. B. Walnüssen, Hanfsamen, Haselnüssen, Sesam …
▷ **glutenfrei:** Hirseflocken, Braunhirsemehl, 10 Minuten in Wasser eingeweichte Chiasamen/geschrotete Leinsamen, Naturjoghurt/Milch und etwas Obst/Trockenfrüchte

NÄHRSTOFF-INFO

HAFER-LEINSAMEN-MÜSLI
⊕ Hafer (→ „Getreide-ABC", S. 316) gilt zu Recht als köstliche „Medizin", insbesondere für Menschen mit Blutzuckerproblemen. Er ist relativ eiweiß- und fettreich (7 %), allerdings mit sehr wertvollem zellnährendem Fett inklusive nervenstärkendem Lecithin und Cholin. Er liefert reichlich Mineralstoffe wie Eisen und Zink, doppelt so viel Vitamin B1 und Vitamin E wie Weizen/Roggen, darüber hinaus antioxidative Avenanthramide und den löslichen Ballaststoff/Schleimbildner Betaglucan (→ „Vitalstoff-ABC", S. 278). Dadurch sättigt Hafer so sanft und anhaltend wie kein anderes Getreide und sorgt zugleich für einen geringen und verzögerten Blutzuckeranstieg. ⊕ „Superfood" Leinsamen liefert 30 % wertvolles Omega-3-Fett, 40 % Ballaststoffe und Mikronährstoffe. ⊕ „Brainfood" Walnüsse sind als Mikronährstoff-Edelfett-Konzentrate tatsächlich perfekte Hirnnahrung. ⊕ Frisches säuerliches Obst (oder Zitronensaft) verbessert die Mineralstoffaufnahme aus dem eingeweichten Getreide-Ölsaaten-Mix und liefert Vitamine, Mineralstoffe, Ballaststoffe, antioxidative Farbstoffe und vielfältige köstliche Aromen. Gedünstete/mitaufgekochte Obststückchen sind leichter verdaulich, allerdings gehen damit gewisse Vitamin C- und B-Vitamin-Verluste einher. ⊕ Warme Brei-Varianten mit vitalstoff- und aromareichen Gewürzen beleben noch mehr, sind leichter verdaulich und wirken sich noch günstiger auf den Blutzuckerverlauf aus.
Mehr zu Nüssen/Ölsaaten → „Lebensmittel-ABC", S. 256.

Hirse-(Amaranth/Quinoa-) Frühstücks-brei mit Dörrobst

Diese glutenfreien Brei-Gerichte sind sehr bekömmlich und eignen sich auch für Menschen mit empfindlicher Verdauung und zarter Konstitution. Allerdings ist Hirse nicht jedermanns Geschmack, Amaranth und Quinoa schmecken hingegen sehr angenehm nussig. Da beide etwa 40 Minuten Garzeit benötigen, bietet es sich an, die Körnchen schon am Vorabend zu köcheln, oder wenn Sie Frühaufsteher sind, stellen Sie das Ersatzgetreide schon vor der Morgentoilette, dem Morgenyoga oder einem belebenden Morgenspaziergang zu. Auch das Dörrobst sollte schon abends eingeweicht werden.

Grundrezept für 2 Personen:
1 Handvoll Dörrobst (z. B. 8 Dörrpflaumen) • 1/2 Tasse Hirse/Amaranth/Quinoa • 1 Tasse Wasser • 2 EL Vital-Plus-Ölsaaten • Gewürze (z. B. Zimt) • 1 Handvoll Eiweiß-Zulage

Zubereitung:
Am Vorabend die grob gehackten Dörrpflaumen in etwas Wasser einweichen und eventuell auch die Hirse schon garen. Hirse dazu in kochendes Wasser einstreuen, 10 Minuten köcheln und 30 Minuten quellen lassen.

Morgens die Hirse mit Dörrobst, Ölsaaten und Gewürzen vermengen und kurz erwärmen.

NÄHRSTOFF-INFO

HIRSE-(AMARANTH/QUINOA-) DÖRROBST-BREI
Hirse ist leicht verdaulich, glutenfrei und mineralstoffreich. Eingeweichtes Dörrobst fördert durch den hohen Fruchtzucker- und Ballaststoffgehalt die Darmtätigkeit und liefert dazu reichlich Mineralstoffe. Für anhaltende Sättigung sorgt eine Eiweiß-Aufwertung mit Joghurt, Sojajoghurt, Topfen oder Ricotta oder Sie kochen die Hirse von vornherein in Milch. Auch Amaranth und Quinoa liefern ein glutenfreies und darüber hinaus vollwertiges Eiweiß. Beide Ersatzgetreide sind leicht verdaulich und herausragend mineralstoffreich, insbesondere an Calcium, Eisen und Zink (→ „Getreide-ABC"). Die vitalstoff- und aromareichen Gewürze beleben, unterstützen die Verdauung und wirken sich günstig auf den Blutzuckerverlauf aus.

VARIANTEN

▷ **Eiweiß-Zulage:** (Soja-)Joghurt/Ricotta/Topfen zur Hirse dazumischen oder die Hirse gleich mit Milch/Sojamilch garen.
▷ **Dörrobst- und Gewürz-Varianten:** 2 EL Rosinen mit 1/2 Msp. Nelken und 1 Msp. Zimt; 8 Datteln mit 2 Msp. Kardamom
▷ **frisches Obst nach Wahl:** 2 Handvoll klein geschnittenes Obst der Saison/Tiefkühl-Beerenobst
▷ **würzig-pikant:** Hirse mit Gewürzen wie Schwarzkümmel, Kurkuma, Ingwer köcheln und eventuell leicht salzen, nach Geschmack beispielsweise gehackte Kürbiskerne unterheben.
▷ **Gemüse-Hirse:** bspw. Reste vom Vortag (→ Rezept vegetarische Hauptspeisen, S. 124)
▷ **Vital-Plus (mit wertvollen Fetten, Vitaminen und Mineralstoffen):** Aufwerten mit 1 TL schwarzem/weißem Sesam, 1 EL Sonnenblumenkernen/Kürbiskernen oder mit Omega-3-reichen Ölsaaten wie 2 EL Hanfsamen, 2 EL Chiasamen (10 Minuten eingeweicht) oder 2 EL geschrotetem Leinsamen.
▷ **Amaranth|Quinoa (statt Hirse):** beide angenehm nussig, ebenfalls glutenfrei. (→ Foto Rezept Restlsalat S. 45).

Ayurvedischer Frühstücksbrei

Diese köstliche Mischung hat schon viele Müsli-Skeptiker überzeugt, weil dieser warme Brei herrlich würzig schmeckt und sehr anhaltend sättigt. Nebenbei verwöhnt der wohlig warme Brei den Bauch und stärkt die innere Ruhe für den Tag. Ebenso ist er nach einem stressigen Tag als kleines Abendgericht harmonisierend und ausgleichend. Der Brei kann mit Getreideflocken nach Wahl wie Dinkel, Weizen, Hafer, Hirse oder Buchweizen zubereitet werden.

Rezept für 1 Person:

3 EL geschrotetes Getreide (oder in Flocken) • 1/2 l Wasser (oder Wasser und Milch 2:1) • 1 Apfel gerieben • 2 Gewürznelken • 1 EL Rosinen • 1 Msp. Kardamom • 2 Msp. Zimt • evtl. 1 Msp. Ingwer

Zubereitung:

Getreide über Nacht einweichen (bei Flocken mit dem Pürierstab ein wenig „mixen"), Apfel hineinreiben, dann alles gemeinsam mit den Gewürzen kurz aufkochen, vom Herd nehmen und 5–10 Minuten zugedeckt ziehen lassen, Nelken entfernen.

NÄHRSTOFF-INFO

AYURVEDA-BREI

Das Getreide (→ „Getreide-ABC") liefert vorwiegend Stärke, lösliche und unlösliche Ballaststoffe sowie viele Mineralstoffe und auch einige B-Vitamine. Durch das Garen, Würzen und Zerkleinern wird Getreide wesentlich leichter verdaulich und viele Nährstoffe werden dadurch besser verfügbar. Die Gewürze sind regelrechte Vitalstoffkonzentrate mit ihren verdauungsfördernden, belebenden ätherischen Ölen, zellschützenden und immunstärkenden Antioxidantien. Zimt und Kardamom wirken sich zudem günstig auf den Blutzuckerverlauf aus. Da der Brei nur ein wenig Getreide-Eiweiß enthält, empfiehlt es sich für sehr hungrige Menschen, die Flocken in Milch/Sojamilch zuzubereiten und nach dem Kochen um eine mikronährstoffreiche „Extraportion Fett" aufzuwerten.

VARIANTEN

▷ **ayurvedisch-klassisch (nur mit Wasser):** Flocken und Gewürze vor dem Kochen in 1 TL Ghee anrösten

▷ **würzig-scharf:** Kardamom, Kurkuma, Ingwer, Pfeffer, Zimt oder „Kurkuma-Latte"-Mischung

▷ **Kompott/frisch gedünstetes Obst:** fein geschnitten 1 Minute dünsten.

▷ **cremiges Dörrobst (zum Aufpäppeln für schlanke/zarte/untergewichtige Typen):** Pflaumen/Datteln/Feigen grob zerkleinert über Nacht einweichen und mit Kardamom, Ingwer und Kokosmilch/Obers marinieren, zum Brei dazureichen.

▷ **westliche Rohkost-Variante:** mit frischem, reifem, geschnitzeltem Obst der Wahl

▷ **Eiweiß-Aufwertung:** Brei mit Milch/Sojamilch zubereiten.

▷ **Extra-Fett:** Nach dem Ausquellen 1 EL edle Nüsse oder Ölsaaten der Wahl unterheben.

Eiweißreiche (zart-süße) Topfen-Aufstriche

Diese süßen Topfencremen sind unter anderem ein herrlicher Marmeladen-Ersatz mit zwei Vorteilen: Sie sind viel weniger süß als pure Marmelade und liefern gleich eine Portion Eiweiß-Power mit.

Grundrezept:
250 g Magertopfen • 1–2 EL Milch zum Cremigrühren • 1 EL Omega-3-reiches Öl (z. B. 1 EL Leinöl) • 1 TL Weizenkeimöl • süße „Einlage" nach Geschmack • Gewürze nach Geschmack (Zimt, Kardamom, Piment, Nelken, Vanille)

Zubereitung:
Zutaten vermischen und mit den Gewürzen abschmecken.

Ayurvedische Mung-Reis-(Gemüse)-Suppe pikant

Dieses angenehm sättigende, aber nicht belastende Suppen-Rezept entstammt (m)einer ayurvedischen Virechana-Reinigungskur, die ich jedes zweite Jahr mache und auch einigen meiner Klienten empfehle. Das Zubereiten der Suppe dauert zwar eine knappe Stunde, aber bei entsprechender Einteilung ist das ja kein Problem. Entweder Sie garen die Suppe am Vorabend (vielleicht gleich in größerer Menge), oder Sie nehmen sich während des morgendlichen Garens die Zeit für einen Morgenlauf, Morgengymnastik, Yoga oder Qi-Gong.

Rezept für 1 Person:

0,6 l Wasser • 2 EL Mung-Dal • 1 Lorbeerblatt • 2 EL Basmati-Reis • 1 TL Kräuter der Wahl • 2–3 Msp. Gewürze der Wahl • (z. B. Ingwer, Pfeffer, Kreuzkümmel, Kurkuma, Zimt, Salz oder typgerechter ayurvedischer Churna) • 1 EL Butter/Ghee zum Verfeinern (optional)

Zubereitung:

Wasser in einem hohen Topf zum Kochen bringen, Mung-Dal und Reis unter fließendem Wasser waschen und mit dem grob zerbrochenen Lorbeerblatt in das kochende Wasser geben. Die Hitze zurückdrehen und unter Rühren warten, bis Hitze und Schaumbildung sich normalisieren. Bei geringer Hitze offen fertig garen. Am Schluss die Lorbeerstücke entfernen und mit Gewürzen und gehackten Kräutern abschmecken.

TIPP: Bleiben Sie aber beim erstmaligen Suppen-Kochen in der Nähe, damit Sie die ideale Gar-Temperatur herausfinden, denn Dal schäumt und geht gerne über, wenn die Hitze zu groß ist.

NÄHRSTOFF-INFO

MUNG-REIS-(GEMÜSE)-SUPPE

Diese leicht verdauliche Suppe punktet mit einer ausgewogenen Mischung an Eiweiß, Ballaststoffen und Stärke. Dazu liefert sie viele Mineralstoffe und mit dem Extrafett auch etwas „Schmieröl" für die Zellen. Die Gewürze runden die Suppe mit ihren belebenden, verdauungsfördernden Aromen und weiteren gesundheitsförderlichen Mikronährstoffen ab. Die Gemüsevariante liefert noch mehr Vitalstoffe und Ballaststoffe.

VARIANTE

Auch köstlich als Mittag- oder Abendessen **Reis-Linsen-Gemüse-Suppe (mit weniger Wasser auch als saftiger Eintopf zubereitbar):** Nach 3/4 der Kochzeit klein geschnittenes Gemüse der Saison und vorbereitete Gewürz-Masala zugeben und mitköcheln. Für die Masala pro Person etwa ein 2–3 mm Scheibchen zerdrückten Ingwer und etwa 1 TL Fünfgewürz/Panch Foron in etwas Ghee anschwitzen.

Übersicht: Blitzgerichte und Zeitspartipps

Die schnellsten Rezepte dieses Buches (maximal 15–20 Minuten, fallweise kürzer)

⊕ **Suppen/Smoothies:**
Grieß-Suppe, Wohlfühl-Gemüse-Suppen, Tomatensuppe (mit Dosen-Pelati), Rohnensuppe (mit vorgekochten Rohnen), Kürbis-Suppe, Minestrone (mit frisch vorgeschnittenem Gemüse aus dem Fachhandel), Gemüse-(Green-)Smoothies

⊕ **Salate:**
Restl-Salate (→ Rezept S. 45), Spinatknödel-Salat (Resteverwertung), Reis-Salate aus Risottoresten, Kartoffel-Salate, Getreide-Gemüse-Salate, Griechischer Salat (→ vegetarische Hauptgerichte, S. 124), Gurkensalat-Tsatsiki, Zucchinisalat, Kohlrabi-Carpaccio, Sellerie-Karotten-Apfel-Rohkost

⊕ **Gemüse-Gerichte (fast alle):**
insbesondere jedes Pfannengemüse, Lauch-Blitzgemüse (S. 71), Karottengemüse (S. 67), Fenchelgemüse mariniert (S. 75), Melanzani mariniert mit Tomaten (S. 70), Spargelgemüse grün (S. 66), Spinatvarianten

⊕ **Eiweißreiche Vorspeisen/Beilagen/Aufstriche:**
Rührei (S. 99), Mozzarella mit Pimpinelle etc. (S. 96), Schafskäse mit Oregano (S. 97), pikant gebratener Tofu (S. 98), Topfen-Aufstriche salzig und süß, Sauerrahm-/Joghurt-Dips (S. 101), Topfen-/Joghurt-Cremen (Desserts, S. 186); Masoor-Dal (Hülsenfruchtgericht, S. 107)

⊕ **Vegetarische und vegane Hauptspeisen:**
Broccoli-all-in-one (S. 131); Gemüse-Couscous (S. 133); Gemüse-Pasta (ab S. 91): insbesondere Bärlauch-Spaghetti, Zucchini-Rahmnudeln, Rucola-Pecorino-Pasta und Pasta mit Pesto; Krautfleckerl (S. 142); Rohnen-Risotto (mit schon vorgekochten Rohnen, S. 152) und andere schnelle Gemüse-Risotti mit weißem Reis; Gemüse-Currys wie Melanzani-Kartoffel-Curry (S. 139) oder Frühlingszwiebel-Kartoffel-Curry (S. 136); Spinat-Palatschinken (mit frischem oder schon aufgetautem Tiefkühlspinat, S. 156); Masoor-Dal mit Gemüse und Basmatireis (S. 107); Hauptgerichte mit Fleisch/Fisch (ab S. 161): Gemüse-Lachs-Nudeln, Schweinsfilet mit Apfel und Oregano

⊕ **Bei schon vorbereitetem Teig/Getreide/Hülsenfrüchten oder Resten:**
Eiweißreiche Hülsenfrüchte: fast alle Gerichte, insbesondere Dals als Beilage, Aufstriche, und Suppen
Vegetarische/Vegane Hauptspeisen (ab S. 124): Topfennocken, Topfen-Kartoffel-Bratlinge, Polenta-Kürbiskern-Nocken; Fenchel-Zucchini-Hirse-Pfanne, Spinat-Palatschinken, Spinat-/Rohnenknödel, Kasknödel-Vitalvariante, Kartoffel-Eier-Salat, Kartoffelkäse, Kartoffel-Gemüse-Gröstl

Zeitsparendes Vorkochen und Nebenbei-Kochen

Getreide-/Kartoffel-Beilagen und Hülsenfrüchte benötigen fallweise längere Garzeiten und lassen sich problemlos – mit relativ geringen Nährstoffverlusten beim zweiten, kurzen Aufwärmen – vorkochen. Zu beachten ist dabei, dass gleich nach dem ersten Garen das Gericht sehr schnell abgekühlt und zugedeckt, dunkel und kühl aufbewahrt wird (bis maximal zum nächsten Tag). So können Sie während der Morgentoilette und des Frühstücks beispielsweise das Getreide für mittags oder abends vorkochen oder umgekehrt am Abend für das Frühstück oder Mittagessen. Ich koche beispielsweise oft während des Mittagessen-Kochens nebenher eine Wohlfühl-Suppe für den Abend – Schneidbrett und Messer sind sowieso in Betrieb und alle Wartezeiten nütze ich so aus –, auch das Küche-Aufräumen ist mit einem Mal erledigt, denn beim kurzen Aufwärmen der Suppe passiert nicht mehr viel. Bei Currygerichten spare ich Zeit, indem ich während des Anschwitzens der körnigen Gewürze und Zwiebeln das restliche Gemüse klein schneide.

Etwas Geschick und innere Ruhe erfordert paralleles/ effizientes Braten in zwei Pfannen, z. B. zur Beschleunigung von Palatschinken.

Kreative Vital-Suppen-Teller und Eintopfgerichte (auch Resteverwertung)

Es bietet sich oft an, Eiweiß-, Stärke- und Gemüsebausteine gemeinsam zu garen, zum Beispiel klein geschnittenes Gemüse, Kartoffeln und Fleisch/Fisch in derselben Pfanne als „Eintopf" oder „Curry". Beispiele finden Sie dazu beim Kürbisgulasch, beim Bauernbratl und bei diversen Currygerichten. Auch einige Wohlfühlsuppen gehören in diese Kategorie. Nur Linsen und Bohnen müssen meistens extra gegart werden, weil sie unbedingt durchgekocht sein sollten und dies viel länger dauert als bei den oben genannten Lebensmitteln. Eine Ausnahme ist der orange Masoor-Dal (eine orange Linsensorte), der in 15 Minuten gar ist.

Resteverwertung

Die meisten Reste können kreativ als Restlsalat oder auch als warmer Eintopf, Suppe oder eine Art Gröstl (besser „Gedünstel") verwertet werden. Ich greife dabei gerne zu bunt-pikanten Gewürzen und Kräutern, um den Geschmack des Gerichtes/der Reste zu verändern und diese(s) zugleich nährstoffmäßig aufzuwerten. Durch das Aufwärmen gehen zwar ein paar mehr empfindliche Vitamine verloren, das Essen ist aber immer noch wesentlich wertvoller als jedes Fertiggericht.

Restl-Salate

Gut gekühlte Gemüse-, Hülsenfrucht-, Stärke-Beilagen- oder Fleischreste vom Vortag eignen sich hervorragend für die Komposition von kreativen, pikanten Salaten als schnelles Gericht. Es gehen so weit weniger Vitamine verloren als beim üblichen Aufwärmen von Resten und zudem bekommen die Gerichte durch das Marinieren einen deutlich anderen (neuen) Geschmack. Wenn Sie nach Vital-Teller-Modell vorgehen und Gemüse-, Eiweiß- und Stärke-Lieferanten mit gutem Salatöl und ein paar Nüssen kombinieren, ergibt sich eine ausgewogene Mahlzeit, wie in den Varianten angedeutet.

Rezept:
Reste nach Wahl • Zwiebel • Kräuter • Essig-Wasser 1:3 • Öl

Zubereitung:
Reste nach Gusto vermengen und mit gehackter Zwiebel, frischen Kräutern, Essig-Wasser und Öl marinieren.

VARIANTEN
▷ **Kartoffel-Zucchini-Tomaten-Salat (Bild) mit Spiegelei**
▷ **Gemüse-Couscous-Linsen-Salate**
▷ **Linsen-Reis-Gemüse-Salate**
▷ **Bohnen-/Fleisch-Gemüse-Salate mit Butterbrot**
▷ **Kartoffel-Ei-Salate:** → Rezept S. 134
▷ **Quinoa-Sunrise:** Reste von Quinoa, orangen Linsen, Karotten- und Rohnengemüse (auch als pikantes Frühstück → Foto S. 40)

Fett:
Fettreiche Aufstriche und ölige Würzpasten

Hier finden Sie einige gehaltvolle, würzige Fett-/ Öl-Kräuter-Gemüse-Mischungen, die als Aromaträger und wertvolle Fett-Bausteinein der Vital-Küche unverzichtbar sind – zum Sattwerden, für die Vitalität und für den Genuss. Viele Aromen entwickeln sich erst beim Anschwitzen in Fett und oft ist genau der eine Extra-Esslöffel von einem kaltgepressten Qualitäts-Öl die perfekte würzende Abrundung eines Gerichtes.Die hier beschriebenen Pasten eignen sich als Aufstriche für Brot, Fladen und dergleichen oder auch zum sämig-abrundenden Würzen von Getreide-, Kartoffel-, Gemüse-, Fisch- oder Fleischgerichten. Im Vital-Teller-Modell steht die *Extra-Portion Fett ganz bewusst im Zentrum*, weil die verallgemeinernde Behauptung „fat is bad" die Körperchemie völlig übersieht. Wir sollten immerhin ein Drittel unserer Tageskalorien in Form von Fetten zuführen und dabei kommt es enorm auf deren Menge, Qualität und Zusammensetzung an, wie im → „Nährstoff-ABC" beschrieben. Zur Auswahl stehen viele wertvolle Qualitäts-Fette, Öle, Nüsse, Ölsaaten und Ölfrüchte (→ „Lebensmittel-ABC").

Ghee

NÄHRSTOFF-INFO

FETTE/ÖLE/NÜSSE/ÖLSAATEN
Fette/Öle sind mit ihren wertvollen Fettsäuren sehr wichtige Baustoffe und zugleich „Schmieröl" für alle Zellen und Gewebe. Darüber hinaus sind Fette unverzichtbare Träger von Aromastoffen, wichtigen sekundären Pflanzenstoffen und fettlöslichen Vitaminen (→ „Nährstoff-/Lebensmittel-ABCs").

Eine Extra-Portion Qualitäts-Fett ist wichtiger Bestandteil von Vital-Teller-Gerichten und kann mit folgenden Bausteinen kombiniert werden:

●● Gemüse-Bausteine (G+GS): ~2 Handvoll, 1 davon roh	● Stärke-Beilagen (St): ~1 Handvoll	● Eiweiß-Zulagen (EW): ~1 Handvoll	● Extra-Fett (F): ~1 EL	♥ Süßes (S): wenig, optional
Gemüse-Suppen/ Gemüse-Beilagen/-Salate Sprossen/Salate/Smoothies	Getreide/Ersatzgetreide und -produkte: Brot, Flocken, Nudeln, Mehl/Kartoffeln/Bataten etc.	Hülsenfrüchte/ Milchprodukte/Eier/ Fleisch/Fisch etc.	Kaltgepresste Pflanzenöle/ Ölsaaten/Ölfrüchte/ Nüsse/Mandeln/Butter/ Ghee/Butterschmalz/ Süßrahm/Mascarpone	Obst/Obstmus/ Dörrobst/Chutney/ Vollwert-Keks etc.

Ghee

Das oft als „Gold der Ayurveda-Medizin" bezeichnete geklärte Butter-Reinfett namens Ghee („Ghi" ausgesprochen) ist nichts anderes als traditionell am Herd ausgelassenes Butterschmalz. Butterschmalz aus dem Supermarkt ist damit allerdings nicht zu vergleichen, weil bei der industriellen Produktion wertvolle Inhaltsstoffe verloren gehen und auch veränderte Fette entstehen. Ghee ist bei Raumtemperatur in verschlossenen Schraubgläsern halbfest bis flüssig und sehr gut haltbar. Achten Sie darauf, beim Entnehmen nur ganz saubere Löffel zu verwenden, sonst besteht Schimmelgefahr. Ghee ist in der ayurvedischen Küche das traditionelle Kochfett, flüssiger Fladenbrotaufstrich und zugleich Heilmittel – äußerlich und innerlich. Es eignet sich auch zum Kochen und Braten.

Rezept:
500 g frische, möglichst naturbelassene Bio-Butter

Zubereitung:
Klein geschnittene Butter in einem Topf auf mittlerer Hitze zum Kochen bringen. Sobald die Butter leise blubbert, knistert und Schaum bildet, auf kleine Flamme zurückdrehen und ohne Deckel weiterköcheln lassen. Das Knistern zeigt das entweichende Wasser an, am Boden des Topfes scheidet sich dunkel das Eiweiß ab. Die Platte darf nicht zu heiß sein, sonst brennt das Eiweiß am Topfboden an und dies würde den Geschmack beeinträchtigen.

Ghee – goldgelbes, klares, angenehm nussig duftendes Butterschmalz – ist fertig, wenn nichts mehr knistert. Durch ein sauberes Baumwolltuch abseihen und in trockene, saubere Schraubgläser abfüllen.

NÄHRSTOFF-INFO

GHEE, BUTTERSCHMALZ
Butter-Reinfett enthält kein Eiweiß, keine Mineralstoffe, keinen Milchzucker und praktisch kein Wasser mehr. Deshalb ist es nicht nur sehr gut bei Raumtemperatur haltbar, sondern es eignet sich auch gut zum Erhitzen. Es enthält 95 % gesättigte Fette (mit leicht verdaulichen mittelkettigen Fettsäuren/MCT-Fetten → S. 248), einen sehr geringen Prozentsatz an ungesättigten Fettsäuren sowie Carotinoide, Vitamin A und E. Im Ayurveda ist Ghee als innerlich und äußerlich entzündungshemmendes Naturheilmittel beliebt und bewährt.

Kräuterbutter

Kräuterbutter ist köstlich als Brotaufstrich, auf Fischfilets, Rinds-Rostbraten und zu Pellkartoffeln.

Rezept:
100 g weiche Butter • 1–2 EL gehackte oder getrocknete Kräuter • 1 Prise Zitronensaft • Kräutersalz

Zubereitung:
Zutaten mit der Gabel vermengen, gleich verwenden oder kühl stellen. Serviertipp für Gäste: Fertige Kräuterbutter in Butterpapier zu einer Rolle formen, ein paar Stunden kühl stellen, in frisch gehackten Kräutern wälzen und in Scheiben schneiden.

NÄHRSTOFF-INFO

BUTTER im „Lebensmittel-ABC", S. 264

▷ **mit verschiedenen Kräutern/Ölsaaten**

▷ **Rucola-Pesto:** Rucola besser nur von Hand zerkleinern, er wird gern zu streng im Geschmack. Für die Optik auch ein paar Blätter ganz lassen.

▷ **Wildkräuter-Pesto:** Besonders gut schmecken der rassige Bärlauch, der milde Portulak und der sanfte Breitwegerich mit seinem angenehm mild nussig-pilzigen Geschmack. Beim Wegerich ist es wichtig, die Blätter fein und vor allem quer zu den Blattnerven zu schneiden, sonst sind die Fasern beim Essen unangenehm.

▷ **Omega-3-betonte-Pesto-Varianten:** Unzerkleinerte Hanfnüsse/geriebene Walnüsse mit Basilikum, Wildkräutern (insbesondere Portulak), mit Leinöl (statt Olivenöl)/Leindotteröl/Hanföl/Walnussöl anrühren.

▷ **Nuss-Pesto:** Walnüsse, Haselnüsse, Mandeln, Pistazien ...

▷ **Pesto rosso:** getrocknete Tomaten anstelle der grünen Kräuter

▷ **Salsa verde con acciughe:** Mit 1 EL Sardellenpaste oder 2 Sardellenfilets aufpeppen.

Pesto und Salsa verde

Die relativ gehaltvollen Pesto-Mischungen liefern neben vielen Vital-stoffen vorwiegend ungesättigte Fette und gelten damit im Vital-Tel-ler-Modell als wertvolle Extraportion Fett. Fast jede Art von Pesto oder Salsa verde (grüne Sauce ohne Ölsaaten) eignet sich zum Vorbereiten oder auch Aufbewahren mit Öl bedeckt in kleinen, dichten Gläsern. Zu diesen Saucen harmonieren am besten lange, eher zarte Nudeln wie Spaghetti, Linguine, Bavette, Tagliatelle oder Tagliolini. Pesti/Salse kön-nen Sie übrigens auch zum Würzen von Mozzarella, Topfen, Ricotta oder Tomatensalat verwenden und sogar als hauchdünne Brotaufstriche sind sie interessant.

Pesto-Grundrezept:

1 Bund Basilikum/Kräuter der Wahl • 2–3 EL Pinienkerne/Ölsaaten der Wahl • 50–100 g zerbröckelter Parmesan • 1–2 EL kaltgepresstes Olivenöl/Öl der Wahl • 1/2 TL Salz • Basilikumblätter/Kräuterblätter zum Dekorieren

Zubereitung:

Basilikum waschen, trocken tupfen, Blätter abzupfen und diese mit Kernen, Parmesanstücken und Öl in einer kleinen Küchenreibe (die Sie sonst z. B. zum Reiben von Nüssen verwenden) zerkleinern. Andernfalls von Hand alles klein wiegen oder im Mörser verreiben. Mit Salz abschmecken.

Wenn Sie Pesto mit Nudeln servieren, halten Sie etwas heißes Kochwasser zurück, um das Pesto damit sämig zu rühren, bevor Sie es auf den Nudeln, dekoriert mit ein paar unversehrten Basilikumblättchen, anrichten.

Salsa-Verde-Grundrezept:

2 Handvoll Petersilie • 10 Blätter Basilikum • 10 Blätter frische Minze • 1 Knoblauchzehe • 1 EL Senf • 1 EL Kapern • 1/2 EL Balsamico-Essig • 3–4 EL Olivenöl • Salz • Pfeffer

Zubereitung:

Alle Zutaten zerkleinern, mischen und abschmecken.

Pesto rosso mit Oliven

Ein typischer Not-Sugo aus dem Vorratsschrank. Spaghetti, Oliven und getrocknete Tomaten (auch aus dem Glas), Parmesan und Olivenöl sollten Sie am besten immer „lagernd" haben. So können Sie ein schnelles Essen zaubern, auch wenn Sie tagelang nicht einkaufen waren. Gut dazu passen Mozzarella, Schafskäse und ein knackiger Salat.

Rezept für 2 Personen:
8–10 getrocknete Tomaten • 8–10 Oliven • 1 EL kaltgepresstes Olivenöl • 50 g Parmesan oder 1–2 Kugeln Mozzarella

Zubereitung:
Tomaten und Oliven fein wiegen, mit 1 EL Öl mischen und mit den „al dente" gekochten Nudeln vermischen.

Mit Käse abrunden, aber vorsichtig, denn Parmesan ist recht salzig. Der zarte Mozzarella harmoniert besonders gut zum eher salzigen Tomaten-Oliven-Mix.

Petersilien-Olivenöl-Würzpaste

Diese Paste kann bis zu 1 Woche im Kühlschrank aufbewahrt werden und eignet sich hervorragend zum Würzen und Abrunden von vielen Gerichten wie Tomatensugo, mediterranen Linsen oder Salaten. Sogar als Brotaufstrich zum Aperitif ist die Paste wunderbar geeignet.

Rezept:
1 Bund Petersilie • 3–4 EL Olivenöl • 1 TL Salz

Zubereitung:
Petersilie waschen, vollständig trocknen lassen und dann erst fein hacken. Mit bestem Olivenöl und Salz anrühren und 10 Minuten durchziehen lassen.

Frisch verwenden oder in ein sauberes Einweckglas geben, mit Öl abdecken und kühl stellen. Erst kurz vor dem Servieren in die Gerichte einrühren.

Gemüse:
Basiswürze, Kräutersalz & Co.

Hausgemachte Basis-Gemüsewürze und selbst-gemischte Kräuter-(Salz)-Mischungen sind die Grundlage jeder wirklich guten Küche. Vergessen Sie jegliche Industrie-Fertigwürze, wie Suppenwürfel, Flüssig- oder auch Streuwürze mit ihrem Einheits-Glutamat-Geschmack und sonstigen ungesunden Zusatzstoffen! Hausgemachte Basis-Gemüsewürze, Gewürz- und Kräutermischungen sind regelrechte Vitalstoff-Konzentrate und können (je nach Menge, z.B. in Suppen oder Saucen) fallweise sogar einen ganzen Gemüsebaustein im Vital-Teller-Modell darstellen. Salzige Gerichte können auch mit einer würzigen Extraportion Fett/Öl, beispielsweise mit Kräuter-Butter oder den köstlichen Pesto-Mischungen aus dem Kapitel „Fettreiche Aufstriche und ölige Würzpasten", geschmacklich aufgepeppt werden. Ebenso eignen sich Chutneys (→ Rezepte S. 196) zur süß-pikanten Abrundung von Gerichten, als Aufstrich für ein Butterbrot oder als unkonventioneller Dip zu Kartoffeln.

Provence-Kräutermix aus Tirol (Rezept S. 53)

TIPP

Erfreuen Sie sich an den Farben und Aromen der verschiedensten Gemüse, Kräuter und Gewürze und lassen Sie Ihrer Kreativität und Experimentierfreude freien Lauf. Achtsames Würzen einer kleinen Menge des Gerichtes genügt fürs Erste. Dann in Ruhe kosten und, wenn die Mischung schmeckt, Würzung ausdehnen. ⊕ Kräuter und Gewürze sind regelrechte Vitalstoff-Konzentrate, vorausgesetzt, sie sind frisch und von guter Qualität.

Auch Kräuter und Wildkräuter sind (je nach Menge) Gemüse-Bausteine im Vital-Teller-Modell:

●● Gemüse-Bausteine (G+GS): ~2 Handvoll, 1 davon roh	● Stärke-Beilagen (St): ~1 Handvoll	● Eiweiß-Zulagen (EW): ~1 Handvoll	● Extra-Fett (F): ~1 EL	♥ Süßes (S): wenig, optional
Gemüse und Gemüse-Würze Gemüse-Salate Kräuter/Wildkräuter	Pellkartoffeln/Nudeln/ Reis/Polenta/Hirse/ Couscous/Amaranth/ Vollkornbrot/Fladen etc.	Linsen/Bohnen/Tofu/ Käse/Topfenaufstrich/ Mozzarella/Sauerrahmdip/ Eier/Fisch/Fleisch etc.	Fette/Öle/Nüsse wichtig für Aroma und Vitalstoff-Löslichkeit (ätherische Öle, Vitamine, etc.)	etwas Obst etc. (→ „Süßes")

NÄHRSTOFF-INFO

GEMÜSEWÜRZE

Diese aromatische, gesundheitsfördernde Natur-pur-Würze ist ein Konzentrat an Mineralstoffen, sekundären Pflanzenstoffen und Vitaminen (von denen natürlich beim längeren Lagern einiges verloren geht). Naturgemäß ist die Paste sehr salzig, sonst wäre sie nicht haltbar. Sie ersetzt jegliche Fertigwürze wie Würfel, Saucen und Streuwürzen. Steigen Sie einfach um und ersparen Sie sich in Zukunft viele künstliche Inhaltsstoffe von vorgefertigten Würzmitteln wie beispielsweise geschmacks- und appetitverstärkende Glutamate.

VARIANTEN

▷ **Wurzel-Gemüse:** nach Geschmack/Verträglichkeit, wie Pastinaken, gelbe Rüben, Petersilienwurzel etc.
▷ **mediterran:** mit getrockneten Tomaten, Karotten, Zwiebel, Knoblauch, Oregano, Majoran, Basilikum, Peperoni etc.

Basis-Gemüsewürze im Glas

Diese selbstgemachte, köstliche Gemüse-Suppen-Basis ersetzt nicht nur jegliche Suppenwürfel, sondern eignet sich auch zum Würzen von Gemüsegerichten, Saucen, Salaten oder auch zum Füllen von Fisch. Ich empfehle, einen größeren Vorrat davon anzufertigen, denn in vielen Rezepten dieses Buches ist diese Würze mit dabei. Wenn Sie sich das Gemüsezerkleinern nicht antun wollen, können Sie so ähnliche Würzmischungen auf gut sortierten Bauernmärkten kaufen oder über bäuerliche Zustelldienste, wie in Tirol beispielsweise über die Bauernkiste®, beziehen.

Grundrezept für den Vorrat:
5 Teile Gemüse auf 1 Teil Salz • Karotten/gelbe Rüben • Sellerieknollen/Stangen-/Blattsellerie • Lauch/Jungzwiebeln/Winterheckenzwiebeln • Zwiebeln/Schalotten • Kräuter: Liebstöckel (sparsam), Petersilie (viel) • grobes österreichisches Steinsalz oder Meersalz

Zubereitung:
Gemüse fein hacken, vorsichtig mit Salz vermischen und in kleine Schraubgläser füllen. Im Kühlschrank lagern.

Gundelrebensalz und Blüten-Topfennocke

Kräutersalz

Hausgemachtes Kräutersalz ist unübertrefflich im Aroma, aber dazu braucht es „nur" einen eigenen Kräutergarten und gutes Salz. Ich verwende ausschließlich grobes österreichisches Steinsalz aus dem Ausseerland. Wenn Sie keine eigenen Kräuter haben, bietet sich als Alternative beispielsweise Bio-Kräutersalz vom Bauernmarkt oder aus dem Gewürzladen an – es müssen aber keine trendigen, meist überteuerten Modesalze sein.

Rezept:
4 Handvoll getrocknete Kräuter • 2–3 EL mittelgrobes österreichisches Steinsalz

Zubereitung:
Zutaten entweder auf einer elektrischen Reibe zerkleinern oder das Ganze von Hand im Sitzen langsam, genüsslich und meditativ verreiben. Dazu brauchen Sie Ruhe und Zeit, eine große Steingut-Reibschale oder noch besser ein großes Nirosta-Sieb, welches Sie mit einer großen Schüssel am Schoß unterlegen, und ein Pistill oder einen Stößel. Das grobe Salz zermahlt dabei die Kräuter.

Das Kräutersalz in saubere, trockene Gläschen füllen und lichtgeschützt aufbewahren.

Gemüse:
Aperitifs, Smoothies und Drinks

Ayurveda-Aperitif „Agni-Trunk"

Mild-pikante Gewürz- und Kräuter-Drinks eignen sich als leichte Vorspeisen oder Zwischenmahlzeiten. Im Gegensatz dazu sind Green-Smoothies (Gemüsekonzentrate) eher schwer verdaulich und gelten im Vital-Teller-Modell als mindestens 1 Gemüsebaustein oder sogar als Hauptmahlzeit (je nach Zutaten). Rezepte für süßliche und süße Drinks wie Gewürz-Lassi, Chai und Obst-Buttermilch-Shakes finden Sie im Kapitel → „Süßes" (S. 180).

Green-Smoothies und Kräuter-Drinks können als Gemüse-Baustein einen Beitrag zum Vital-Teller-Menü liefern:

●● Gemüse-Bausteine (G+GS): ~1 Glas (von ~ 2 Handvoll)	● Stärke-Beilage (St): ~1 Handvoll	● Eiweiß-Zulagen (EW): ~1 Handvoll	◗ Extra-Fett (F): ~1 EL	♥ Süßes (S): wenig, optional
Green-Smoothie Kräuter/Wildkräuter-Drink	(Brotbeilage)	Buttermilch/Joghurt (im Drink)	Nüsse/Mandeln/Öl (im Smoothie)	Obst (im Smoothie)

Ayurveda-Aperitif „Agni-Trunk"

Dieser alkoholfreie Gewürztrunk sollte schluckweise direkt vor dem Essen noch warm bis heiß getrunken werden. Er fördert auf natürliche Weise die Verdauungssaftsekretion und macht die nachfolgenden Speisen dadurch bekömmlicher.

Rezept für 4 Personen:
1/2 TL Kreuzkümmel • 1/2 TL Koriander • 1 zerteilte Scheibe Ingwer • ca. 1/8 l Wasser • 2–3 Spritzer Zitronensaft • ein wenig Honig

Zubereitung:
Gewürze im Wasser etwa 10 Minuten köcheln, etwas abkühlen lassen, abseihen und mit Zitronensaft und Honig abrunden.

Lauchiges Trinksüppchen

Diese kalte Suppe eignet sich bestens als verdauungsfördernder Aperitif oder erfrischende, reinigende Zwischenmahlzeit im Frühling..

Rezept für 2 Personen:
4 EL gehackter Schnittlauch oder 1 EL Bärlauch • 250 ml Wasser • 200 g Naturjoghurt oder Kefir • 1/2 EL Gemüsewürze

Zubereitung:
Gewaschene Kräuter und/oder Gemüse mit Wasser, Joghurt und Gemüsewürze vermixen, mit ein wenig Schnittlauch bestreuen und gekühlt servieren.

Gemüse-(Obst-) und Green Smoothies

Bei Smoothies handelt es sich um sämig pürierte Rohkost aus dem Mixgerät. Sie sollten möglichst frisch gemixt und sofort in Ruhe genossen werden, beispielsweise als alkoholfreier Aperitif oder als Zwischenmahlzeit. Sie können nach Lust und Laune alles mixen, was Ihnen schmeckt. Zur Wahl stehen beispielsweise Gemüse, Salate, Wildgemüse, (Wild-)Kräuter, Nüsse, Ölsaaten, Getreidekeimlinge, eingeweichte Getreideflocken, Sauermilch- oder Sojaprodukte sowie etwas Obst (vor allem bei bitteren Kräutern). Für die einen ist ein Green Smoothie eine praktische und wertvolle Zwischenmahlzeit, für die anderen ein Gemüse-Baustein im Menü und für manche ein erster Einstieg ins Genießen von Gemüse und Kräutern. ⊖ Nachteil von Smoothies: Das Kaubedürfnis kommt zu kurz! ⊕ Kosten Sie daher jeden Schluck aus, gutes Einspeicheln ist auch beim Smoothie bezüglich Verdaulichkeit und Sättigungseffekt von Vorteil. Das gemütliche schluckweise Genießen oder Auslöffeln ist daher empfehlenswert.

Für Anfänger und Kinder bewährt es sich, zunächst mit wenigen Sorten Gemüse und Kräutern zu „spielen" und eventuell ein wenig (!) Obst zur geschmacklichen Aufwertung unterzumixen.

GEMÜSE-(OBST-)KRÄUTER-SMOOTHIES („SUPERFOOD")

Frische Gemüse-Smoothies (GS) gelten im Vital-Teller-Modell als Gemüse-Rohkost-Bausteine. Sie sind Vitalstoff-Mixturen der Extraklasse, denn sie liefern Ballaststoffe, viele wasserlösliche Vitamine (B, C), Mineralstoffe und zahlreiche sekundäre Pflanzenstoffe wie Carotinoide, Bitterstoffe, Flavonoide und Polyphenole. Wegen des hohen Faseranteiles sollten Smoothies ⊕ löffelweise – gut eingespeichelt – genossen werden, damit sie besser verdaulich sind. Für Menschen mit empfindlichem Verdauungssystem sind Smoothies nur in kleinen Mengen empfehlenswert. ⊕ Die kleine Extraportion Fett in Form von Nüssen/Ölsaaten/Öl liefert essenzielle Fettsäuren und fettlösliche Vitamine (A, E, K) dazu. Der Smoothie wird wohlschmeckender und sämiger, es verbessert sich die Aufnahme von fettlöslichen Vitaminen und Carotinoiden aus dem Gemüse und zudem werden durch Nüsse auch noch reichlich Mineralstoffe (z. B. Selen aus den Paranüssen) mitgeliefert. Auch 1 EL Hafermark bietet sich als gesunde Zutat an und bindet den Smoothie cremig, wenn Sie das Ganze noch etwa 10 Minuten nachquellen lassen. ⊕ Smoothies mit roten Rüben und Karotten sorgen für gute Stimmung – alleine schon optisch. Die Farbstoffe Betanin (blutrot) und Betacarotin (orangegelb) sind zudem potente antioxidative Zellschützer. Die beeindruckende, auf den ersten Blick vielleicht irritierende rote Harnfärbung ist übrigens harmlos. ⊖ Smoothies sollten nie so süß wie Saft schmecken! Setzen Sie Obst daher nur sparsam ein, denn es enthält neben vielen gesunden Inhaltsstoffen auch beträchtliche Mengen an (appetitförderndem und insulinbedarfssteigerndem) Zucker. Meiden Sie insbesondere alle „picksüßen" Fertig-Smoothies.

Grundrezept für 2 Personen:

2 Handvoll Gemüse/4 Handvoll Kräuter • 4 Paranüsse/4 Walnüsse/
8 Cashewkerne/andere Nüsse/Ölsaaten/1 EL Öl • evtl. 1/8 l Butter-
milch/Joghurt/Sojamilch/-joghurt • 1/8 l Orangensaft direktgepresst/
1 Orange/1 Apfel/1/2 Banane • evtl. 1 EL Hafermark • 250–300 ml
Wasser

Zubereitung:

Kräuter und gewaschenes, geputztes Gemüse (und etwas Obst) mit
Schale in grobe Stücke schneiden, mit Nüssen (und Buttermilch) im
Mixglas pürieren und mit der restlichen Flüssigkeit sämig aufmixen.
Mit gehackten Blättchen/Triebspitzen oder sonstigen Kräutern/Blüten
verfeinern und garnieren.

▷ **Karotten-Rohnen-(Orangen-)Smoothie:** ideal für Einsteiger, da wohlschmeckend süß-sämig und farblich ausnehmend schön; 1 ge-
  kochte rote Rübe, 2–3 Karotten, 1 Orange …
▷ **Karotten-Orangen-/Apfel-Smoothie:** 3 Karotten, 1 kleine Orange oder 1 kleiner Apfel
▷ **Sauermilch-Gemüse-Smoothies:** 1/8 l Sauermilch, Acidophilusmilch, Buttermilch, Naturjoghurt, Sauerrahm oder auch Sojaprodukte
  anstelle des Obstsaftes/Obstes dazumixen.
▷ **Zucchini-Kresse-Smoothie:** 1 Handvoll Zucchinistücke, 1 Handvoll Kresse
▷ **Kohlrabi-Smoothie:** 1 Kohlrabi (mit frischen Blättern)
▷ **Fenchel-Smoothie:** 1–2 Fenchelknollen mit Triebspitzen
▷ **Spinat-Smoothie:** 2 Handvoll frischer junger Spinat
▷ **Broccoli-Smoothie:** 1/2 Broccoli
▷ **Hafermark-Gemüse-Smoothie:** sämiger und sättigender mit 1 EL Hafermark/Person; dazugeben und 10 Minuten quellen lassen.
▷ **Joghurt-/Buttermilch-/Molke-Kräuter-Smoothies:** sämiger und eiweißreicher
▷ **Wildkräuter-Smoothies:** mit milden, saftigen, sukkulenten Blättern von Portulak, Fetthenne, Tripmadam und Sedum album. Gut geeig-
  net sind auch Vogerlsalat, Vogelmiere, junger Spinat, Bachkresse sowie die jungen, glänzend-hellgrünen Triebe des „Haus-und-Hof-Un-
  krautes" Giersch. Auch Erdbeer- und Himbeerblätter, Brombeerblätter (auch im Winter), Gänseblümchenblüten und -blätter sowie Blätter von Melisse, Myrrhenkerbel und Apfelminze sind gut geeignet. Selbst Löwenzahnblätter, Knoblauchrauke, Breit- oder Spitzwegerich
  können in kleinen Mengen (Bitterstoffe!) dazugemischt werden. Voraussetzung ist allerdings, dass Sie die Wildkräuter bei Wildsammlung
  genau kennen und darauf achten, wo Sie diese sammeln (Hundekot, Gülle etc.). Praktischerweise wachsen viele davon in jedem gewöhnlichen Hausgarten. Es dürfen natürlich auch normale Küchenkräuter wie Kresse, Petersilie, Basilikum oder Schnittlauch sein.
  HINWEIS: ⊖ Vom rohen Genuss von Brennnesselblättern ist wegen der Brennhaare und fallweise hohen Histamingehalte abzuraten. Für
  Brennnessel-Suppen-Smoothie die Blätter (ohne Stiele) mit kochendem Wasser übergießen und dann mixen.

Melissen-Spritzer

Dies ist ein besonders köstlich-frischer und mild-säuerlich-kühlender Sommerdrink, den Sie am besten gleich probieren sollten, sofern die Zutaten verfügbar sind.

Rezept für 2 Personen:
10–12 Blätter Melisse (2 davon zur Dekoration) • 1/4 Salatgurke • 2 EL Zitronensaft • 1 EL Holler- oder Melissensirup • 1/2 TL Rapsöl • 400 ml Mineralwasser

Zubereitung:
Melissenblätter und Gurkenstücke mit Zitronensaft, Sirup und Öl im Mixglas pürieren, mit Wasser aufmixen und in (eisgekühlten) Gläsern mit ein paar Kräuterblättchen garniert servieren.

KRÄUTER-DRINKS
All diese Kräutergetränke sind kalorienarme Vitalstoff-Elixiere mit besonders hohen Gehalten an lebensnotwendigen Mikronährstoffen sowie gesundheitsfördernden sekundären Pflanzenstoffen. Die meisten Wildkräuter liefern beispielsweise wesentlich mehr Vitamin C, Vitamin K und Folsäure, Calcium, Magnesium und Eisen sowie Carotinoide und Flavonoide als herkömmliches Gemüse und Obst. Auch Wildkräuter sollten mit Ölsaaten/Nüssen kombiniert werden. Letztere geben dem Drink nicht nur die sämige Note, sondern ein zusätzliches „Plus" an wertvollen ungesättigten Fettsäuren und Vitamin E und die fettlöslichen Inhaltsstoffe der Kräuter werden besser aufgenommen. Falls Joghurt oder Buttermilch dazugemixt wird, erhöht sich die Calciumbilanz und Sie unterstützen Ihre Darmflora mit Milchsäurebakterien. Vertiefende Informationen zu den gesundheitsrelevanten Inhaltsstoffen der einzelnen Pflanzen finden Sie in den „Kräuter-/Gewürz-/Gemüse-ABCs".

Minze-Butter-milch-Drink

Dieser sämig-erfrischende, kalorienarme, minzige „Kick" ist der perfekte Muntermacher an heißen Tagen.

Rezept für 2 Personen:
10 frische Minzeblätter • 1/4 l Natur-Buttermilch • 1/4 l Wasser/Mineralwasser • einige Eiswürfel

Zubereitung:
Grob zerzupfte Minzeblätter in etwas Buttermilch mit einem Kochlöffelstiel ein wenig anstoßen, mit Wasser oder Mineralwasser auffüllen und versprudeln. Mit Eiswürfeln und Trinkhalm servieren.Kräuterblättchen garniert servieren.

> **VARIANTE**
>
> **Buttermilch-Obst-Shakes:** → unter „Süßes", S. 185

Scharfes Kresse-Trinkjoghurt

Dieser pikant-scharfe Drink stärkt das Immunsystem und macht frisch und munter.

Rezept für 2 Personen:
1 Handvoll Kresse/Kapuzinerkresse • (einige Blätter und viele Blüten) • 1/4 l Milch oder Sojadrink • 4 Paranüsse • 200 g Naturjoghurt oder Sojajoghurt • 1 TL Holundersirup

Zubereitung:
Kresse gut waschen und mit etwas Milch und den Nüssen im Mixglas pürieren, dann mit der restlichen Flüssigkeit aufmixen und eventuell mit einer Kapuzinerkressenblüte dekoriert servieren.

> **NÄHRSTOFF-INFO**
>
> Kresse → Sprossen

Gemüse:
warmes Gemüse, Salate und Sprossen

Gemüse-Salate und -Beilagen bieten sich als gesunde Snacks und als Haupt-Bausteine eines Vital-Teller-Gerichtes an. Jeweils 2 Handvoll Gemüse und/oder Salat füllen den halben Teller und in Summe sollten Sie pro Tag 3 oder besser 4 Handvoll Gemüse zu sich nehmen. Weit über 100 Gemüsesorten stehen zur Auswahl und diese können gegart (warm oder kalt) und, soweit verträglich, auch roh genossen werden (→ „Gemüse-ABC" und „Lebensmittel-ABC"). Einige gehaltvolle Bohnen-/Linsen-Salate, Kartoffel-(Eier-)Salate und Griechischer Salat sind bei den eiweißreichen Beilagen und vegetarischen Hauptgerichten zu finden.

Gemüsekraft

Vital-Teller-Menü-Beispiele zur vollwertigen Ergänzung von Gemüse und Salaten:

Gemüse-Bausteine (G+GS) ~2 Handvoll, 1 davon roh	Stärke-Beilage (St): ~1 Handvoll	Eiweiß-Zulage (EW): ~1 Handvoll	Extra-Fett (F): ~1–2 EL	Süßes (S): wenig, optional
Fenchelgemüse Sprossen/Salat/Smoothie	Pellkartoffeln	Naturschnitzel/Fischfilet	1 EL Süßrahm 1 TL Kräuter-Butter	3–4 EL Apfelmus/ wenig Obst (zB im Salat)
Lauch-Gemüse Sprossen/Salat/Smoothie	Polenta	Tofu-/Schafkäsewürfel	1 EL Hanfsamen 1 TL Hanföl	1 Glas Lassi
Zucchini-Pfanne Sprossen/Salat	Kartoffelsalat	Sauerrahm-Dip/Ei im Salat (Joghurt im Dessert)	5–6 Haselnüsse (Dessert) 1 TL Kürbiskernöl	1 Natur-Joghurt mit Obst und Nüssen
Tomate-Melanzani-Gemüse Sprossen/Salat/Smoothie	Mischbrot/Cecina	Rührei/Spiegelei	1 EL Pinienkerne/Pistazien 1 TL Olivenöl	3–4 EL Obstsalat (ungezuckert)
Rotkraut Sprossen/Salat/Smoothie	(Mehl, Brösel, Grieß in den Nocken)	Topfen-Nocken (Topfen und Ei im Teig)	1 EL Butter/Leinöl 3–4 Walnüsse	1 Handvoll Obst

Mungsprossen = „Soja-Sprossen"

Sprossen und Keimlinge

Sprossen und Keimlinge sind frisch gekeimte, aus Samen „entsprossene" Jung-Pflänzchen. Sie finden diese bei sprossenerzeugenden Landwirten, auf Bauernmärkten und fallweise in gut sortierten Bio-/Kräuterläden oder Supermärkten. Sie können die „Pflanzenkinder" auch in der eigenen Küche heranziehen – am allerbesten auf Substrat (→ Literatur: Burke, S. 348). Schon nach ein paar Tagen sind die Keimlinge „fertig" und essbar – taufrisch und besonders mikronährstoffreich. Die Samen von Alfalfa (Luzerne), Kresse, grünen Mungbohnen (für sogenannte „Soja-Sprossen"), Quinoa, Portulak, Radieschen, Rucola, Senf und Weizen eignen sich besonders gut für erste Anbauversuche.

Kresse „hausgemacht"

Das Heranziehen von Kresse funktioniert natürlich am besten auf Substrat. Für erste Versuche funktioniert es auch in speziellen Kresse-Sieben oder in Sprossen-Keimapparaten – aber bei diesen beiden Methoden müssen Sie oft mit klarem, kaltem Wasser spülen. Fürs Erste etwa 1 EL Kresse-Samen gut mit heißem Wasser abspülen, 1–2 Stunden in kaltem Wasser einweichen/vorquellen und dann feucht in die Keimschale geben. Mit Frischhaltefolie oder dem entsprechenden Deckel abdecken und an einen hellen Platz (aber nicht direkt in die Sonne) stellen. Sie sollten die Samen mindestens 2-mal, besser 3-mal täglich, mit frischem Wasser gut abspülen. Nach etwa einer Woche ist die Kresse erntereif und kann mit Essig, Öl und Kräutersalz mariniert als „Sprossen-Salat" genossen werden.

Pfannen-Gemüse

Pfannen-Gemüse sind vielseitige „Blitzgerichte". Sie eignen sich als Gemüse-Baustein von warmen Hauptmahlzeiten gemeinsam mit Stärke-Beilagen wie Brot, Kartoffeln oder Reis und Eiweißlieferanten wie Eierspeisen, Hülsenfrüchten, Tofu-, Fleisch- und Fischgerichten oder auch als warme Aufwertung eines typischen „Kalte-Jause"-Abendbrotes. Dieses wird dadurch saftig-pikanter, gesünder, kalorienärmer und Sie essen automatisch weniger Brot und Käse.

Rezept für 1–2 Personen:
1–2 Stück Gemüse der Wahl wie Zucchini, Melanzani, Fenchel, (Kirsch-)Tomaten, Lauch … • 1 TL Rapsöl/Olivenöl • getrocknete Kräuter und Gewürze der Wahl • Salz/Kräutersalz

Zubereitung:
Gemüse der Wahl in größere Scheiben oder Streifen schneiden. In einer beschichteten Pfanne ein wenig Öl erwärmen und das Gemüse mit Kräutern/Gewürzen darin kurz vergolden. 1–2 EL Wasser dazugeben und abgedeckt etwa 1–3 Minuten bissfest dünsten, dann erst salzen.

Sauerkraut

Frisches Sauerkraut vom Markt oder Bioladen kann sogar roh genossen werden, dann ist es eine richtige Vitalstoff-Bombe. Gedünstet oder als Krautsalat ist es ein willkommener, kaloriensparender Gemüsebaustein zu eher deftigen „Hausmannskost"-Elementen wie Knödeln, Bratkartoffeln oder Festtagsbraten.

Rezept für 4 Personen:
2 EL Butter • 1 EL Mehl • 1 TL Kümmel • 1/4 l Milch • 500 g Sauerkraut • Salz

Zubereitung:
Für die Einbrenn Butter schmelzen, Mehl und Kümmel kurz darin anschwitzen, mit Milch aufgießen und unter Rühren glatt werden lassen.

Sauerkraut beigeben und bei geringer Hitze zugedeckt etwa 1 Stunde köcheln lassen. Dabei immer wieder umrühren, damit es nicht anbrennt, und eventuell ab und zu mit etwas Wasser aufgießen. Mit ein wenig Salz abschmecken.

„Sojasprossen"-Krautsalat

VARIANTEN

▷ **kalter/warmer Krautsalat:** → S. 63
▷ **„Sojasprossen"-Krautsalat:** auch mit anderen Sprossen aufwertbar
▷ **knallgelber Krautsalat:** mit Kurkuma, Rosinen und Süßrahm

Krautsalat

Dieser Wintersalat kann kalt oder warm zubereitet werden. In der kalten Variante ist das Kraut aber etwas schwerer verdaulich und sollte daher sehr sorgfältig gekaut werden.

Rezept für 6–8 Personen:
1 Krautkopf • Kümmel • Salz • 1/16 l Essig • 1/8 l Wasser • 1/2 TL Zucker • 3 EL Rapsöl

Kalte Zubereitung:
Geviertelten Krautkopf zum Strunk hin fein hobeln und mit Kümmel und Salz 1 Stunde durchziehen lassen, bis das Kraut mürbe ist.

Für die kalte Variante das ausgedrückte Kraut mit Essig-Wasser-Zucker-Marinade durchmischen, zuletzt das Öl einmengen und mit Salz abschmecken.

Für die warme Variante die Wasser-Essig-Kümmel-Salz-Zucker-Mischung aufkochen, das gehobelte Kraut damit übergießen und die Flüssigkeit auffangen. Die Prozedur mit jeweils wieder erwärmter Marinade ein paar Mal wiederholen, bis das Kraut weich ist.

Süßkraut

→ beim Krautfleckerl-Rezept unter den vegetarischen Hauptspeisen, S. 142

Rotkraut

Selbstgemachtes Rotkraut ist keine Hexerei, ist um Welten besser
als Fertigprodukte und gut einfrierbar. Sie können also ruhig eine
größere Menge davon kochen. Es passt perfekt zu Wild- und Lammfleisch, aber auch als köstlich sättigender, warmer Magenfüller zum
abendlichen Butter-/Tofu-/Topfenaufstrichbrot. Rotkraut befriedigt
die Süßgeschmacksknospen auf gesunde Art und ist damit genial zum
Kaloriensparen. Zur optischen, kulinarischen und gesunden Abrundung
bieten sich grob zerkleinerte Walnüsse (statt Maroni) an.

Rezept für 6–8 Personen:
1 Kopf Rotkraut (etwa 1 kg) • 1 säuerlicher Apfel • 2 EL milder Essig
• 1 ausgepresste Zitrone • 1 Zwiebel • 1 EL Öl • 1 TL Zucker • 1/4 l
Wasser • 4 EL Preiselbeermarmelade • Salz • 1/8 l Rotwein • 1 EL
Mehl • 8–12 grob zerkleinerte Walnüsse

Zubereitung:
Geviertelten Krautkopf zum Strunk hin fein hobeln, in einer großen
Schüssel mit geriebenem Apfel, Essig und Zitronensaft vermischen,
etwa 20 Minuten durchziehen lassen und dabei gelegentlich umrühren.

Währenddessen gehackte Zwiebel in Öl anbräunen, Zucker kurz
mitbräunen, Kraut beigeben, mit Wasser aufgießen und mindestens
2 Stunden zugedeckt köcheln. Ab und zu umrühren, eventuell Wasser
ergänzen.

Abrunden mit Preiselbeermarmelade, etwas Salz und mit Mehl
versprudeltem Rotwein. Garnieren mit grob zerkleinerten Walnüssen.

GRÜNER SPARGEL
Spargel gehört zu den Liliengewächsen und ist damit ein Verwandter von Lauch. Seine Besonderheit sind die schwefelig duftenden Senföle und Sulfide, deren Aromen sich erst beim Kochen entfalten. Harntreibende Saponine und hohe Kaliumgehalte machen diese Pflanze beliebt für Frühjahrs- und Reinigungskuren. Immun- und bindegewebsstärkendes Vitamin C, B-Vitamine, Magnesium, Calcium und Eisen sowie zellschützende Carotinoide, Flavonoide und Phenolsäuren runden den Vitalstoffmix ab. Weißer Spargel ist im Gegensatz zum mikronährstoffreichen frischen (!) grünen Spargel chlorophyllfrei und praktisch frei von sekundären Pflanzenstoffen, da er im Grunde unreif unterirdisch geerntet/gestochen wird. ⊖ **SPARGEL:** Nicht bei Nierenerkrankungen (Kalium) und Gicht (Purine) essen!

VARIANTE

▷ **Wildspargel oder spargelig schmeckende Wildkräuter:** mit grünem Wildspargel oder den jungen Triebspitzen (maximal 10 cm) von Goldrute oder Labkraut als „Spargel-Ersatz"

Spargel-Gemüse

In diesem Rezept wird grüner Spargel und echter Wildspargel, der in Italien viel gesammelt wird, verwendet. Auch einheimische „spargelig" schmeckende Wildkräuter, wie die jungen Triebe der Goldruten, eignen sich gut. Frische ist oberstes Gebot, denn Spargel ist sehr leicht verderblich und sein Aroma leidet schnell – nicht nur bei industrieller Verarbeitung.

Rezept für 2 Personen:
1 Bund grüner Spargel, Thaispargel oder Wildspargel • 1 l Wasser • 1 EL Olivenöl • 1 Schuss trockener Weißwein • 1–2 EL Wasser • Kräutersalz • Pfeffer

Zubereitung:
Geputzten Spargel in kochendem Wasser etwa 1 Minute blanchieren und abseihen.

In einer beschichteten Pfanne Öl erhitzen, die Spargelstangen darin anschwitzen, mit etwas Wein ablöschen, mit Wasser aufgießen und zugedeckt ein paar Minuten (je nach Spargeldicke) dünsten. Mit Kräutersalz und Pfeffer abschmecken.

Karotten-Gemüse-Variante mit gelben Rüben

Karotten-Gemüse

Karotten sind blitzschnell zubereitet und kalt oder warm sowohl als Salat, als Smoothie wie auch als Gemüsebeilage bei Groß und Klein beliebt. Hervorragend harmoniert Karottengemüse mit abendlichem Aufstrich-Brot, geröstetem Tofu, Linsengerichten, Fisch oder Spiegelei.

Rezept für 2 Personen:
4–6 Karotten • 1 TL Öl/Butter • 1 EL Wasser • Kräutersalz • Essig • Kräuter der Wahl

Zubereitung:
Geschälte Karotten in dünne Scheiben hobeln, in wenig Fett anschwitzen und mit etwas Wasser 2–3 Minuten zugedeckt dünsten.

Mit Kräutersalz abschmecken und als Beilage oder als Salat mit Essig/Öl mariniert und frischen Kräutern wie Dill servieren.

Gurken-Salat

Salatgurken eignen sich eher für die kalte Küche, beispielsweise in Form von wunderbar erfrischendem Sommersalat oder auch Tsatsiki (→ „Eiweißreiche Aufstriche und Dips", S. 95). Gurken enthalten sehr viel Wasser, haben ein eher zartes Aroma und brauchen daher Dill oder Borretsch(blüten) als Würzkraut.

Rezept für 2–3 Personen:
1 große Salatgurke • 100 g Sauerrahm • 1 EL weißer Balsamico-Essig • Salz • 2–3 EL gehackter Dill oder/und 1–2 EL Borretschblüten

Zubereitung:
Gewaschene Gurke mit Schale feinnudelig hobeln und mit Sauerrahm, Essig, Salz und Dill/Borretsch marinieren.

Zucchini-Salat

Zucchini können kalt oder lauwarm als Gemüsesalat oder -beilage zum Abendbrot oder als Teil des Hauptgerichtes genossen werden.

Rezept für 2 Personen:
1 großer Zucchino • 1 Schalotte • 1 TL Öl • 1 EL Wasser • 1 KL weißer Balsamicoessig • 1 EL Herbes de Provence oder/und • frische Kräuter wie Rosmarin, Thymian, Ysop, Gundelrebe • Kräutersalz/Gundelreben-salz • (1 EL Süßrahm oder Sauerrahm für Varianten)

Zubereitung:
Für die kalte Variante den gewaschenen Zucchino mit Schale feinnudelig hobeln und mit der gehackten Schalotte, Öl, Essig-Wasser, (Provence-)Kräutern und Salz marinieren.

GURKEN UND ZUCCHINI
Die zu den Kürbisgewächsen gehörenden saftigen, zuckerfreien Früchte liefern reichlich Wasser, verdauungsfördernde Ballaststoffe mit viel Pektin, gallensekretanregende Bitterstoffe, Vitamine, Mineralstoffe und sekundäre Pflanzenstoffe. Die Gurke ist bei Weitem das kalorienärmste Gemüse, zusätzlich wirkt der hohe Kaliumgehalt leicht entwässernd und die Tartronsäure trägt unterstützend zur schlanken Linie bei.

▷ **warmer/s Zucchinisalat/-gemüse:** Für das warme Gericht den Zucchino in 3 mm dicke Scheiben oder würfelig schneiden. Schalotte hacken, in Öl anschwitzen, Zucchinistücke, Provence-Kräuter und 1 EL Wasser dazugeben, zudecken, 2–3 Minuten dünsten und vor dem Servieren mit Salz, restlichen Kräutern und optional mit Süßrahm abrunden. Falls Sie das warme Gemüse als Salat genießen wollen, marinieren Sie es noch abschließend mit ein wenig Essig sowie Olivenöl oder Sauerrahm.

▷ **Zucchini-Tomaten-Ei-Salat:** 1 großer, nudelig geriebener Zucchino (nicht zu fein), 1–2 kleinwürfelig geschnittene Tomaten, 1 gehackte Schalotte, 1 hartes Ei (Dotter zerdrückt, Eiweiß gehackt), 2 EL Sauerrahm, Kräuter wie Basilikum, Balsamico-Essig, Olivenöl

Melanzani mariniert mit Tomaten

Diese köstliche, schnell zubereitbare Mischung eignet sich hervorragend als lauwarme oder kalte Vorspeise zu frischem Brot oder Crackern. Diese optisch wunderschöne Kreation ist z. B. für Gäste gut vorbereitbar und schmeckt unter anderem herrlich als Gemüsebeilage zum Abendbrot oder auch als Pasta-Variante.

Rezept für 3 Personen:
1 große Melanzani • 1 Zwiebel • 1 TL Olivenöl • 1–2 Knoblauchzehen • 1/2 Dose Tomaten oder 2–3 frische Tomaten • 3 EL frischer Oregano/Basilikum • 1 EL kaltgepresstes Olivenöl zum Marinieren • Salz, Pfeffer

Zubereitung:
Melanzani in fingerdicke Scheiben schneiden und zum Entbittern ein paar Minuten in kaltem Salzwasser einweichen (muss nicht sein).

Währenddessen Zwiebel hacken, in einer beschichteten Pfanne in Öl glasig anschwitzen und später zerdrückten Knoblauch kurz mitschwitzen.

Melanzani abtupfen, würfelig schneiden, dazugeben, ein paar Minuten unter Rühren zart „anrösten", mit den Kräutern, Salz und Pfeffer würzen und mit geschnittenen oder zerdrückten Tomaten übergießen. Einmal aufwallen und noch 1–2 Minuten unter gelegentlichem Rühren köcheln lassen.

Auf eine schöne Platte geben, mit frisch gehacktem Oregano oder/und Basilikum bestreuen, kaltgepresstes Olivenöl darüberträufeln und überkühlen lassen. Wenn Sie die Mischung für Gäste länger aufheben wollen, erst in vollständig abgekühltem Zustand mit Frischhaltefolie abdecken und kühl stellen.

Lauch-Blitzgemüse

Dies ist wohl eines der schnellsten Gemüsegerichte der Welt. Ideal als „Blitz-Pasta-Sauce", wenn alle schon sehr hungrig sind. Zur Abrundung der Sauce bietet sich pro Person 1 EL Pignoli oder Pistazien an. Lauchgemüse schmeckt übrigens auch herrlich zum Butterbrot oder zu Brot mit Topfenaufstrich. Genauso gut eignet es sich als warme Beilage oder als kalter Lauchsalat zu Kartoffeln, Hülsenfrüchten, Tofu, Fisch und Fleisch.

Rezept für 2 Personen:
1 Stange Lauch • 1 TL Olivenöl • 2–3 EL Wasser zum Aufgießen • Kräutersalz • 1 EL Süßrahm oder kaltgepresstes Leinöl • 1 EL Pignoli zum Verfeinern

Zubereitung:
Lauch grob säubern, eventuell beschädigte Außenblätter entfernen. Die grünen (oft erdigen) Teile zuerst längs vierteln und dann in 1 cm breite Stückchen schneiden und waschen. Der saubere, weißliche Rest kann meist ohne Waschen geschnitten werden.

Öl erhitzen, Lauch zugeben, mit Wasser ablöschen, einmal „aufkochen", mit Kräutersalz würzen und abgedeckt beiseitestellen und durchziehen lassen. Vor dem Servieren mit Rahm/Öl abrunden und abschmecken. Mit Pignoli bestreut servieren.

NÄHRSTOFF-INFO

LAUCH
Lauchgewächse liefern reichlich Wasser, verdauungsfördernde Ballaststoffe, Vitamine wie insbesondere Vitamin C, Mineralstoffe, darunter viel Calcium. Sekundäre Pflanzenstoffe, insbesondere Scharfstoffe/Senföle und Sulfide (Alliin, Allicin) mit ihren charakteristischen schwefeligen Duftnoten machen die Lauchgemüse zu immunstärkenden, entgiftenden Heilpflanzen.

Frühlings-Wildkräuter-Gemüse/-Salate

Verwendbar sind prinzipiell alle essbaren Wildkräuter, die Sie genau (!) kennen und die sich in Ihrem Garten und Umfeld ohne Verschmutzung durch Gülle oder Hundekot etc. finden: Brennnesseln, das in jungem Zustand zart nach Karotte und Sellerie schmeckende „Haus-und-Hof-Unkraut" Giersch, Gänseblümchenblätter/-Blüten, die saftigen Fetthennenblätter, das leicht nach Spargel und Spinat schmeckende bitterstoffreiche junge Labkraut, der leicht nach Steinpilzen schmeckende Breitwegerich, die erbsig-mild schmeckende Vogelmiere oder auch die jungen Triebe der Goldruten, die wie grüner Spargel schmecken. Nachdem die Goldrute als invasiver Neophyt gerne alles überwuchert, schneide ich die jungen Triebe besonders gern ab.

Rezept für 2 Personen:
1 Bund grüner Spargel, Thaispargel oder Wildspargel • 1 l Wasser • 1 EL Olivenöl • 1 Schuss trockener Weißwein • 1–2 EL Wasser • Kräutersalz • Pfeffer

Zubereitung:
Gewaschene Triebspitzen des Labkrautes kurz in kochendem Wasser blanchieren, Wasser abgießen, dann das Labkraut in 1 TL Fett anschwitzen und mit wenig Wasser ein paar Minuten zugedeckt dünsten.

Zum Würzen empfehle ich nur Salz, damit der sortentypische Geschmack der Wildgemüse-Kräuter voll zur Geltung kommt. Eventuell mit einem Hauch Rahm abrunden.

NÄHRSTOFF-INFO

WILDKRÄUTER

⊕ Wildkräuter sind der Mikronährstoff-Kick im Frühling, denn sie liefern große Mengen an Vitaminen, Mineralstoffen und sekundären Pflanzenstoffen. All dies stärkt Zellschutz, Stoffwechsel, Energiegewinnung und Immunsystem. Die Brennnessel ist (sogar als schnelle Suppe) eine wahre Vitamin-C-, Eisen- und Calcium-Bombe, wirkt zudem blutreinigend und entgiftend. Auch roher Giersch – direkt genascht oder als Salat genossen – liefert viel mehr Vitamin C als jede Zitrone. Zu einigen Wildkräutern finden Sie Details im „Kräuter-ABC".

VARIANTEN

▷ **Wildkräuter-Spinat:** Brennnessel, Giersch, Labkraut, Vogelmiere
▷ **Wildkräuter-Spargel:** junge Triebspitzen (maximal 10 cm) von Goldruten oder Labkraut
▷ **Wildkräuter-Suppen:** Kräuter nach Geschmack und Belieben kombinieren
▷ **Rohkost-Wildkräuter-Salat/-Smoothie/-Pesto:** junge, frische Blättchen/Blüten von Bärlauch (⊖ Verwechslungsgefahr!), Breitwegerich, Borretschblüten, Brunnenkresse, Fetthenne, Gartenkresse, Gänseblümchen, Giersch, Gundelrebe, Kapuzinerkresse, Kerbel (aus verwildertem Nachwuchs aus Gärtnereiware wegen der großen ⊖ Verwechslungsgefahr!), Knoblauchrauke, Löwenzahn, Pimpinelle, Rapunzel/Vogerlsalat/Feldsalat, Sauerampfer, Schnittlauch, Spitzwegerich, Tripmadam, Vogelmiere
▷ **Wildkräuter-Eierspeise:** Gehackten Labkrautspinat mit einer Mischung von 2 Eiern und 4 EL Milch übergießen und die Masse unter Rühren stocken lassen, mit Kräutersalz abschmecken.
▷ **Wildkräuter-Spinatpalatschinken** (→ Rezept, S. 156)

TOMATEN
Das Besondere an der Tomate ist das knall-rote Lycopin, welches eine der wirksamsten antioxidativen Zellschutz-Substanzen ist und unter anderem vorzeitigen Verschleiß (z. B. Hautalterung) vermindert. Mehr dazu lesen Sie beim Tomaten-Sugo-Rezept (S. 91).

Gefüllte Tomaten

Diese köstliche italienische Gemüsebeilage passt zu eiweißreichen Fisch-, Fleisch-, Eier- und Hülsenfruchtgerichten oder einfach zu mariniertem Mozzarella, Schafskäse, Tofu und Brot oder Crackern. Die gefüllten Tomaten lassen sich besonders gut für Gäste vorbereiten.

Rezept für 2 Personen:
4 große, reife Tomaten • Basilikum • Oregano • Salz • Pfeffer • 2–4 EL Brösel • Parmesan • 2 EL Olivenöl

Zubereitung:
Backrohr und feuerfeste Form auf 200 °C vorheizen.

Tomaten halbieren und aushöhlen, den Inhalt würzen, mit den Brö-seln vermengen, wieder einfüllen, mit Parmesan bestreuen und mit Olivenöl beträufeln.

Tomaten in die leicht geölte Form geben und 20 Minuten bei 180 °C überbacken.

Spinat indisch-pikant

Probieren Sie diese interessante indische Spinatvariante als warme Beilage, als kalten Gemüse-Salat oder auch als Füllung für Palatschinken, Sie werden begeistert sein.

Rezept für 2–3 Personen:
2 EL Rapsöl/Ghee • 1 große rote Zwiebel • 2–3 Knoblauchzehen • 1 „Zehe" Ingwer • 1 TL Kreuzkümmelpulver • 1 TL Kurkumapulver • 1 TL Korianderpulver • 1 TL Chilipulver • 300 g Spinat • reichlich Salz • 1/8 l Süßrahm

Zubereitung:
Die gehackten Gemüse-Gewürze nacheinander in heißem Fett anschwitzen: Zuerst die Zwiebel, dann Knoblauch mit Ingwer mitschwitzen und erst danach die Pulvergewürze in der Gesamtmischung einmal aufschäumen lassen.

Temperatur zurücknehmen und den grob zerkleinerten (frisch blanchierten oder aufgetauten) Blattspinat zugeben, zudecken und das Ganze etwa 15 Minuten zugedeckt dünsten lassen.

Mit reichlich Salz und Süßrahm abrunden.

FENCHEL
Gedünstet gilt dieses besonders milde Gemüse als leicht verdauliche Schonkost. Näheres zu den Inhaltsstoffen lesen Sie beim folgenden Rezept.

Fenchel-Gemüse mariniert

Eine warme oder kalte Vorspeise, die mit Butterbrot oder als Gemüsegericht zum Abendbrot herrlich schmeckt oder als warme Gemüse-Beilage für Nudeln, Risotto oder Fleisch verwendbar ist. Besonders gut harmoniert Fenchel jedoch mit Fischgerichten.

Rezept für 2 Personen:
1 Knolle Gemüsefenchel • 1 kleine Zwiebel • kaltgepresstes Olivenöl • 2 EL Wasser/Weißwein • Dill • Kräutersalz • Pfeffer • Fenchelgrün zum Garnieren • Balsamico-Essig

Zubereitung:
Den Fenchel waschen, säubern, vierteln, den Strunk vorsichtig herausschneiden und die 4 Teile dann quer zur Struktur in etwa 3 mm breite Streifen schneiden.

Geschnittene Zwiebel in heißem Öl anschwitzen, Fenchelstreifen dazugeben, mit Wasser oder Weißwein aufgießen, mit Dill, Kräutersalz und Pfeffer würzen, zudecken und ein paar Minuten garen lassen, bis der Fenchel bissfest ist und mit Balsamessig beträufelt servieren.

NÄHRSTOFF-INFO

FENCHEL

Fenchel ist herausragend unter den Gemüsen, was Vitamin C, B-Vitamine, Betacarotin und Mineralstoffe, darunter ganz besonders Eisen und Calcium, betrifft. An seinem süßlichen Aroma, welches durch verdauungsfördernde, blähungslösende ätherische Öle (darunter das anisartig duftende Anethol, wie auch im Gewürzfenchel) bedingt ist, scheiden sich allerdings die Geister.

Fenchel-Orangen-Salat

Ein sizilianisches Rezept von Sigrid, das im Süden an heißen Tagen als köstlich erfrischendes Antipasto- oder Zwischengericht sehr beliebt ist. In Kombination mit „Linsencurry-Suppe mit Fischspieß" (S. 168) ein Fest für Fenchelfans. Der Salat braucht allerdings 1–3 Stunden Zeit zum Durchziehen.

Rezept für 4 Personen:
2 Orangen • 12 Walnüsse • 2 Fenchelknollen • 1 rote Zwiebel • 2 EL Olivenöl • Balsamico-Essig/-Salsa • Salz

Zubereitung:
Orangen schälen, von den groben Anteilen der weißen Häutchen befreien und in ganz dünne Scheiben schneiden. Walnüsse grob zerbrechen.

Fenchel waschen, vierteln, den Strunk herausschneiden und das Fenchelgrün zum Dekorieren und Würzen aufheben. Dann den Fenchel quer zu den Fasern in dünne Streifen hobeln und die geviertelte Zwiebel dazuhobeln.

Fenchel, Zwiebel, Nüsse und Orangen vermengen, mit dem Olivenöl übergießen und mindestens 1 Stunde (besser 3) durchziehen lassen. Mit dunklem Balsamico-Essig oder einer Balsamico-Salsa und etwas Salz abschmecken und mit Fenchelgrün dekorieren.

Sellerie-Karotten-Apfel-Rohkost

Dies ist eine typische Winter-Rohkost aus einheimischem Lagergemüse und Obst. Sie erinnert ein wenig an Waldorfsalat, schmeckt angenehm süßlich-saftig und ist schnell zusammengerieben. Die Mischung kann als Vorspeise, Jause oder Gemüse-Rohkost-Salat dienen, kommt meistens auch bei Kindern gut an und ist sogar Jausendosen-tauglich. Mit Nüssen ist dieser Salat ein gesunder „Studentenfutter"-Ersatz für eifrige Schüler, Studenten und sonstige Kopfarbeiter.

Rezept für 6–8 Personen:
1 Sellerieknolle • 8 Karotten • 3 säuerliche Äpfel • 125 g Sauerrahm • Kräutersalz • 10 Walnüsse, 2 EL Rosinen

Zubereitung:
Die gesäuberten Gemüse und Äpfel auf einer Reibe fein raffeln und mit Sauerrahm und Kräutersalz abschmecken. Mit Nüssen und Rosinen aufwerten.

NÄHRSTOFF-INFO

WINTER-ROHKOST
Ein saftiger Vitalstoffmix der besonderen Art, der durch die Gemüse reich an Ballaststoffen, Vitaminen, Mineralstoffen und sekundären Pflanzenstoffen ist. Der relativ leicht verdauliche Sauerrahm macht den Salat herrlich sämig und punktet mit darmgesundheitsfördernden Milchsäurebakterien, einem geringen Milchzuckergehalt sowie wertvollen Milcheiweiß- und Milchfett-Anteilen. Walnüsse liefern neben dem Sauerrahm noch eine Extraportion Eiweiß, ungesättigtes Qualitätsfett und zusätzliche Mineralstoffe. Falls Sie Rosinen verwenden, kommen noch Mineralstoffe, Ballaststoffe und Zucker dazu. In Summe ergibt das ein richtiges „Brain-Food".

KOHLRABI

Unter den Kohlgewächsen gilt Kohlrabi als mildester, saftigster und verträglichster Vertreter. Er liefert reichlich Wasser, Ballaststoffe, Mineralstoffe, Vitamine und sekundäre Pflanzenstoffe. Darunter befinden sich die den typischen Geruch verursachenden desinfizierenden und immunstärkenden Senföle. Die zarten grünen Blätter des jungen Kohlrabis schmecken köstlich und liefern besonders viel Vitamin C.

Kohlrabi-Balsamico-Carpaccio

Dieses saftige, schnell und einfach zubereitbare Gemüsegericht eignet sich als Salat-Beilage, als schön dekorierte Vorspeise oder kleine Zwischenmahlzeit.

Rezept für 2 Personen:
1 mittlerer Kohlrabi • 1 TL Balsamico-Essig • 1 EL Öl • evtl. 1 TL Senf • Kräutersalz • Pfeffer • Kohlrabiblättchen, Blütenmix • oder Kräuter als Garnitur

Zubereitung:
Geschälten Kohlrabi halbieren, in sehr dünne Scheiben hobeln und fächrig auf einer großen Platte anrichten.

Für die Marinade Essig, Öl, eventuell Senf und Gewürze vermischen und die Kohlrabischeiben damit beträufeln.
Als Garnitur bieten sich (junge, frische) gehackte Kohlrabiblätter an oder auch Blüten und Kräuter der Wahl.

Gemüse:
Suppen und Eintopfgerichte

Suppenartige Gerichte sind nicht nur praktisch und schnell gekocht, sondern auch sättigend, nährend und (auf Grund des hohen Wassergehaltes) nicht belastend. Deshalb sind sie unter anderem ideal als leicht verdauliches Abendessen oder auch gut geeignet zum Abnehmen, wenn sonst nichts dazu gegessen wird.

NÄHRSTOFF-INFO

Im Vital-Teller-Modell gelten Gemüsesuppen als 1 Gemüse-Baustein, mit Getreide-/Kartoffeleinlage kommt ein Stärke-Anteil dazu und gemeinsam mit einer Eiweiß-Zulage wie Ei, Käse oder Dal sowie einer Extraportion Fett entsteht eine ausgewogene Hauptmahlzeit. Einer Gemüse-Kartoffel-/Getreide-Linsensuppe fehlt beispielsweise nur mehr das Fett zur Abrundung.

Besondere Suppen (keine reinen Gemüsesuppen):

Linsencurry-Suppe → Rezept S. 168
Grieß-Suppe → Rezept S. 116
Gerstlsuppe → Rezept S. 163
Hühner-Gemüse-Kraftsuppe → Rezept S. 162
Ayurvedische Mung-Reis-Suppe → Rezept S. 43

Vital-Teller-Menü-Beispiele zur vollwertigen Ergänzung von Suppen und Eintöpfen:

●● Gemüse-Bausteine (G+GS): 1–2 Handvoll in der Suppe oder 1 davon als Rohkostbeilage	● Stärke-Beilagen (St): (auch als Suppeneinlage) ~1 Handvoll	● Eiweiß-Zulagen (EW): (auch als Suppeneinlage) ~1 Handvoll	🖐 Extra-Fett (F): (zum Garnieren) ~1–2 EL	💗 Süßes (S): wenig, optional
Gemüsesuppe nach Wahl Sprossen/Salat	Pellkartoffeln/Nudeln/ Kartoffelstücke/Reis/ Brot/ Brotwürfel/Cracker/ Gerste/Couscous/Grieß	Naturschnitzel/Fischfilet/ Linsen/Bohnen/Tofuwürfel/ Käse/Ei/Topfenaufstrich	Pflanzenöle/Ölsaaten/ Nüsse/Ölfrüchte/ Süßrahm/Butter/Ghee	etwas Obst etc. (→ „Süßes", ab S. 180)

HINWEIS: Je nach Rezept können in einer Suppe auch verschiedenste, oder sogar alle Bausteine einer Hauptmahlzeit abgedeckt sein.

Karotten-Kurkuma-Suppe

WOHLFÜHLSUPPEN

Diese kalorienarmen Mischungen sind milde, gut verdauliche, vor allem mineralstoffreiche („basische") und stoffwechselankurbelnde („entschlackende") All-in-one-Gerichte. Gemüse liefert reichlich Mineralstoffe, Ballaststoffe, sekundäre Pflanzenstoffe, insbesondere Carotinoide, Lycopin und Lutein sowie Bitterstoffe. Selbst einige Vitamine bleiben bei kurzem Garen erhalten (zur Aufbesserung der Vitaminbilanz eignet sich Obst als Dessert). Die Kartoffel punktet mit Mineralstoffen wie Magnesium und Kalium, sättigender (suppenbindender) Stärke, Vitamin C und ein wenig, aber hochwertigem Eiweiß. Wichtig ist das geschmackliche Aufwerten und gezielte Auffetten der fettfreien Basis-Suppe, das zur Schonung der edlen Fette erst vor dem oder beim Servieren (im Teller) erfolgt.

Ergänzen Sie pro Person wahlweise
▷ 1 TL kaltgepresstes Leinöl, Hanföl, Leindotteröl, Walnussöl, Rapsöl, Sojaöl (mit Omega-3-Ölen)
▷ 1 TL kaltgepresstes Olivenöl (Omega-9-betontes Öl) oder Kürbiskernöl (Omega-6-reiches Öl)
▷ 1 TL Butter, Süßrahm, Sauerrahm (MCT-Fette, Eiweiß), natives Kokosöl (viel MCT-Fette)
▷ 1 EL Ölsaaten wie Kürbiskerne, Sonnenblumenkerne, Pignoli (mit Omega-6-Ölen)
▷ 1 EL Nüsse wie Walnüsse (mit Omega-3-Ölen) etc.

Wohlfühl-Gemüse-Suppen

Diese cremig-pürierten, bunten, leckeren und wohlriechenden Suppen-Kreationen sind ideal als wertvoll-leichtverdauliches Abendessen und begeistern sogar Kinder und ausgesprochene „Gemüse-Muffel". Die angenehme Wärme ist nach unruhigen, stressigen Tagen oder an kalten Tagen der ideale Ausgleich. Die Zubereitung im Schnellkochtopf ist einfach, zeitsparend und schont die enthaltenen Mikronährstoffe. Mit Gemüseputzen, grob Zerkleinern, Kochen, Pürieren und Abrunden ist die Suppe in 15–20 Minuten essfertig. Durch den hohen Gemüseanteil gelten solche Suppen als 1–2 Gemüsebausteine, wobei die Kartoffeln je nach Menge einen Teil der Stärke-Beilage abdecken.

Rezept für 2 Personen:
400–500 ml Wasser • 3 Handvoll Bio-Gemüse – dieses gibt der Suppe den Namen • 2 Kartoffeln • 1 große Zwiebel • 1 EL Gemüsewürze • Kräutersalz • Extra-Fett zum Abrunden (→ Nährstoff-Info) • Kräuter-Garnitur

Zubereitung:
Schnellkochtopf mit Wasser offen zustellen, zum Kochen bringen und währenddessen das Gemüse der Wahl und die Kartoffeln waschen, Letztere schälen und alle Gemüse inklusive Zwiebel nur grob zerkleinern.

Zutaten erst ins richtig kochende Wasser geben, mit 1 EL Gemüsewürze würzen, Topf schließen und ab Ventilschluss etwa 4 Minuten garen.

Ventil absinken lassen, den Topf öffnen, die Gemüse pürieren und mit Kräutersalz würzen und direkt vor dem Servieren mit wertvollem „Extra-Fett" cremig abrunden. Mit Kräutern garnieren.

VARIANTEN

▷ **Je 4 Handvoll Gemüse, Kräuter und Wildkräuter nach Wahl kombinieren** (→ „Gemüse-ABC"). Einige Beispiele finden Sie hier, für einige besondere Suppen gibt es extra Rezepte.

▷ **Stärke-Einlagen (statt Kartoffeln):** Reis, Couscous, Haferflocken oder Nudelreste

▷ **Karotten-Kartoffel-Zwiebel-Kurkuma**: Mit 1–2 EL Kurkuma und Süßrahm abrunden.

▷ **Sellerie-Karotten-Zwiebel**

▷ **Sellerie-/Pastinaken-Kartoffel-Zwiebel**

▷ **Lauch-/Frühlingszwiebel-Kartoffel**

▷ **Karotten-/gelbe Rüben-Kartoffel-Zwiebel**

▷ **Rohnen-Kartoffel-Zwiebel**

▷ **Zucchini-Kartoffel-Zwiebel**

▷ **Fenchel-Pastinaken-Schalotten**

▷ **Brennnessel-/Giersch-Kartoffel-Frühlingszwiebel**

Vital-Teller-Menü/Person:

Gemüse (~2 Handvoll)	Stärke-Beilage (~1 Handvoll)	Eiweiß-Zulage (~1 Handvoll)	Extra-Fett (~ 1 EL)	Süßes (optional)
Sellerie-Kartoffel-Suppe	Vollkorn-Weckerl (Kartoffel)	Topfen-Kräuteraufstrich (mit Sprossen)	3–4 Walnüsse/ Süßrahm/Öl/Ösaaten	1 Handvoll Obst

Kürbis-Suppe

Eine prachtvoll leuchtende Herbstsuppe (so schön wie die Blüten im Juli), die mit ihrer knalligen Farbe und köstlich milden Süße für gute Laune und viele Fans sorgt. Diese Suppe lässt sich sehr gut einfrieren. Im Sinne einer ausgewogenen Mahlzeit gehören Rohkost, ein Vollkornbrot als Stärke-Beilage und eine Eiweiß-Zulage in Form einer Vorspeise oder eines Aufstriches dazu.

Rezept für 4 Personen:
1 mittlerer Hokkaidokürbis • 2 Zwiebeln/1 Stange Lauch • 1–2 Knoblauchzehen • 2 EL Gemüsewürze • 4 TL Kürbiskerne • geschlagener Rahm • einige Tropfen Kürbiskernöl • einige gehackte Kürbiskerne

Zubereitung:
Wasser im offenen Schnellkochtopf zustellen.

Hokkaidokürbis waschen und mit Schale verarbeiten, halbieren, entkernen, in fingerdicke Stücke schneiden und mit den grob zerkleinerten Zwiebeln/Lauchstücken und Knoblauchzehen ins bereits kochende Wasser geben.

Gemüse in 6–8 Minuten weichgaren, dann mit 1–2 EL Gemüsewürze würzen und pürieren.

Jeden Teller beim Servieren mit ein bisschen geschlagenem Rahm, ein paar Tropfen Kürbiskernöl und einigen gehackten Kürbiskernen abrunden.

VARIANTEN

▷ **andere Kürbissorten:** beispielsweise die wohlschmeckende Sorte Butternut
▷ **Gemüse-Extra:** 1 rote Paprika, 3 Karotten, 1–2 Kartoffeln, 1 Lauchstange oder Zucchini mitgaren, eventuell auch den Zwiebel-Anteil erhöhen.
▷ **pikant-scharfe Kürbissuppe:** 1 kleine Chilischote oder/und 1 TL gehackten Ingwer mitgaren und die Suppe mit Koriander und Kreuzkümmel „indisch angehaucht" abrunden.
▷ **Kürbis-Linsen-Suppe:** Etwa 100 g separat durchgegarte orange Linsen oder halbierte gelbe Mungbohnen (→ „Eiweißreiche Hülsenfrüchte") zur fertigen Kürbissuppe geben, mitpürieren und nach Belieben pikant ayurvedisch-indisch würzen, wie unter „Garen und Würzen" näher beschrieben. Der Linsenzusatz mildert den Süßgeschmack der Kürbissuppe und macht das Gericht geschmacklich runder.
▷ **Kürbisblüten** (männliche, nichtfruchtbildende) können kurz in Butter angeschwitzt oder in „Schnitzel-Panier" herausgebacken dazugereicht werden.

Vital-Teller-Menü/Person:	Gemüse (~2 Handvoll)	Stärke-Beilage (~1 Handvoll)	Eiweiß-Zulage (~1 Handvoll)	Extra-Fett (~ 1 EL)	Süßes (optional)
	Sprossen/Salat/GS Kürbis-Suppe	Vollkorn-Weckerl	Schafskäse/Mozzarella (zum Salat als Vorspeise)	10–12 Kürbiskerne Kürbiskernöl, Rahm	1 Handvoll Obst

82

Tomaten-Suppe

Dies ist die einfachste und schnellste Gemüsesuppe, wenn Sie dazu passierte/stückige Tomaten aus dem Tetrapack oder der Dose verwenden. Sie können natürlich auch Frischware verwenden und diese mit Schale (!) selbst pürieren. Die feuerrote Suppe kann warm, kalt, scharf oder mild gewürzt genossen werden. Zur ausgewogenen Abrundung bieten sich Topfenaufstrich-/Frischkäse-Vollkornbrot, eine Garnitur mit frischer Kresse oder ein paar Oliven zum Knabbern an.

Rezept für 2–3 Personen:
1 große Zwiebel • (2 Knoblauchzehen) • Olivenöl • 500 ml passierte/stückige Tomaten • Salz • Pfeffer • Oregano etc. • evtl. 1/16 l Schlagobers • Basilikum

Zubereitung:
Zwiebel hacken und in etwas Öl für einige Minuten anschwitzen, (danach eventuell zerdrückten Knoblauch kurz mitschwitzen), mit Tomatenpolpe aufgießen. Diese Basismischung gut würzen, zwischen 5 und 20 Minuten köcheln lassen und dann mit dem Mixstab pürieren.

Abrunden mit einem Tupfer Schlagobers und frischen Basilikumblättchen.

NÄHRSTOFF-INFO

TOMATEN
Dieses Nachtschattengewächs liefert neben vielen anderen Mikronährstoffen mit dem knallroten und hitzestabilen Lycopin einen besonders stark antioxidativen, zellschützenden und lichtschützenden Farbstoff (→ „Gemüse-ABC/Vitalstoff-ABC"). Im Übrigen sind Tomaten laut Ayurveda für hitzige, temperamentvolle, übersäuerte Pitta-Typen nicht geeignet.

VARIANTEN

▷ **Bloody-Mary-Suppe:** mit Chili, Pfeffer oder Ingwer
▷ **Zuppa „allo Chef":** mit 1 TL Petersilien-Würzpaste/Person und einem Schlagoberstupfer
▷ **Kokos-Tomatensuppe vegan:** mit Kokosmilch und Kokosraspel

	Gemüse (~2 Handvoll)	Stärke-Beilage (~1 Handvoll)	Eiweiß-Zulage (~1 Handvoll)	Extra-Fett (~1 EL)	Süßes (optional)
Vital-Teller-Menü/Person:	Rucola/Kresse/Sprossen Tomatensuppe	Vollkornbrot	Frischkäse/Topfenaufstrich (+ Rucola/Kresse/ Radieschen)	5–6 Oliven und Süßrahm	1 Handvoll Obst

Rohnen-„Think-Pink"-Suppe

Diese rosarote Farbenpracht sieht auf den ersten Blick etwas schräg aus und sorgt jedenfalls für gute Stimmung am Tisch. Der Geschmack überzeugt – vor allem mit einer scharf-pikanten Suppeneinlage.

Rezept für 2 Personen:
1 Zwiebel • 1 Knoblauchzehe • 1 EL Öl • 1/16 l Weißwein • 1 l Wasser • 3 gekochte Rote Rüben (Rohnen) • 2 EL Gemüsewürze • Salz • Pfeffer • 125 g Crème fraîche/Süßrahm • 1 Handvoll Kresse-/Rucolasprossen/geriebener Kren

Zubereitung:
Zwiebel und Knoblauchzehe klein hacken, Rote Rüben in grobe Stücke schneiden. Zerkleinerte Zwiebel und Knoblauch in Öl anschwitzen und mit Wein ablöschen. Mit Wasser aufgießen, aufkochen, die stückigen Rohnen dazugeben, würzen mit Pfeffer und Gemüsewürze, 10 Minuten köcheln lassen, dann pürieren und mit Salz abschmecken.

    Abrunden mit Crème fraîche oder Süßrahm und mit pikanten Sprossen, geriebenem Kren oder Oberskren garnieren.

Vital-Teller-Menü/Person:	Gemüse (~2 Handvoll)	Stärke-Beilage (~1 Handvoll)	Eiweiß-Zulage (~1 Handvoll)	Extra-Fett (~ 1 EL)	Süßes (optional)
	Sprossen-Salat/Garnitur Rohnen-Suppe mit Kren	(Kartoffeln) Brot/Cracker	Mozzarella-/Panir-Vorspeise (mit Sprossensalat)	Öl/Ölsaaten (Salat, Vorspeise)	1 Handvoll Obst

Kraut-Reis-Suppe

Eine sättigende Wintersuppe für die schlanke Linie. Zur ausgewogenen Sättigung braucht das Gericht eine Portion Extra-Fett sowie eine Eiweiß- und Rohkostzulage wie beispielsweise Topfen-Obst-Creme als Dessert.

Rezept für 4 Personen:
500 g Kraut • etwas Öl • Kümmel/Kreuzkümmel • 1 l Wasser • Gemüsewürze • 80 g weißer Reis • Pfeffer • Salz • 2 EL Omega-3-Öl der Wahl • Petersilie

Zubereitung:
Krautkopf waschen, vierteln, nudelig schneiden/hobeln, in ein wenig Öl anschwitzen und das Kraut dann mit Kümmel gewürzt zugedeckt etwa 10 Minuten dünsten.

Wasser mit Gemüsewürze zum Kochen bringen, Reis dazugeben, 5 Minuten offen köcheln, dann das gedünstete Kraut dazugeben, würzen und weiterkochen, bis alles gar ist.

Beim Servieren mit 1 TL Leinöl/Walnussöl/Sojaöl/Rapsöl pro Person und gehackter Petersilie abrunden.

Vital-Teller-Menü/Person:

●● Gemüse (~2 Handvoll)	● Stärke-Beilage (~1 Handvoll)	● Eiweiß-Zulage (~1 Handvoll)	◌ Extra-Fett (~1 EL)	♥ Süßes (optional)
(Obst im Dessert) Kraut-(Reis-)Suppe	*Reis in der Suppe*	*(Topfen-Dessert)*	*Salatöl/Ölsaaten*	*1 Handvoll Topfen-Obst-Creme*

Kartoffel-Suppe

Eine sehr gut sättigende, eher herbstlich-winterliche Suppe. Die Zubereitung braucht etwas Zeit, kann gut vorbereitet werden und lässt sich – mit ein wenig Wasser verdünnt – problemlos aufwärmen.

Rezept für 2–3 Personen:
1/4 kg Kartoffeln/Erdäpfel • 1/2 l Wasser • Salz • 50 g Zwiebel • 1 TL Öl • 1 EL Mehl • 1/2 EL Majoran • Pfeffer • Kümmel • gehackte Petersilie • evtl. 1 EL Sauerrahm

Zubereitung:
Erdäpfel waschen, schälen, würfelig schneiden, in Salzwasser weichkochen. Abseihen und Wasser dabei aufheben!

Gehackte Zwiebel in Öl anschwitzen, Mehl dazugeben, kurz rösten, mit Erdäpfelsud flott aufgießen, unter Rühren/Versprudeln gut verkochen lassen.

Erdäpfel in die Suppe geben, mit viel Majoran sowie Salz, Pfeffer und Kümmel würzen und ein paar Minuten weitergaren.

Zum Abrunden beim Servieren gehackte Petersilie und eventuell 1 EL Sauerrahm dazugeben.

Vital-Teller-Menü/Person:	Gemüse (~2 Handvoll)	Stärke-Beilage (~1 Handvoll)	Eiweiß-Zulage (~1 Handvoll)	Extra-Fett (~ 1 EL)	Süßes (optional)
	Sprossen/Salat/GS: groß!	Kartoffelsuppe	Schafskäse (zum Salat)	Hanfsamen (Salat) und Rahm in der Suppe	1 Handvoll Obst

Minestrone

Der italienische Klassiker unter den Gemüsesuppen ist begleitet von einem Vollkornbrot mit Topfenaufstrich ein ideales leichtes Abendessen und eignet sich so auch hervorragend zum sanften Abnehmen. Als Vorspeise ist die Suppe ein köstlicher und wertvoller Gemüsebaustein. Bei den Stärke-Einlagen können Sie zwischen Reis, Nudeln, Kartoffeln, Frittaten, Grießnockerln, Graupen, Buchweizen, Quinoa oder Brotwürfeln wählen – all dies bietet sich auch als praktische „Resteverwertung" an. Eiweiß ergänzen Sie entweder in der Suppe oder danach mit Eierstich, Fisch, Pilzen, Aufstrich oder einem eiweißreichen Dessert.

Rezept für 4–6 Personen:
500 g geschnittenes Gemüse der Saison • 1 rote Zwiebel • 2 EL Olivenöl • 2 Knoblauchzehen • 1 EL Tomatenmark • 1 EL Mehl • 1/8 l trockener Weißwein • 1 l Wasser • 2–3 EL Gemüsewürze • Salz • Pfeffer • Kräuter wie Oregano, Majoran, Thymian, Rosmarin, Ysop zum Mitkochen • restliche (oder zusätzliche frische) Kräuter zum Garnieren • 4–6 EL Parmesan zum Servieren

Zubereitung:
Gemüse putzen, waschen und mundgerecht schneiden oder schon frisch vorgeschnittenes Gemüse im guten Fachhandel kaufen.

Gehackte Zwiebel in Öl goldgelb anschwitzen, zerdrückten Knoblauch kurz mitschwitzen, Tomatenmark und Gemüse beigeben und ein wenig mitrösten. Mehl einrühren, mit Wein ablöschen und unter Rühren den Alkohol verdunsten lassen.

Mit Wasser aufgießen, würzen mit Kräutermischung der Wahl, etwa 10–20 Minuten sanft köcheln lassen und eventuell mit restlichen frischen Kräutern und Parmesan bestreut servieren.

VARIANTEN

▷ **Pilz-Minestrone:** mit Pilzen der Saison im Gemüsegemisch
▷ **Fisch-Minestrone:** Kurz vor Garzeit-Ende frisch gebratene Fischfilets einlegen – es ist normal, dass diese dann schnell in Stücke zerfallen.
▷ **pürierte Minestrone:** beliebt bei Kindern und betagten Senioren

Vital-Teller-Menü/Person:	Gemüse (~2 Handvoll)	Stärke-Beilage (~1 Handvoll)	Eiweiß-Zulage (~1 Handvoll)	Extra-Fett (~ 1 EL)	Süßes (optional)
	Rohkost: Sprossen/Salat Minestrone	Suppeneinlage/Brot	Fisch/Pilze/Ei/Aufstrich/ (Topfencreme als Dessert)	Olivenöl/Oliven	1 Handvoll Obst (Topfencreme)

Linsensuppe

Eiweißreiche Linsen- und Bohnensuppen sind herrliche Sattmacher und Kraftgeber, obwohl sie relativ kalorienarm sind. Die Zubereitung braucht Zeit, da diese Hülsenfrüchte unbedingt durchgegart werden müssen – sie müssen mit dem Finger problemlos zerdrückbar sein. Mit Kräuterbutter-Vollkornbrot (oder einem eingerührten Getreide-Rest vom Vortag) und etwas Rohkost ergibt sich eine vollwertige Mahlzeit.

Linsen-Grundrezept für 4 Personen:

1 Häferl Linsen • 2–3 Häferl Wasser • 1 Lorbeerblatt (Salz und sonstige Gewürze erst beim Abrunden!) | *Einbrenn für die Suppe:* 1 Zwiebel • 1 TL Rapsöl/Ghee • 1–2 EL Weizen- oder Kichererbsenmehl • 1/2 l Wasser zum Aufgießen | *Zum Abrunden:* Gewürze nach Geschmack • Rahm/Kokosrahm/Ghee/Öl • 4 EL frisch gehackte Kräuter

Zubereitung:

Linsen gut abspülen, über Nacht einweichen und mit Einweichwasser und Lorbeerblatt in einem großen offenen Topf etwa 1 Stunde garen. Unter Umständen so viel Wasser ergänzen, dass letztlich alles aufgesogen ist, aber nichts anbrennt. Das fertige (von Lorbeerblattresten befreite und ansonsten noch ungewürzte) Linsengericht kann als Eiweiß-Beilage, Aufstrich oder Grundlage für die Suppe weiterverwendet werden, wobei erst hierbei nach Belieben gewürzt wird.

Für die Suppe eine Einbrenn bereiten: Die gehackte Zwiebel in Fett anschwitzen, Mehl kurz mitrösten, mit Wasser aufgießen und gut versprudeln, Dann die Linsen dazumischen und das Ganze pürieren. Mit Rahm/Kokosrahm/Ghee/Öl und Gewürzen nach Geschmack abrunden (italienisch-mediterran oder indisch-ayurvedisch, → im Kapitel „Garen und Würzen", S. 31) und mit Kräutern bestreut servieren.

VARIANTEN

▷ **Gemüse-Linsen-Suppe:** mit Gemüse der Wahl für mehr Geschmack, Farbe und Vitalstoffe

▷ **Getreide-Linsen-Suppe:** Getreide der Wahl zur Eiweiß-Aufwertung und Stärke-Ergänzung

▷ **Getreide-Gemüse-Linsen-Suppen:** ausgewogene Vital-Teller-Eintöpfe

▷ **Linsencurry-Suppe mit Fischspieß** (→ Rezept S. 168)

Vital-Teller-Menü/Person:	🟢🟢 Gemüse (~2 Handvoll)	🔴 Stärke-Beilage (~1 Handvoll)	🟤 Eiweiß-Zulage (~1 Handvoll)	🟡 Extra-Fett (~ 1 EL)	💗 Süßes (optional)
	Sprossen/Salat/Rohkost Gemüse in der Suppe	*Vollkornweckerl*	*Linsensuppe*	*Kräuterbutter/ Petersilien-Würzpaste*	*1 Handvoll Obst*

Spargelcreme-Suppe

Beim intensiven Spargelaroma scheiden sich die Geister, die einen lieben es, die anderen können Spargel „nicht riechen". Gesundheitlich ist frischer Spargel jedenfalls sehr wertvoll, zur Not können Sie auch auf Dosenspargel ausweichen. Für Suppen zu edel sind grüner Spargel, echter Wildspargel und spargelig schmeckende Wildkräuter (→ Rezept Spargelgemüse, S. 44).

Rezept für 4 Personen:
250 g Suppenspargel • 1,5 l Salzwasser • 4 EL glattes Mehl • 1 EL Rapsöl • 1/8 l Süßrahm • 4 EL gehackte Petersilie • evtl. 2 EL Hanfsamen

Zubereitung:
Geputzten Spargel in 4 cm große Stücke schneiden, in kochendes Salzwasser einlegen und weichkochen. Abgießen, Sud aufheben und den Spargel bis auf die Spitzen mit ein wenig Sud passieren.

Mehl in heißem Öl anschwitzen, mit Sud ablöschen, versprudeln und gut einkochen lassen. Den passierten Spargel einrühren, die Suppe vom Herd nehmen und mit Rahm abrunden. Beim Servieren mit Petersilie und eventuell Hanfsamen bestreuen.

	Gemüse (~2 Handvoll)	Stärke-Beilage (~1 Handvoll)	Eiweiß-Zulage (~1 Handvoll)	Extra-Fett (~ 1 EL)	Süßes (optional)
Vital-Teller-Menü/Person:	Rucola/Kresse/Radieschen Spargelsuppe	Vollkornbrot	Frischkäse/Topfenaufstrich (+ Rucola/Kresse/ Radieschen)	Hanfsamen und Süßrahm	1 Handvoll Obst

Gemüse:
Saucen für Pasta und sonstige Stärke-Beilagen

Hier finden Sie ein paar köstliche, typisch italienische Sugo-Saucen für Nudelgerichte mit nahezu unendlichen Variationsmöglichkeiten. Verwenden Sie unterschiedlichste Nudelsorten (Penne, Pipe, Farfalle, Bavette, Spaghetti, Orecchiette, Maccaroni – insbesondere Vollkorn oder/und selbstgemachte Nudeln) und experimentieren Sie nach Lust und Laune mit verschiedensten Gemüsen und Gewürzen. Die Sughi können klassisch mit angeschwitzter Zwiebel, Knoblauch, Tomaten & Co. „rein gemüsig" zubereitet werden oder Sie können gehaltvollere, mit Ölsaaten und Parmesan angereicherte Pesto-Saucen zubereiten (→ Rezepte S. 91 f). Pasta-Genuss steht und fällt jedenfalls mit der Qualität der Zutaten, insbesondere der „al dente" (!) gekochten Nudeln, der Tomaten, der Gewürze, des Parmesans und des Olivenöls.

Zutaten für Tomaten-Sugo

Vital-Teller-Menü-Beispiele zur vollwertigen Ergänzung der folgenden Gemüse-(Pasta)-Rezepte:

Gemüse-Bausteine (G+GS) ~2 Handvoll, 1 davon roh	Stärke-Beilage (St): ~1 Handvoll	Eiweiß-Zulage (EW): ~1 Handvoll	Extra-Fett (F): ~1–2 EL	Süßes (S): wenig, optional
Tomaten-Gemüse-Sugo Sprossen/Salat	Spaghetti/Vollreis Brot (z.B. Crostini)	Mozzarella-/Schafkäse-Würfelchen (mariniert)	Olivenöl (-Würzpaste) und Oliven/Pignoli/Pistazien	2 Dörrpflaumen
Bärlauch-(Sauce) Frühlings-Salat	Linguine/Kartoffeln	Sauerrahm in der Sauce (Topfencreme-Dessert)	Rapsöl und Walnüsse	2 Dörrpflaumen
Zucchini-(Sauce mit Zwiebel) Rucola-Salat	Nudeln/Risottoreis	(Topfencreme-Dessert)	Süßrahm (Sauce) und Kürbiskerne	1 Handvoll Topfencreme
Rucola-(Sauce)	Vollkorn-Nudeln/ Risottoreis/Gerste	Pecorino/Mascarino/ Ricotta/ Sauerrahm	Olivenöl und Cashewkerne	½ Handvoll Obst

Tomaten-Gemüse-Sugo

Dieses köstliche Rezept ist so einfach (nebenher) zu kochen, dass Sie nie mehr „totgekochte", oft sehr zuckrige Fertig-Tomatensaucen mit Einheitsgeschmack und fallweise künstlichen Gewürzzusätzen essen müssen. Falls gerade Saison ist, empfehle ich frische, aromatische Tomaten zu verarbeiten, sonst sind Bio-„Pelati" die erste Wahl. Diese geschälten, ganzen oder stückigen Tomaten aus der Dose/aus dem Tetrapack können Sie vor dem Köcheln ein wenig mit der Gabel zerkleinern. Achten Sie beim Einkauf auf ungezuckerte Ware und verzichten Sie auch auf größere Mengen an Tomatenmark aus der Tube, da es extrem salzig ist. In Italien köchelt ein richtiger Sugo meist mehrere Stunden lang. Gut einfrierbar.

Rezept für 4–6 Personen:
1–2 große Zwiebeln • 1 EL Olivenöl • 1–2 Knoblauchzehen • 2–3 geraffelte Karotten • 2 Dosen Tomaten oder 6–8 frische Tomaten • 2–3 EL Gewürz-Kräuter wie Oregano, Majoran, Basilikum • Salz und Pfeffer • evtl. 1/2 TL Zucker (bei sauren Tomaten) • Basilikum/Oregano zum Garnieren • 4–6 TL kaltgepresstes Olivenöl zum Beträufeln (1 TL/Person) | 500–750 g Nudeln

Zubereitung:
Zwiebeln in heißem Öl ein paar Minuten unter Rühren glasig schwitzen, dann Knoblauch (wenn gewünscht) kurz und vorsichtig mitschwitzen, da er leicht anbrennt.

Dünn gehobelte Karotten dazugeben, mit den Tomaten aufgießen, würzen und zugedeckt mindestens 1/2 Stunde, besser länger (1–2 Stunden) köcheln lassen.

Abschmecken, gegebenenfalls nachwürzen und beim Servieren mit pro Person 1 TL kaltgepresstem Olivenöl und frischen Kräutern verfeinern.

Bärlauch und Knoblauchrauke

VARIANTE

▷ **Knoblauchrauken-Sauce:** Das zarte Knoblaucharoma dieses unverwechselbaren
 „Unkrautes" hat einen Hauch von Bitter-
 note, verwenden Sie am besten nur die
 ganz frischen jungen Blättchen und Blüten.

Bärlauch-Sauerrahm-Sauce

Frischer Bärlauch hat ein unvergleichlich intensives Aroma, die Knoblauchrauke schmeckt viel zarter. Diese blitzschnelle Bärlauch-Spa-
ghetti-Variante ist im Vergleich zu Bärlauch-Pesto (→ Rezept, S. 49)
deutlich milder, weniger üppig und zudem eiweißhaltig. Ausgewogen
wird das Nudelgericht mit einer großen Portion knackigem Frühlingssalat. Falls Sie Bärlauch wild sammeln, sollten Sie ihn sehr genau
kennen. ⊖ Leider gibt es immer wieder tragische Vergiftungsfälle
(auch tödliche) durch Verwechslungen mit Herbstzeitlosen- und
Maiglöckchenblättern.

Rezept für 2 Personen:
7–10 Bärlauchblätter • 125 g Sauerrahm • Kräutersalz | 250 g Linguine
oder Spaghetti

Zubereitung:
Bärlauchblätter waschen, quer zu den Blattnerven dünne Streifen
schneiden und dann noch kleiner wiegen.
 Mit Sauerrahm verrühren, mit Kräutersalz abschmecken und mit „al
dente" gekochten Spaghetti schnell vermengen und gleich servieren.

Zucchini-Rahm-Sauce

Zucchini jeder Sorte eignen sich perfekt als saftige Basis für blitz-schnelle, köstliche Gemüse-Pastagerichte und Risotti. Die Sauce ist in vielen Spielarten abwandelbar, beispielsweise mit einer Eiweiß-Zulage in Form von edlem Lachs, Schafskäse oder Putenfleisch. Herrlich schmeckt dazu ein vitamin- und ballaststoffreicher Rohkost-Salat. Zum Kaloriensparen können Sie einfach mehr Zucchini verwenden und die Sauce mit weniger Nudeln mischen – ganz nach Belieben.

Rezept für 2 Personen:
2 Frühlingszwiebeln/1 Zwiebel • etwas Rapsöl • 2 mittlere Zucchini • 250 g Pappardelle • 2 EL trockener Weißwein • 1/16 l Süßrahm • Kräuter der Provence/Gundelrebe • Kräutersalz/Gundelrebensalz • Pfeffer

Zubereitung:
Gesalzenes Nudelwasser aufstellen. Zwiebel hacken und in etwas Rap-söl anschwitzen. Währenddessen die Zucchini waschen, putzen und feinnudelig hobeln. Nudeln ins kochende Wasser geben.

Zucchini zu den Zwiebeln geben, mit Weißwein aufgießen, kurz ein-kochen lassen, würzen und zugedeckt etwa 5 Minuten dünsten lassen.

Mit Rahm und Gewürzen abschmecken, beiseitestellen, bis die Nu-deln (z. B. Pappardelle) „al dente" gekocht sind.

VARIANTEN

▷ **Zucchinigemüse als Risotto-, Couscous-, Polenta-, Kartoffel-, Hirse-, Quinoa-Ge-richt in allen unten genannten Varianten**
▷ **Zucchini-Lachs-Nudeln:** Frische, ge-räucherte oder aufgetaute Tiefkühl-Lachs-Streifen auf die fast fertige, warme Gemüsesauce geben und zugedeckt ein paar Minuten durchziehen lassen. Räu-cherlachs besser nicht mehr aufkochen, nur möglichst kurz mitwärmen oder auch einfach kalt als „Dekoration" drapieren.
▷ **Zucchini-Puten-Penne:** frisch angebrate-ne Putenstreifen als Abrundung
▷ **Zucchini-Schafskäse-Tomaten-Sauce:** Kurz vor Ende des Garwerdens noch (vor-her in Butter angeschwitzte) Kirschtoma-ten und mit Oregano gewürzte Schafskä-sewürfel dazugeben.
▷ **Zucchini-Gemüse mit Schafskäse-Kür-biskern-Bällchen:** Schafs- oder Ziegen-frischkäse-Kugeln in gehackten Kürbis-kernen wälzen und das Gemüse oder die Gemüsepasta damit abrunden.

NÄHRSTOFF-INFO

RUCOLA

Die aromatischen Scharfstoffe/Senföle machen Rucola zu dem, wofür er geschätzt wird, pikant-anregend, und so wirkt er auch auf die Verdauung und das Immunsystem. Bei Frischware wird dies durch reichlich Vitamin C verstärkt. Je nach Boden (Düngung) kann Rucola allerdings viel Nitrat enthalten, wobei diesbezüglich der ausdauernde, winterharte Rucola besser abschneidet. Mehr zur Pflanzenfamilie finden Sie im „Gemüse-ABC" unter „Kohl-, Kresse-, Senf- und Rettichgewächse".

Pecorino-Rucola-Sauce

Ein schnelles, pikantes Pasta-Gericht, das durch die Pecorino-Parmesan-Mischung eher auf der salzigen Seite ist. Harmoniert gut mit Tomatensalat oder Tomatensuppe als Vorspeise.

Rezept für 2 Personen:
250 g Vollkorn-Penne • 100 g Rucola • 50 g Pecorino • 80 g Parmesan • 30 g Pignoli • 2 EL Olivenöl • 50 g Ricotta • Pfeffer

Zubereitung:
Während die Nudeln „al dente" kochen, den Rucola waschen, trocknen und zerzupfen. Pecorino und Parmesan reiben, Pignoli in einer großen Pfanne mit Olivenöl sanft vergolden.

Abgeseihte Nudeln in die Pfanne zu den Pignoli geben, geriebene Käse und den Ricotta untermischen und 3–4 Minuten unter Rühren schmelzen lassen. Am Schluss erst den Rucola unterheben und servieren.

Eiweiß (tierisch und pflanzlich): Beilagen, Snacks, Aufstriche, Saucen und Dips

Die folgenden kleinen, eiweißreichen Gerichte eignen sich sowohl als Snack, als Teil des Abendbrotes, als Vorspeise oder als Eiweiß-Zulage eines Hauptgerichtes. Zur Auswahl stehen verschiedenste lacto-ovo-vegetarische Zutaten, wie Milch-Produkte sowie Eier oder auch Sojamilch-Produkte wie Tofu („Soja-Käse") oder auch anderes rein pflanzliches Eiweiß wie im Folgekapitel.

Kartoffelkäse (Topfenaufstrich-Variante von Seite 100)

NÄHRSTOFF-INFO

Im Sinne der Nährstoff-Ausgewogenheit sollten diese Eiweiß-Lieferanten nach dem Vital-Teller-Modell mit reichlich Gemüse/Salat, mit einer Stärke-Beilage wie Brot oder Kartoffeln sowie mit wertvollem Fett abgerundet werden, wie die Tabelle unten beispielhaft zeigt.

Vital-Teller-Menü-Beispiele zur vollwertigen Ergänzung der folgenden Eiweiß-Beilagen-Rezepte:

🟢🟢 Gemüse-Bausteine (G+GS): ~2 Handvoll, 1 davon roh	🔴 Stärke-Beilage (St): ~1 Handvoll	🔴 Eiweiß-Zulage (EW): ~1 Handvoll	🟡 Extra-Fett (F): ~1–2 EL	❤️ Süßes (S): wenig, optional
Tomaten-Gemüse-Sugo Sprossen/Salat	Spaghetti/Vollreis Brot (z.B. Crostini)	Mozzarella-/Schafkäse-Würfelchen (mariniert)	Olivenöl (-Würzpaste) und Oliven/Pignoli/Pistazien	2 Dörrpflaumen
Lauch-Fenchelgemüse Sprossen/Salat	Linguine/Kartoffeln	Sauerrahm in der Sauce (Topfencreme-Dessert)	Rapsöl und Walnüsse	2 Dörrpflaumen
Mangold-Gemüse Sprossen/Salat	Nudeln/Risottoreis	(Topfencreme-Dessert)	Süßrahm (Sauce) und Kürbiskerne	1 Handvoll Topfencreme
Sellerie-Kartoffel-Suppe Sprossen/Salat	Vollkorn-Nudeln/ Risottoreis/Gerste	Pecorino/Mascarino/ Ricotta/ Sauerrahm	Olivenöl und Cashewkerne	½ Handvoll Obst
Zucchini-Pfanne Sprossen/Salat	Kartoffelsalat	Sauerrahm-Dip (und/oder Joghurt-Dessert)	3–4 Walnüsse (Dessert) 1 TL Kürbiskernöl	Natur-Joghurt mit Obst und Nüssen

Mozzarella/Panir
mit Pimpinelle

Ein kleines eiweißreiches Abend- oder Antipasto-Gericht – schnell, praktisch, optisch und geschmacklich attraktiv. Am besten genießen Sie dazu frisches Brot, Fladenbrot oder Leinsamen-Cracker und eine Portion knackigen Salat mit Ölsaaten oder sonstige Rohkost.

Pro Person:

1 Handvoll Mozzarella (~100 g) oder Panir • Kräutersalz • 2 EL Pimpinelle • 1 TL Olivenöl • 1/4 TL Balsamico-Essig

Zubereitung:

Mozzarella/Panir in Scheiben schneiden, auf einem Teller im Kreis anrichten, mit Kräutersalz, ganzen Pimpinelleblättchen, Öl und Essig würzen.

Schafskäse/Ziegenkäse mit Kräutern

Schafskäse und milder Ziegenfrischkäse eignen sich mit Salat hervorragend als kleines eiweißreiches Abend- oder Antipasto-Gericht oder auch als Eiweiß-Zulage im Rahmen einer Hauptmahlzeit – schnell, praktisch, optisch und geschmacklich attraktiv, kalt oder warm. Am besten genießen Sie dazu eine Portion knackigen Salat mit ein paar Oliven sowie frisches Brot, Fladenbrot oder Leinsamen-Cracker.

Rezept für 2 Personen:
200 g Feta • Oregano • Majoran • Pfeffer • 1 TL Olivenöl

Zubereitung:
Schafskäse in Würfel oder flache Rechtecke schneiden, auf einem Teller anrichten, mit Kräutern und Pfeffer bestreuen und mit etwas Olivenöl beträufeln.

Falls der Schafskäse im Hauptgericht warm dabei sein soll, geben Sie ihn kurz vor dem Servieren auf das warme Gemüse und wärmen Sie ihn mit Kräutern bestreut 2–3 Minuten mit.

NÄHRSTOFF-INFO

SCHAFSKÄSE/ZIEGENFRISCHKÄSE
Beide sind wie Kuhmilchfrischkäse (körnige Frischkäse, Mozzarella, Ricotta, Panir) hervorragende Eiweiß-Zulagen zu Salaten und Gemüse-Getreide-/Kartoffel-Gerichten. Schafmilch ist mit etwa 7 % Fett und 5,5 % Eiweiß deutlich nahrhafter als Kuhmilch und Ziegenmilch mit etwa 4 % Fett und 3 % Eiweiß. Der hohe Anteil an kurzkettigen Fettsäuren ist unter anderem für den charakteristischen Geschmack von Schaf-/Ziegenmilch verantwortlich und macht beide etwas leichter verdaulich als Kuhmilch. Beide sind wie Kuhmilch lactosehaltig und liefern auch genauso viel Calcium. ⊖ Manche Käse sind sehr salzig → „Lebensmittel-ABC“.

VARIANTEN

- **Im Gemüsegericht der Wahl (z. B. Spinat):** Käsewürfel unter das warme Gemüse mengen.
- **im Risotto/Pasta-/Kartoffel-/Getreidegericht der Wahl**

NÄHRSTOFF-INFO

TOFU

Tofu ist ein aus Sojamilch gewonnenes traditionelles ostasiatisches Lebensmittel, das man am ehesten als eine Art „Käse" umschreiben kann. Bei der Herstellung werden gekochte, zermahlene Sojabohnen in Wasser eingeweicht und durch Abpressen der Flüssigkeit entsteht eine Art Topfen/Quark. Tofu enthält etwa 5–8 % Eiweiß, 3–4 % Fett, 2–3 % Kohlenhydrate und 0,6 % Mineralstoffe. Soja (Hülsenfrucht → „Gemüse-/Lebensmittel-ABC", S. 262, 307) ist grundsätzlich eher calciumarm, daher werden die meisten Soja-Produkte zusätzlich mit Calcium angereichert.

VARIANTE

▷ **Kurkuma-Tofu als vegane „Eierspeise":** Zerbröselten Tofu gemeinsam mit reichlich (vorher gehacktem und in Rapsöl 5 Minuten angeschwitztem) Zwiebel unter Rühren abbraten, mit Pfeffer, Salz, Kurkuma- und Ingwerpulver würzen und abschmecken. Kurz vor dem Servieren viel frischen Schnittlauch unterheben.

Tofu pikant gebraten

Nichts ist langweiliger als ein ungewürztes Tofugericht. Ich staune immer wieder, wie öde Tofu in vielen Restaurants angeboten wird, und mich wundert daher nicht, dass viele Menschen diesen Soja-„Käse" nicht mögen. Vielleicht werden Sie diese würzig-scharfen Varianten, beispielsweise als deftige Eiweiß-Abrundung eines großen Salattellers oder Gemüse-Getreidegerichtes, genauso begeistern wie mich.

Rezept für 2 Personen:
200 g Tofu natur • 2 Msp. Ingwerpulver • 2–3 TL Korianderpulver • 1/2 Msp. Chilipulver oder Pfeffer • Salz • 1 EL Rapsöl

Zubereitung:
Tofu würfelig schneiden, in einer Schüssel mit den Gewürzen wälzen und in heißem Öl ein paar Minuten lang unter Rühren sanft vergolden.

Kurkuma-Tofu als vegane Eierspeise

Rührei

Dieses schnelle „Not"-Gericht dient als wertvolle Eiweiß-Zulage zu Gemüse, Salat und Vollkorn-Butterbrot, zum Beispiel als kleines Abendessen oder Frühstück.

Rezept für 2 Personen:
2 Eier • 4 EL Milch • Pfeffer • Salz • 2 EL gehackte Kräuter

Zubereitung:
Eier mit Milch, Salz und Pfeffer versprudeln.

Masse in eine mit Öl bepinselte Pfanne gießen, stocken lassen und mit dem Kochlöffel lockern.

Mit frischen Kräutern bestreut servieren.

NÄHRSTOFF-INFO

RÜHREI, SPIEGELEI ETC.
Ei liefert sämtliche essenziellen Aminosäuren – sein Eiweiß ist also vollwertig. Dazu kommen (außer Vitamin C) alle Vitamine sowie zahlreiche Mineralstoffe, insbesondere Phosphor, Eisen und Zink. Im fetthaltigen Ei-Dotter finden sich neben Cholesterin auch nervenstärkendes, fettverdauungsförderndes Lecithin und augenschützendes Lutein. Der immer noch verbreitete Cholesterin-im-Ei-Stress ist in den meisten Fällen übertrieben, da die Leber – im Vergleich zur Nahrungszufuhr – täglich ein Vielfaches an Cholesterol produziert. Zu diesem Thema finden Sie im Kapitel „Erhöhte Blutfettwerte" eine kritische Betrachtung und im „Lebensmittel-ABC" erfahren Sie, wie wichtig die Herkunft/Qualität der Eier ist. ⊕ Mit Extra-Gemüse wird die Eierspeise noch um viele Mikronährstoffe und Ballaststoffe aufgewertet und durch die „Streckung" pro Portion zudem kalorienärmer.

VARIANTEN

▷ **Spiegelei, Ei im Glas, weiches oder hartes Ei**
▷ **Lauch-Rührei:** mit in Öl angeschwitzten Lauch- oder Frühlingszwiebelringen aufwerten
▷ **Labkraut-Frittata:** den Labkraut-Spinat (→ Rezept, S. 72) fein gehackt in der Rührei-Masse mitbraten
▷ **Vegane „Eierspeise":** siehe beim vorhergehenden Tofu-Rezept (→ S. 98)

Hanfaufstrich mit Hanfsamen

NÄHRSTOFF-INFO

TOPFEN-AUFSTRICHE
Diese Aufstriche dienen in vielen Vital-Teller-Menüs als Eiweiß-Zulage, begleitend zu warmen Gerichten, als Brotaufstrich oder/und in süßer Form als Dessert. Das Eiweiß wird zum Aufbau von Körperproteinen gebraucht, reichlich gut verfügbares Calcium dient als Knochen-Baustoff. Milchprodukte liefern zudem viel Vitamin B2 sowie gut verdauliches Milchfett mit mittelkettigen Fettsäuren (MCT-Fette). Die Öle/Ölsaaten steuern Omega-3-Fettsäuren und Vitamin E als hochwertige Bau- und Schutzstoffe für Haut und Membranen bei. Sekundäre Pflanzenstoffe, Vitamine und Mineralstoffe aus den sonstigen Zutaten, wie Zwiebeln, Knoblauch, Gewürzen, Kräutern und Obst, runden den Vitalstoffmix ab.

Topfen-Aufstriche

Diese blitzschnell zubereiteten, köstlichen Aufstriche und Dips sind eiweißreich, leicht verdaulich und dennoch sättigend, denn sie liefern zahlreiche wertvolle Inhaltsstoffe. Sie sind sowohl als Brotaufstriche als auch als Saucen zu Ofen-Kartoffeln, warmen Gemüsegerichten oder mit Rohkost-Gemüsesticks ein echter Genuss. Leicht süße Varianten dieser Grundmasse finden Sie unter „Süßes: Aufstriche/Cremen" und bei den Frühstücksgerichten.

Topfenaufstrich-Grundrezept:
1–2 Schalotten nach Geschmack • 250 g Magertopfen • 1–2 EL Omega-3-haltiges Öl/Ölsaaten • Gewürze • Kräuter • Kräutersalz • sonstige Zutaten

Zubereitung:
Schalotten fein hacken und mit den restlichen Zutaten mit der Gabel in den Topfen einarbeiten.

VARIANTEN

▷ **Kräuter-Leinöl-Aufstrich:** 250 g Topfen, 1–2 EL Leinöl, frisch gehackte oder Tiefkühl-Kräuter nach Wahl, Kräutersalz
▷ **Hanfaufstrich:** 250 g Topfen, 1–2 klein gehackte Schalotten, 120 g Hanfsamen, 2 EL Sauerrahm/Süßrahm oder 1 TL Hanföl (verstärkt den Geschmack), Kräutersalz, gehackte Kräuter wie z. B. Schnittlauch
▷ **Walnuss-Aufstrich:** 250 g Topfen, 2 EL geriebene Walnüsse, 1 TL Walnussöl, Salz, Pfeffer, eventuell ein paar halbierte Weintrauben als Dekoration
▷ **Kürbiskern-Aufstrich:** 250 g Topfen, 2 EL gehackte Kürbiskerne, 1 TL Kürbiskernöl, Petersilie, Salz, Pfeffer
▷ **Liptauer:** 250 g Topfen, 1–2 EL edelsüßer Paprika, eventuell 1–2 kleine, fein gehackte Schalotten, 1 EL Rapsöl oder weiche Butter, Salz
▷ **Knoblauch-Gurken-Aufstrich:** 250 g Topfen, 1–3 zerdrückte Knoblauchzehen, 1/4 geraffelte Salatgurke, 1 EL Sauerrahm, Salz, Pfeffer
▷ **Kartoffel-Käse:** 250 g Topfen, 2–3 zerdrückte Kartoffeln, 1 kleine bis mittlere gehackte Zwiebel nach Geschmack, 2–3 EL Sauerrahm, 1 EL Leinöl, Petersilie oder Schnittlauch
▷ **Avocado-Aufstrich (gehaltvoll):** 250 g Topfen, 1–2 Schalotten, 1 sehr kleine Avocado, etwas Zitronensaft, Kräutersalz

Kräuter-Eiersauce

Sauerrahm-Dips und -Saucen

Diese cremig-saftigen, im Vergleich zu Joghurtsaucen etwas kalorienreicheren Eiweißlieferanten schmecken herrlich zu Gemüse-, Kartoffel-, Hülsenfrucht- und Pilzgerichten. Zu solchen fettarmen Speisen dürfen Sie diese Sauerrahm-Saucen in normalen Mengen (→ Vital-Teller-Modell) fast hemmungslos genießen. Dieselben Saucen schmecken natürlich auch auf Joghurt-Basis, aber weil diese nicht so gut sättigen, besteht die Gefahr, dass die Lust auf fettige/süße Nachspeisen steigt. Auch als Salatmarinaden sind diese Dips mit Essig und Wasser verdünnt ein Genuss.

Grundrezept für Sauerrahm-Dips/-Saucen/-Marinaden:
250 g Sauerrahm oder Topfen/Joghurt mit Sauerrahm 1:1 oder 1:2 gemischt • Gewürze der Wahl • Kräuter der Wahl • Kräutersalz/Salz • sonstige Zutaten

Zubereitung:
Sauerrahm/Mischung mit Gewürzen, Kräutern und Salz der Wahl mischen.

Für eine Sauerrahm-Salatmarinade mit Essig-Wasser 1:1 verdünnen und kräftiger würzen.

NÄHRSTOFF-INFO

SAUERRAHM-DIPS
Neben wertvollem Milch-Eiweiß und probiotischen Bakterienkulturen liefert Sauerrahm auch reichlich gut verdauliche MCT-Fette (mehr als Magertopfen und Joghurt) und ist dadurch gehaltvoller und sättigender. Deshalb wird den Dips üblicherweise kein Extra-Fett mehr beigefügt. Es sei denn, jemand ist untergewichtig, rekonvaleszent oder besonders energiebedürftig. Wie alle Milchprodukte (→ „Lebensmittel-ABC", S. 263) liefert Sauerrahm reichlich Calcium und Vitamin B2.

VARIANTEN

▷ **Sauerrahm-Kresse-Sauce/-Dip:** 200 g Sauerrahm, 75 g frisch gehackte Kresse oder Meerrettichblätter, Salz • Passt hervorragend zu Pellkartoffeln, Pfannengemüse und zu Brot; verdünnt als cremige Salat-Marinade.

▷ **Sauerrahm-Eier-Sauce/-Dip:** 200 g Sauerrahm, 2 hartgekochte Eier, 6 Essiggurkerl, Petersilie, 1/2 TL weißer Balsamico-Essig, Kräutersalz • Dotter mit der Gabel zerdrücken, Eiweiß, Gurkerl und Petersilie fein wiegen, vermengen. Diese sehr gehaltvolle, köstliche Sauce passt besonders gut zu Pellkartoffeln mit Gemüse/Salat und ergibt in Summe eine ausgewogene Hauptmahlzeit.

▷ **Tsatsiki:** 1 geraspelte Salatgurke, 2 gepresste Knoblauchzehen, 250 g Sauerrahm oder Vollfettjoghurt, 1 EL Olivenöl, 1 EL Weißwein-Essig, Salz, Pfeffer, Oregano, Basilikum

▷ süße **Topfen-/Sauerrahm-/Joghurt-Aufstriche und -Cremen** (→ „Süßes", S. 186)

Eiweiß (rein pflanzlich):
Beilagen, Hülsenfrucht-Salate, -Dals und -Aufstriche

Es lohnt sich, Hülsenfrüchte/Leguminosen (gehören botanisch zum Schoten-Gemüse)wie Bohnen, Erbsen, Fisolen, Kichererbsen, Linsen, Lupinen, „Soja-Käse" (Tofu) und „Sojasprossen"/Mungosprossen in der Küche viel öfter zu verwenden. Bei gekonnter Zubereitung und geschicktem Würzen (→ „Garen und Würzen", S. 31), werden Sie diesen Genuss bald nicht mehr missen wollen. Einsteigern empfehle ich, zunächst kleine Mengen von Linsen(-Dals) zu probieren, weil sie am leichtesten verdaulich und daher am besten verträglich sind.

Käferbohnensalat (S. 109)

Vital-Teller-Menü-Beispiele zur vollwertigen Ergänzung der folgenden Eiweiß-Beilagen-Rezepte:

Gemüse-Bausteine (G+GS): ~2 Handvoll	Stärke-Beilage (St): ~1 Handvoll	Eiweiß-Zulage (EW): ~1 Handvoll	Extra-Fett (F): ~1 EL	Süßes (S): wenig, optional
Rohkost: z. B. Green Smoothie Gemüse (im Bohnensalat)	Vollkorn-Brot	Bohnen(-salat)	Kürbiskernöl und Kürbiskerne	1 Handvoll Obst/ 3–4 EL Obstsalat
Gemüse-Duo ayurvedisch	Basmatireis	Gelbe-Linsen-Dal	Cashewkerne und Ghee Sojaöl	1–2 EL Chutney
Karottengemüse ayurvedisch Frühingszwiebel-Curry	Chapati	Hummus	(Sesampaste/Sesamöl im Hummus)	1–2 EL Chutney

Linsenvielfalt (auch für Dal-Gerichte)

Dal-Gerichte

Mit Dal werden in Indien breiartige, pürierte Hülsenfruchtgerichte bezeichnet. Meist werden dazu besonders bekömmliche Sorten wie Masoor-Dal (kleine orange Linsen) und gelber Mung-Dal (geschälte und halbierte Mungbohnen) verwendet. Sie sind im gut sortierten Bio-Handel erhältlich. Es ist ratsam, die Dals nach dem Garen mit etwas Kokosmilch, Leinöl, Walnussöl, Sojaöl, Rapsöl oder auch mit Süß- oder Sauerrahm noch cremiger zu rühren. Zum Würzen/Nachwürzen bieten sich indische Gewürzcurrys, ayurvedische Gewürzchurnas und frisch gehackte Kräuter an (→ „Garen und Würzen", S. 31). Gegarte Dals eignen sich als warme Beilage zu Gemüse, Chutney und Reis/Getreide, verdünnt als „Dal-Suppe", als kalter Brotaufstrich (z. B. Resteverwertung) oder auch als köstliche Füllmasse für Gemüse, vegane Palatschinken oder Teigtaschen.

Grundrezept Linsen-Dal (2–4 Personen):
1 Tasse Linsen der Wahl • 2–3 Tassen Wasser • 1 zerbrochenes Lorbeerblatt

Zubereitung:
Linsen (alle Sorten außer kleine orange Linsen, Mung-Dal und Masoor-Dal) am besten über Nacht einweichen. Mit dem Einweichwasser, einem in ein paar Stücke gebrochenen Lorbeerblatt und noch etwas mehr Wasser in einem offenen, hohen Topf etwa 30–45 Minuten gut durchgaren. Lorbeer wieder entfernen und die Linsen nach Belieben weiterverarbeiten und nach Gusto würzen.

LINSEN-/BOHNEN-GERICHTE
Hülsenfrüchte werden im Vital-Teller-Modell zu den reichhaltigen Eiweißlieferanten gezählt. Zusätzlich liefern sie (wie alle Gemüse) komplexe Kohlenhydrate, reichlich Ballaststoffe und Mineralstoffe. Die Verdaulichkeit der Faserstoffe wird mit sekretanregenden, blähungsmindernden Gewürzen wie Lorbeer, Zwiebel, Chili, Kreuzkümmel, Koriander, Kurkuma oder indisch-ayurvedischen Gewürzmischungen verbessert. Gemeinsam mit dem Quercetin aus den Zwiebeln, den zusätzlichen Mikronährstoffen und Aromen aus den Gewürzen, dem wertvollen Extra-Öl sind Linsen-/Bohnengerichte kalorienarme, sättigende Vitalstoffbomben. Für die Vitaminbilanz sollte eine Rohkost-Vorspeise oder -Beilage nicht fehlen. **ACHTUNG:** Hülsenfrüchte müssen gut durchgegart werden, denn in roher Form enthalten viele von ihnen (vor allem in der Schale) giftige Lektine ⊖.

Linsen mediterran

Für dieses raffinierte Gericht verwenden Sie am besten schwarzgrüne Belugalinsen oder bräunlichgrüne Berglinsen. Superköstlich schmecken diese mediterran marinierten Linsen in einer Haubenkoch-verdächtigen Kombination zu Fischfilet mit Crostini und Kirschtomaten (→ Rezept unter Hauptgerichte, S. 168) oder einfach zu Butterbrot, Gemüse und Salat.

Rezept für 2 Personen:
1 Tasse Berglinsen • 2–3 Tassen Wasser • 1 zerbrochenes Lorbeerblatt • 2 EL Rotwein/1 EL Balsamico-Essig • 2 Schalotten/Jungzwiebeln • etwas Öl • Salz • 4 EL Petersilien-Würzpaste (→ Rezept, S. 50)

Zubereitung:
Gut gewaschene Linsen ein paar Stunden oder auch über Nacht in Wasser einweichen.

In einem höheren, offenen Topf mit Einweichwasser (und noch mehr), einem zerbrochenen Lorbeerblatt und dem Essig/Wein etwa 30 Minuten garköcheln, bis die Linsen zwischen zwei Fingern leicht zerdrückbar sind.

Gehackte Zwiebeln in Öl anschwitzen, zu den Linsen geben, vorsichtig durchrühren und salzen, abschmecken und erst vor dem Servieren die Petersilien-Würzpaste unterrühren.

	Gemüse (~2 Handvoll)	Stärke-Beilage (~1 Handvoll)	Eiweiß-Zulage (~1 Handvoll)	Extra-Fett (~ 1 EL)	Süßes (optional)
Vital-Teller-Menü/Person:	Kirschtomaten, Petersilienpaste Rucola- oder Kresse-Salat	Crostini	Fischfilet und Linsen	Olivenöl-Würzpaste	1 Handvoll Obst

104

Gelber Mung-Dal

Dieses ist eines meiner ayurvedischen Lieblings-Hülsenfruchtgerichte, welches sowohl warm als auch kalt in unendlich vielen Würzvariationen genießbar ist. Halbierte Mungbohnen (Mung-Dal) eignen sich als Suppe, als Sauce, als Brei, als „Salat" oder als Aufstrich – je nachdem, wie flüssig das Ganze zubereitet wird und wie Sie es verfeinern und würzen. Das von mir etwas abgewandelte Rezept stammt ursprünglich aus dem Ayurveda-Zentrum in Ried im Innkreis.

Rezept für 4 Personen:

1 Häferl gelber Mung-Dal • 5 Häferl Wasser • 1 Lorbeerblatt • 1/2 TL Schwarzkümmel • 1/2 TL Senfkörner • 1/2 TL Kreuzkümmel • 1 EL Ghee oder Öl • 2 cm gehackter Ingwer • 1/2 TL gemahlener Kreuzkümmel • 1 TL gemahlener Koriander • 1/4 TL gemahlener schwarzer Pfeffer • Salz • Petersilie zum Verfeinern • 2 EL Süßrahm/Kokosmilch (optional) • 1/4 TL Gewürz-Churna zum typgerechten Nachwürzen

Zubereitung:

Gewaschene Mungbohnen mit Wasser und Lorbeerblatt in einem hohen Topf ansetzen und offen etwa 50 Minuten köcheln lassen, bis das Ganze breiartig wird. Das Lorbeerblatt danach entfernen.

Die körnigen Gewürze in einer beschichteten Pfanne in heißem Fett kurz anknistern, dann Ingwer und etwas später die Pulvergewürze kurz mitschwitzen. Alles zum Dal dazugeben.

Erst jetzt salzen und mit viel gehackter Petersilie oder anderen Kräutern und eventuell mit Kokosmilch oder Süßrahm verfeinern. Typgerechtes Nachwürzen mit ayurvedischem Vata-, Pitta- oder Kapha-Churna.

VARIANTE

▷ **Eintopf-Dal:** Gewürze in einem großen Topf in ein wenig Öl/Ghee anschwitzen, Mung-Dal, Lorbeer und Wasser zugeben, sanft köchelnd durchgaren und mit Salz abschmecken.

Vital-Teller-Menü/Person:	Gemüse (~2 Handvoll)	Stärke-Beilage (~1 Handvoll)	Eiweiß-Zulage (~1 Handvoll)	Extra-Fett (~ 1 EL)	Süßes (optional)
	Gemüse-Curry Sprossen/Salat/Rohkost	Chapati/Basmatireis	Mung-Dal	Ghee/Kokosmilch Öl/Rahm	2 EL Chutney/Pickles (zum Hauptgang)

105

Mung-Dal und geschälte Mungbohnen

Mung-Dal-Aufstrich

Rezept:
200 g Mung-Dal (z. B. Rest vom Vortag) • 1 EL Kokosmilch/Süßrahm • 3–4 EL gehackte Petersilie • Gewürze der Wahl, z. B. Vata-Churna (zum Nachwürzen) • Salz

Zubereitung:
Zutaten vermengen und nach Belieben mit Gewürz-Churna der Wahl und Salz abschmecken.

VARIANTEN

Mit gegartem Gemüse der Wahl vermengen und bunt „einfärben".
- ▷ **roter Linsen-Dal:** dunkelrot-orange Pracht durch rote Rüben (→ Quinoa-Sunrise, Restlküche, S. 45)
- ▷ **knalloranger Linsen-Dal:** mit Kürbis/Karotten und einem Hauch Tomatenmark
- ▷ **knallgelber Linsen-Dal:** mit gelben Rüben und viel Kurkuma

Orange Linsen, Masoor-Dal

Dies ist wohl das allerschnellste ayurvedisch-indische Linsengericht. Keine nötige Einweichzeit und die kurze Garzeit machen diesen Dal zum schnellen „Not-Essen", wenn der Hunger groß und der Kühlschrank quasi leer ist, denn Linsen und Gewürze können trocken lang aufbewahrt werden und finden auch in der kleinsten Küche Platz.

Rezept für 2–3 Personen:

8 EL Masoor-Dal (halbierte orange Linsen) • 8 ganze Kreuzkümmelfrüchte • 8 ganze Bockshornkleesamen • etwas Rapsöl oder Ghee etwa 300 ml Wasser • 1 großes Lorbeerblatt • Salz • 1 TL Churna/Gewürzmischung • 3 EL Süßrahm oder Kokosmilch

Zubereitung:

Orange Dal-Linsen gut abbrausen, bis sie kaum mehr schäumen.

In einem eher großen Topf die Samengewürze kurz in heißem Rapsöl (oder Ghee) anknistern, sauberen Dal und Wasser dazugeben. Mischung mit Lorbeerblatt etwa 15 Minuten zuerst offen, dann vorsichtig bedeckt sanft garköcheln, damit der schaumbildende Dal nicht übergeht.

Wenn die Linsen weich, also zwischen den Fingern ganz leicht zerdrückbar sind, den Dal mit Salz, Churna der Wahl und Rahm oder Kokosmilch abschmecken.

Vital-Teller-Menü/Person:				
🟢🟢 **Gemüse** (~2 Handvoll)	🔴 **Stärke-Beilage** (~1 Handvoll)	🟠 **Eiweiß-Zulage** (~1 Handvoll)	💧 **Extra-Fett** (~1 EL)	💗 **Süßes** (optional)
ayurvedisches Gemüse Sprossen/Salat/Rohkost	Chapati/Basmatireis	Masoor-Dal	Ghee/Kokosmilch Öl/Rahm	2 EL Chutney und Pickles (Hauptgang)

Hummus

Sie können Hummus als Brotaufstrich, als Dip oder als warme Eiweiß-Beilage genießen. Diese Art Kichererbsen-Mus gibt es auch fertig zu kaufen – sehr praktisch –, aber meistens sehr fett, fallweise stabilisiert und konserviert. Das Selbermachen ist keine Hexerei, Sie können den Fettgehalt selber steuern und dieser Hummus schmeckt unvergleichlich besser. Einziges Minus: Sie müssen am Vortag daran denken, die Kichererbsen über Nacht einzuweichen, und dennoch beträgt die Garzeit 2 Stunden.

Rezept für 2–3 Personen:
100 g Kichererbsen • ca. 1/2 l Wasser zum Einweichen • ca. 1/2 l Wasser zum Garen • 1 zerbrochenes Lorbeerblatt • 1 gehäufter TL gemahlener Kreuzkümmel • 1/2 TL Rapsöl • 1 EL helles Sesam-Mus (Tahin) • 1/2 TL Zitronensaft • Salz • evtl. zum Schärfen: etwas Chilli-Öl oder Piri-Piri-Mischung

Zubereitung:
Kichererbsen über Nacht in viel Wasser einweichen, Einweichwasser verwerfen.

Die Kichererbsen in einem großen, offenen Topf mit viel Wasser und einem zerbrochenen Lorbeerblatt etwa 2 Stunden sanft köchelnd weichgaren. Falls nötig, noch einmal Wasser zugeben – es sollte keinesfalls völlig verdunsten, damit die Kichererbsen nicht anbrennen und noch etwas Flüssigkeit zum Pürieren da ist. Lorbeerblattreste entfernen und Kichererbsen mit Flüssigkeit überkühlen lassen.

Währenddessen das Kreuzkümmelpulver zur besseren Aromaentfaltung unter Rühren kurz in heißem Öl anschwitzen, Kichererbsenmasse zugeben, falls nötig beim Pürieren noch etwas Wasser ergänzen und mit Tahin, Zitronensaft und Salz abschmecken. Als pikante Abrundung und zum Garnieren ist ein Hauch scharfes Chili-Öl oder in Öl eingeweichte Piri-Piri-Gewürzmischung ideal.

NÄHRSTOFF-INFO

HUMMUS
Der eiweißreiche Hummus ist ein eher nährendes Gericht, aber im Gegensatz zu den üblichen Fertigprodukten enthält diese Variante relativ wenig Fett. Sehr schlanke Menschen dürfen daher ruhig mehr Sesampaste zum Würzen verwenden. Kichererbsen sind reich an Magnesium, Eisen, Zink sowie Vitamin B1, B6 und Folsäure. Als Hauptkomponenten liefern sie viel Lysin-haltiges Eiweiß, komplexe Kohlenhydrate und reichlich Ballaststoffe. Letztere können – vor allem bei nicht an Hülsenfrüchte gewöhnten Personen – beträchtliche Blähungen verursachen. Mit Hilfe von blähungslindernden Gewürzen (→ „Garen und Würzen", S. 31) und stufenweisem Einführen von kleinen Hummus-Mengen in den Speiseplan vermindert sich dies deutlich.

Vital-Teller-Menü/Person:	●● Gemüse (~2 Handvoll)	● Stärke-Beilage (~1 Handvoll)	● Eiweiß-Zulage (~1 Handvoll)	◌ Extra-Fett (~ 1 EL)	♥ Süßes (optional)
	Gemüse-Curry der Wahl Sprossen/Salat/Rohkost	Couscous	Couscous	(Sesampaste im Hummus)	3–4 EL Obstsalat

Steirischer Käferbohnen-salat (-Aufstrich)

Dieser in steirischen Buschenschanken überall anzutreffende Salat (Foto S. 102) ist ein herrliches, sättigendes kaltes Gericht für sommerliche Tage. Mit einem Käse-/Topfenaufstrich-Brot und einem Rohkost-Smoothie ist das Essen vollwertig abgerundet. Statt Brot können auch gekochte Kartoffeln in den Salat gemischt oder glutenfreie Leinsamencracker (→ Rezept, S. 122) dazu geknabbert werden.

TIPP: Feuerbohnen haben wunderschöne rote Blüten – allein schon deshalb lohnt der Anbau von 2–3 Bohnen in einem großen, tiefen Blumentopf.

Rezept für 4 Personen:

1/2 kg gekochte oder 1/4 kg getrocknete Käferbohnen • ca. 1 l Wasser 2 EL Bergbohnenkraut • 1/2 TL Zucker • Salz • 1–2 Zwiebeln • 1 rote Paprika • 1 grüne Paprika | *Salatmarinade nach Geschmack dosieren:* Pfeffer • Salz • Apfelessig • Kürbiskernöl • 4 EL Kürbiskerne

Zubereitung:

Getrocknete Käferbohnen am Vortag in viel Wasser einweichen. Am nächsten Tag die Bohnen in dem Einweichwasser zustellen, mit Bergbohnenkraut und Zucker würzen und etwa 1,5–2 Stunden weichkochen, eventuell zwischendurch noch Wasser zugeben. Erst nach der Hälfte der Kochzeit salzen. Beim Abseihen das Kochwasser auffangen und als Suppe verwerten.

Gekochte Bohnen mit halben Zwiebelringen und den fein geschnittenen Paprika vermischen, mit Salatmarinade-Zutaten nach Belieben würzen und gut durchziehen lassen. Mit Kürbiskernen garnieren.

VARIANTEN

▷ **Rindfleisch-Bohnensalat:** mit fein geschnittenem Tafelspitzfleisch, Essiggurkerln, bunter Paprika, Tomaten und Zwiebelringen

▷ **Sülze-Bohnensalat:** gewürfelte Tafelspitz-Sülze statt Tafelspitz

▷ **Käferbohnen-Aufstrich (z. B. Resteverwertung):** Salatreste oder gekochte, noch lauwarme Bohnen pürieren und nach Belieben mit Senf, gehackten Essiggurkerln, Chili, Ingwer, Pfeffer, Salz und Süßrahm/Butter abschmecken.

	Gemüse (~2 Handvoll)	Stärke-Beilage (~1 Handvoll)	Eiweiß-Zulage (~1 Handvoll)	Extra-Fett (~ 1 EL)	Süßes (optional)
Vital-Teller-Menü/Person:	*Rohkost: z. B. Green Smoothie Gemüse (im Bohnensalat)*	*Vollkorn-Brot*	*Bohnen(-salat)*	*Kürbiskernöl und Kürbiskerne*	*1 Handvoll Obst/ 3–4 EL Obstsalat*

Ribollita Campagnola

Der bunte suppenartige Bohnen-Eintopf umbrisch-toskanischer Art gilt in Italien als „Arme-Leute-Hauptgericht". Ribollita heißt „wieder-gekocht", weil dieses Essen am Land häufig für mehrere Tage in großen Mengen vorgekocht wird – und mit jedem Aufwärmen besser schmeckt (obwohl darunter die meisten Vitamine leiden). Klassisch enthält diese Art Gemüsesuppe ein frisches Gemisch aus Hülsenfrüchten, diversem „Suppengrün" und Gewürzen. In gut sortierten italienischen Läden können Sie „Ribollita campagnola" in Form eines getrockneten Bohnen-Gewürz-Gemisches kaufen. Meist enthält dieses mittlere und kleine weiße Bohnen, Borlotti- und Corona-Bohnen sowie getrocknete Zwiebel, Knoblauch, Porree, Sellerie, Karotten, Tomaten und Petersilie. Sie können nach dem Garen der Mischung nach Belieben noch frisches Suppengemüse daruntermischen und die ganze Suppe ein bisschen weitergaren.

Meine hier vorgestellte persönliche Ribollita-Variante ist eher salatartig und sie schmeckt herrlich zu Vollkorn-Butterbrot, Crackern oder Crostini. Reste verarbeite ich am nächsten Tag zu Suppe oder Sugo.

Rezept für 4 Personen:
Hülsenfrüchte-Basis: 250 g Ribollita-Mischung mit Gewürzen • 1 l Wasser zum Einweichen und Kochen | *Tomaten-Sauce:* 1 EL Olivenöl/Rapsöl • 1 mittlere Zwiebel • 1 Dose gewürfelte Tomaten oder 2 Handvoll frische gewürfelte Tomaten • Oregano • Salz • Pfeffer

Zubereitung:
Ribollita-Mischung über Nacht (oder mindestens 6 Stunden) in kaltem Wasser einweichen. Einweichwasser noch mit Wasser ergänzen, sodass die Bohnen gut bedeckt sind, und diese unter Beobachtung weichkochen. Nach Bedarf weiteres Wasser dazugeben, damit die Bohnen nicht anbrennen.

Parallel dazu die Sauce bereiten, indem Sie die Zwiebel hacken und in Öl anschwitzen, mit den gewürfelten Tomaten (kalt) vermengen und mit Gewürzen abschmecken.

Beides vermengen und das Eintopfgericht z. B. mit Brot genießen.

Vital-Teller-Menü/Person:	Gemüse (~2 Handvoll)	Stärke-Beilage (~1 Handvoll)	Eiweiß-Zulage (~1 Handvoll)	Extra-Fett (~ 1 EL)	Süßes (optional)
	Rohkost: z. B. Green Smoothie Gemüse (im Bohnensalat)	*Brot/Cracker/Kartoffeln*	*Ribollita-Bohnen*	*Olivenöl und 5–6 Oliven*	*3–4 EL Obstsalat*

Stärke-Beilagen (warm und kalt): Kartoffeln, Getreide und Nudeln

Im folgenden Abschnitt finden Sie die klassischen Sättigungsbeilagen, von denen viele Menschen zu große Mengen essen. Das hat auch mit dem zunächst neutralen und schließlich deutlich süßlichen Geschmack dieser Grundnahrungsmittel zu tun. Denn beim Kauen wird aus der enthaltenen Stärke (ein komplexes Kohlenhydrat) schon im Mund langsam Zucker freigesetzt und das macht meist Lust auf mehr. Umso wichtiger ist die richtige „Umrahmung" – also das vollwertige Kombinieren nach dem Vital-Teller-Modell. Dann sind all diese Beilagen – sofern sie nur etwa ein Viertel der Mahlzeit ausmachen – wertvolle, nährende Bestandteile ausgewogener Gerichte (→ Faustregeln Kohlenhydratzufuhr im „Nährstoff-ABC", S. 244).

Beliebte Stärke-Beilagen

Stärke-Beilagen-Auswahl:

Getreide (glutenhaltig) → Weizen, Dinkel, Roggen, etc.
Ersatzgetreide (glutenfrei) → Reis, Mais, Buchweizen, etc.
Stärke-Knollen (glutenfrei) → Kartoffeln, Bataten, Topinambur, etc.
Schalenfrüchte (glutenfrei) → Esskastanien, Maroni, Johannisbrot, etc.
(mehr dazu → „Getreide-/Lebensmittel-ABC".)

Beispiele für eine vollwertige Umrahmung von Stärke-Beilagen nach dem Vital-Teller-Modell:

●● Gemüse-Bausteine (G+GS): ~2 Handvoll, 1 davon roh	● Stärke-Beilage (St): ~1 Handvoll	● Eiweiß-Zulage (EW): ~1 Handvoll	◌ Extra-Fett (F): ~1–2 EL	♥ Süßes (S): wenig, optional
Gemüse-Suppen/ Gemüse-Beilagen/-Salate Sprossen/Salate/Smoothies	Vollkornbrot/Chapati/ Nudeln/Reis/Hirse/ Couscous/Quinoa/ Kartoffeln/Mais ...	Hülsenfrüchte/Soja/Tofu/ Milchprodukte/Eier/ Fisch/Fleisch ...	Pflanzenöle/Ölsaaten/ Nüsse/Ölfrüchte/ Süßrahm/Butter/Ghee	½–1 Handvoll Obst/ 1 Handvoll Topfencreme/ 1–2 Kekse

TIPP: Je mehr Vollkornanteil im Stärkebaustein (und je mehr ballaststoffreiche Gemüsebegleitung), umso anhaltender die Sättigung und umso günstiger die Blutzuckerkurve. Bei großer Stärkebeilage oder Weißmehl entfällt das süße Dessert!

Kartoffeln mit Eiersauce

NÄHRSTOFF-INFO

KARTOFFELN

In einer richtig gekochten Pellkartoffel sind viele Vitalstoffe, insbesondere Magnesium, Kalium, Eisen und reichlich Vitamin C, enthalten. Ein daraus selbst hergestellter Kartoffelsalat ist sogar noch gesünder, weil sich der Ballaststoffgehalt beim Abkühlen noch erhöht. Ebenso sind Gewürz-Gemüse-Kartoffel-Currys sehr wertvolle Gerichte. Es kommt bei den Kartoffeln, wie auch bei anderen Stärkelieferanten, auf die Zubereitungsform, die rechte Menge und die geeignete Kombination mit anderen Lebensmitteln an. ⊖ Pommes Frites und Chips sind die mit Abstand wertlosesten und kalorienreichsten Kartoffel-Varianten und haben mit dem wertvollen Lebensmittel Kartoffel nichts mehr gemeinsam.

Pellkartoffel-Gourmet-Varianten

Kartoffeln stehen in dem fälschlicherweise schlechten Ruf als Dickmacher. Dabei kommt es nur auf die Zubereitungsform an (→ „Lebensmittel-ABC"). Kochen sollten Sie Kartoffeln am besten in der Schale – eingelegt in bereits kochendes Wasser, denn dann bleiben mehr Vitamine und Mineralstoffe erhalten als bei anderen Garmethoden.

VARIANTEN

zum Abrunden von heißen, geviertelten Pellkartoffeln kurz vor dem Servieren

▷ **klassisch:** mit Petersilie oder Majoran
▷ **mediterran:** mit Herbes de Provence, Rosmarin, Thymian oder Ysop
▷ **(Wild-)Kräuter der Wahl:** Giersch, Gundelrebe, Kerbel
▷ **indisch angehaucht:** mit frischem Koriandergrün oder Curryblättern (Topfpflanze)
▷ **Sesam-„Zebra"-Kartoffeln:** mit einer Mischung an schwarzem und weißem Sesam
▷ **knallgelb leuchtend:** Mit viel Kurkuma(-Butter/Ghee) oder mit einem sogenannten „Curry"-Gewürz, einer Mischung, die als Farbgeber auch Kurkuma enthält.
▷ **ungarisch-scharf:** mit Paprika und einem Hauch Chiliöl
▷ **Kartoffel-Currys, indisch-ayurvedisch:** Mit pikant-sämigen Würzsaucen, wie im nachfolgenden Rezept und bei den Gemüse-Kartoffel-Curry-Rezepten bei den vegetarischen Vital-Teller-Hauptgerichten beschrieben.

Kartoffel-Salate

→ Rezepte bei den vegetarischen Hauptspeisen, S. 124

Kartoffel-Curry indisch

Dieses pikante Gericht ist einfach und schnell zubereitet und findet mit Salat und Green Smoothie die optimale Gemüse-Rohkost-Umrahmung. Die Rezepte für die vorgeschlagenen Eiweiß-Zulagen finden Sie unter „Eiweiß-Beilagen" und bei den „eiweißreichen Hülsenfrüchten". Genauso können Sie Frischkäse/Panir, Ei, Fisch oder Fleisch dazu genießen.

Rezept für 2 Personen:

4 große festkochende Kartoffeln • Kochwasser • 1/2 TL Kreuzkümmelpulver • evtl. 1/2 TL brauner Zucker • 1 EL Rapsöl/Ghee • 1/2 TL ganzer Kreuzkümmel • 1/2 TL ganze Senfkörner • 1 kleine Schalotte • 1 zerdrückte Zehe Ingwer • 2 Msp. Kurkumapulver • 1 Hauch Chilipulver • 2 EL Wasser • 1 Spritzer Zitronensaft • Pfeffer • Salz • 1 EL Petersilie/Koriandergrün • 1–2 EL Extra-Fett zum sämigen Abrunden

Zubereitung:

Die in Schale gekochten Kartoffeln abschrecken und etwas später schälen, würfelig schneiden, mit Kreuzkümmel und eventuell Zucker bestreuen und beiseitestellen.

Während die Kartoffeln überkühlen, das Gewürz-Curry zubereiten: Zuerst die körnigen Gewürze in heißem Fett anknistern, dann gehackte Schalotten und Ingwer mitschwitzen, danach die Pulvergewürze zugeben und diese einmal kurz aufschäumen lassen. Sofort mit etwas Wasser aufgießen und vorsichtig die Kartoffeln hineinmischen.

Mit einem Spritzer Zitronensaft, Pfeffer, Salz und gehackter Petersilie oder Koriandergrün sowie 1–2 EL Extra-Fett abrunden.

KARTOFFEL-CURRY

Kartoffeln liefern reichlich Stärke, Ballaststoffe und Mineralien, insbesondere Kalium und Magnesium. Durch das ungeschälte Garen der Kartoffeln geht zwar einiges an Vitaminen verloren, was aber durch die Inhaltsstoffe der Sauce bei Weitem ausgeglichen, ja sogar übertroffen wird, denn die verschiedenen Gewürze sind regelrechte Mikronährstoffkonzentrate. Außerdem kommt ja noch ein Rohkost-Anteil wie Salat/Smoothie dazu. Die nötige Eiweißaufwertung können Sie nach Belieben nach der Zutatenübersicht im Vital-Teller-Modell wählen, als Extra-Fett bieten sich Süßrahm, Kokosmilch, Sojaöl oder Ölsaaten an.

Bataten und Topinambur

Süßkartoffeln/Bataten und Topinambur-Knollen sind unterirdische Speicherorgane der Pflanzen und damit sehr nahrhaft. Diese Knollen gelten im Vital-Teller-Modell als Stärke-Beilagen, wobei sie sich geschmacklich und inhaltlich deutlich von der Kartoffel unterscheiden.

Zubereitung:

Geben Sie die gewaschenen, ungeschälten Knollen wie Pellkartoffeln in bereits kochendes (!) Salzwasser, denn dies schont die Inhaltsstoffe mehr als der Ansatz im kalten Wasser. Erst nach dem Durchgaren schälen und nach Belieben würzen.

NÄHRSTOFF-INFO

BATATEN UND TOPINAMBUR
Die Hauptinhaltsstoffe der kalorienreichen Knollen sind Stärke und Eiweiß. Dazu kommen noch Zucker und im Topinambur der fructosehaltige Ballaststoff Inulin (⊖ bei Fructose-Unverträglichkeit meiden!). Außerdem liefern beide Knollen reichlich Mineralstoffe, insbesondere viel Kalium, sowie einiges an Vitaminen. Die gelbfleischigen Süßkartoffeln punkten mit besonders hohen Gehalten an Carotinoiden mit Provitamin A. ⊖ Bei Übergewicht und Diabetes sind insbesondere Süßkartoffeln ungeeignet.

Getreide und Ersatzgetreide

Bei den *Stärke-Beilagen* können Sie aus einer Vielzahl an Getreide-Sorten inklusive einigen glutenfreien „Ersatzgetreiden" auswählen. Die gängigsten Sorten sind im Überblick bei den „Vital-Teller-Modell-Zutaten" zu sehen und im „Getreide-ABC" näher beschrieben. Sie alle sind unkompliziert zuzubereiten und passen zudem perfekt zu verschiedensten Gemüsen, Pilzen, Bohnen, Linsen, Sprossen, Käse oder auch zu Fleisch/Fisch. Getreide/Ersatzgetreide eignen sich auch als pikante oder süße Frühstücksgerichte. Manche benötigen lange Garzeiten, daher ist fallweises Vorkochen am Vortag ratsam – vor allem, wenn morgens oder abends ein schnelles Essen am Tisch stehen soll. Optisch reizvoll und auch besonders geschmackvoll ist es, ein wenig Gemüse, Obst, Kräuter oder 1 EL Nüsse/Ölsaaten unter das gekochte Getreide zu mischen. Zudem erhöht dies die Mikronährstoff-Bilanz. Einige Getreide lassen sich auch als schnelle Blitz-Suppen zubereiten (→ Grieß-Suppe, S. 116).

Zubereitung:

Getreide nach Beschreibung auf der jeweiligen Packung (vor)garen.

NÄHRSTOFF-INFO

GETREIDE/ERSATZGETREIDE
Getreide (→ „Lebensmittel-ABC"; Sortenbeschreibungen im „Getreide-ABC") gilt im Vital-Teller-Modell als Stärke-Lieferant. Weiters enthalten sind (glutenhaltiges) Eiweiß, Ballaststoffe, Mineralstoffe, B-Vitamine, sekundäre Pflanzenstoffe sowie ungesättigte Fettsäuren, Lecithin und Vitamin E aus dem Getreidekeimöl. Beim Garen leiden zwar einige empfindliche Vitamine, die unempfindlicheren unter ihnen bleiben aber gemeinsam mit den Mineralstoffen erhalten.

Spinat-Kurkuma-Reis

VARIANTEN

mit Gemüse/Obst/Kräutern und Nüssen/
Ölsaaten
▷ **indischer Reis:** Mit Zwiebel und Rosinen
  gemeinsam garen. Zwiebel dazu halbieren
  oder vierteln (eventuell mit 1–2 Gewürznelken spicken) und 1 EL Rosinen dazugeben.
▷ **roter Reis:** mit 1–2 EL gehackten Pelati
  oder einem Rest Tomatensugo
▷ **lila Reis:** mit 2 EL geriebenen gekochten
  roten Rüben
▷ **gelber Reis:** mit Kurkuma oder Curry-Mischungen, optional Ananas-Stückchen
▷ **knackig-buntes „Kleinkorn", wie Bulgur,
  Couscous, Kamut, Hirse, Polenta oder
  Quinoa:** Klein gehackte rote/gelbe/grü-
  ne Paprika oder Rohnengemüse vor dem
  Servieren untermischen (→ Quinoa-Sunrise, S. 45).
▷ **Kräuter-Getreide:** Gehackte Kräuter der
  Wahl (auch Tiefkühl-Ware) vor dem Servieren mit einem Hauch Butter/Öl unterheben.
▷ **Pignoli- oder Pistazien-Getreide:** Mit 1 EL
  kernigem Extrafett aufwerten.
▷ **Polenta-Varianten:** → Rezept bei den
  vegetarischen Hauptgerichten, S. 124
▷ **Grieß-Suppe:** Blitzgericht (→ Rezept,
  S. 116)

Spinat-Kurkuma-Reis

Die verschiedensten Reissorten (aber auch andere Getreide) laden zu Geschmacks- und Farb-Experimenten ein. Dieses sinnlich-spielerische Vergnügen sollten Sie sich unbedingt öfter gönnen. Außerdem eignet sich das „Färben" und „Aufpeppen" insbesondere zur Resteverwertung oder auch zur farblichen „Tarnung" von viel gesünderem Vollreis an. Generell mische ich gerne Gemüse oder Wildkräuter unter die Stärkebeilagen, damit die Stärke-Beilage bunter, geschmackvoller und saftiger wird. Dennoch braucht der Gemüse-angereicherte Getreide zur vollwertigen Abrundung eine Gemüsebeilage, einen Salat, Eiweiß-Lieferanten und edles, aromagebendes Fett.

Rezept für 4 Personen:
2 Tassen Reis • 4 Tassen Wasser • Salz • 200 g Blattspinat • 1 TL Öl • 1 Zwiebel • Salz • Pfeffer • Muskat

Zubereitung:
Den Blattspinat entweder nach Rezept auf Seite 74 zubereiten oder traditionell, wie z.B. beim Spinat-Palatschinken-Rezept Seite 156.

Reis-Reste verwerten oder den Reis je nach Packungsbeilage mit Wasser garen. Reis erst am Schluss salzen und mit einer Gabel lockern.

Gehackte Zwiebel in etwas Öl anschwitzen, Kurkumapulver kurz aufschäumen lassen, mit dem fertigen Spinat und dem gegarten Reis vermengen, abschmecken und servieren (nicht länger warmhalten!)

Grieß-Suppe

Blitzschnelles, wärmendes und gut sättigendes kleines Gericht nach Christinas Rezept. Gilt im Vital-Teller-Modell als Stärke-Beilage mit einem Hauch Gemüseanteil. Zum vollwertigen Aufwerten wäre ein Salat mit Nüssen, eine Handvoll gedünstetes Pfannengemüse sowie eine Eiweiß-Zulage, beispielsweise Ei, Käse, Sauerrahm-Dip oder Topfenaufstrich, empfehlenswert.

Rezept für 2 Personen:

1 kleine Zwiebel • 1 TL Öl oder Butter • 1–2 EL Vollkorn-Grieß (Weizen, Dinkel) • Wasser • 1 TL oder mehr Gemüsewürze nach Geschmack • 1 EL Süßrahm oder Öl zum Abrunden • 2 EL frische oder Tiefkühl-Kräuter

Zubereitung:

Gehackte Zwiebel in wenig Öl oder Butter anschwitzen, Grieß unter Rühren kurz mitschwitzen.

Mit Wasser aufgießen, mit Gemüsewürze würzen und 2–3 Minuten unter Rühren mit dem Schneebesen köcheln.

Mit Rahm/Öl und Petersilie, Schnittlauch oder anderen Kräutern verfeinert servieren.

Suppen können mit folgenden Bausteinen (auch durch Suppeneinlagen) abgerundet werden:

	●● Gemüse (~2 Handvoll)	● Stärke-Beilage (~1 Handvoll)	● Eiweiß-Zulage (~1 Handvoll)	◆ Extra-Fett (~ 1 EL)	♥ Süßes (optional)
Vital-Teller-Menü/Person:	Zucchini-Pfanne Sprossen/Salat/GS	Grieß-Suppe	Ei oder z. B. Frischkäse	3 Walnüsse und Süßrahm	1 Handvoll Obst

Vollkorn-Nudeln

Nudeln müssen nicht selbst gemacht werden – obwohl dies mit einer Handkurbel-Nudelmaschine wirklich Spaß macht, relativ schnell geht und hausgemachte Pasta natürlich etwas Besonderes ist. Vom Nährwert her ist Vollkorn fast ein Muss und es gibt einige Convenience-Vollkornnudeln in sehr guter Qualität, mit ansprechender Optik und angenehmem Geschmack. Hingegen überzeugen mich handelsübliche Vollkorn-Spaghetti geschmacklich nicht – aber ehrlich gesagt, mit einem großen Schöpfer Tomatensugo und einer Handvoll Sprossen-Salat ist der gelegentliche Genuss von Weißmehl-Spaghetti gar kein Problem.

Grundrezept Bandnudeln (4–6 Personen):

500 g glattes Mehl • 4 Eier • 12–14 EL Wasser nach Bedarf

Zubereitung:

Mehl, Eier und Wasser verkneten, bis ein glänzender, geschmeidiger Teig entsteht. 3 Kugeln formen und in Folie 20 Minuten rasten lassen. Portionsweise mit der Nudelmaschine auswalken und schneiden. Nudeln auf einem Wäscheständer aufgehängt trocknen lassen. Kochzeit: etwa 7 Minuten

NUDELN/PASTA

Nudeln bestehen hauptsächlich aus Mehl und sind damit primär Stärke-Lieferanten. Im Vollkornmehl sind alle wertvollen Getreide-Inhaltsstoffe (wie Ballaststoffe, viele Mineralstoffe, einige Vitamine und ein Hauch an ungesättigten Fettsäuren) noch dabei, daher ist dies eindeutig anhaltend sättigender, weniger blutzuckersteigernd und wesentlich gesünder als Weißmehl. Eierteigwaren liefern zusätzlich Eiweiß. Falls die Nudeln bunt „gefärbt" sind, ist ein Hauch Gemüse dabei – allerdings so wenig, dass dies kein relevanter Beitrag zur Ernährung ist. Wer regelmäßiges Ausdauertraining betreibt, darf mehr davon genießen. In jedem Fall ist wichtig, dass bei der begleitenden Gemüsesauce nicht gespart wird und das Vital-Teller-Modell berücksichtigt wird, also je 1 Handvoll Salat und Gemüse(sauce) sowie ein Eiweiß-Anteil (z. B. Mozzarella) zur Pasta genossen wird.

VARIANTE

▷ **Vollkornnudeln:** mit frisch gemahlenem Dinkelmehl (oder 1:1-Mischung mit Weißmehl); Vollkornmehl braucht mehr Wasser im Teig und eventuell auch einen Hauch Öl dazu.

Stärke-Beilagen (brotartig): Brot, Fladen und veganer Brotersatz

Selbstgemachte Brote/Fladenbrote und vegane Cracker (als Brotersatz) dienen als praktische Sättigungs-Beilagen, beispielsweise zu Suppe, Gemüse-Gerichten, Linsen-Dals, Hummus und Bohnensalaten, oder auch als Unterlage für gesunde eiweißreiche Topfen-Aufstriche, zu Eier-Speisen, Fisch oder Fleisch. Im Vital-Teller-Modell verlangen die stärkehältigen Brote nach einer ausgewogenen Umrahmung mit Gemüse, Eiweiß-Lieferanten und edlem Extra-Fett. Wenn Sie gerne und viel Brot essen – insbesondere leere Stärke-(Zucker)-Kalorien aus Weißbrot, sollten Sie zur Schadensbegrenzung auf süße Desserts und Säfte verzichten und besonders viel ballaststoff- und mikronährstoffreiches Gemüse zum Brot genießen.

Brotgewürz

Stärke-Lieferanten zum Brotbacken:

Das Kleberprotein (Gluten) ist verantwortlich für die Backfähigkeit von Getreidemehl.

Glutenhaltige (backfähige) Vollkorn-Mehle → z.B. Dinkel, Einkorn, Emmer, Kamut, Roggen, Weizen
Glutenfreie/-arme (alleine kaum backfähige) Mehle → z.B. Amaranth, Buchweizen, Hafer, Kichererbsenmehl, Quinoa
Quellfähige (schleimbildende/klebrige) Ölsaaten → z.B. Leinsamen oder Chiasamen – als Gluten-Ersatz
Ölsaaten zur Auffettung/Anreicherung des Teiges → z.B. Mohnsamen, Sesam, Sonnenblumenkerne
Mehr dazu im "Getreide-ABC", S. 316.

Beispiele für eine vollwertige Umrahmung von „Brot"-Beilagen nach dem Vital-Teller-Modell:

●● **Gemüse-Bausteine (G+GS):** ~2 Handvoll, 1 davon roh	● **Stärke-Beilage (St):** ~1 Handvoll	● **Eiweiß-Zulage (EW):** ~1 Handvoll	◆ **Extra-Fett (F):** ~1–2 EL	♥ **Süßes (S):** wenig, optional
Gemüse-Suppen/ Gemüse-Beilagen/-Salate Sprossen/Salate/Smoothies	Vollkornbrot/Chapati/ Mischbrot/Graubrot Cracker/Cecina/ Weißbrot/Baguette	Hülsenfrüchte: Tofu/Dals.../ Milchprodukte: Käse/Topfen.../ Eier: Eiersauce/Rührei/ Fisch/Fleisch	Pflanzenöle/Ölsaaten/ Nüsse/Ölfrüchte/ Süßrahm/Butter/Ghee	1 Handvoll Topfencreme/ 1 Glas Gewürz-Lassi

TIPP: Je mehr Vollkornanteil im Brot (und je mehr ballaststoffreiche Gemüsebegleitung), umso anhaltender die Sättigung und umso günstiger die Blutzuckerkurve. Wenn Sie viel Brot essen (insbesondere Weißmehl-Brot), entfällt das süße Dessert!

Vollkornbrot

Evelynes wunderbares Grundrezept habe ich dank Rosis praktischen und mühesparenden Bergbäuerinnen-Brotback-Tipps weiterentwickelt. Mittlerweile gelingt mir dieses Brot immer, und kaum ist es fertig, stürzt sich die Familie darauf.

Rezept für eine Springform (19 cm):
50 g ganzer oder geschroteter Leinsamen • etwa 350 ml lauwarmes Wasser • 500 g frisch gemahlenes Dinkel-Vollkornmehl • 100 g Hafermark • 1,5 TL Salz • 2 TL körniges Brotgewürz • 1/2 TL Zucker • 1 Pkg. Trockenhefe • 2–3 EL Sonnenblumenkerne/andere Ölsaaten

Zubereitung:
Leinsamen zum Vorquellen mit einem Teil des Wassers kurz erhitzen, 10 Minuten ziehen lassen.

Mehl, Hafermark, Salz, Gewürze, Zucker und Hefe trocken durchmischen. Dann den eingeweichten Leinsamen, die gewählten Ölsaaten und das lauwarme Wasser mit dem Knethaken des Mixers einarbeiten.

Alles 1–2 Minuten zusammenkneten und an einem warmen Ort mit einem Tuch zugedeckt etwa 1,5 bis 2 Stunden gehen lassen.

Noch einmal gut durchkneten, in eine mit Backpapier ausgelegte runde Kuchenspringform geben und noch gut 1 Stunde gehen lassen, bis der Teig die Höhe der Form erreicht oder leicht übersteigt.

Bei knapp 200 °C Ober- und Unterhitze etwa 45–50 Minuten backen. Wenn das Brot beim „Anklopfen" vorne und hinten deutlich „hohl" klingt, ist es fertig.

Bauernbrot

Dieses einfache, herrliche Hausbrotrezept stammt ursprünglich von Rosi und wurde von mir (ohne Dampfl) vereinfacht und etwas verändert.

Rezept für 750 g gemischtes Mehl (25 cm Springform):
250 g Dinkelvollkornmehl • 100 g Roggenvollkornmehl • 150 g Roggenmehl 1050 • 250 g Weißmehl glatt • 1 Pkg. Trockenhefe • 1 Prise Zucker • 2 TL Brotgewürz • 2 TL Salz • 500 ml lauwarmes Wasser • nach Geschmack: Kürbiskerne/Sonnenblumenkerne (eingeweicht)

Zubereitung:
Dinkel und Roggen frisch mahlen oder frisch gemahlene Vollkornmehle der Wahl verwenden und mit den restlichen beiden Handelsmehlen und den trockenen Zutaten zusammenmischen.

Das lauwarme Wasser mit dem Knethaken einrühren und den Teig in einer Schüssel (mit einem Tuch abgedeckt) an einem warmen Ort – z. B. im Sommer in der Sonne auf dem Balkon oder im Winter auf der Heizung – etwa 1 Stunde gehen lassen.

Noch einmal durchrühren, eventuell noch etwas Mehl einkneten und mit mehligen Händen einen Laib formen. Diesen mit Mehl bestäuben und in einer mit Backpapier ausgekleideten Springform mit einem Tuch bedeckt noch einmal 1 Stunde gehen lassen.

Bei 220 °C etwa 10 Minuten backen und dann bei 180 °C Ober- und Unterhitze etwa 40 Minuten ausbacken. Das Brot sollte beim „Anklopfen" vorne und hinten „hohl" klingen.

CHAPATI

Original indisches Weizenmehl/Atta enthält weniger Gluten, der Teig wird umso lockerer und geschmeidiger. Es ist durch Weizen- oder Dinkelmehl ersetzbar (Type 1050 oder frisch gemahlen). Vollkornmehl enthält neben viel Stärke alle wertvollen Bestandteile des Getreidekorns wie Ballaststoffe, Mineralstoffe, Vitamine, sekundäre Pflanzenstoffe sowie ungesättigte Fettsäuren und Vitamin E aus dem Keimling. Durch die kurze Backzeit bleibt viel davon erhalten.

▷ **Nickys Chapati:** 300 g Dinkelvollkornmehl, 200 g Weißmehl, 2 EL ÖL, 1 TL Salz, lauwarmes Wasser, für 18–20 Stück

Chapati-Fladenbrot

Das indische Weizenvollkorn-Fladenbrot aus der Pfanne ist schnell gemacht, überzeugt auch den letzten Vollkorn-Skeptiker und schmeckt herrlich als Stärke-Beilage zu Gemüse mit Dal, Pickles und Chutney. In Indien ist dieses Grundnahrungsmittel nützlich als „dritte Hand", mit der die breiartigen Dals und Gemüsecurrys besteckfrei aufgetunkt werden.

Rezept für 10–12 Stück:

250 g frisch gemahlenes Weizenvollkornmehl • 1 TL Salz • 100 ml Wasser • 3–4 EL Wasser • 1–2 EL Mehl zum Bestäuben • 1 EL Butter/ Ghee

Zubereitung:

Mehl und Salz in einer Schüssel vermengen, 100 ml Wasser einrühren und den Teig kneten, bis er elastisch wird. Dabei nach und nach das restliche Wasser einarbeiten und den Teig unter einem feuchten Tuch etwa 15 Minuten rasten lassen.

Mit mehligen Händen 10–12 Kugeln formen, mit der Hand auf einer mehligen Unterlage flachdrücken und kreisförmig auswalken auf etwa 12 cm.

Fladen in einer beschichteten oder gusseisernen Pfanne bei niederer Temperatur 1–2 Minuten von jeder Seite backen, bis sich ein paar dunklere Flecken bilden. In ein Tuch einschlagen und warm stellen, bis alle Fladen fertig sind. Vor dem Servieren mit ein wenig Butter oder Ghee beträufeln/bepinseln.

Leinsamen-Cracker vegan

Diese knusprige, g'schmackige und supergesunde glutenfreie, vegane Brotalternative sollten Sie unbedingt einmal probieren. Dabei sind Ihrer Fantasie keine Grenzen gesetzt – das Grundrezept lässt sich ganz nach Gusto verändern. Übrigens sind diese vitalstoffreichen Cracker für Menschen mit Knabbersucht in Maßen ein guter Ersatz für Chips & Co. Die Herstellungs-Prozedur zieht sich zwar über 2–3 Tage hin, allerdings mit sehr wenigen Arbeitsschritten. Damit die verschiedenen Cracker-Varianten technisch „funktionieren", braucht es den eingeweichten Leinsamen als Bindemittel.

Grundrezept für etwa 2 Backbleche:
2/3 Häferl Buchweizen • 1 Häferl Leinsamen • 4–5 Karotten • 1 Zwiebel • 1 TL Gemüsewürze • 1 TL edelsüßes Paprikapulver • etwas Wasser nach Bedarf

Zubereitung:
Buchweizen und Leinsamen in getrennten Behältnissen über Nacht in Wasser einweichen (oder 2 Tage keimen lassen). Die gesamte Flüssigkeit sollte aufgesogen werden.

Alle Zutaten außer der Hälfte des Leinsamens im Mixglas pürieren – eventuell etwas Wasser zugeben, wenn die Masse zum Mixen zu zäh ist. Im Anschluss den restlichen Leinsamen mit der Hand einrühren.

Die Masse auf zwei mit Backpapier ausgelegten Blechen *dünn* ausstreichen und bei 40 °C im Dörrgerät, auf der Heizung oder in der Sonne (hinter der Fensterscheibe) trocknen lassen: 12 Stunden auf der einen Seite und noch 6 Stunden auf der anderen.

NÄHRSTOFF-INFO

LEINSAMEN-CRACKER
Diese veganen Cracker bestechen durch gesundheitsfördernde Buchweizen-Inhaltsstoffe, insbesondere Mineralstoffe und lösliche Ballaststoffe sowie durch das wertvolle ungesättigte Öl zuzüglich des hohen Ballaststoffanteiles des Leinsamens. Karotten, Tomaten, Zwiebel, Gemüsewürze etc. reichern den Mix noch zusätzlich mit Mineralstoffen, sekundären Pflanzenstoffen und Vitaminen an. Durch die „rohköstliche" Zubereitung bleiben Enzyme und relativ viele empfindliche Inhaltsstoffe wie Vitamine weitgehend erhalten. ⊕ Eine gute Brot-Alternative bei Glutenunverträglichkeit.
Die süße Variante ist weniger gut haltbar, aber eignet sich als köstlicher Müsliriegel-Ersatz – beispielsweise als Jause beim Wandern.

VARIANTEN

▷ **Sellerie-Cracker:** 2 Selleriestangen statt der Karotten, nur 1/2 TL Gemüsewürze (da Sellerie viel Natrium enthält und leicht salzig schmeckt), 1 Msp. Kurkuma zusätzlich
▷ **Provence-Cracker:** Mit Provence-Kräutern würzen.
▷ **Oliven-Cracker:** mit 4 EL gehackten Oliven und Oregano
▷ **Tomaten-Cracker:** mit 6–8 getrockneten Tomaten
▷ **Brennnesselsamen-Cracker:** 1/2 Häferl Brennnesselsamen untermischen.
▷ **Sojasprossen-Cracker:** statt Buchweizen eingeweichte, 2 Tage gekeimte Mungbohnen (oder gekaufte „Sojasprossen" = Mungsprossen)
▷ **Quinoa-Cracker:** extra Eiweiß-Plus, mit 1 Häferl 12 Stunden gekeimten Quinoasamen statt Buchweizen, 1 Selleriestange, 1 Karotte, 10 getrockneten Tomaten, 2 Schalotten
▷ **orientalische Cracker:** mit 3 EL Sesam, 1 Msp. Kurkuma, 1 TL Kreuzkümmel und einem Hauch Chili
▷ **süße Müsli-Cracker (alsbaldig aufbrauchen!):** 1 Tasse geschroteten Leinsamen, 1 Tasse Haferflocken und 2 EL Rosinen in 2 Tassen Wasser über Nacht einweichen und am Folgetag im Mixglas pürieren; Mischung von 1 Tasse Haferflocken, 1 EL zerhackten Rosinen, 1 EL gehackten Walnüssen und 2–3 TL Honig daruntermischen und die Masse trocken lassen.

Cecina/Kichererbsen-Schnitten

Diese toskanisch-ligurische Kichererbsen-Spezialität ist ein typisches „Arme-Leute-Essen" mit antiken Ursprüngen und wird fallweise auch als „torta di ceci" (Kichererbsentorte), „torta livornese", „farinata" oder „calda-calda" angeboten. Dieser Name deutet schon daraufhin, dass Cecina am besten ganz heiß, frisch vom Blech oder aus dem Pizzaofen schmeckt und sie wird in Italien auch gerne als pizzaartiges „Streetfood" gesnackt. Dieser glutenfreie und vegane Brotersatz ist schnell gemacht, wenn das Mehl vorher mindestens 6 (besser 12) Stunden in Wasser eingeweicht war. Es lässt sich als salzige „Torte" in einer Tortenform, in einer Pfanne als Pfannkuchen, im Pizzaofen oder auf dem Backblech garen. Das Rezept stammt von meiner florentinischen Freundin Tania, die solche Schnitten auch gerne als Wanderproviant dabei hat. Cecina passt gut als Stärke-Beilage zu Gemüse, Salaten, Suppen, Tomatensugo oder Aufstrichen etc.

Grundrezept für 1 Backblech:
200 g Kichererbsenmehl (Farina di ceci) • 600 g Wasser, kalt • 4 TL gewöhnliches Olivenöl • 2 TL extra-vergine Olivenöl (zum Beträufeln) • schwarzer Pfeffer • 1 TL Salz

Zubereitung:
Mehl in eine Schüssel geben, salzen und nach und nach das Wasser einrühren bis der Teig cremig und klümpchenfrei ist. Dann 3 TL des Öls hinzufügen, gründlich vermengen und den Teig für 6 (besser 12) Stunden bei Zimmertemperatur quellen lassen. Nach Belieben können dann vor dem Backen noch Kräuter oder Knoblauch hinzugefügt werden (→ Varianten).

Den Backofen auf 220°C vorheizen, das Backblech mit Backpapier auslegen, die relativ flüssige Masse darauf geben, mit dem restlichen TL Olivenöl beträufeln und im heißen Ofen auf der mittleren Schiene ca. 25 Minuten goldgelb backen.

Die „Kichererbsenpizza" in Stücke schneiden, kräftig pfeffern, mit dem kaltgepressten Olivenöl beträufeln und sofort heiß servieren. Cecina eignet sich abgekühlt auch zum Knabbern, ist aber nicht zum Aufwärmen geeignet, da sie relativ hart wird.

VARIANTEN

▷ **Kräuter-Cecina:** mit Kräutern nach Gusto, wie Rosmarin, Thymian, Oregano, Majoran, Kerbel oder Gundelrebe
▷ **Knoblauch-Cecina:** mit Knoblauch und Kräutern
▷ **„Falaffel"-Cecina:** mit 2 TL Kreuzkümmel, 1 TL Koriander, einer Prise Zimt und Nelken, 1 Knoblauchzehe, 1 gehacktem Zwiebel (nach Geschmack) und einem Bund gehackter Petersilie.

Vital-Teller-Hauptgerichte: vegetarisch und vegan

Sie finden hier vorwiegend vegetarische Gerichte, aber auch vegane Gerichte oder zumindest Rezept-Varianten mit rein pflanzlichen Alternativen. Bei jedem Rezept finden Sie eine kleine Tabelle mit einem Menüvorschlag zur Inspiration für das Kombinieren und Abrunden von Vital-Tellern. Es steht Ihnen frei, die Rezepte einfach nachzukochen oder die Gerichte mittels Austausch innerhalb der Vital-Teller-Abschnitte (Nährstoffträger/Lebensmittelgruppen) nach Belieben abzuwandeln, um ganz mit den Zutaten Ihrer Wahl und ganz nach Ihren persönlichen Geschmacksvorlieben zu kochen – vegetarisch, vegan, asiatisch, arabisch, indisch, mediterran, nordisch, traditionell-österreichisch oder tirolerisch-alpin.

Ayurvedisches Gemüse-Duo

Römische Grieß-Schnitten

Vital-Teller-Modell-„Strickmuster"

(G+GS) + **(St)** + **(EW)** + **(F)** + optional **(S)**

zum gesunden Kombinieren:

- ●● 2 Handvoll Gemüse nach Geschmack
- ● 1 Handvoll Stärkebeilage nach Geschmack
- ● 1 Handvoll-Eiweiß-Lieferant nach Geschmack
- ◆ 1 Esslöffel Extra-Fett der Wahl
- ♥ (optional 1 süße Kleinigkeit)

Polentanocken

Zusammensetzung der drei oben abgebildeten Vital-Teller-Hauptgerichte:

●● Gemüse-Bausteine (G+GS): ~2 Handvoll	● Stärke-Beilage (St): ~1 Handvoll	● Eiweiß-Zulage (EW): ~1 Handvoll	◆ Extra-Fett (F): ~1 EL	♥ Süßes (S): wenig, optional
Gemüse-Duo ayurvedisch	Basmatireis	Gelbe-Linsen-Dal	Cashewkerne und Ghee	1–2 EL Chutney
Tomaten-Sugo Gurkensalat	Grieß (im Schnitten-Teig)	Ei, Milch und Käse (in den Schnitten)	Olivenöl (im Sugo und im Salat)	1–2 Vollwert-Kekse
Karottengemüse Rucola-Gurken-Salat	Maisgrieß/Polenta (in den Nocken)	Ei, Milch (Nocken) Sauerrahm (Salat)	Kürbiskerne (im Nockenteig)	1–2 EL Chutney

VEGETARISCHE UND VEGANE ERNÄHRUNG

⊕ Diese pflanzenbetonten Ernährungsformen gehen im Vergleich zur üblichen Mischkost mit einer geringeren Energie-/Kalorien- und einer deutlich höheren Ballaststoff- und Mikronährstoffaufnahme einher – insbesondere betrifft dies Vitamin C, E, Carotinoide und Magnesium.

⊕ Mit „vegetarisch" ist hier – wie meistens – gemeint, dass sich kein „totes Tier" im Essen befindet. Die korrekte Fachbezeichnung hierfür lautet lacto-ovo-vegetarische Kost und hierbei werden neben pflanzlichen Lebensmitteln auch Milch(produkte) und Eier verwendet. Viele Ernährungswissenschafter (auch ÖGE und DGE) empfehlen diese Kost als eine anzustrebende, weil gesunde, nährstoffoptimierte und nachhaltige Ernährungsform. Dies gilt umso mehr, wenn man zu saisonalen Produkten aus möglichst regionaler, und wenn exotischer, dann fair gehandelter Erzeugung greift. Denn wenn wir Menschen uns wochentags weitgehend vegetarisch ernähren und nur am Sonntag Biofleisch aus der Region essen, dann ist das nicht nur von Vorteil für unsere Gesundheit, sondern auch für die globale Ernährungssituation (→ „Was essen?", Abschnitt Nachhaltigkeit, S. 14). Allerdings ernähren sich bisher etwa nur 9–10 % der Bevölkerung vegetarisch.

⊕⊖ Vegane Ernährung ist eine rein pflanzliche Ernährungsform, die sich zwar als Modetrend zunehmender Beliebtheit erfreut, aber nur von etwa 1 % der Menschen dauerhaft praktiziert wird. Veganes Essen ist ökologisch-ethisch und gesundheitlich grundsätzlich begrüßenswert, denn im Schnitt leben Veganer umweltbewusster und – unter Bedachtnahme kritischer Nährstoffe – auch gesünder. Allerdings sind industrielle (zusatzstoffreiche und gewinnträchtige) Auswüchse wie vegane „Bratwürste", „Faschiertes" und „Fleisch/Seitan" als Proteinquellen in ihrer Sinnhaftigkeit/Nachhaltigkeit und ihrem Gesundheitswert durchaus anzuzweifeln. Es gilt als sinnvoller, seinen Eiweißbedarf mit möglichst naturbelassenen und wenig verarbeiteten pflanzlichen Lebensmitteln, wie Hülsenfrüchten, Getreide und Nüssen zu decken. Aber wer weiß, vielleicht liegt die Zukunft sogar in der Proteinversorgung aus Zellkulturen oder doch tierisch aus gezüchteten Insekten?

⊖ Vegane Ernährung birgt aus ernährungsmedizinischer Sicht neben den genannten Vorteilen auch klare Risiken: Einige Vitamine und Mineralstoffe sind kaum enthalten (insbesondere Vitamin B12 und Vitamin D) oder auch aus rein pflanzlichen Quellen schwer aufnehmbar (z. B. Eisen). Veganer sollten daher nicht nur über die Mikronährstoffgehalte von Lebensmitteln, sondern auch über ihre persönlichen Blutwerte Bescheid wissen und gegebenenfalls die Nahrung gezielt ergänzen. In Lebenssituationen mit erhöhtem Nährstoffbedarf wird daher von veganer Ernährung allgemein abgeraten, insbesondere in der Schwangerschaft und Stillzeit sowie in der Kindheit (besonders in Wachstumsschüben), da das Risiko einer Mangelversorgung an einzelnen essenziellen Nährstoffen sehr groß ist.

TIPP: Falls Sie sich vegetarisch/vegan ernähren, sollten Sie sich an der vegetarischen oder veganen Ernährungspyramide der Universität Gießen (→ Internet-Links, Literatur, S. 351) orientieren. Als Veganer sollten Sie auf die kritischen Nährstoffe, insbesondere auf Vitamin B12, aber auch Vitamin D, Calcium, Jod, Eisen, Selen und Zink achten und sicherheitshalber jährlich ein Blutbild bezüglich dieser Risikonährstoffe beim Arzt machen lassen. Meines Erachtens erfordert eine dauerhafte vegane Ernährung zumindest eine regelmäßige Vitamin-B12-Gabe und dazu im Winterhalbjahr eine blutspiegelorientierte Vitamin-D-Supplementierung. Dieses präventive Mindestprogramm empfehlen auch viele Ernährungsfachleute und Ärzte. Auch die österreichische vegane Gesellschaft empfiehlt bei einer Ernährungsumstellung von Anfang an Vitamin B12 im Auge zu behalten. Allerdings ist der ⊖ Serumspiegel von Vitamin B12 nicht zuverlässig und es sollten spezifische Proteine wie Holo-Transcobalamin, Methylmalonsäure und Homocystein mitbestimmt werden.

125

NÄHRSTOFF-INFO

GRIECHISCHER SALAT
Diese Mischung ist ein erfrischendes, belebendes, zellschützendes Vitalstoff-Elixier der Extraklasse. Die bunten, knackigen Gemüse liefern reichlich Wasser, Ballaststoffe, Mineralstoffe, Vitamine und sekundäre Pflanzenstoffe, insbesondere Carotinoide wie Lycopin und Lutein sowie Bitterstoffe. Die Oliven und das kaltgepresste Olivenöl punkten mit 20 % wertvollem ungesättigtem Fett, Bitterstoffen, antioxidativen Carotinoiden (z. B. Lutein) und zellschützenden Polyphenolen. Feta liefert dazu noch das fehlende Eiweiß sowie nährendes Fett und Calcium. Brot liefert den sättigenden Stärkeanteil dazu.

Griechischer Salat mit Feta

Dies ist ein erfrischendes, kunterbuntes Vital-Gericht für heiße Tage, das Urlaubsstimmung aufkommen und die Zellen jubeln lässt. Es kann sehr schnell zubereitet und beliebig „verlängert" werden, falls sich plötzlich noch Gäste dazugesellen.

Rezept für 4–6 Personen:
1 Salatgurke • je 1 grüne, rote, gelbe Paprika • etwa 20 Cocktailtomaten • 2–3 rote Zwiebeln • 10–20 Oliven • 400 g Feta • Olivenöl • Balsamico-Essig • Oregano • Majoran • Thymian • evtl. Ysop • Salz • Pfeffer

Zubereitung:
Gemüse waschen, die Cocktailtomaten halbieren, Zwiebeln in Halbringe und den Rest grobstückig schneiden.

Oliven und Fetawürfel zum Gemüse dazugeben, mit Öl, Essig, Kräutern, Salz und Pfeffer marinieren und abschmecken.

Vital-Teller-Menü/Person:	Gemüse (~2 Handvoll)	Stärke-Beilage (~1 Handvoll)	Eiweiß-Zulage (~1 Handvoll)	Extra-Fett (~ 1 EL)	Süßes (optional)
	Gemüse-Anteile im griechischen Salat: Gurken, Tomaten, Paprika	– Mischbrot, Fladenbrot	Feta	Olivenöl 4–6 Oliven	1 Handvoll Obst

Topfen-Nocken

Dieses italienisch angehauchte Blitz-Gericht ist köstlich, leicht, bekömmlich, äußerst variantenreich und gehört zu meinen praktischsten und einfachsten Grundrezepten. In Italien werden ähnlich komponierte eigroße Gnocchi unter der Bezeichnung Malfatti mit Salbeiblättern, Salbeibutter und Parmesan serviert. Die Teigmischung entspricht unserem süßen Familien-Topfenknödelrezept nach Oma Lotte, welches von mir in eine salzige Hauptspeise umgewandelt wurde. Der Teig kann schon am Vortag zubereitet werden, um am Folgetag in 20 Minuten (z. B. mit Blattspinat und Salat) ein schnelles Essen daraus zu zaubern.

Grundrezept für 2 Personen:

1 Magertopfen (250 g) • 2 EL Brösel • 2 EL Vollkorn-Grieß • 2 EL Vollkorn-Mehl • Kräutersalz • Muskat • 1 Handvoll frische/Tiefkühl-Kräuter • 1 Ei • 4–8 Salbeiblätter • 1-2 EL Butter oder Leinöl • Pfeffer • 2 EL Parmesan | *Beilagen:* Gemüse und Salat nach Wahl

Zubereitung:

Topfen, Brösel, Grieß, Mehl, Kräutersalz, Muskat und gehackte (frische oder tiefgekühlte) Kräuter mischen, abschmecken, dann das Ei einarbeiten und mit nassen Händen etwa eigroße Nocken formen.

Nocken in kochendes Salzwasser geben, gut 15 Minuten darin leicht köcheln lassen – bis die Nocken bereits 1–2 Minuten oben schwimmen –, dann einzeln abschöpfen.

Pro Person je zwei Nocken mit etwas zerlassener (Salbei-)Butter übergießen, mit Pfeffer und Parmesan bestreuen und mit großzügiger Gemüsebeilage und Salat servieren.

Während des Köchelns können Gemüse und Salat zubereitet werden.

NÄHRSTOFF-INFO

TOPFEN-NOCKEN
Ein leichtes, nicht belastendes und dennoch sättigendes Gericht, welches im Vital-Teller-Modell den Eiweiß- und Stärkebaustein abdeckt. Magertopfen ist eine gute Eiweiß- und Calcium-Quelle und enthält praktisch kein Fett. Deshalb können Sie sich ruhig die zerlassene (Salbei-)Butter, Öle oder eingearbeitete Samen als geschmackliche und gesunde „Zell-Schmieröl"-Krönung gönnen. Omega-3-Bewusste profitieren von den Varianten mit Leinöl/Leindotteröl/Hanföl, Hanfsamen oder Walnüssen. Frische, bunte Kräuter, Gewürze, Salat und Gemüse machen satt und munter, weil sie Ballaststoffe, Mineralstoffe, Vitamine und sekundäre Pflanzenstoffe liefern – insbesondere verdauungsfördernde Aromen/ätherische Öle und Bitterstoffe sowie zellschützende Antioxidantien.

	Gemüse (~2 Handvoll)	Stärke-Beilage (~1 Handvoll)	Eiweiß-Zulage (~1 Handvoll)	Extra-Fett (~ 1 EL)	Süßes (optional)
Vital-Teller-Menü/Person:	Salat/Sprossen/Smoothie Blattspinat/Fenchel/Lauch	– (Teig: Brösel, Grieß, Mehl)	Topfen-Nocken (Teig: Eier, Topfen)	Butter/Öl Ölsaaten (im Teig)	1 Handvoll Obst

Topfen-Nocken

jeweils mit Salat und Gemüse der Wahl

▷ **Salbei-Nocken (Malfatti):** Mit 2 EL grob gehackten Salbeiblättern, 1 EL Salbei-Butter und 2–4 EL Parmesan abrunden.

▷ **Omega-3-Gnocchi:** wertvoll „aufgefettet" mit 1–2 EL Hanfnüsschen oder grob gehackten Walnüssen im Teig; abgerundet mit pro Person 1 EL Omega-3-Öl (Leinöl, Leindotteröl, Hanföl oder Walnussöl) und milden Kräutern

▷ **Nocken/Gnocchi im Grünen:** mit 1 EL Kräuterbutter, 2 EL Parmesan und dunkelgrünem Blattgemüse wie Mangold, Creme-/Blattspinat, Brennnessel-/Giersch-/Labkraut-„Spinat"

▷ **grüne Gnocchi:** mit 2 EL gehacktem, grünem Blattgemüse/Kräutern zusätzlich im Teig

▷ **rote Gnocchi:** mit 2 EL gehackten, getrockneten Tomaten im Teig

▷ **Kartoffel-Topfen-Gnocchi:** mit 1 zerdrückten gekochten Kartoffel (z. B. vom Vortag) im Teig

▷ **knallgelbe Kurkuma-Nocken mit Broccoli:** mit 1 EL Kurkuma-Butter zum Wälzen und Würzen von kurz blanchierten/gedünsteten Broccoli-Rosetten

▷ **Kurkuma-Nocken in orange-grüner Begleitung:** Mit ayurvedisch gewürztem Karotten- oder Gelbe-Rüben-Gemüse; dazu passt besonders gut saftiger Gurken-Rucola-Salat mit Dill-Sauerrahmsauce.

▷ **Paprika-Nocken:** in edelsüßem Paprika oder Chilifäden gewälzte Nocken mit pikantem Paprika-Letscho

▷ **„Think-Pink"-Nocken mit Rohnengemüse:** Der Saft des pikanten Rohnengemüses zeichnet für die „Rosa-Färbung" – eventuell noch mit rosa Blüten wie z. B. Waldmalven oder Rosen dekorieren.

▷ **provenzalische Kräuter-Nocken:** mit Herbes de Provence und Zucchinigemüse

▷ **Kürbiskern-Nocken:** mit 2 EL gehackten Kürbiskernen im Teig und 1 EL Kürbiskernöl, 2 EL gehackter Petersilie und 2 EL geriebenem Steirerkäs bestreut, dazu Kürbisgemüse

▷ **Blüten-Gnocchi:** in Blüten- oder Heublumen-Gewürz oder auch frischen Blüten gewälzt

▷ **Gundelreben-Gnocchi:** Teig und Butter mit Gundelreben-Salz würzen und Nocken in frischen Gundelreben-Blüten wälzen (Bild → Kräutersalz, S. 53). Dieses heimische Würzkraut schmeckt herrlich provenzalisch!

▷ **Wildkräuter-Gnocchi:** mit Wildkräutergemüse

▷ **süße Topfenknödel:** mit 1 Päckchen Vanillezucker im Teig, gewälzt in Butterbröseln, serviert mit Apfelmus, Zwetschkenröster oder Preiselbeeren. Vorher: Minestrone, Green Smoothie oder Salat.

▷ **Fantasie-Nocken:** Lassen Sie Ihren Ideen freien Lauf und verwenden Sie, was Sie gerade vorrätig haben und was Ihnen besonders gut schmeckt und gefällt.

▷ **glutenfreie Topfen-Gnocchi:** mit Maisgrieß, Braunhirsemehl und Kartoffelstärke

Topfen-Kräuter-Bratlinge

Falls Kartoffelreste vom Vortag vorhanden sind, ist dies ein besonders schnelles, mildes, sättigendes, vollwertiges Gericht für die ganze Familie. Dazu passt jeder knackige Salat oder auch gedünstete „Blitz-Gemüse" wie Karotten, Fenchel oder Zucchini.

Rezept für 2 Personen:

5 kleinere gekochte Kartoffeln • 250 g Magertopfen • 1 Ei • 2–3 EL Mehl zum Binden • 2 Pkg. Tiefkühlkräuter • (2 zerdrückte Knoblauchzehen) • 4 EL Haferkleie • Kräutersalz • Pfeffer • Rapsöl zum Herausbraten | *Beilagen:* Gemüse und Salat der Wahl

Zubereitung:

Kartoffeln zerdrücken und mit Topfen, Ei, Mehl, Haferkleie, (zerdrücktem Knoblauch), Kräutern und Gewürzen einen schnellen Teig bereiten.

Mit mehligen Händen Laibchen formen und diese in einer beschichteten Pfanne langsam in Rapsöl auf mittlerer Flamme langsam vergolden. Das dauert etwa 5 Minuten auf jeder Seite und erfordert ein wenig Geschick beim Wenden, da die Bratlinge gerne etwas ankleben.

NÄHRSTOFF-INFO

KRÄUTERTOPFEN-BRATLINGE

Die gut sättigenden Bratlinge decken im Vital-Teller-Modell den Eiweiß- und Stärkebaustein ab. Der calciumreiche Magertopfen ist praktisch fettfrei, die Haferkleie bindet und liefert reichlich Ballaststoffe. Deshalb können Sie sich ruhig das Öl zum Herausbraten oder auch eingearbeitete Ölsaaten als geschmackliche und gesunde „Zell-Schmieröl"-Krönung gönnen. Omega-3-Bewusste beträufeln die Bratlinge mit 1 EL Leinöl/Leindotteröl/Hanföl oder arbeiten 2–4 EL Hanfsamen in den Teig ein. Frische, bunte Kräuter, Gewürze, Salat und Gemüse machen satt und munter, weil sie Ballaststoffe, Mineralstoffe, Vitamine und sekundäre Pflanzenstoffe liefern – insbesondere verdauungsfördernde Aromen/ätherische Öle und Bitterstoffe sowie zellschützende Antioxidantien.

VARIANTEN

▷ **Ölsaaten-Bratlinge:** mit Hanfsamen, gehackten Kürbiskernen, Sonnenblumenkernen im Teig
▷ **(Wild-)Kräuter:** Frischen Kerbel, Lauch, Bärlauch, Giersch etc. im Teig mitverarbeiten.

Vital-Teller-Menü/Person:	Gemüse (~2 Handvoll)	Stärke-Beilage (~1 Handvoll)	Eiweiß-Zulage (~1 Handvoll)	Extra-Fett (~ 1 EL)	Süßes (optional)
	Sprossen/Salat Zucchini/Karotten/Fenchel	*– (Teig: Kartoffeln/Mehl)*	*Topfen-Bratlinge (Topfen, Ei, Kartoffeln)*	*Salatöl/Ölsaaten*	*1 Handvoll Obst*

Broccoli-Kurkuma-Couscous

Dieses pikant-bunte Gericht kann sogar Kinder und Jugendliche für Broccoli begeistern, da der quietschgelbe Schafskäse und die ungewohnt gelbgrüne Farbe des Gemüses neugierig machen. Nebenbei gibt Kurkuma auch den nötigen Würz-Pep.

Rezept für 4 Personen:

375 ml Wasser • 250 g Couscous • 1 TL Salz • 1 Msp. Muskatnuss • 1 TL Butter • 1 mittlere Zwiebel • 1 EL Öl • 1/4 TL Kurkuma • 2 grüne Paprika • 1 großer Broccoli • Kräutersalz • Pfeffer • 2 EL Süßrahm/ Kokosmilch • 200 g Feta-Schafskäse • 2 EL Pinienkerne zum Bestreuen | Rohkostbeilage

Zubereitung:

Couscous in das gewürzte, kochende Wasser geben, umrühren, bedeckt beiseitestellen, etwa 15 Minuten quellen lassen und vor dem Servieren mit der Gabel die Butter untermischen.

Gehackte Zwiebel in Öl anschwitzen, Kurkumapulver kurz aufschäumen lassen, mit etwas Wasser aufgießen und mit Paprikawürfeln und klein zerlegten Broccoliröschen einige Minuten bissfest dünsten. Abschmecken mit Kräutersalz, Pfeffer und Rahm.

Alles vermischen, Schafskäsewürfel unterheben und noch ein paar Minuten bedeckt ziehen lassen. Mit Pinienkernen bestreut servieren.

VARIANTEN

▷ **vegan:** Kokosmilch statt Rahm, Tofuwürfel/Sojasprossen statt Käse
▷ **Gemüse und Gewürze:** Nach Geschmack variieren mit Kreuzkümmel, Koriander, Zitrone, Zucchini, Kürbis, Pfefferoni, Tomaten, Paprika.
▷ **Obst-Gemüse-Mischung:** mit Ananas-/Orangen-/Apfel-Stückchen im Broccoli-Gemüse
▷ **Gemüse-Linsen-/Soja-Couscous:** Mit schonend gegartem Linsengericht/Dal/Linsenresten oder Sojasprossen vom Vortag mischen.

Vital-Teller-Menü/Person:	Gemüse (~2 Handvoll)	Stärke-Beilage (~1 Handvoll)	Eiweiß-Zulage (~1 Handvoll)	Extra-Fett (~1 EL)	Süßes (optional)
	Sprossen/Salat/Smoothie Broccoli(-Couscous)	Couscous	Schafskäse-Würfel	Salatöl/Pinienkerne	1 Handvoll Obst

Broccoli-all-in-one

Das ist ein ultraschnelles Eintopf-Gericht für alle Broccoli-Fans und solche, die es noch werden wollen. Gesunder Genuss pur – idealerweise ergänzt mit einer Eiweiß-Zulage im Nudelgericht, als Vorspeise oder als Dessert.

Rezept für 4 Personen:
1 Broccoli-Rosette • Kräutersalz • 1–2 EL Süßrahm • 2–3 EL Petersilie zum Bestreuen oder Petersilien-Würzpaste ohne Rahm • 500 g Vollkorn-Pipe | Rohkostbeilage

Zubereitung:
Nudeln in kochendes Salzwasser geben und in den letzten 2–3 Minuten der Kochzeit den gesäuberten, von den groben Stielen befreiten, in (teilweise halbe) Röschen zerteilten Broccoli mitgaren.

Nach dem Abseihen die Mischung im Kochtopf mit Kräutersalz und Süßrahm oder Petersilie-Olivenöl-Würzpaste abschmecken. Gegebenenfalls mit frischer Petersilie bestreuen.

NÄHRSTOFF-INFO

BROCCOLI
Broccoli enthält viel Calcium, aber auch Eisen, Kalium und Magnesium. Beim schwimmenden Kochen geht zwar ein Teil dieser Mineralstoffe und auch einiges an wasserlöslichen Vitaminen verloren, allerdings wird der Broccoli durch dieses 2–3-minütige „Blanchieren" etwas leichter verdaulich. Broccoli ist berühmt als „Anti-Krebs-Gemüse" durch die (in allen Kreuzblütlergewächsen → „Gemüse-ABC", S. 305) reichlich enthaltenen Glucosinolate/Senföle. Diese schwefelig-aromatischen Scharfstoffe – insbesondere Sulforaphan im Broccoli – wirken herausragend antioxidativ und immunmodulierend. Allerdings ist dieser Wirkstoff recht empfindlich: Bei 8-minütigem Garen bleiben etwa 75 % (bei 10 Minuten nur mehr 30 %) davon erhalten. Um in den vollen Genuss der zellschützenden Wirkung von Broccoli zu kommen, gilt es, ihn 3-mal/Woche, bissfest und zum Teil als Rohkost (z. B. als Smoothie) zu genießen. Er schmeckt so auch besser und behält die schöne Farbe. Kurkuma ist ein hochwirksamer Zellschützer (→ „Gewürz-ABC", S. 326), der nebenbei auch den Sulforaphan-Abbau bremsen kann.

Vital-Teller-Menü/Person:	Gemüse (~2 Handvoll)	Stärke-Beilage (~1 Handvoll)	Eiweiß-Zulage (~1 Handvoll)	Extra-Fett (~ 1 EL)	Süßes (optional)
	Sprossen/Salat/Smoothie Broccoli(-Nudeln)	Vollkorn-Penne	Schafskäse/Mozzarella/ Tofu-Würfel (oder Topfen-Dessert)	Salatöl/Pinienkerne	(1 Handvoll Topfencreme) statt Käse

Fenchel-Zucchini-Hirse-Pfanne mit Mozzarella

Dies ist ein glutenfreies „10-Minuten-Blitzgericht", wenn Sie die Hirse schon in der Früh während des Frühstücks oder am Vortag garen.

Rezept für 2–3 Personen:
1 Tasse Hirse • 1 TL Gemüsewürze • 2 Tassen Wasser • 1–2 rote Zwiebeln • 1 TL Oliven-/Rapsöl • 1 Fenchelknolle • 1 Zucchino • Kräutersalz • Provence-Kräuter • 150 g Mozzarella • 1 EL kaltgepresstes Olivenöl Salz • 1 Pkg. mediterrane Tiefkühl-Kräuter

Zubereitung:
Hirse mit Gemüsewürze in kochendes Wasser einstreuen, 5 Minuten köcheln und 30 Minuten ausquellen lassen. (Dies kann schon in der Früh oder am Vorabend gemacht werden.)

Gehackte Zwiebel in Öl anschwitzen, klein geschnittenen Fenchel und Zucchino dazugeben, kurz mitschwitzen, mit etwas Wasser aufgießen, würzen und ein paar Minuten zugedeckt bissfest dünsten.

Währenddessen den Mozzarella klein wiegen und mit Öl, Salz und Kräutern abschmecken.

Fertige Hirse unter das Gemüse mischen, eventuell nachwürzen und, wenn alles warm ist, den Mozzarella direkt vor dem Servieren unterheben.

NÄHRSTOFF-INFO

FENCHEL
Das Besondere am Fenchel ist der hohe Ballaststoff- und Calciumgehalt sowie seine milden, verdauungsfördernden ätherischen Öle. Zucchini punktet mit Ballaststoffen, Mikronährstoffen und Bitterstoffen. Hirse ist glutenfrei und ausnehmend reich an Mineralstoffen, insbesondere an Calcium, Eisen und Zink. Edles Öl zum Abrunden liefert noch ungesättigte Fette und fettlösliche Vitamine dazu.

VARIANTEN

▷ **Getreide/Ersatzgetreide:** Amaranth, Bulgur, Couscous, Kamut, Quinoa
▷ **sonstige Stärke-Beilagen:** Reis, Nudeln, Kartoffeln (z. B. Kartoffelreste vom Vortag), Brot

Vital-Teller-Menü/Person:	Gemüse (~2 Handvoll)	Stärke-Beilage (~1 Handvoll)	Eiweiß-Zulage (~1 Handvoll)	Extra-Fett (~ 1 EL)	Süßes (optional)
	Fenchel, Kräuter Zucchino	Hirse/Braunhirse	Schafskäse/Mozzarella-Würfel	Olivenöl	(1 Handvoll Topfencreme statt Käse)

Gemüse-Couscous-/ Amaranth-/Quinoa- Pfanne „arabisch"

Ein köstliches 15-Minuten-Blitzgericht – insbesondere mit dem schnell zubereiteten Couscous – oder auch, wenn Sie die glutenfreien Ersatz-getreidebeilagen schon am Vortag vorgaren. Bei allen kohlenhydrat-betonten Gemüse-Getreide-Gerichten empfehle ich zur vollwertigen Abrundung eine Eiweiß-Zulage (im Gericht oder als Dessert) und einen Salat mit einer Extraportion Qualitätsfett.

Rezept für 4 Personen:

250 g Couscous/Amaranth/Quinoa • Wasser nach Packungsangabe • 5 Karotten • 1 Zucchino • 1 Stange Lauch • 1 TL Rapsöl • 2–3 TL Ras-el-Hanout-Gewürzmischung • 1 TL schwarzer Sesam • 2 Msp. Kreuzkümmel • 1/2 TL Salz • 1 TL Walnussöl/Leinöl • 1 EL grob gehack-te Walnuss-/Kürbiskerne • Salatbeilage • (Tofuwürfel)

Zubereitung:

Getreide nach Packungsangabe garen (eventuell schon am Vortag) und währenddessen die geputzten Gemüse kleinwürfelig (3–4 mm) schneiden.

Etwas Öl erhitzen, darin al erstes die Sesamkörnchen anschwitzen und dann die Gewürzmischung mit Kreuzkümmel aufschäumen lassen. Karotten beigeben, mit etwas Wasser aufgießen und zugedeckt etwa 1 Minute dünsten, dann Zucchiniwürfelchen zugeben, 1 Minute ge-meinsam weitergaren und als Letztes den Lauch beigeben, das Gemüse salzen und noch etwa 1 Minute bedeckt fertig dünsten.

Getreide zum Gemüseklein geben, gut durchmischen (eventuell pikant gebratene Tofuwürfel oder frische Sojasprossen dazugeben), mit Salz und Öl der Wahl abschmecken. Mit gehackten Nüssen oder Ölsaaten bestreuen und mit einer Salatbeilage genießen.

Gemüse-Couscous

Vital-Teller-Menü/Person:	●● Gemüse (~2 Handvoll)	● Stärke-Beilage (~1 Handvoll)	● Eiweiß-Zulage (~1 Handvoll)	● Extra-Fett (~1 EL)	♥ Süßes (optional)
	Lauch, Karotten, Zucchino Salat/Sprossen	*Couscous/Amaranth/ Quinoa*	*Tofuwürfel/Sojasprossen (Topfencreme)*	*Walnussöl/Leinöl und Walnüsse/Kürbiskerne*	*1 Handvoll Topfencreme (statt Tofu/Soja)*

133

Kartoffel-(Eier-)Salate

Diese geniale, eher gehaltvolle Mischung nach Helgas Rezept eignet sich gemeinsam mit Rohkost gut als kalte, gut vorbereitbare – etwas zeitaufwändige – Hauptmahlzeit. Ideal für Festtage zu (geräuchertem) Fisch oder magerem Naturschnitzel. Ein mikronährstoffreicher Rohkost-Smoothie oder eine scharf-pikante Salatergänzung runden das Menü vollwertig ab.

Rezept für 8 Personen:

2 Zwiebeln • 800 g speckige gekochte Kartoffeln • 8–16 Essiggurkerln • 6 hartgekochte Eier • 4 EL gehackter Schnittlauch • evtl. 4 Handvoll Rucola/Kresse | *Marinade:* 1/16 l Essig • 1/8 l warmes Wasser • 1 TL Zucker • 1 TL Estragonsenf • 8 EL Sauerrahm • 1 TL Olivenöl • Pfeffer • Salz | Rohkost-Beilage

Zubereitung:

Zwiebel fein hacken, vorgekochte Kartoffeln und Gurkerln blättrig schneiden, 1 Ei zur Dekoration aufheben, restliche Eier kleinwürfelig schneiden und all dies vermengen.

Die Mischung mit der lauwarmen Marinade übergießen, Salat mindestens 30 Minuten durchziehen/abkühlen lassen, Schnittlauch unterheben, noch einmal ziehen lassen und gegebenenfalls nachwürzen. Vor dem Servieren eventuell Rucola/Kresse unterheben und mit Ei-Scheiben und Schnittlauch garnieren.

Vital-Teller-Menü/Person:	Gemüse (~2 Handvoll)	Stärke-Beilage (~1 Handvoll)	Eiweiß-Zulage (~1 Handvoll)	Extra-Fett (~ 1 EL)	Süßes (optional)
	Gurkerl, Kresse/Rucola etc. Green Smoothie	Kartoffel	Kartoffel und Ei	Sauerrahm und Öl	1 Handvoll Obst

Currys: Gemüsecurry/ Gemüseeintopf

Nachdem der Begriff Eintopf für viele Menschen etwas schwer und lustlos klingt, nenne ich meine indisch-ayurvedischen Gemüse-, Hülsenfrucht-, Fleisch- und Fisch-Kompositionen gerne Curry – wie in Indien. Zum Begriff Curry (der in unseren Breiten meist als ein gelbes Gewürzpulver verstanden wird) erfahren Sie mehr im Kapitel „Garen und Würzen".

Grundrezept für 2 Personen:
4 Stück buntes Gemüse der Wahl • 1 Zwiebel • 1 EL Ghee/Raps-/Olivenöl • evtl. 1 Knoblauchzehe • evtl. 1 „Zehe" Ingwer • 1 Gewürz-Curry/Churna (indisch/ayurvedische Mischungen) • 1 Prise Asa Foetida (bei blähenden Sorten) • Pfeffer • 2 EL Kokosmilch/Süßrahm/Sojarahm | Rohkostbeilage/-Vorspeise

Zubereitung:
Gemüse der Wahl putzen, vorbereiten und klein schneiden. Schwerer verdauliche Sorten wie Wirsingkohl, Broccoli, Karfiol oder Fisolen vor dem Zerkleinern (!) in kochendem Wasser 1–3 Minuten blanchieren, abgießen und kalt abschrecken.

Für die indisch-ayurvedische Würzung in einer großen Pfanne die gehackte Zwiebel in 1 EL Ghee oder Öl anschwitzen, gegebenenfalls zerdrückten Knoblauch und gehackten Ingwer kurz mitschwitzen, die Pulver-Gewürzmischung einmal aufschäumen lassen.

Schnell das klein geschnittene Gemüse dazugeben, unter Rühren kurz mitschwitzen, mit etwas Wasser aufgießen, abdecken und ein paar Minuten auf kleiner Flamme bissfest dünsten. Je dünner/kleiner das Gemüse geschnitten ist, umso schneller ist es gar.

Mit Salz abschmecken, gegebenenfalls mit noch einer Prise Gewürz-Churna (typgerecht) nachwürzen und mit etwas Süßrahm, Sojarahm oder Kokosmilch verfeinern.

TIPP: Die vollständige indisch-ayurvedische Würzprozedur (mit körnigen und pulvrigen Gewürzen) und die Begriffe Curry und Churna sind im Abschnitt „Garen und Würzen" ausführlich beschrieben, falls Sie noch authentischer würzen möchten.

NÄHRSTOFF-INFO

GEMÜSE-CURRYS

Schonend gegartes Gemüse liefert reichlich Ballaststoffe, Mineralstoffe, sekundäre Pflanzenstoffe und auch trotz des Erwärmens noch Vitamine, da nicht alle gleich empfindlich sind. Je bunter und abwechslungsreicher Sie Ihren alltäglichen Gemüsegenuss gestalten, umso besser.

⊖ Gemüse keinen Fall länger warm halten – es verliert dabei nicht nur Aroma und Biss, sondern empfindliche Vitamine und Pflanzenfarbstoffe werden zerstört. Zudem wird die „letscherte" Konsistenz klassische „Gemüsemuffel" in ihrer ablehnenden Haltung bestätigen und auch Gemüse-Freaks missfallen. Besser schnell abkühlen und noch einmal kurz wärmen (falls jemand später isst). Nur Hülsenfrüchte müssen durchgegart werden!

VARIANTEN

▷ **westlich-mediterranes Gemüse-Curry:** Mit wenig Wasser, etwas Öl, 1 EL Gemüsewürze, Kräutergewürzen (z. B. Herbes de Provence) und Pfeffer dünsten. Abschließend mit Salz und Rahm/Butter/Olivenöl abschmecken und verfeinern.

▷ **asiatisch angehauchtes Curry:** Gemüse mit Wasser, Öl und Sojasauce, Salz und Pfeffer dünsten, Sojasprossen unterheben.

	Gemüse (~2 Handvoll)	Stärke-Beilage (~1 Handvoll)	Eiweiß-Zulage (~1 Handvoll)	Extra-Fett (~ 1 EL)	Süßes (optional)
Vital-Teller-Menü/Person:	Sprossen/Salat/Smoothie Gemüse-Curry	Reis/Couscous/Kartoffeln	Linsen-Dal/Fisch/Fleisch	5–7 Cashewkerne Ghee/Rahm	1 Handvoll Obst

135

Currys: Kartoffel-Frühlingszwiebel-Curry

Dies ist ein pikantes Kartoffel-Blitzgericht der Extraklasse. Sie können dazu kleine heurige Kartoffeln verwenden und diese wie vorgeschlagen im Curry mitgaren, oder Sie verwerten Kartoffelreste vom Vortag. Dazu harmonieren Linsen- und Bohnengerichte, Panir, Schafskäse oder Mozzarella, aber auch kurzgebratenes Fisch- oder Putenfilet als Eiweiß-Kick. Oder Sie kombinieren diese Beilage mit Fischcurry oder Entencurry (→ Rezepte, S. 171, 178). Davor erquickt ein Vitaminstoß in Form eines Green Smoothies oder Sprossensalates.

Rezept für 4 Personen:

20 kleine geviertelte Frühkartoffeln • 1 Bund Frühlingszwiebeln • 2 große Zwiebeln • 1/2 TL Schwarzkümmel • 1 EL Ghee/Rapsöl • 1 TL Kurkuma • 1 TL Panch-Phoron/indisches Fünfgewürz • 2 große gehackte Tomaten (oder 1 Dose) • 1 TL Salz • 1 Msp. Zucker • 2 EL Ghee/Kokosmilch/Olivenöl/Süßrahm/Sojarahm • Rohkostbeilage/-Vorspeise

Zubereitung:

Frühkartoffeln waschen und vierteln, Frühlingszwiebeln putzen und in 5 cm lange Stücke schneiden, Zwiebeln in Halbringe schneiden, Gewürze bereitstellen.

Zuerst den Schwarzkümmel, dann die Zwiebelhalbringe in heißem Ghee/Öl anschwitzen und danach die pulvrigen Gewürze einmal aufschäumen lassen.

Kartoffeln dazugeben und 1–2 Minuten unter Rühren mitbraten. Mit gehackten Tomaten (mit Saft), Salz und Zucker vermischen und etwa 10 Minuten zugedeckt dünsten, bis die Kartoffeln fast gar sind.

Frühlingszwiebeln dazugeben, durchrühren und ein paar Minuten fertig dünsten und mit einer Extraportion Fett/Öl der Wahl sämig abrunden, eventuell nachsalzen.

NÄHRSTOFF-INFO

FRÜHLINGSZWIEBEL-KARTOFFEL-CURRY
Frühlingszwiebeln sind als hervorragende Vitamin-C-, Ballaststoff- und Senföl-Quellen verdauungs- und immunaktiv. Kartoffeln liefern reichlich Stärke, Ballaststoffe und Mineralien, insbesondere Kalium und Magnesium. Durch das ungeschälte Garen der Kartoffeln geht zwar einiges an Vitaminen verloren, was aber durch die Saucenzutaten mehr als ausgeglichen wird. Insbesondere die verschiedenen Gewürze sind regelrechte Mikronährstoffkonzentrate. Außerdem genießen Sie ja einen Rohkost-Salat/Smoothie oder Obst als Dessert dazu.

Vital-Teller-Menü/Person:	Gemüse (~2 Handvoll)	Stärke-Beilage (~1 Handvoll)	Eiweiß-Zulage (~1 Handvoll)	Extra-Fett (~ 1 EL)	Süßes (optional)
	Sprossen/Salat/Smoothie Frühlingszwiebel-Kartoffel-Curry	Kartoffeln (im Curry)	Panir/Mozzarella etc.	5–7 Cashewkerne Ghee/Öl, Rahm	1 Handvoll Obst

Currys: Gemüse-Duo mit Linsen-Dal

Diese farbenfroh-aromatische ayurvedische Komposition lässt Zellen und Seele jubeln. Die Zubereitung braucht etwas Zeit, ist aber ein sinnliches Vergnügen. Der indische Begriff Dal steht für breiförmige Linsen-/Bohnen-Gerichte, wie unter „Eiweißreiche Hülsenfrüchte" näher beschrieben. Als traditionelle Stärke-Beilagen gibt es Vollkorn-Basmatireis oder Chapati (→ Rezept, S. 121). Für Dal-Verweigerer oder für Menschen mit besonders hohem Eiweißbedarf bietet sich – zusätzlich zum Dal – beispielsweise Panir (oder Schafkäse) mit Kräutersalz an. Die indisch-ayurvedische Abrundung in Form von scharfen Pickles und süß-saurem Chutney (statt Dessert) darf nicht fehlen. Außerdem ist ein kleiner vitaminreicher Sprossensalat als Vorspeise/Beilage empfehlenswert.

Rezept für 2 Personen:

Weißkohlgemüse: 1 TL körniges Brotgewürz (Anis, Koriander, Kümmel) • 1 kleine Zwiebel • 1 TL Rapsöl oder Ghee • 4 Blätter Weißkraut • 1 Prise Asa Foetida • Kräutersalz • 3 EL Wasser • 1 EL Kokosmilch/Süßrahm | *Karottengemüse:* 1 TL Rapsöl oder Ghee • ½ TL Senfsamen • ½ TL Schwarzkümmel • ½ TL Ajowan • evtl. 1 „Zehe" Ingwer, zerdrückt • 2 Karotten • 2 gelbe Rüben • 1 EL Gemüsewürze • 3 EL Wasser | *Masoor-Dal:* 1 Tasse kleine orange Linsen • 3 Tassen Wasser • 1 Lorbeerblatt • 2 TL Pulver-Gewürzmischung (z. B. Vata-Churna, Panch-Phoron, Currys) • Salz • 1 TL Ghee/Rapsöl/Kokosmilch/Süßrahm • Petersilie/Koriandergrün | *Reis-Gericht:* 1 Tasse Vollkorn-Basmatireis • 1 kleine Schalotte • etwas Öl • 2 gehackte Tomaten (oder 1/2 Dose) • 2 Gewürznelken • 2 Tassen Wasser | *Beilagen:* 4 EL Kürbis-Chutney (→ Rezept, S. 197) • 1 EL scharfe Pickles • evtl. kleine Rohkost-Beilage

Zubereitung:

Reis waschen, gehackte Schalotte in Öl anschwitzen, mit Tomatenstücken ablöschen, Reis und Nelken zugeben, Wasser zugeben, einmal aufkochen und bedeckt etwa 30 Minuten sanft garen.

Orange Linsen unter fließendem Wasser waschen, in einem offenen Topf mit dem Wasser und einem zerbrochenen Lorbeerblatt zustellen, einmal aufkochen (Achtung, Schaumbildung, neigt zum Übergehen!) und etwa 15 Minuten offen köcheln. Abschließend wird der Dal zeitsparend mit einem indisch-ayurvedischen Pulver-Gewürz, Salz und etwas Fett/Öl der Wahl abgeschmeckt, noch einmal erhitzt und danach mit frisch gehackten Kräutern (z. B. Petersilie, Koriandergrün) abgerundet.

TIPP: Die klassisch indisch-ayurvedische Würz-Prozedur mit verschiedensten Einzelgewürzen und voller Aromaentfaltung finden Sie unter „Garen und Würzen".

Parallel dazu die beiden Gemüse zubereiten. Für das Kohlgemüse zuerst das körnige Brotgewürz, dann die gehackten Zwiebeln in 1 TL Öl anschwitzen, Temperatur zurücknehmen, gewaschene, stückig geschnittene Weißkohlblätter und eine Prise Asa foetida dazugeben, salzen und mit Wasser ein paar Minuten zugedeckt dünsten. Vor dem Servieren mit Kokosrahm oder Süßrahm abrunden.

Für das Karottengemüse alle Gewürzkörnchen in heißem Öl anknistern, dann den zerdrückten Ingwer kurz mitschwitzen, dünn gehobelte Karotten-Rüben-Mischung dazugeben, mit Gemüsewürze-Wasser aufgießen und ein paar Minuten zugedeckt dünsten.

Servieren Sie die 4 farbigen „Häufchen" mit süß-saurem Chutney und scharfen Pickles der Wahl.

TIPP: ⊕ Ein Geheimnis der Ayurveda-Küche, weshalb sie so gut satt und glücklich macht, ist das Vorliegen aller 6 Geschmacksrichtungen in einer Mahlzeit. Denn mit süß, sauer, salzig, scharf, bitter und herb werden alle Geschmacksknospen befriedigt und die ayurvedischen Bio-Energien (Doshas) ausgeglichen. In diesem Gericht: Süß sind Reis, Karotten, Chutney, Kokosmilch (oder Süßrahm), sauer sind Chutney und Salat-Essig, scharf sind Pickles, Tomaten, Zwiebel und Chili, herb sind die Linsen und einige Gewürze und bitter schmecken Kraut/Kohl und einige Gewürze wie Kurkuma.

	🟢🟢 Gemüse (~2 Handvoll)	🔴 Stärke-Beilage (~1 Handvoll)	🔴 Eiweiß-Zulage (~1 Handvoll)	💧 Extra-Fett (~ 1 EL)	💗 Süßes (optional)
Vital-Teller-Menü/Person:	Sprossen-Salat Gemüse-Duo, Pickles	Tomaten-Reis/Chapati	Linsen-Dal	5–7 Cashewkerne Ghee und Salatöl	2 EL Chutney

138

Currys: Melanzani-Kartoffel-Curry

Dies ist eines meiner liebsten schnellen Currygerichte aus der indischen Küche. Diese harmonische Kombination unterstreicht das Melanzani-Aroma ganz besonders und überzeugt sogar ausgesprochene Auberginen-Skeptiker. Ideal dazu harmonieren Linsen-Dal als Eiweiß-Zulage, süßsaurer Chutney und scharfe Pickles sowie Salat (z. B. mit Pistazien oder Cashewkernen). Ein Stück Chapati-Fladenbrot (→ Rezept, S. 121) zum Auftunken der Sauce rundet das Ganze ab.

Rezept für 4 Personen:
4 mittelgroße Kartoffeln • 2 große Zwiebeln • 1 EL Rapsöl/Ghee • evtl. 1 zerdrückte Knoblauchzehe • 3 EL gemahlener Koriander • 1 Msp. Chilipulver • 8 kleine Melanzani • 2 EL Tomatenmark • 1/2 Dose gewürfelte Tomaten • Salz • 100 ml Süßrahm/Kokosmilch • 1 EL Koriandergrün/Petersilie | Salatbeilage

Zubereitung:
Geschälte Kartoffeln in längliche Spalten schneiden und im Schnellkochtopf etwa 4 Minuten vorgaren.

Währenddessen die in Halbringe geschnittenen Zwiebeln in Öl oder Ghee anschwitzen. Falls Sie Knoblauch verwenden, diesen als Nächstes kurz mitschwitzen und erst danach das Koriander- und Chilipulver aufschäumen lassen. Temperatur zurücknehmen.

Die spaltig geschnittenen, etwa 4 cm langen Melanzani-Stücke dazugeben, Tomatenmark einrühren, mit Tomatenstücken/-Sauce übergießen, salzen und zugedeckt etwa 3–5 Minuten dünsten. Die vorgekochten Kartoffeln dazugeben, mit Rahm oder Kokosmilch abrunden, abschmecken und noch ein paar Minuten köcheln lassen, bis das Gemüse gar ist.

Beim Anrichten mit gehacktem Koriandergrün oder Petersilie (neutral) bestreuen.

MELANZANI
Die Besonderheit an den Auberginen ist neben anderen sekundären Pflanzenstoffen, Mineralstoffen und Vitaminen der enthaltene schwarzviolette Farbstoff Delphinidin – ein sehr potenter antioxidativer Zellschützer. Die Zubereitung der Kartoffeln erfolgt zwar hier geschält in der Sauce, aber die Sauce-Zutaten – Gemüse und Gewürze – machen die damit verbundenen Nährstoffverluste mehr als wett.

Vital-Teller-Menü/Person:	●● Gemüse (~2 Handvoll)	● Stärke-Beilage (~1 Handvoll)	● Eiweiß-Zulage (~1 Handvoll)	◊ Extra-Fett (~ 1 EL)	♥ Süßes (optional)
	Salat (mit Pistazien) Melanzani-Curry	(Kartoffeln im Curry) Chapati	Linsen	Salatöl/Pistazien Süßrahm/Kokosmilch	2 EL Chutney

Kasknödel-„Vitalvariante"

Das traditionelle Tiroler Bergbauern-Rezept schmeckt herrlich und ist auch bei Städtern und Touristen sehr beliebt. Allerdings ist das Gericht bei wenig körperlicher Anstrengung in Beruf/Sport als eher gehaltvoll bis schwer einzustufen. Daher ist die Kombination mit pikant-scharf-säuerlichem Gemüse/Salat ein gesundheitliches und kulinarisches „Muss". Klassisch gibt es dazu viel Sauerkraut/Krautsalat. Ein scharfwürziger Rohkost-Smoothie wäre eine zusätzliche Möglichkeit der Aufwertung. Die Nachspeise entfällt, denn sonst droht das Phänomen „Fressnarkose".

Rezept für 3–4 Personen (8 Knödel):
2 kleine Zwiebeln • 1 TL Öl • 250 g Knödelbrot • 60 g Mehl • 2 Handvoll gewürfelter/grob geriebener Bergkäse/Tilsiter • 2 Eier • 180-200 ml Milch • Kräutersalz • Schnittlauch • Pfeffer • zerlassene Butter zum Servieren | *Beilage:* Sauerkraut oder Krautsalat (→ Rezepte, S. 63, 64)

Zubereitung:
Gehackte Zwiebeln in Öl anschwitzen, zum Knödelbrot-Mehl-Gemisch geben und mit den gewürfelten Käsestückchen locker vermengen.

Eier und Milch versprudeln, mit Kräutersalz, klein geschnittenem Schnittlauch und Pfeffer würzen. Die Knödelbrotmasse mit der Flüssigkeit übergießen und diese mit einem Kochlöffel langsam einrühren. Den Teig mit den Händen ein paar Mal durchkneten, etwas niederdrücken und eine halbe Stunde (oder auch viel länger, wenn Sie die Knödelmasse z. B. morgens/abends vorbereiten wollen) abgedeckt durchziehen lassen.

Mittelgroße Knödel formen und diese im Schnellkochtopf 6–7 Minuten, im herkömmlichen Dampfeinsatz etwa 20 Minuten oder schwimmend in köchelndem Salzwasser etwa 15 Minuten garen.

Mit zerlassener Butter und mit viel Sauerkraut/Krautsalat servieren.

NÄHRSTOFF-INFO

KASKNÖDEL-VITAL VARIANTE
Das klassische Holzhackergericht ist energiereich und eher schwer, daher empfehle ich, pro Person nur maximal 2 Knödel mit einer großen Portion scharf-säuerlichem Gemüse oder Smoothie dazu zu genießen. Durch diese gesunde Umrahmung entsteht ein Vital-Genießer-Gericht, denn es verbessert sich die Verdaulichkeit, Ballaststoff-, Mikronährstoff- und Kalorienbilanz. Hierzu tragen insbesondere immunstärkende Scharfstoffe/Glucosinolate, Milchsäurebakterien, Vitamin C und Vitamin B12 aus dem Sauerkraut sowie die Krautballaststoffe als regelrechte „Kalorienfresser" bei, da Kraut weniger Energie liefert, als zu seiner Verdauung benötigt wird.

VARIANTEN

▷ **Krautsalatvariante (Eiweiß-Plus):** Kraut-Mungosprossen-Salat (→ Rezept, S. 140)
▷ **scharfe Salate (statt Kraut):** Rettich, Kren, Wasserrüben, Kresse, Radieschen, Pak-Choi, Rucola

Vital-Teller-Menü/Person:	Gemüse (~2 Handvoll)	Stärke-Beilage (~1 Handvoll)	Eiweiß-Zulage (~1 Handvoll)	Extra-Fett (~ 1 EL)	Süßes (optional)
	Kresse-Smoothie Krautsalat/Sauerkraut	(Kas-)Knödel	(im Knödel: Käse, Ei und Milch)	Butter/Salatöl	–

Kartoffel-Gemüse-Gröstl

Mit Kartoffelresten vom Vortag ist dieses Gröstl schnell zubereitet und eignet sich sowohl als Hauptgericht als auch als „gemüsige" Kartoffelbeilage. Im Grunde sollte das Gericht „Gedünstel" heißen, da ich sehr empfehle, es möglichst sanft zu garen. Dadurch fehlt zwar die knusprige Note, aber das Gemüse bleibt knackiger, aroma- und mikronährstoffreicher.

Rezept für 2 Personen:

4–6 mittlere Kartoffeln • 2–4 Karotten • etwas Rapsöl • 1 Stange Lauch • Kräutersalz • Pfeffer • Sauerrahm-Dip oder Eiweiß-Zulage nach Wahl • frische Kräuter | Rohkostbeilage

Zubereitung:

Kartoffelreste vom Vortag verwerten oder Kartoffeln mit Schale in kochendes Wasser geben, garen, kurz abschrecken, noch heiß schälen und beiseitestellen.

Geschälte Karotten längs halbieren oder sogar vierteln, in schmale Scheiben schneiden, in Öl anschwitzen, mit wenig Wasser aufgießen und zugedeckt ein paar Minuten dünsten.

Währenddessen Lauch an der dunkelgrünen Seite längs vierteln und quer in Stückchen schneiden und diese dunklen (oft erdigen Teile) waschen. Der saubere Rest kann ungewaschen geschnitten werden.

Lauch in einer großen Pfanne kurz anschwitzen, die Karotten und die klein geschnittenen Kartoffeln dazugeben – alles mit ein wenig Rapsöl beträufeln, ein paar Minuten „durchrösten" (besser nur „dünsteln") und mit Kräutersalz und Pfeffer abschmecken.

Mit Sauerrahm-Dip und frischen Kräutern bestreut servieren.

NÄHRSTOFF-INFO

KARTOFFEL-GEMÜSE-GRÖSTL

Kartoffeln liefern neben Stärke, Eiweiß und Mineralstoffen wie Kalium, Magnesium und Eisen auch eine schöne Menge an Vitamin C – je schonender gegart, umso mehr. Da alle Gemüse kalorienarme Ballaststoff- und Vitalstoff-Lieferanten sind, wird das Gröstl zugleich aufgewertet und „gestreckt" und damit auch der (pur) eher hohe glycämische Index der Kartoffeln ausgeglichen. Das Gericht ist allerdings eher eiweißarm, daher empfiehlt sich eine Eiweiß-Zulage in Form von Sauerrahm-Dip, Hülsenfrüchten, Ei, Fleisch, Fisch, Mozzarella, Schafskäse, Tofu oder eine Topfencreme als Nachspeise (→ Rezept, S. 186).

VARIANTEN

▷ **Gemüse-Hülsenfrüchte-Gröstl:** mit grünen Bohnen, Erbsen oder Linsen (z. B. mediterrane Linsen → Rezept bei Hülsenfrüchten, S. 104)

▷ **Gemüse-Omega-3-Gröstl:** Mit Leinöl, Hanfsamen oder gehackten Walnüssen abrunden.

▷ **Gemüse-Fisch-/Fleisch-Gröstl:** Kleine gegarte Stücke unterheben (z. B. Lachs, Tafelspitz).

▷ **Gemüsegröstl mit Ei:** Spiegelei oder darübergeschlagenes Ei

▷ **Gemüsegröstl mit Käse:** Schafskäsewürfel für 1–2 Minuten am Gemüse oben aufliegend mitgaren; Mozzarella-/Gorgonzolastückchen kurz vor dem Servieren unterheben.

▷ **Gemüse-Tofu-Gröstl:** Gut gewürzte Tofuwürfel anbraten und unterheben.

	Gemüse	Stärke-Beilage	Eiweiß-Zulage	Extra-Fett	Süßes
	●●	●	●	◗	❤
	Gemüse (~2 Handvoll)	**Stärke-Beilage** (~1 Handvoll)	**Eiweiß-Zulage** (~1 Handvoll)	**Extra-Fett** (~ 1 EL)	**Süßes** (optional)
Vital-Teller-Menü/Person:	Sprossen/Salat/Smoothie Gemüse-Gröstl	Kartoffel (im Gröstl)	Sauerrahm-Dip/Tofuwürfel (Topfencreme als Dessert)	Olivenöl im Salat/ Bratfett	1 Handvoll Topfencreme (statt Dip)

Krautfleckerl

Diese traditionelle, an sich gesunde und ballaststoffreiche Hausmanns-kost ist arm an Eiweiß. Genießen Sie daher zur vollwertigen Abrundung und besseren Sättigung beispielsweise eine Topfen-/Joghurt-Früchte-Creme als Dessert, mischen Sie Schafskäse unter die Fleckerln oder gönnen sich vorher eine kleine Mozzarella-Vorspeise mit Kräutersalz und Olivenöl.

Rezept für 4 Personen:
Süßkraut (große Menge; Reste gut verwendbar, z. B. als Brot-Beilage):
1 kleiner Kopf Weißkraut • 2 Zwiebeln • 2 EL Rapsöl • 1–2 TL Zucker
• 1 TL Kümmel • Salz und Pfeffer • 1/8 l Wasser • 500 g Vollkorn-Fleckerl-/Mascherlnudeln • gehackte Kräuter | Rohkostbeilage/-vor-speise

Zubereitung:
Süßkraut-Zubereitung: Äußere Blätter des Krautkopfs entfernen, Kopf vierteln, am Strunk halten, fein hobeln oder Strunk herausschneiden, feinnudelig schneiden und ein paar Mal quer dazu wiegen.

Zwiebeln in Öl anschwitzen, 1–2 TL Zucker und Kümmel dazu-geben, kurz mitschwitzen, Kraut dazugeben, salzen, pfeffern und mit wenig Wasser 20–30 Minuten zugedeckt auf kleiner Flamme weich dünsten und währenddessen die Nudeln kochen.

Mit gekochten Mascherl-Nudeln vermischen – mehr Kraut als Nudeln – und anstelle von den klassischen (ungesunden) gerösteten Speckwürfeln empfehle ich gehackte Kräuter als „Tüpfchen auf dem i".

Vital-Teller-Menü/Person:	🟢🟢 Gemüse (~2 Handvoll)	🔴 Stärke-Beilage (~1 Handvoll)	🟤 Eiweiß-Zulage (~1 Handvoll)	🟠 Extra-Fett (~1 EL)	💗 Süßes (optional)
	Sprossen/Salat/Smoothie Kraut(fleckerl)	*Vollkorn-Fleckerlnudeln*	*Mozzarella/Schafskäse (oder Topfen-Dessert)*	*Kochfett*	*1 Handvoll Topfencreme (statt Vorspeise)*

Kürbis-(Kartoffel-)Gulasch

Das knallorange Gericht bringt Licht und Freude in dunkle Herbsttage und lässt sich auf Vorrat bestens einfrieren. Das Rezept ist ein Mitbringsel aus einem beliebten Wirtshaus in Krems und wurde von mir (zeit- und kaloriensparend) adaptiert. Anstelle einer deftigen und aufwändigen Schupfnudel-Beilage koche ich die Kartoffeln gleich in der Kürbissauce mit oder ich reiche Rosmarin-Kartoffeln dazu. Dieses milde, kindertaugliche Gulaschgericht benötigt neben dem scharf-belebenden Thymian-Kick zum Ausgleich auch einen eher scharf-pikanten Salat wie Rucola, Kresse oder Rettich. Für die Eiweißbilanz sorgen mitgegarte Tofuwürfel, eine Vorspeise oder ein Dessert.

Rezept für 6 Personen:
1 mittlerer entkernter Hokkaidokürbis (etwa 800 g) • evtl. 6 große Kartoffeln • 1 große Zwiebel • 1 EL Öl • 2 EL Paprikapulver • 1 EL weißer Balsamico-Essig • 300 ml Wasser • 1 TL Gemüsewürze • 1 TL Majoran • evtl. 2 Msp. Schwarzkümmelkörner • 1/2 TL Provence-Kräuter 4–6 frische Thymian-Zweigerl • Pfeffer • Salz • 1/8 l Süßrahm • 2 EL Hefepulver oder 1 TL Mehl/Maizena zum Binden • 2 EL Kürbiskerne zum Garnieren | scharfe Salatbeilage

Zubereitung:
Gründlich gewaschenen Hokkaidokürbis mit Schale in etwa 2 cm große „Würfel" schneiden, geschälte Kartoffeln ebenso würfelig schneiden.

Gehackte Zwiebel in einem großen Topf in Öl anschwitzen, Paprikapulver einmal aufschäumen lassen und mit Essig ablöschen. Wasser, Kürbis-Kartoffel-Würfel und Gewürze mit einem Teil des abgerebelten Thymians zugeben. Zugedeckt im Saft etwa 15 Minuten weichdünsten.

Sauce abrunden mit Süßrahm, der zuvor mit Mehl/Maizena/Hefepulver versprudelt wurde. Mit Kürbiskernen und extra Thymianzweigerl servieren.

Nährstoff-Info → S. 240

▷ **Rosmarinkartoffel-Beilage:** Wenn im Gulasch keine Kartoffeln mitgekocht werden.
▷ **Karotten-Kartoffel-Gulasch:** Karotten anstelle von Kürbis verwenden.
▷ **Kalbfleisch-Kürbis-Gulasch:** Kürbisgulasch mit eiweißreicher Fleischeinlage „strecken".
▷ **Tofu-Kürbis-/Karotten-Gulasch:** Tofuwürfel als Eiweiß-Zulage in der Sauce mitgaren.
▷ **würzig „ayurvedisch" angehauchte Variante:** Gewürze in Öl leicht anschwitzen wie folgt: Zuerst die körnigen Gewürze: Kreuzkümmel, Koriander und Schwarzkümmel, dann die Zwiebelringe mitschwitzen und dann Pulvergewürze wie Kurkuma, Ingwer und Chili/Paprika einmal aufschäumen lassen, dann mit Wasser/Suppe ablöschen (ohne Essig) und Gemüse (Kartoffel) zugeben und weichdünsten. Zum Abrunden eventuell Linsen-Dal-Reste unterheben.

Vital-Teller-Menü/Person:	●● Gemüse (~2 Handvoll)	● Stärke-Beilage (~1 Handvoll)	● Eiweiß-Zulage (~1 Handvoll)	● Extra-Fett (~ 1 EL)	♥ Süßes (optional)
	scharfer Rohkost-Salat Kürbisgulasch	(Kartoffeln im Gulasch) Petersilienkartoffeln	Tofuwürfel im Gulasch (Joghurt-Dessert)	Salatöl/Kürbiskerne	1 Handvoll Joghurtcreme (statt Tofu)

143

Kürbis-Risotto

Dieses wunderschöne, farbenfrohe Gericht bringt Licht und Energie in dunkle Herbsttage. Am besten schmeckt dazu ein pfeffrig-scharfer Salat wie Rucola, Winterrettich oder Kresse oder auch ein pikanter Sprossenmix. Abgerundet wird das Gericht mit Schafskäsewürfeln oder einem eiweißreichen Dessert.

Rezept für 4 Personen:
1 EL Öl • 2 Zwiebeln • 1 Knoblauchzehe • 2 EL trockener Weißwein • 2 Tassen Vollkorn-Risotto-Reis • 4–6 Tassen kochendes Wasser • 1/2 EL Gemüsewürze • 1/2 Hokkaido-Kürbis • 1/8 l Süßrahm • evtl. 2 Pkg. Feta • Majoran • Pfeffer • Salz • 2 EL gehackte Kürbiskerne | scharfe Salatbeilage

Zubereitung:
Für den Risotto eine gehackte Zwiebel in Öl anschwitzen, mit Wein aufgießen, kurz eindampfen lassen, Reis zugeben und nach und nach mit kochender Gemüsesuppe (Wasser mit Gemüsewürze) aufgießen.

Kürbis waschen, entkernen und mit Schale würfelig schneiden. Die zweite gehackte Zwiebel anschwitzen, den zerdrückten Knoblauch kurz mitschwitzen, mit etwas Wasser aufgießen und Kürbisstücke darin 10–15 Minuten zugedeckt dünsten, bis sie knapp bissfest sind.

Die restliche Garzeit (etwa 2–3 Minuten) die vorgegarten Kürbisstücke mit Rahm im Risotto mitgaren, am Schluss gegebenenfalls die Fetawürfel vorsichtig unterheben, nur mehr kurz warmhalten, abschmecken/nachwürzen und mit gehackten Kürbiskernen servieren.

Vital-Teller-Menü/Person:	Gemüse (~2 Handvoll)	Stärke-Beilage (~1 Handvoll)	Eiweiß-Zulage (~1 Handvoll)	Extra-Fett (~ 1 EL)	Süßes (optional)
	Rucola-Salat/Smoothie Kürbis(risotto)	*(Reis im Risotto)*	*Schafskäse-Würfel im Risotto (oder Topfen-Dessert)*	*Salatöl/Kürbiskerne*	*(1 Handvoll Topfen-Creme)*

Lauch-Kräuter-Spatzln

Verschiedene Vital-Teller-Varianten (wie diese mit Lauch und Kräutern) können mit reichlich Gemüse und Kräutern aus diesem typisch-deftigen Tiroler Spatzl-Rezept entstehen: Schöner, pikanter, leichter, vitalstoffreicher und gesünder mit den Gemüsesorten ihrer Wahl. Die Scharfstoffe des Lauches harmonieren ideal und machen das eher schwere Gericht leichter verdaulich. Wenn Sie vorher und dazu Rohkost zu genießen macht eine gute Handvoll Spatzln pro Person sicher ausreichend satt und das Dessert kann entfallen.

Rezept für 4–5 Personen (1 Spatzlhobel voll):

2 Eier • 200 ml Milch • 300 g Mehl (mindestens 2/3 Vollkorn: Weizen, Dinkel oder Einkorn) • Kräutersalz • 3 EL frisch gehackte/ Tiefkühl-Kräuter • 2 Stangen Lauch • 200 g geriebener Spatzlkäse • Pfeffer • 2 Zwiebeln als Garnitur • 1 EL Öl-Buttergemisch für Zwiebelgarnitur | Rohkostbeilage/-vorspeise

Zubereitung:

Backrohr auf 180 °C vorheizen und Salzwasser für die Spatzln aufstellen, zum Kochen bringen. Währenddessen Eier und Milch versprudeln, mit dem Knethaken des Handmixers Mehl, Salz und Kräuter einarbeiten, Masse kurz ziehen lassen. Lauch grob säubern, den grünen (oft erdigen) Bereich in Längsrichtung vierteln, quer in kleine Quadrate schneiden und diese unter fließendem Wasser waschen. Restlichen Lauch ebenso klein schneiden, in einer beschichteten Pfanne anschwitzen, beiseiteschieben und mit Kräutersalz durchziehen lassen.

Teigmasse in einen Spatzlhobel füllen und über dem leicht kochenden Wasser „abhobeln". Nach etwa 3–4 Minuten die garen Spatzln abseihen und ganz kurz kalt abschrecken.

Spatzln in eine leicht geölte, feuerfeste (Glas-)Form abwechselnd mit Lauchstückchen, geriebenem Spatzlkäse und Pfeffer einschichten. Etwa 20 Minuten bei 180 °C überbacken, bis der Käse schön geschmolzen ist (schneller geht dies alles in der Pfanne → Variante).

Während die Spatzln im Rohr garen, die Dekorations-Zwiebeln in Ringe schneiden und vorsichtig in der Öl-Butter-Mischung goldgelb rösten. Nebenbei den Salat waschen und nach Geschmack marinieren.

NÄHRSTOFF-INFO

KRÄUTER-LAUCH-KASSPATZLN

Die in Zwiebeln und Lauch enthaltenen Scharfstoffe/Senföle sind gemeinsam mit Quercetin zellschützend, immunstimulierend und sogar gut für die Stimmung. Calcium aus dem Käse stärkt Knochen und Zähne. Durch all diese Zutaten und die Rohkost werden die stärkereichen Spatzln vollwertig abgerundet und sie sättigen ausgewogener, weil die Mikronährstoff-, Ballaststoff- und Kalorien-Bilanz stimmt.

VARIANTEN

▷ ⊕ **schnelle Extravital-Gemüse-Kasspatzln:** für Eilige und (besonders) Gesundheitsbewusste; ohne aufwändige Zwiebel-Deko mit 3 Stangen Lauch/6 gehobelten Karotten oder anderem feinnudelig geschnittenem Gemüse. Als Erstes Wasser aufstellen, Salat und Lauch/Gemüse waschen, Lauch/ Gemüse fein schneiden. Teig mixen und Spatzln ins kochende Wasser hobeln. Während die Spatzln 3–4 Minuten schwimmen, den Lauch in einer großen Pfanne in heißem Öl anschwitzen. Die abgeseihten, mit kaltem Wasser abgeschreckten Kräuter-Spatzln in die Pfanne dazugeben, geriebenen Spatzl-Käse untermengen und die Mischung unter gelegentlichem Rühren erwärmen, bis der Käse geschmolzen ist. Ab und zu ein bisschen Wasser oder einen Hauch Öl zugeben, dass die Masse nicht anbrennt. Währenddessen den Salat zurechtzupfen und marinieren. Spatzln vor dem Servieren mit frisch gehackten Kräutern der Wahl bestreuen. ⊕ Durch das kürzere Erhitzen bleiben wesentlich mehr Mikronährstoffe erhalten.

▷ **Spinatspatzln:** gehaltvolle Sportlervariante (→ S. 158)

Vital-Teller-Menü/Person:	Gemüse (~2 Handvoll)	Stärke-Beilage (~1 Handvoll)	Eiweiß-Zulage (~1 Handvoll)	Extra-Fett (~ 1 EL)	Süßes (optional)
	Sprossen/Salat/Smoothie Lauch od. Spinat(-Spatzln)	Spatzln	(Ei und Käse im Teig)	Salatöl/Ölsaaten	–

Römische Grieß-Schnitten

Dieses italienische Backblechgericht à la Christina braucht etwas Zeit. Die Grieß-Grundmasse lässt sich gut vorbereiten und kann mit Frischhaltefolie abgedeckt kühl gestellt werden. Abgerundet wird das Gericht mit Tomatensugo und grünem Salat. Weiß-rot-grün: Buon appetito!

Rezept für 4–5 Personen:
1 l Voll- oder Magermilch • 40 g Rapsöl • 1 TL Salz • 1 Msp. geriebener Muskat • 270 g Grieß (z. B. 170 g Weizenvollkorn, 100 g Maisgrieß) • 50 g Parmesan • 2 Eier • Pfeffer • 2 EL Parmesan zum Bestreuen • 1 EL flüssige Butter zum Beträufeln | *Beilagen:* Tomatensugo/Tomaten-Karottensugo (→ Rezepte unter Gemüsesaucen für Pasta, S. 90) | Rohkostbeilage/-vorspeise

Zubereitung:
Milch wärmen, Rapsöl, Salz, Pfeffer und Muskat dazugeben. Wenn die Milch kocht, den Grieß einrühren. Achtung: Die Masse blubbert eher „explosiv", daher kurz unter Rühren köcheln, wegstellen, Parmesan untermischen, ab und zu umrühren und die Masse gut überkühlen lassen.

Die Eier erst in die eher kühle Masse einrühren und diese auf einem gebutterten Backblech mit dem Teigschaber ausstreichen (⊕ besser geht's mit feuchten Händen). Mit Parmesan bestreuen, etwas geschmolzene Butter darüberträufeln und bei knapp 200 °C etwa 45–50 Minuten backen.

Etwa handtellergroße quadratische Schnitten schneiden und 2–3 Stück mit einem großen Schöpfer Tomatensugo servieren.

NÄHRSTOFF-INFO

GRIESS-SCHNITTEN
Grieß ist primär stärkereich, aber die Kombination zweier Grieß-Arten mit Ei und Milch liefert alle essenziellen Aminosäuren, also vollwertiges Eiweiß. Mit weißem Grieß werden die Schnitten zwar flockiger, aber Vollkorn sättigt nachhaltiger und enthält wesentlich mehr Mineralstoffe. Der hohe Milchanteil liefert zudem viel knochenstärkendes Calcium. Der Tomatensugo liefert besonders viel zellschützendes Lycopin (→ Rezept für Pasta-Gemüsesaucen, S. 90).

VARIANTEN

▷ **Polenta-Schnitten (glutenfrei):** Mit Maisgrieß zubereiten.
▷ **Gemüse-Ragout der Wahl:** mit vollreifen, frisch gehackten, kurz mit Zwiebel gegarten, gut gewürzten Tomaten, mit Fenchelgemüse, mit marinierten Melanzani-Tomaten oder mit Melanzani-Curry (→ Gemüserezepte, S. 60)
▷ **Pilz-Gericht der Wahl** (→ Rezept bei vegetarischen Hauptspeisen, ab S. 124)
▷ **Sojamilch-Grießschnitten:** bei Milchunverträglichkeit

Vital-Teller-Menü/Person:	Gemüse (~2 Handvoll)	Stärke-Beilage (~1 Handvoll)	Eiweiß-Zulage (~1 Handvoll)	Extra-Fett (~1 EL)	Süßes (optional)
	🟢🟢	🔴	🔴	💧	💗
	Sprossen/Salat/Smoothie Tomaten-Gemüse-Sugo	*Grieß-Scheiben*	*(Ei, Milch und Käse in den Grieß-Scheiben)*	*Olivenöl*	*1 Handvoll Obst*

Sellerie-Schnitzel mit Petersilienkartoffeln

Dieses eher arbeitsaufwändige, sättigende Wintergemüse-Gericht ist eine aromatisch-saftige Schnitzelvariante mit klassischer Panier, die ja bekanntermaßen durch das Herausbacken in der Pfanne eher fettreich und nicht so gesund ist. In dieser wohlschmeckenden Variation ist das „Schnitzel" deutlich leichter, vitalstoffreicher und bekömmlicher als mit Fleisch. Eine schöne Portion Wintersalat wie Endivien, Chinakohl oder Sauerkraut rundet das Gericht ab.

Rezept für 2–3 Personen:

6–8 mittlere Kartoffeln • 1 EL Butter • Petersilie • Salz • 1 Sellerie-knolle • ½ TL Salz • 4 EL Mehl • 2 Eier • 4 EL Brösel • 2–4 EL Öl zum Braten | *Dip:* 125 g Sauerrahm/fettes Joghurt • frische oder Tiefkühl-Kräuter, Kräutersalz | Rohkostbeilage

Zubereitung:

Saubere Kartoffeln mit Schale im Schnellkochtopf garen. Währenddessen die Zutaten für den Dip mischen und diesen abschmecken. Den Sellerie in fingerdicke Scheiben schneiden, den Salat waschen und trockenschütteln. In der Schale gegarte, abgeschreckte Kartoffeln heiß schälen, in etwas Butter warm halten und erst vor dem Servieren in gehackter Petersilie wälzen.

Selleriescheiben in Mehl, gesalzenem Ei und Bröseln wälzen und in einer beschichteten Pfanne in gerade so viel wie nötig und doch so wenig wie möglich Öl herausbacken (keinesfalls schwimmend!). Beidseitig mit Küchenkrepp abtupfen und auf einer mit Küchenkrepp belegten Platte im warmen Rohr zwischenlagern, falls nicht alle Scheiben in einer Pfanne Platz haben. **TIPP:** Zum Zeitsparen mit 2 Pfannen parallel arbeiten.

Während die Selleriescheiben backen, den Salat zerkleinern und marinieren.

VARIANTEN

▷ **Melanzani-Schnitzel**
▷ **Parasol-Schnitzel:** mit den frisch aufgeschirmten Hüten des Parasol-Pilzes

Vital-Teller-Menü/Person:	Gemüse (~2 Handvoll)	Stärke-Beilage (~1 Handvoll)	Eiweiß-Zulage (~1 Handvoll)	Extra-Fett (~ 1 EL)	Süßes (optional)
	●●	●	●	💧	💗
	Sprossen/Salat/Smoothie Sellerie-Schnitzel	*Kartoffel (und Paniermehl)*	*Sauerrahm-Dip*	*Olivenöl im Salat*	*1 Handvoll Obst*

Polenta-Kürbiskern-Nocken

Diese köstliche Maisgrieß-Nocken-Mischung ist tendenziell etwas „trockener" (als z. B. Weizengrieß-Nocken) und verlangt einen cremigen Dip, Rohkost und Gemüse zur Abrundung.

Rezept für 2–3 Personen:
180 g Polenta • 375 ml Gemüsesuppe (Wasser + 1 EL Gemüsewürze) • 1 TL Rapsöl • 2 mittlere Zwiebeln • 1–2 Knoblauchzehen • 4 EL gehackte Kürbiskerne • 2–3 EL geriebener Bergkäse • Kräutersalz • Pfeffer • 1 Ei | *Zum Servieren:* Pro Person je 1 EL zerlassene Butter • Etwas Parmesan, Pfeffer oder Kräuter | *Dip:* 125 g Sauerrahm • gehackte Kräuter und Kräutersalz nach Geschmack | Rohkostbeilage/-vorspeise

Zubereitung:
Kartoffelreste vom Vortag verwerten oder Kartoffeln mit Schale kochen, abschrecken, noch heiß schälen und beiseitestellen.

Geschälte Karotten längs halbieren oder sogar vierteln, in schmale Scheiben schneiden, in Öl anschwitzen, mit wenig Wasser aufgießen und zugedeckt ein paar Minuten dünsten.

Währenddessen Lauch an der dunkelgrünen Seite längs vierteln und quer in Stückchen schneiden und diese dunklen (oft erdigen Teile) waschen. Der saubere Rest kann ungewaschen geschnitten werden.

Lauch in einer großen Pfanne kurz anschwitzen, die Karotten und die klein geschnittenen Kartoffeln dazugeben – alles mit ein wenig Rapsöl beträufeln, ein paar Minuten „durchrösten" (besser nur „dünsteln") und mit Kräutersalz und Pfeffer abschmecken.

Mit Sauerrahm-Dip und frischen Kräutern bestreut servieren.

Vital-Teller-Menü/Person:	●● Gemüse (~2 Handvoll)	● Stärke-Beilage (~1 Handvoll)	● Eiweiß-Zulage (~1 Handvoll)	💧 Extra-Fett (~1 EL)	♥ Süßes (optional)
	Salat/Sprossen/Smoothie Zucchinigemüse	Polenta-Nocken	(Nockenteig: Ei und Käse)	Butter/Salatöl	–

Polenta-Pilz-/Gemüse-Varianten mit Pfiff

Diese italienisch angehauchten glutenfreien Gerichte sind sehr einfach zuzubereiten, bieten viele Variationsmöglichkeiten und schmecken köstlich. Hier finden Sie meine Polenta-Lieblingsvariante – etwas gehaltvoller als die klassische „Nur mit Wasser"-Zubereitung. Gönnen Sie sich dazu eine knackige Salatbeilage oder einen Green Smoothie als Aperitif.

Rezept für 4 Personen:

1 l Flüssigkeit (Milch/Wasser 1:1 oder 1:2) • 1 TL Salz • 250 g Maisgrieß • 1 Prise Muskatnuss • 1 Handvoll würziger geriebener Hartkäse • 4 EL gehackte Kürbiskerne • Kräutersalz zum Abschmecken | *Beilagen:* Pilzgericht (→ Zubereitung S. 151) • 1–2 Zwiebeln • etwas Rapsöl • 250–400 g Champignons/Steinpilze/Eierschwammerl | Rohkostbeilage

Zubereitung:

Wasser-Milchgemisch mit 1 TL Salz aufkochen. Grieß einrühren, unter Rühren 1–2 Minuten köcheln und dann vom Herd nehmen. 1 Prise Muskatnuss und geriebenen Käse untermengen und zugedeckt neben dem Herd etwa 30 Minuten quellen lassen.

Währenddessen die Champignons in Ruhe zubereiten (→ Pilzgericht, S. 151). Die Kürbiskerne und das Kräutersalz (abschmecken) werden erst vor dem Servieren unter die Polenta gerührt.

NÄHRSTOFF-INFO

POLENTA UND MAIS

Das Eiweiß im Mais ist glutenfrei und daher für Menschen mit Gluten-Unverträglichkeiten geeignet. Im hohen Kohlenhydrat-Anteil von frischem (süß schmeckendem) Mais sind auch relativ viele freie Zucker (mit Fructose) enthalten, bei längerer Lagerung, z. B. auch im Maisgrieß, wird der Stärkeanteil höher. Mais ist reich an Mineralstoffen wie Eisen, Kalium, Kalzium und Zink, aber auch an Betacarotin, knallgelbem Zeaxanthin und B-Vitaminen. Allerdings enthält Mais kein Vitamin B3 und kein Tryptophan, daher kann in Ländern, wo Mais als tägliches Hauptnahrungsmittel dient, die Vitamin-B3-Mangelerkrankung Pellagra verursacht werden.

VARIANTEN

▷ **Polenta mit Blattspinat und Gorgonzola:** Aufgetauten Blattspinat mit angeschwitzter Zwiebel, Knoblauch, Salz, Pfeffer und Muskat würzen, Gorgonzola/Cambozola am warmen Blattspinat ein paar Minuten mitwärmen.

▷ **Polenta mit Blattspinat, Schafskäse und Pignoli:** Schafskäse am warmen Blattspinat ein paar Minuten mitwärmen, mit Pignoli bestreuen.

▷ **Polenta mit Lauch-Sojasprossen-Gemüse:** Frisch gekeimte Mungsprossen unter das warme Lauchgemüse mischen.

▷ **Polenta mit Tomatensugo:** analog zu den „Römischen Grieß-Schnitten" (→ Rezept, S. 146)

▷ **Polenta pur:** Mit Wasser gekocht, weniger nahrhaft, passt daher gut als Beilage zu Fleisch.

▷ **Polenta mit geröstetem Tofu** (→ Eiweißgerichte, S. 98) oder griechischem Bratkäse

Vital-Teller-Menü/Person:	Gemüse (~2 Handvoll)	Stärke-Beilage (~1 Handvoll)	Eiweiß-Zulage (~1 Handvoll)	Extra-Fett (~ 1 EL)	Süßes (optional)
	●●	●	●	●	♥
	Sprossen/Salat/Smoothie	*Polenta*	*(Milch in der Polenta) Pilze/Bohnen/Soja/Fleisch*	*Olivenöl im Salat/ Kürbiskerne*	*1 Handvoll Obst*

NÄHRSTOFF-INFO

KULTUR-SPEISEPILZE

Die geschmacklichen Favoriten unter den Zuchtpilzen sind Kultur-Champignons, Austernpilze, Egerlinge, Kräuterseitlinge, Enoki, Judasohren und Shiitake. Pilze sind kalorien- und purinarm und liefern reichlich Mineralstoffe (insbesondere Kalium, Eisen, Kupfer, Selen und Zink), B-Vitamine, antioxidative Polyphenole, Immunaktivatoren und Ballaststoffe. Durch den hohen Eiweißgehalt werden Pilze/Wildpilze oft als „Fleisch des Waldes" bezeichnet, allerdings ist das Pilzeiweiß in Kombination mit den vielen unlöslichen Ballaststoffen wie Chitin eher schwer verdaulich. Erwähnenswert ist im Pilzeiweiß noch eine schwefelige Aminosäure, das stark antioxidative und entzündungshemmende Ergothionein, welches weitgehend temperaturstabil ist. Leider können Wildpilze je nach Standort fallweise mit Schwermetallen und Spuren von radioaktivem Cäsium belastet sein. Darüber hinaus besteht eine nicht unbeträchtliche Verwechslungsgefahr mit Giftpilzen – insbesondere beim Waldchampignon.

VARIANTEN

▷ **Pilz-Ei-Nudeln (Eiweiß-Plus):** Ei über das Pilzgericht schlagen und noch einmal aufkochen.

▷ **Bio-Zuchtpilze:** Champignons, Kräuterseitlinge, Shiitake-Pilze

▷ **Wildpilz-Rahmnudeln:** mit angeschwitzter Zwiebel, Eierschwammerl/Pfifferlingen oder Steinpilzen (soferne Sie diese eindeutig kennen), verfeinert mit Süßrahm und Petersilie

▷ **Risotto mit Pilzen der Wahl:** Pilzgericht unters „leere" Risotto mischen (→ Rezept, S. 154).

▷ **Semmelknödel (gekocht/geröstet) mit Pilzen:** Verlangt viel Rahmsauce und ist in Summe eher schwer und gehaltvoll. ⊖ Nicht bei Übergewicht!

▷ **Kartoffelgröstl mit Pilzen**

Pilzgericht und Pilz-Pappardelle

„Das Gesündeste an den Pilzen ist das Suchen", besagt ein bekannter Pilzsammler-Spruch. Da stecken einige Wahrheiten dahinter, denn unser ganzes Essen wäre – allein schon wegen der gesunden Wanderbewegung und der Kalorienbilanz – gesünder, wenn wir es vorher selber jagen und sammeln würden. Darüber hinaus sind die meisten Pilze eher schwer verdaulich. Bei Wildpilzen kommt das Risiko der Verwechslung dazu sowie fallweise standortabhängige Belastungen durch radioaktives Cäsium oder Schwermetalle. Dennoch ist das köstliche (Wild-)Pilzaroma ab und zu ein großer – für mich fast unverzichtbarer – Genuss. Dazu bietet sich eine köstliche, gesunde und sichere Variante in Form von einheimischen Bio-Zuchtpilzen an.

Rezept für 2 Personen:
1 mittelgroße Zwiebel • 1 TL Rapsöl • 250 g Bio-Champignons/Pilze der Wahl • Pfeffer • 2 EL gehackte Petersilie • 1 TL kaltgepresstes Olivenöl • Salz | *Beilagen:* 250 g „al dente" gekochte Pappardelle (Bandnudeln), Polenta, Brot oder Reis | Rohkostbeilage

Zubereitung:
In einer beschichteten Pfanne die gehackten Zwiebelstücke in Öl anschwitzen.

Währenddessen die Pilze säubern und gegebenenfalls feinblättrig schneiden, dazugeben und kurz mitschwitzen. Mit ein wenig Wasser aufgießen und etwa 3 Minuten dünsten.

Mit viel Pfeffer würzen, die gehackte Petersilie und das kaltgepresste Olivenöl unterrühren und erst am Schluss zum Abrunden mit Salz abschmecken. (Bei Eierschwammerln oder Steinpilzen die Sauce anstelle von Olivenöl mit Süßrahm verfeinern.)

Pilze und Nudeln in der Pfanne vermengen, noch einmal abschmecken.

Vital-Teller-Menü/Person:	🟢🟢 Gemüse (~2 Handvoll)	🔴 Stärke-Beilage (~1 Handvoll)	🟠 Eiweiß-Zulage (~1 Handvoll)	🟡 Extra-Fett (~ 1 EL)	💗 Süßes (optional)
	Sprossen/Salat/Smoothie Pilzgericht	*Nudeln/Reis/Brot*	*in den Pilzen, evtl. Ei darüber (Topfen-/Joghurt-Dessert)*	*Olivenöl im Salat/ Butter*	*1 Handvoll Topfen-/ Joghurtcreme*

Risotto mit Rohnen/
Think-pink-Risotto

Diese rosarote Farbenpracht ist etwas ungewohnt bis schräg, aber außergewöhnlich. Rohnenfans sollten das Gericht unbedingt einmal probieren. Mit fertig gekochten Bio-Rohnen und (ausnahmsweise) weißem Risottoreis ist das Essen ultraschnell gekocht. Als Eiweiß-Zulage bietet sich Mozzarella oder Schafskäse an, die beide herrlich mit dem Risotto harmonieren. → vegane Varianten

Rezept für 2 Personen:

1 große Zwiebel • 1 TL Öl • 2 Fl trockener Weißwein • 1 Tasse weißer Risottoreis • 2–3 Tassen kochendes Wasser • 1 TL Gemüsewürze • 1 große rote Rübe (gekocht) • Zitronenpfeffer • Salz • 1/16 l Süßrahm oder Schafskäse-/Mozzarella-Einlage • Parmesan oder Kren zum Bestreuen | scharfe Salatbeilage (Rucola, Kresse, Rettich ...)

Zubereitung:

Gehackte Zwiebel in heißem Öl anschwitzen und mit Weißwein ablöschen. Nach dem Verdunsten des Alkohols den Reis dazugeben, nach und nach kochende Gemüsesuppe (Wasser mit Gemüsewürze) dazugießen und einkochen lassen.

Kurz bevor der Reis „al dente" ist, die kleinwürfelig geschnittenen gekochten Rohnen unterheben, pfeffern, salzen und mit Rahm oder dem gewürfelten Schafskäse/Mozzarella abrunden. Mit Parmesan oder Kren bestreut servieren.

VARIANTE

▷ **vegane Eiweiß-Zulage:** Sojasprossen, schwarze Linsen, gewürzte Tofuwürfel (→ Rezept, S. 98)

Vital-Teller-Menü/Person:	●● Gemüse (~2 Handvoll)	● Stärke-Beilage (~1 Handvoll)	● Eiweiß-Zulage (~1 Handvoll)	◖ Extra-Fett (~ 1 EL)	♥ Süßes (optional)
	Rucola-Salat Rohnen(-risotto)	(Reis im Risotto)	Schafskäse/Mozzarella/Tofu (Stückchen im Risotto)	Salatöl/Hanfnüsse	1 Handvoll Obst

Risotto mit Frühlings-zwiebel-Spinatmix

Ein herrliches Frühlingsgericht, sobald es den ersten jungen Spinat und junge Zwiebeln gibt. Ausgewogen wird das Risotto mit einem Sprossen-Blatt-Salat und einem Eiweiß-Baustein, darunter harmonieren besonders die „mediterranen Linsen" (→ Rezept, S. 104), vielleicht ein Rest vom Vortag.

Rezept für 2 Personen:

1 TL Rapsöl • 1 Schalotte • 1 Tasse Vollkorn-Risottoreis • 1 Schuss Weißwein • 2–3 Tassen Gemüsesuppe (kochendes Wasser mit Gemüsewürze) | *Spinat:* 500 g frischer Blattspinat • 1 KL Rapsöl • 1 Bund Frühlingszwiebeln • evtl. 1 Knoblauchzehe • Muskat • Pfeffer • Kräutersalz • 2 EL Süßrahm oder 1 EL Öl der Wahl | Zum Abrunden: 2 EL Parmesan • 200 g Mozzarella, Schafskäse oder Panir • etc. als Vorspeise oder zum Bestreuen des Risottos • 1 TL Pinienkerne zum Bestreuen | Rohkostbeilage

Zubereitung:

Für das Risotto die gehackte Schalotte in Öl anschwitzen, Reis kurz anglasen, mit Wein ablöschen und mit kochender Gemüsesuppe schrittweise aufgießen und die Flüssigkeit jeweils einköcheln lassen.

Währenddessen Blattspinat versäubern, in kochendem Wasser zusammenfallen lassen, abseihen und abschrecken. Parallel dazu gehackte Frühlingszwiebeln in Öl anschwitzen, (evtl. zerdrückten Knoblauch kurz mitschwitzen), abgeschütteten Spinat kleiner schneiden, zu den Zwiebeln dazugeben, würzen, mit Rahm abrunden und beiseitestellen.

Wenn der Reis fast schon bissfest ist, Spinatmischung unterheben und noch 1–2 Minuten mitgaren lassen. Eventuell noch mit ein wenig Süßrahm oder 1 EL Öl verfeinern und mit Parmesan (und eventuell Mozzarella) und Pinienkernen bestreut servieren.

	Gemüse (~2 Handvoll)	Stärke-Beilage (~1 Handvoll)	Eiweiß-Zulage (~1 Handvoll)	Extra-Fett (~ 1 EL)	Süßes (optional)
Vital-Teller-Menü/Person:	Sprossen/Salat/Smoothie Spinat-Zwiebel-Risotto	Vollkorn-Risottoreis	Mozzarella/Tofu/Fleisch/ Linsengericht/Fisch	Süßrahm/Öl 1 TL Pinienkerne	1 Handvoll Obst

Risotto mit Pfifferlingen

Mit gelbem Hut, angenehmem Geruch und leicht pfeffrigem Geschmack ist der Pfifferling bei Pilz-Sammlern und -Essern sehr beliebt. Nach einem Fund im Wald ist Reis jeder Art (neben Nudeln) eine praktische und neutrale Beilage, um das Aroma der edlen Schwammerln gut zur Wirkung zu bringen. Ein frischer Salat oder Green Smoothie und eine eiweißreiche Nachspeise runden das Essen ausgewogen ab.

Rezept für 2 Personen:
1 Tasse Wildreis/Risottoreis • 2–3 Tassen kochendes Wasser • 2–3 Handvoll Pfifferlinge • 1 mittlere Zwiebel • 1 TL Öl • 2 EL Weißwein • Pfeffer • Salz • evtl. Pilzpulver • 4 EL gehackte Petersilie • evtl. 2 EL Süßrahm | Rohkostbeilage

Zubereitung:
Wildreis oder Vollkorn-Risottoreis nach Packungsangabe (oder wie in den vorigen Rezepten) zubereiten.

Währenddessen die Schwammerln putzen und waschen, die gehackte Zwiebel in Öl anschwitzen und mit Weißwein ablöschen. Nach dem Verdunsten des Alkohols die Schwammerln dazugeben, pfeffern und ein paar Minuten dünsten.

Erst am Schluss salzen, eventuell mit Pilzpulver nachwürzen und mit viel gehackter Petersilie (und Rahm) abrunden und mit dem fertigen Reis vermengen.

NÄHRSTOFF-INFO

PFIFFERLINGE/EIERSCHWAMMERLN
Die dottergelben Schwammerln sind wie alle Pilze kalorien- und purinarm sowie reich an Eiweiß, Ballaststoffen, sekundären Pflanzenstoffen, Vitaminen und Mineralstoffen, wobei Pfifferlinge insbesondere mit Betacarotin, Kalium und Eisen punkten. Sie gelten zu Recht als eher schwer verdaulich, die Zwiebel ist daher mit ihren Scharfstoffen die perfekte Unterstützung. Sonstige Infos zu Speise-Pilzen → Pilzgericht-Rezept, S. 151.

Vital-Teller-Menü/Person:

●● Gemüse (~2 Handvoll)	● Stärke-Beilage (~1 Handvoll)	● Eiweiß-Zulage (~1 Handvoll)	● Extra-Fett (~ 1 EL)	♥ Süßes (optional)
Sprossen/Salat/Smoothie Pfifferlinge (im Risotto)	Vollkorn-Risottoreis	– (als Dessert)	Süßrahm/Öl 1 TL Pinienkerne	Topfencreme

154

NÄHRSTOFF-INFO

CRESPELLE AVERAU
Diese eher gehaltvolle, eiweißreiche Palatschinkenvariante eignet sich für normalgewichtige Menschen bei großem Hunger. Die Mozzarella-Inhaltsstoffe finden Sie bei den eiweißreichen Snacks. Saftige Zwiebeln und frische Kräuter reichern die Füllung mit Mineralstoffen, Vitaminen und sekundären Pflanzenstoffen wie Quercetin, Scharfstoffen/Senfölen und aromatischen ätherischen Ölen an. Für die Rohkost- und Vitaminbilanz darf eine große Portion Salat nicht fehlen.

VARIANTEN

▷ **Frischkräuter-Varianten:** Schnittlauch, Petersilie, Kerbel, Giersch, Breitwegerich etc.
▷ **Tiefkühl-Kräuter:** italienische Kräuter, Acht-Kräuter-Mischung etc.
▷ **Caprese-Füllung:** fein gehackte Mozzarella-Tomaten-Basilikum-Mischung; wahlweise mit frischen oder getrockneten Tomaten
▷ **Mozzarella-Spinat-Füllung:** → Rezept für Spinatpalatschinken, S. 156

Crespelle Averau

Dieses Palatschinken-Rezept ist die näherungsweise Nachempfindung einer herrlichen Kreation aus einem Schipisten-Rifugio in der Nähe von Cortina d'Ampezzo. Dazu gehört eine große Portion pikanter Salat wie Rucola oder Kresse und davor eine kleine Minestrone oder Gemüse-Antipasto.

Rezept für 3 Personen (6–8 Palatschinken):
2 Eier • 500 ml Milch/Sojamilch • 1 Msp. Salz • 220 g Dinkelmehl (2/3 Vollkorn) • 2 Zwiebeln • etwas Öl • 300 g Mozzarella • 3 Handvoll Basilikumblätter • Kräutersalz/Salz • Pfeffer • 1 EL Olivenöl/Petersilien-Würzpaste/Pesto | Beilagen: Gemüse(suppe) und Rohkost

Zubereitung:
Für den Teig Eier und Milch versprudeln, salzen und frisch gemahlenes Mehl einrühren. Die Masse kann im Kühlschrank eine Weile durchziehen – kein Muss.

Zwiebeln hacken und in etwas Öl anschwitzen. Den Mozzarella fein wiegen, mit den gehackten Zwiebeln, Kräutern und Öl (oder Basilikum-Pesto oder Petersilien-Würzpaste) vermengen.

Die Palatschinken in einer beschichteten Pfanne vergolden und mit je 2–3 EL Mozzarella-Masse füllen, im Rohr bei etwa 100 °C warm stellen.

	Gemüse (~2 Handvoll)	Stärke-Beilage (~1 Handvoll)	Eiweiß-Zulage (~1 Handvoll)	Extra-Fett (~1 EL)	Süßes (optional)
Vital-Teller-Menü/Person:	Salat: Rucola/Kresse/Radi Minestrone, Zwiebel	Palatschinken (Mehl)	Palatschinken, Mozzarella (Ei und Milch)	Salatöl, Öl in Füllung	1 Handvoll Obst

Spinat-Palatschinken

Für diese Spinatliebhaber-Lieblingsspeise können Sie den Palatschinkenteig bis zu 2 Stunden früher mixen und kühl aufbewahren. Für Vollkorn-Einsteiger empfehle ich Vollkorn-Weißmehl 1:1 zu mischen. Die etwas dunklere Optik fällt niemandem auf, wenn Sie die Palatschinken nur zart „vergolden" (gesünder: → S. 31). Sie können sowohl passierten Spinat als auch Blatt- oder Brennnesselspinat als Füllung verwenden und sogar noch zusätzlichen Spinat als Gemüse-Beilage dazureichen. Ein knackiger Salat und etwas Obst ergänzt die Mahlzeit rohköstlich.

Rezept für 3 Personen (6–8 Palatschinken):

450 g frischer junger Spinat (oder Tiefkühlware) • 1 Zwiebel (falls Blattspinat) • etwas Öl • 1 TL Mehl • 2 EL Süßrahm • 1 Msp. Muskat Kräutersalz • 500 ml Milch/Sojamilch • 3 Eier • 220 g Mehl (mindestens 2/3 Vollkorn, am besten frisch gemahlen) • 1 Msp. Salz • Pfeffer • 6 EL frisch geriebener Parmesan | Rohkostbeilage

Zubereitung:

Für den Teig Milch und Eier versprudeln, Mehl hineinrühren, salzen.

Die Palatschinken in einer beschichteten, mit einem Hauch Öl befetteten Pfanne auf mittlerer Stufe beidseitig zart vergolden, auf einer Platte im 50 °C warmen Rohr warmhalten, während die anderen – und nebenher der Spinat – zubereitet werden.

Für die Spinatfüllung können Sie auch Tiefkühlspinat verwenden, indem Sie den Spinat schonend auftauen (entweder im Kühlschrank über Nacht oder durch sanftes, zügiges Wärmen in ein wenig Milch) und diesen dann mit ein wenig Mehl und Süßrahm unter einmaligem Aufwallen binden und kräftig würzen. Falls Sie frischen Spinat verwenden, die gut gewaschenen Blattspinat- oder Brennnessel-Blätter ganz kurz in kochendem Wasser blanchieren und abseihen. Dann die Blätter gegebenenfalls etwas zerkleinern und mit vorher in Öl angeschwitztem, gehacktem Zwiebel kurz dünsten und gut würzen. Ganz junger Spinat kann klein gewiegt auch roh verwendet werden.

Jede Palatschinke mit je 2–3 EL gut gewürztem (noch warmen) Spinat füllen. Mit Pfeffer und Parmesan bestreuen, eventuell übrigen Spinat dazureichen und mit großer Salatbeilage servieren.

SPINAT-PALATSCHINKEN & SPINAT
Spinatpalatschinken sind durch die gesunde Füllung (und die große Salatbeilage) vergleichsweise kalorienarm. Deshalb ist zur anhaltenden Sättigung auch ein Ei mehr im Teig dabei als bei den Crespelle. Spinat-Quiche, -Spatzln und -Knödel sind deutlich gehaltvoller, insbesondere durch Brot/Mehl, Käse, Sauerrahm, Süßrahm und Butter. Schonend gegarter Spinat ist mild und zart im Geschmack, meist gut verträglich und gesund. Er liefert reichlich Ballaststoffe und Mikronährstoffe wie Vitamin A, B1, B2, C, Folate, Chlorophyll, Eisen, Magnesium, Kalium, Calcium, Betacarotin und Lutein. Zudem können die leicht anabolen Pflanzenhormone/ Phytoecdysteroide des Spinates in großen Mengen (1 kg/Tag) tatsächlich die Muskelkraft stärken. ⊖ Wegen des Nitratgehaltes sollte man aber nicht zu viel davon und keinesfalls aufgewärmt essen (damit kein schädliches Nitrit entsteht). Die Palatschinken sollten nur „vergoldet" werden, damit möglichst wenig giftiges Acrylamid entsteht (→ Hinweis unter „Garen und Würzen", S. 31). Bei großem Hunger und viel Bewegung ist eine extra Eiweiß-Zulage sinnvoll.

▷ **scharf-pikante Spinatfülle:** → Rezept „Indischer Spinat", S. 74
▷ **Mozzarella-Spinat-Fülle (Eiweiß-Plus):** Spinat mit fein gewiegtem Mozzarella mischen.
▷ **Gemüse-Letscho-Füllung:** Zwiebel, mit gelber und roter Paprika gedünstet
▷ **mediterrane Linsenfüllung:** → Linsenrezept unter „Eiweißreiche Hülsenfrüchte"(S. 104)
▷ **Wildkräuter-Spinat-Füllung:** mit Brennnessel-/Labkrautspinat (→ S. 72)

	Gemüse (~2 Handvoll)	Stärke-Beilage (~1 Handvoll)	Eiweiß-Zulage (~1 Handvoll)	Extra-Fett (~ 1 EL)	Süßes (optional)
Vital-Teller-Menü/Person:	●●	●	●	💧	♥
	Sprossen/Salat/Smoothie Spinat(-Palatschinken)	Palatschinken (Mehl)	– (Teig: Ei und Milch)	Salatöl/Ölsaaten	1 Handvoll Obst

Spinat-Schafskäse-Quiche

Wie alle Quiches ist dies durch den Mürbteigboden ein eher schweres, gehaltvolles, aber superköstliches Gericht. Wenn Sie vorher einen Green Smoothie genießen und dazu eine schöne Portion frischen Salat, kann das „Kuchenstück" ruhig kleiner ausfallen, es ist keine „Sünde" mehr und Sie werden trotzdem ausgewogen satt.

Rezept für 1 Quiche (6 Personen):

150 g Mehl (z. B. Weizen und Kichererbsen 2:1) • 1 Msp. Salz • 1 Ei • 75 g harte kleinstückige Butter • 1 große Zwiebel • 1 TL Öl • evtl. 1 Knoblauchzehe • 450 g Blattspinat • 1 Msp. geriebene Muskatnuss • Pfeffer • 125 g Crème fraîche • 200 g Schafskäse • 2 Eier | Rohkostbeilage

Zubereitung:

Mehl, Salz, Ei und Butterstückchen schnell zu einem Teig kneten und etwa 1 Stunde im Kühlschrank in Folie rasten lassen.

Gehackte Zwiebel in Öl anschwitzen, eventuell zerdrückten Knoblauch kurz mitschwitzen, mit dem ein paar Mal durchgewiegten Blattspinat in einer Schüssel vermischen und mit Gewürzen abschmecken. Den Rest dazumischen, die Eier zuletzt, vorher die Masse noch einmal abschmecken.

Teig zwischen 2 Stück Frischhaltefolie auswalken, dabei immer wieder wenden und Folie zurechtrücken. Die Auswalkfläche sollte etwas größer sein als der Boden der Springform. Teig mit einer Folie unter Umkippen in eine befettete Springform überführen und an den Rändern mit den Fingern hochdrücken. Masse einfüllen und bei 180 °C etwa 30–40 Minuten ausbacken.

NÄHRSTOFF-INFO

SPINAT
⇢ Spinatpalatschinken S. 156

VARIANTE

▷ **Wirsing-Lauch-Winterquiche:** 400 g blanchierte, gewiegte Wirsingkohlblätter, 2 Lauchstangen, 2 Knoblauchzehen, 250 g Magertopfen, 3 Eier, 1 Handvoll geriebener Bergkäse. 45 Minuten ausbacken.

	Gemüse (~2 Handvoll)	Stärke-Beilage (~1 Handvoll)	Eiweiß-Zulage (~1 Handvoll)	Extra-Fett (~1 EL)	Süßes (optional)
Vital-Teller-Menü/Person:	Sprossen/Salat/Smoothie Spinat(-Quiche)	Quiche-Boden	(Füllung/Teig mit Eiern, Schafskäse und Milch)	(Füllung/Teig mit Eiern, Schafskäse und Milch)	1 Handvoll Obst

Spinatspatzln

Dieses Rezept von meinem Bruder Georg ist ein klassisches Tiroler „Holzfäller-Essen", also eher auf der deftig-schweren Seite. Wer aber körperlich aktiv ist, darf dies ruhigen Gewissens genießen – idealerweise in Form meiner Vitalvariante. Was jedenfalls nicht fehlen darf, ist ein großzügiger Salat, wobei Tomaten, Karotten oder Krautsalat besonders gut harmonieren. Bei solch schweren Gerichten entfällt das Dessert.

Rezept für 4 Personen:

450 g junger, passierter Spinat • Salz • Pfeffer • Muskatnuss • 2 Eier • 300 g frisch gemahlenes Dinkel-Vollkornmehl • 2 l Salzwasser zum Kochen | *Zwiebel-Rahmsauce zum Servieren:* 2 große Zwiebeln • evtl. 2 Knoblauchzehen • etwas Öl • 2 EL Weißwein • 1/2 TL Salz • Pfeffer • 1/16–1/8 l Süßrahm • 2 Handvoll gehackte Kräuter • Parmesan zum Bestreuen | *Beilagen:* Spinat und Salat

Zubereitung:

Den Spinat – falls Tiefkühlware – schonend auftauen. Frischen Blattspinat waschen, kurz in kochendem Wasser blanchieren, abseihen, eventuell passieren und kräftig würzen.

Nebenbei für die Zwiebel-Rahmsauce die gehackten Zwiebeln gut anschwitzen, eventuell zerdrückten Knoblauch kurz mitschwitzen, mit Weißwein ablöschen, beiseitestellen, eventuell nachwürzen und mit Rahm abrunden.

Für den Teig die Eier versprudeln, den passierten, gewürzten Spinat einrühren und dann schrittweise das Mehl mit dem Knethaken des Handmixers unterrühren, bis die Konsistenz relativ zäh, also richtig ist. Der Teig sollte kaum von selbst durch den Spatzlhobel tropfen und darf keinesfalls rinnen.

Spatzlteig mit dem Spatzlhobel in kochendes Salzwasser abhobeln, etwa 4 Minuten köcheln, abgießen, kurz kalt abschrecken und mit der würzigen Zwiebel-Rahmsauce vermengen. Masse falls nötig noch einmal kurz erwärmen, abschmecken, wenn nötig nachwürzen, gehackte Kräuter unterheben und mit etwas Parmesan bestreut servieren.

NÄHRSTOFF-INFO

SPINAT-SPATZLN
Weißmehlspatzln sind stärke-, eiweiß- und (mit viel Rahm) eher fettreich und daher ⊖ gar nicht für „Couch-Potatoes", Übergewichtige oder gar Zuckerkranke geeignet! Mikronährstoffe und Ballaststoffe liefern Spinat (Info → Spinatpalatschinken, S. 156) Kräuter, Zwiebeln, Salat und Vollkornmehl. Bei der Vitalvariante ist die Gesamtbilanz wesentlich besser. Lycopinreiche Tomaten, carotinreiche Karotten oder Krautsalat peppen das Gericht bunt und gesund mit einem Mikronährstoff- und Ballaststoffplus auf.

VARIANTEN

▷ **Vital-Spinatspatzln (Spinat-Plus):** mit etwa 300 g zusätzlichem Blattspinat, eingerührt in die Zwiebel-Rahmsauce oder als Beilage. Dabei die ganze Spinatmenge zusammen vorbereiten.

▷ **Wildkräuter-/Gemüse-Spatzln:** mit Mangold, Brennnessel, Labkraut, Wirsing oder Grünkohl; alle blanchiert und passiert

▷ **Schinken-Rahmsauce (noch gehaltvoller):** mit Schinkenstreifen in der Sauce

Vital-Teller-Menü/Person:	🟢🟢 Gemüse (~2 Handvoll)	🔴 Stärke-Beilage (~1 Handvoll)	🟤 Eiweiß-Zulage (~1 Handvoll)	🟡 Extra-Fett (~ 1 EL)	💗 Süßes (optional)
	Tomaten-/Krautsalat Spinat(-Spatzln), Spinat-Plus	*Vollkorn-Spatzln*	*(Ei im Teig)*	*Salatöl/Süßrahm*	–

Spinat- oder Rohnen-Knödel

Von dieser beliebten traditionellen Tiroler Spezialität gibt es unzählige Varianten. Rohnenknödel sind eine peppig-pinkfarbene Spielart davon. Alle Knödel sind gut vorbereitbar für Gäste oder später essende Familienmitglieder. Gerollt und bedeckt mit Frischhaltefolie im Kühlschrank können sie für einige Stunden aufbewahrt werden. Das Gericht verlangt nach einer frischen Salat- oder Spinat-/Rohnen-Beilage!

Rezept für 3–4 Personen (ergibt ca. 12 Knödel):
1 große Zwiebel • etwas Öl • 1–2 Knoblauchzehen • 250 g Knödelbrot • evtl. 2–3 EL Brösel • 3 EL glattes Mehl zum Binden • 250 g Spinat (passiert oder gehackt) • 1 Bund gehackte Petersilie • 3 gehäufte EL frisch geriebener Parmesan • Salz • Pfeffer • Muskatnuss • 2–3 Eier • 3–4 EL zerlassene Butter • 6–8 EL frisch geriebener Parmesan | Salatbeilage

Zubereitung:
Falls Sie puren Tiefkühlspinat verwenden: Spinat schonend auftauen, Blattspinat grob hacken. Frischen Spinat oder Brennnesselspinat (mit Gummihandschuhen) verlesen, waschen und in kochendem Wasser kurz blanchieren, bis er zusammenfällt, abseihen und zerkleinern.

Zwiebel hacken, in etwas Öl glasig anschwitzen, zerdrückten Knoblauch etwas später kurz mitschwitzen. Knödelbrot mit Bröseln und Mehl in einer großen Reine vermischen und das warme Zwiebel-Knoblauch-Gemisch unterheben.

Spinat kräftig würzen und abschmecken mit Petersilie, Parmesan, Salz, Pfeffer und Muskat (darf eher salzig schmecken). Dann erst die Eier dazumischen.

Spinat-Ei-Masse über das Brot gießen und mit einem Kochlöffel unterrühren. Mit den Händen etwas niederdrücken und eine Weile durchziehen lassen, dabei ab und zu durchmischen. Nicht zu große Knödel formen und diese über Dampf (oder schwimmend in köchelndem Salzwasser) etwa 15 Minuten garen. Sofort mit zerlassener Butter und frisch geriebenem Parmesan bestreuen und mit viel Salat oder würzigem Spinat servieren.

NÄHRSTOFF-INFO

SPINAT UND ROHNEN
→ Spinatpalatschinken, S. 156 und → Think-Pink-Risotto, S. 152

VARIANTE

▷ **„Think-Pink"-Rohnen-Knödel:** Mit gekochten, pürierten, gut gewürzten Rohnen anstelle von Spinat – etwas Zitronensaft im Kochwasser erhält die schöne Farbe. Dazu passt eine milde Gorgonzola-Sauce (gewürfelten Käse in wenig warmer Milch sanft schmelzen und mit etwas Mehl binden) sowie ein pikant gewürzter Rohnensalat.

TIPP: Der schönen lebendig-grünen oder rosa Farbe und den Inhaltsstoffen zuliebe: Keinen Fertig-Cremespinat verwenden, Knödel immer frisch garen, dem Kochwasser etwas Zitronensaft zusetzen, nicht aufwärmen und nicht warm halten. Knödelreste können Sie auch am nächsten Tag als kalten „Knödel-Salat" mit Zwiebel, Essig, Öl und Rohkost genießen.

	Gemüse (~2 Handvoll)	Stärke-Beilage (~1 Handvoll)	Eiweiß-Zulage (~1 Handvoll)	Extra-Fett (~ 1 EL)	Süßes (optional)
Vital-Teller-Menü/Person:	Rohkost: Sprossen/Salat Spinat(-Knödel)	(Knödelbrot, Mehl)	(Milch/Ei/Parmesan in den Knödeln)	Olivenöl im Salat/ Butter	–

Zucchini-Schiffchen

Dieses optisch wunderschöne mediterrane Sommergericht braucht etwas Zeit und Ruhe in der Vorbereitung. Es wird auf dem Backblech gegart und eignet sich daher auch für viele Personen/Gäste. Mit einem kreativen, sämig-pikanten Green Smoothie (ideale Resteverwertung des Zucchini-Inhaltes mit Kresse und Hanfsamen) und saftigem Dip ist das Menü perfekt.

Rezept für 4 Personen:

1 Tasse Naturreis • 2 Tassen Wasser • 6 mittlere Zucchini • etwas Öl • 1 große Zwiebel • 1–2 Knoblauchzehen • 1 Dose stückige Tomaten • Rosmarin • Thymian • Majoran • Oregano • Salz • Pfeffer • 3 EL Brösel • 200 g Schafskäse • 4 EL Hanfsamen | *Dip:* 125 g Sauerrahm 1 Handvoll gehackte Kräuter • Kräutersalz | Salatbeilage oder Zucchini-Kresse-Smoothie als Aperitiv

Zubereitung:

Reis mit Wasser zustellen oder kalte Reisreste vom Vortag verwerten.

Zucchini halbieren und mit dem Löffel vorsichtig aushöhlen, Fruchtfleisch für Smoothie oder Suppe zur Seite tun. Zucchinischiffchen mit etwas Öl bepinseln und im Rohr bei 200 °C etwa 10 Minuten vorbacken.

Währenddessen die gehackten Zwiebeln in einem großen Topf anschwitzen, Knoblauch kurz mitschwitzen, die Tomatenstückchen (mit eher wenig Saft) mit den Gewürzen zugeben und die Masse zum Eindicken etwas köcheln lassen. Am Schluss mit Reis, Bröseln und Schafskäsewürfeln vermischen und mit Salz abschmecken.

Die Masse wird überquellend-üppig zum Befüllen verwendet. Ein Teil bleibt als Grundlage für eine pürierte Blitz-Suppe oder als „Restlsalat" (→ Rezept, S. 45) für abends.

Die gefüllten Zucchini werden 30 Minuten bei 180 °C im Rohr überbacken. Vor dem Servieren mindestens 10 Minuten überkühlen lassen und danach erst mit den Hanfsamen garnieren.

Währenddessen die Zutaten für den Sauerrahm-Dip zusammenmischen, den Salat waschen und marinieren oder aus Zucchinimark und Kresse einen Smoothie mixen.

NÄHRSTOFF-INFO

ZUCCHINI-SCHIFFCHEN

Dies ist ein leichtes, gemüsebetontes Gericht, welches sehr viele Vitalstoffe liefert. Alle Gemüsezutaten enthalten Ballaststoffe, Vitamine und Mineralstoffe sowie sekundäre Pflanzenstoffe. Auffallend sind die verdauungsfördernden Zucchini-Bitterstoffe (Cucurbitacine), die unter anderem für das typische Aroma zeichnen. Die mediterranen Gewürze punkten mit aromatischen ätherischen Ölen und zellschützenden Antioxidantien. Schafskäse liefert Eiweiß und Fett sowie reichlich Calcium und der Reis rundet das Gericht mit Stärke und, sofern es Vollreis ist, auch mit Ballaststoffen, Mineralstoffen und einigen B-Vitaminen ab.

	Gemüse (~2 Handvoll)	Stärke-Beilage (~1 Handvoll)	Eiweiß-Zulage (~1 Handvoll)	Extra-Fett (~ 1 EL)	Süßes (optional)
Vital-Teller-Menü/Person:	*Zucchini-Kresse-Smoothie/Salat gefüllte Zucchini*	*(Reis in der Füllung)*	*Schafskäse/Tofu und Sauerrahm-Dip*	*Hanfsamen*	*3–4 EL Obstsalat*

Vital-Teller-Hauptgerichte: mit Fleisch, Fisch und Gemüse

Fleisch und Fisch haben in einer ausgewogenen Ernährung durchaus ihren – gut dosierten – Platz, wobei alle hier beschriebenen Rezepte nach Belieben auch vegetarisch/vegan abwandelbar sind.Ich empfehle Fleisch/Fisch nur „sondertags" zu essen, dann ist auch die beste Qualität finanziell leistbar und gesünder/ökologischer ist es obendrein. Bevorzugen Sie faires (Bio-)Fleisch aus Muttertierhaltung mit hohem Grünfutteranteil, denn diese Tiere hatten ein Leben, das man so nennen kann, wurden artgerecht gefüttert, stehen nicht in Nahrungskonkurrenz mit anderen Menschen und haben garantiert weniger (Antibiotika-)Rückstände und Stresshormone im Fleisch. Im Kapitel „Nachhaltigkeit" (Seite 14) und im „Lebensmittel-ABC" erfahren Sie mehr zu ökologischen Fragen rund um Fleisch und Fisch.

Rindsschnitzel in Wurzelsauce

Fisch mediterran

NÄHRSTOFF-INFO

Eiweißreiche Lebensmittel wie Fisch und Fleisch gelten im Vital-Teller-Modell als mögliche Eiweiß-Bausteine. Das gilt primär für magere Fleisch- und Fischsorten – der Fettanteil und die Fettqualität ist dabei im Auge zu behalten (wie z.B. beim gezielten Genuss von Omega-3-Fett-Fischen)! Alle meine Fleisch-/Fisch-Rezepte sind „saftig verdünnt" mit einem Gemüseanteil aufgewertet – sodass mehr Mikronährstoffe und Ballaststoffe sowie weniger Kalorien enthalten sind. Mit einer zusätzlichen Gemüse-/Salat-Beilage landen dann in Summe 2 Handvoll Gemüse am Vital-Teller. Dieses „Strecken-mit-Gemüse-Prinzip" funktioniert übrigens bei jedem salzigen Gericht und ist besonders bei Gewichtsproblemen die goldene Grundregel beim Kochen/Essen.

Zusammensetzung der zwei oben abgebildeten Vital-Teller-Hauptgerichte:

●● Gemüse-Bausteine (G+GS): (~2 Handvoll)	● Stärke-Beilage (St): ~1 Handvoll	● Eiweiß-Zulage (EW): ~1 Handvoll (handtellergroß)	🌢 Extra-Fett (F): ~1 EL	💗 Süßes (S): optional
Wurzelgemüse-Sauce Rotkraut	Buchweizen-Pizzocheri (Nudelspezialität)	Rindsschnitzel	Süßrahm (-Sauce) Walnüsse (Rotkraut)	1–2 Vollwert-Kekse
Kirsch-Tomatengemüse Zucchini-Salat	Crostini (nicht am Foto)	Fischfilet und Linsengericht	Butter Olivenöl-Würzpaste	1 Stück Obst

Hühner-Gemüse-Kraftsuppe

Dies ist ein wahres Powergericht aus der traditionellen chinesischen Medizin, das in der Zubereitung einige Zeit braucht, sich aber wunderbar einfrieren lässt. Ich habe den Gemüseanteil des „Ur"-Rezeptes von Roy deutlich erhöht, um die Mikronährstoff- und Ballaststoffbilanz noch zu verbessern, was sich auch für jede andere Fleischsuppe empfiehlt. Als Stärke-Beilage/Suppeneinlage können Sie Brot, Kartoffeln, Frittaten, Reis, Buchweizen, Quinoa oder Nudeln ergänzen, vorher einen kleinen Rohkost-Salat oder Green Smoothie genießen und fertig ist eine orthomolekular ausgewogene Mahlzeit.

Rezept für 10–12 Portionen:
Zwiebeln • 8 Karotten • 2 Stangen Lauch • 1 mittlere Sellerieknolle • 1 Bio-Suppenhuhn • 4–6 EL Gemüsewürze • 1 Handvoll Selleriegrün • 1 Lorbeerblatt • 2–3 l Wasser (je nach Huhngröße) • Salz • Pfeffer | Rohkost-Vorspeise

Zubereitung:
Gemüse putzen, waschen und mundgerecht schneiden. Auch das Huhn gründlich unter fließendem Kaltwasser waschen und mit der Geflügelschere grob in 4–6 Teile zerlegen.

Hühnerteile mit Knochen (bei Gicht ohne Haut) in kochendes Wasser einlegen, etwa 1/3 des mundgerecht geschnittenen Gemüses dazugeben, mit Gemüsewürze, Lorbeer und Selleriegrün würzen und 2–3 Stunden sanft köcheln.

Hühnerteile vorsichtig herausnehmen, alles Essbare am einfachsten mit den Fingern von den Knochen ablösen und später wieder in die Suppe geben.

Etwa 10 Minuten vor Garzeitende restlichen gewürfelten Sellerie zugeben, 5 Minuten später die restlichen Karottenscheiben und, sobald diese Gemüse halbwegs bissfest sind, den restlichen Lauch und die ausgelösten Hühnerteile dazugeben, abschmecken, falls nötig nachwürzen und noch einmal aufkochen.

Mit frischen Kräutern abrunden und servieren oder auch für den Vorrat in Portionen einfrieren.

Vital-Teller-Menü/Person:	●● Gemüse (~2 Handvoll)	● Stärke-Beilage (~1 Handvoll)	● Eiweiß-Zulage (~1 Handvoll)	◉ Extra-Fett (~ 1 EL)	♥ Süßes (optional)
	Suppengemüse Rohkost: Sprossen/Salat/GS	Vollkorn-Fladenbrot	Hühnerfleisch (Suppe)	– (Hühnerfett)	1 Handvoll Obst

Gerstlsuppe

Dieses klassische Tiroler Eintopfgericht ist eine enorm sättigende Hauptspeise, braucht aber etwas Zeit zum Vorbereiten und Kochen. Hier finden Sie eine köstliche, recht gemüsereiche Variante davon, wobei die Fleischeinlage und die Gerste für sättigendes Eiweiß und Stärke in der Suppe sorgen. Zur vollwertigen Abrundung wäre ein eher scharfer Rohkost-Salat mit Ölsaaten oder Nüssen empfehlenswert.

Rezept für 2 l Suppe:

120 g Rollgerste • Wasser • 2 Zwiebeln • 1 EL Rapsöl • 1/2 Knolle Sellerie • 8 Karotten • 400 g Selchkarree (klassisch) oder Tafelspitz (gesünder) • 3–4 EL Gemüsewürze • 1 Lorbeerblatt • Kümmel • evtl. Fenchel • Majoran • Pfeffer • evtl. 1 rohe Kartoffel zum Binden • 2 Stangen Lauch • Schnittlauch zum Bestreuen | Rohkost-Vorspeise

Zubereitung:

Rollgerste für etwa 30 Minuten in Wasser einweichen.

Zwiebeln hacken, in einem großen Topf in Öl anschwitzen, nur die Hälfte (!) der zerkleinerten, festen Gemüsestückchen (Sellerie, Karotten) dazugeben, kurz mitschwitzen, mit Wasser aufgießen und zum Kochen bringen.

Fleisch (im Ganzen) gemeinsam mit der eingeweichten Gerste einlegen, würzen mit Gemüsewürze, Lorbeerblatt, Kümmel, evtl. Fenchel, Majoran und Pfeffer. Alles etwa 1 Stunde köcheln lassen und ab 20 Minuten vor Ende der Garzeit nach und nach die Gemüse einlegen (zuerst den Sellerie-Rest und 10 Minuten später die restlichen Karotten). Inzwischen das Fleisch herausnehmen und würfelig schneiden. Falls die Suppe zu wenig sämig erscheint, eine rohe Kartoffel hineinreiben und noch einmal richtig aufkochen.

Erst 2–3 Minuten vor dem Servieren den klein geschnittenen Lauch in die Suppe einlegen und mit Schnittlauch bestreut servieren.

NÄHRSTOFF-INFO

GERSTLSUPPE

Gekochte Gerste enthält neben Stärke und Mineralstoffen sehr viele Ballaststoffe, weshalb sie als etwas schwer verdaulich gilt. Von großem Vorteil ist aber (wie im Hafer) der hohe Gehalt am löslichen Ballaststoff Betaglucan, der für anhaltende Sättigung und einen ausgewogenen Blutzuckerverlauf sorgt. Die Gemüse liefern Aromen, reichlich Mineralstoffe sowie sekundäre Pflanzenstoffe (z. B. Quercetin) und das Fleisch ergänzt das Ganze um Eiweiß, Fett, Eisen, Vitamin B6 und Vitamin B12. Durch das Zurückhalten eines Teils des Gemüses bleiben mehr empfindliche Mikronährstoffe erhalten. Eine Rohkost-Vorspeise ist dennoch gut für die Vitaminbilanz. Der Variante mit dem Tafelspitz fehlt das klassische Selch-Aroma, sie ist aber fettarm (und ohne Pökelsalze) deutlich wertvoller. Dem Aroma zuliebe könnten Sie auch mit dem Tafelspitz eine Scheibe normales Selchfleisch mitkochen.

Vital-Teller-Menü/Person:	Gemüse (~2 Handvoll)	Stärke-Beilage (~1 Handvoll)	Eiweiß-Zulage (~1 Handvoll)	Extra-Fett (~ 1 EL)	Süßes (optional)
	Kraut-/Rettich-/Rucola-Salat Gemüse in der Suppe	Gerstl-Suppe	Selchkaree/Tafelspitz in der Suppe	Salatöl/Ölsaaten	1 Handvoll Obst

Kalbs-Karotten-(Kartoffel-)Gulasch

Dieses klassische Gulaschrezept ist durch die Gemüse-Einlage geschmackvoller, kalorienmäßig leichter und zugleich mikronährstoffreicher. Sehr praktisch ist es, die Kartoffeln gleich im Gulasch als kreatives Kartoffelgulasch-Eintopfgericht (→ vergleiche Kürbisgulasch-Rezept, S. 143) mitzukochen. Ein pikant-scharfer Salat oder Smoothie harmoniert gut damit.

Rezept für 4 Personen:
2–3 Zwiebeln • 500 g Kalbfleisch • evtl. 8 kleine Kartoffeln • 5 Karotten • 5 gelbe Rüben • 1 EL Rapsöl • 2 EL Paprikapulver • 1 EL weißer Balsamico-Essig • Wasser • Bergbohnenkraut/Provence-Kräuter • Salz • 100 ml Süßrahm • 1 EL Mehl oder Stärke | *Stärke-Beilage der Wahl:* z.B. Kartoffeln im Gulasch oder Sesamkartoffeln • 8 kleine gekochte Kartoffeln • 1–2 TL schwarzer Sesam • 1–2 TL weißer Sesam | Rohkostbeilage

Zubereitung:
Zwiebeln halbieren und in Halbringe schneiden, Kalbfleisch in 4 cm große Stücke schneiden. Eventuell Kartoffeln, Karotten und gelbe Rüben waschen, abschaben oder dünn schälen, in fingerdicke Stücke zerkleinern.

Zwiebelringe in heißem Öl vergolden, Paprikapulver dazugeben, kurz aufschäumen lassen, mit Essig ablöschen, Kalbfleisch-Würfel dazugeben und rundherum anrösten.

Mit wenig Wasser aufgießen, Gemüse (und geschälte, gewürfelte Kartoffeln, falls sie mitgekocht werden) mit Kräutern dazugeben, etwas Salz zugeben und alles gemeinsam etwa 10–15 Minuten weichdünsten.

Rahm und Mehl/Stärke miteinander versprudeln, zum Gulasch geben, einkochen lassen, bis es sämig wird, abschmecken und nachwürzen. Falls keine Kartoffeln mitgegart wurden, als Beilage beispielsweise Sesamkartoffeln (in Sesam und etwas zerlassener Butter gewälzte Pellkartoffeln) und Salat servieren.

VARIANTEN

▷ **vegetarisches Kürbis/Karotten-Gulasch:** → Rezept S. 143
▷ **vegan:** Tofuwürfel statt Fleisch, Kokosmilch statt Süßrahm
▷ **Kartoffel-Gulasch:** rohe, geschälte Kartoffeln würfelig mitgaren
▷ **Stärke-Beilagen:** Sesamkartoffeln, Pellkartoffeln, Nudeln oder Spatzln
▷ **Gewürze:** Kümmel, Brotgewürz, Kreuzkümmel, Kurkuma oder Chili

Vital-Teller-Menü/Person:	●● **Gemüse** (~2 Handvoll)	● **Stärke-Beilage** (~1 Handvoll)	● **Eiweiß-Zulage** (~1 Handvoll)	◔ **Extra-Fett** (~ 1 EL)	♥ **Süßes** (optional)
	scharfer Rohkost-Salat Karotten (im Gulasch)	*Kartoffel(-Gulasch)/ (Sesamkartoffeln)*	*Kalbfleisch (Gulasch) Tofu(-Gulasch)*	*Salatöl/Ölsaaten (z. B. Sesam)*	*1 Handvoll Obst*

Lachs-Gemüse-Nudeln

Dies ist eines der schnellsten Fischgerichte, wenn alle großen Hunger haben. Notfalls geht sich alles während der Nudelkochzeit aus. Die Lachsnudeln werden hier mit Zwiebel und Gemüse farblich, geschmacklich und gesund aufgewertet. Am besten greifen Sie zu tiefgekühltem Bio-Lachs oder zu regional gezüchtetem Seesaibling (→ „Lebensmittel-ABC") und zu jenem Gemüse, welches Sie mögen oder vorrätig haben. Mit Rohkost wird die Mahlzeit zu einem regelrechten Vitalstoff-Elixier.

Rezept für 3 Personen:

2 mittlere Zwiebeln • 1 TL Rapsöl • 2 Lachsfilets • 2 EL trockener Weißwein • Wasser • Pfeffer/Zitronenpfeffer | Gemüse nach Wahl: 3–4 Karotten, 1 Fenchelknolle, 250 g Blattspinat, 1 Lauchstange etc. • Salz/Kräutersalz • 2–3 EL Süßrahm • Dill/Pimpinelle • 150 g Bandnudeln • Wasser, gesalzen | Rohkostbeilage

Zubereitung:

Während Sie das leicht gesalzene Nudelwasser zum Kochen bringen, Zwiebeln hacken und in Öl anschwitzen.

Lachsfilets zu den Zwiebeln geben, kurz beidseitig anbraten, mit Weißwein ablöschen und den Alkohol verdunsten lassen.

Dann mit etwas Wasser aufgießen, pfeffern, klein geschnittenes Gemüse und etwas Kräutersalz/Salz dazugeben und bedeckt ein paar Minuten sanft dünsten lassen. Der Fisch darf/soll beim vorsichtigen Umrühren in ein paar Stücke zerfallen. Wenn nötig, noch etwas Wasser zugießen.

Sauce mit Rahm, Kräutersalz und Kräutern wie Dill oder Pimpinelle abschmecken und gekochte, kurz kalt abgeschreckte Nudeln unterheben.

NÄHRSTOFF-INFO

LACHS-GEMÜSE-NUDELN

⊕ Tiefgekühlter oder frischer Bio-Lachs und in kaltem, sauberem Alpenwasser gezüchtete Seesaiblings-Arten (z. B. Alpenlachs®) liefern wertvolles herzschützendes Omega-3-Fischöl und viel Eiweiß. ⊖ Räucherlachs ist eine Notlösung (! kalt, hinterher dazugelegt), denn Pökelsalze können beim Erhitzen in krebserregende Nitrosamine umgewandelt werden. Zwiebel und Gemüse liefern reichlich Antioxidantien wie Quercetin und Betacarotin und Vitamine, Mineralstoffe und Ballaststoffe. Diese machen das Lachsnudel-Gericht in Summe kalorienärmer, runder und vollwertiger.

VARIANTEN

▷ **Gewürze:** Curry-Mischungen wie „Café de Paris" machen die Fischsauce zur Abwechslung gelblich und sehr aromatisch.
▷ **Tomaten-Lachs:** mit Tomatensugo-Resten oder stückigen Dosen-Pelati zum Fisch-Garen
▷ **Gemüse-Sauce der Wahl zum Fisch-Garen**

Vital-Teller-Menü/Person:	Gemüse (~2 Handvoll)	Stärke-Beilage (~1 Handvoll)	Eiweiß-Zulage (~1 Handvoll)	Extra-Fett (~ 1 EL)	Süßes (optional)
	🟢🟢	🔴	🟠	🟡	🩷
	Sprossen/Salat/Smoothie Gemüse in der Sauce	Nudeln	Lachs	Salatöl (Fischöl)	1 Handvoll Obst

165

SPARGEL

Die Besonderheit sind die schwefelig duftenden Senföle und Sulfide, denn Spargel gehört zu den immunstärkenden, reinigenden Lauchgewächsen, wobei sich deren Aromen erst so richtig beim Kochen entfalten. Beim Spargelgemüse (→ Rezept, S. 66) finden Sie mehr dazu. Lachs und seine Alternativen sind kurz beim vorherigen Rezept und vertiefend im „Lebensmittel-ABC" beschrieben.

▷ **Lachs-Risotto mit dunkelgrünem Blattgemüse:** Spinat-, Mangold- oder Rohnenblätter und -Stiele im Ganzen 1–2 Minuten blanchieren, abseihen, in etwa 1–2 cm große Stücke schneiden und mit angeschwitzter, gehackter Zwiebel (und Knoblauch) mit etwas Wasser beginnend mit den Stielanteilen schrittweise 2–5 Minuten dünsten. Das Gemüse mit Muskat und Salz würzen, mit dem bissfesten Risotto und dem Lachs vermengen, ein paar Minuten weitergaren und mit Kräutersalz, Süßrahm und Zitronenpfeffer abrunden.

Vital-Teller-Menü/Person:	Gemüse (~2 Handvoll)	Stärke-Beilage (~1 Handvoll)	Eiweiß-Zulage (~1 Handvoll)	Extra-Fett (~ 1 EL)	Süßes (optional)
	●●	●	●	◌	♥
	Spargelsuppe/-Gemüse Spargel(-Risotto, Suppe)	Risottoreis	Lachs	Salatöl, Öl am Gemüse, (Fischöl)	1 Handvoll Obst

Lachs-Spargel-Risotto

Dieses köstliche Frühjahrsgericht besticht auch bei Einladungen – mit dem schönen Nebeneffekt einer „entschlackenden" Spargelsuppe, die parallel dazu entsteht.

Rezept für 6 Personen:
2 Bund grüner Spargel • Wasser • Salz • ½ TL kaltgepresstes Olivenöl • Kräutersalz • 2 kleine Zwiebeln • 1 TL Öl • 3 Tassen weißer Risotto-Reis • 500 ml heiße Gemüsesuppe zum Aufgießen (Wasser und 2–4 EL Gemüsewürze) • Kräutersalz • 1–2 EL Rahm • 6 schöne Lachsfilets/„einheimische" Omega-3-Zuchtfische • 2 EL trockener Weißwein • Zitronenpfeffer • 1–2 EL Süßrahm • 1 Handvoll Pimpinelle • 1–2 EL frische Dillspitzen | Rohkostbeilage • evtl. Spargelsuppe vorher

Zubereitung:
Salzwasser für Spargel(-suppe) zustellen.

Spargel waschen, in 2–3 cm große Stücke schneiden und je nach Dicke in Gruppen aufteilen. Nach und nach, mit den dicksten Stücken beginnend, den Spargel ins kochende Wasser geben, damit nach etwa 7–10 Minuten alle Stücke schwimmen, und nur so lang weiterköcheln, bis alle knapp bissfest (immer noch schön grün!) sind. Bis auf die gröbsten Stücke alles mit dem Schaumlöffel herausfischen.

Einen Teil für die Spargel-Gemüsebeilage in einen kleinen Topf geben, etwas Wasser und Kräutersalz dazugeben, mit Olivenöl beträufeln und zudecken. Die zweite Hälfte der Spargelstücke später zum fast garen Risotto geben. Den Topf mit dem Sud und den dicksten Stielen beiseitestellen für das spätere Pürieren, Würzen und Abrunden der Suppe (→ Spargelcremesuppen-Rezept, S. 89).

Während der Spargel noch köchelt, Zwiebeln fein hacken und die Hälfte für den Risotto in Öl anschwitzen. Reis beigeben, kurz unter Umrühren glasig werden lassen und mit einem Teil der kochenden Gemüsesuppe (Wasser und Gemüsewürze) aufgießen und unter Blubbern im offenen Topf kochen, nach und nach Suppe beifügen, bis der Risotto fast bissfest ist.

Dann die Spargelstücke dazugeben, mit Kräutersalz abschmecken, mit 1–2 EL Rahm verfeinern und zugedeckt noch ein wenig weiterköcheln lassen.

Während des Risotto-Fertigkochens können die frischen oder gefrorenen Fischfilets zubereitet werden. Dazu in einer Pfanne die restlichen Zwiebelstücke anschwitzen, Fisch sanft von beiden Seiten anbraten, mit etwas Wasser oder Weißwein aufgießen, mit Kräutersalz und Zitronenpfeffer würzen und zugedeckt schonend weichdünsten. Vor dem Servieren mit 1–2 EL Süßrahm verfeinern und mit frischen Pimpinelle-Blättchen und Dill garnieren.

Linsencurry-Suppe mit Fisch-Spieß

Dieses eiweißreiche, pikante und edel anmutende Gericht kommt auch bei Gästen sehr gut an. Ein großer Rohkostsalat oder Green Smoothie als Vorspeise darf nicht fehlen. Zur vollwertigen Abrundung empfehle ich im Sommer Wassermelone und im Winter Bratapfel.

Rezept für 4 Personen:

1 EL Rapsöl/Ghee • 1/2 TL Schwarzkümmel • 1 große Zwiebel • 1 Knoblauchzehe • 1 „Zehe" Ingwer • 1 TL Kurkuma • 1 TL gemahlener Koriander • 200 g rote Linsen • 2 Orangen (Saft) • 600 ml Wasser • 1 EL Gemüsewürze • 200 ml Kokosmilch • Salz • Pfeffer • 1/2 Bund Koriandergrün oder Petersilie | *Fisch-Spieße:* 400 g Fischfilet der Wahl • 1 EL Zitronensaft • 1 EL grob zerstoßener Fenchel • 1 EL grob zerstoßener Koriander • 1 TL Zitronenpfeffer • Salz • 1–2 EL Rapsöl • 4 Holzspieße | Rohkost-Vorspeise

Zubereitung:

Für die Suppe die Gewürze schrittweise (zusammenfindend) in heißem Öl/Ghee anschwitzen: 1. Schwarzkümmel, 2. gehackte Zwiebeln, 3. zerdrückten Knoblauch und Ingwer, 4. Pulvergewürze. Nach deren Aufschäumen gleich die Linsen zugeben, mit Orangensaft ablöschen, mit Wasser oder Gemüsesuppe aufgießen und garköcheln, bis die Linsen zerfallen. Am Schluss pürieren und mit Kokosmilch, Salz, Pfeffer und Kräutern abschmecken.

Für die Spieße die Fischfilets in Zitronensaft und Gewürzen wälzen, je 2 Minuten von jeder Seite anbraten und dann sehr vorsichtig aufspießen.

Gemeinsam servieren – wie abgebildet. Der schnell auskühlende Fisch kann nach und nach (in der Suppe gewärmt) genossen werden.

Vital-Teller-Menü/Person:	Gemüse (~2 Handvoll)	Stärke-Beilage (~1 Handvoll)	Eiweiß-Zulage (~1 Handvoll)	Extra-Fett (~ 1 EL)	Süßes (optional)
	●●	●	●	◆	♥
	Sprossen/Salat/Smoothie Zwiebel/Linsen im Curry	*Cracker/Brot*	*Linsensuppe mit Fisch*	*Öl/Ölsaaten im Salat (Fischöl)*	*1 Handvoll Obst der Saison*

Fischfilet im Kohlrabitöpfchen

Diese optisch und geschmacklich reizvolle Kombination können Sie sowohl etwas aufwändiger (→ Bild) als auch ganz einfach zubereiten, indem Sie blättrig geschnittenes Kohlrabigemüse bereiten und den Fisch darauf mitgaren. Ergänzt wird das sommerliche Menü mit frischem Salat mit Pignoli und Weißbrot oder Kartoffelsalat.

Rezept für 2 Personen:
2 mittlere Kohlrabi-Knollen • 1 TL Rapsöl • 1 Schalotte • 1/16 l Weißwein • 2 EL Wasser • Kräutersalz • 1/16 l Süßrahm • 2 Forellen-/Saiblings-Filets • Zitronenpfeffer • Pimpinelle/Dill • Zitrone | *Beilagen:* Brot oder Kartoffelsalat • Rohkost

Zubereitung:
Kohlrabi dünn schälen, aushöhlen (am besten mit einem Eiskugel-Löffel) und in kochendem Salzwasser weichgaren lassen.

Gehackte Schalotten in Öl anschwitzen, mit Weißwein ablöschen, Alkohol verdunsten lassen und gehackte Kohlrabi-Reste und etwas Wasser dazugeben. Mit Kräutersalz würzen und etwa 5 Minuten zugedeckt dünsten lassen. Die Hälfte der Sauce pürieren, mit Süßrahm verfeinern und abschmecken.

Die Fischfilets mit Zitronenpfeffer und Kräutersalz würzen und auf dem Kohlrabibett (auf der Hautseite liegend) etwa 5 Minuten mitgaren.

Zum Servieren die Gemüsesauce in die fertigen Kohlrabitöpfchen füllen, einen Teil der Sauce am Teller daneben anrichten und die Fischfilet-Stückchen darauf verteilen. Mit Pimpinelle oder Dill und einer Zitronenscheibe garnieren und Brot oder Kartoffelsalat dazureichen.

NÄHRSTOFF-INFO

FORELLE/SAIBLING MIT KOHLRABI
Diese Fische liefern wertvolles, leicht verdauliches Eiweiß, wenig Fett und reichlich Mikronährstoffe – vor allem bei guter Haltung oder Wildfang, → „Lebensmittel-ABC". ⊖ Bei erhöhten Harnsäurewerten (Gicht) unbedingt die Fischhaut entfernen, da diese die meisten Purine enthält. Roher und schonend gegarter Kohlrabi ist ballaststoff-, Vitamin-B- und -C-reich (vor allem die jungen Blättchen) und liefert reichlich Mineralstoffe, insbesondere Kalium, Calcium, Magnesium, Jod und Eisen.

Vital-Teller-Menü/Person:	🟢🟢 **Gemüse** (~2 Handvoll)	🔴 **Stärke-Beilage** (~1 Handvoll)	🟤 **Eiweiß-Zulage** (~1 Handvoll)	🔶 **Extra-Fett** (~1 EL)	💗 **Süßes** (optional)
	Sprossen/Salat/Smoothie Kohlrabitöpfchen (+ Fisch)	*Ciabatta/Kartoffelsalat*	*Forellen-/Saiblingsfilet*	*Salatöl und Ölsaaten*	*1 Handvoll Obst*

170

Fisch-Curry

Christinas aus Indien mitgebrachtes Rezept überzeugt sogar so manchen Fisch-Ablehner. Dieses pikante und enorm praktische Fischgericht harmoniert besonders gut mit Basmatireis, mit pikant gewürztem „indischem" Spinat oder Frühlingszwiebel-Kartoffelcurry oder auch schwarzweißen Sesam-Kartoffeln. Wenn Sie dazu noch scharfe Pickles und süßsauren Chutney reichen, wird das Ganze zu einem ayurvedisch ausgeglichenen Gericht mit allen 6 Geschmacksrichtungen. Mandelblättchen in der Sauce geben dem Ganzen noch einen wertvollen „Extra-Kick".

Rezept für 4 Personen:
750 g Fischfilet (weiß) • 1/2 TL Zitronensaft • Salz • 1–2 EL Rapsöl • 2 mittlere Zwiebeln • 2–3 Knoblauchzehen • 1 „Zehe" Ingwer • 1 TL Kreuzkümmelpulver • 1 EL Korianderpulver • 1 TL Kurkumapulver • 1 TL schwarzer oder langer Pfeffer • 1–2 Msp. Chilipulver • 1 Dose gewürfelte Tomaten (pur!) • 125 ml Kokosmilch • 2 EL Mandelblättchen | *Beilagen:* Gemüse-Curry/Gemüse der Wahl • Basmatireis/Wildreis/Kartoffeln

Zubereitung:
Basmati-Reis gut waschen, kurz in heißem Öl anschwitzen, bis er aromatisch duftet, aufgießen und mit Wasser zugedeckt laut Packungsbeilage garen. Fischfilets mit Zitronensaft beträufeln, etwas salzen und durchziehen lassen.

Währenddessen klein gehackte Zwiebeln in Öl anschwitzen, dann gehackten Knoblauch und Ingwer mitschwitzen, danach die pulvrigen Gewürze einmal aufschäumen lassen, bis sie aromatisch duften. Fisch beigeben, mit den Tomaten und deren Saft aufgießen, 5 Minuten dünsten lassen.

Beim Durchrühren den Fisch mit dem Kochlöffel grob zerteilen, mit Kokosmilch aufgießen, abschmecken und eventuell nachsalzen, ein paar Minuten sanft weitergaren, während Sie den frischen oder aufgetauten Blattspinat (→ Rezept für indischen Spinat, S. 74) zubereiten.

Servieren können Sie das abschließend mit Mandelblättchen garnierte Fischcurry ayurvedisch inspiriert mit Basmatireis, Gemüsecurry und pro Person 1 EL scharfen Pickles (Fertigprodukt) und 2–3 EL Chutney oder anderen Beilagen.

VARIANTEN

Spielen Sie mit Gemüse-/Stärke-Beilagen und pikanter Abrundung.
- **Reis-Varianten:** Basmati, Wildreis, Vollkornreis
- **Gemüse:** indischer Spinat, Frühlingszwiebel- oder Melanzani-Curry, marinierter Fenchel (→ alle Rezepte, S. 60)
- **Chutney und Pickles aus der Vorratskammer:** Kürbis-Apfelchutney (→ Rezept unter „Süßes", S. 197)

	Gemüse (~2 Handvoll)	Stärke-Beilage (~1 Handvoll)	Eiweiß-Zulage (~1 Handvoll)	Extra-Fett (~ 1 EL)	Süßes (optional)
Vital-Teller-Menü/Person:	Sprossen/Salat indischer Spinat (Zwiebeln im Curry)	Basmatireis/ Kartoffel-Curry/ Sesamkartoffeln	Fisch-Curry	Salatöl/Ölsaaten Mandeln im Curry (Fischöl)	2 EL Chutney

Fischfilet mit Kirschtomaten und mediterranen Linsen

Diese bunte Kreation stammt von Haubenkoch Alfred und hat mich bei einem seiner Kochworkshops begeistert. Seither gehört dieses Gericht zu meinen eiweißreichen Festtags-Spezialitäten. Alle meine Gäste waren bisher ebenso begeistert. Nahezu jedes Fischfilet ist verwendbar – achten Sie daher möglichst auf nachhaltige, ökologische Quellen. Mit den blanchierten Kirschtomaten, Bio-Berglinsen und einer knackigen Salatbeilage ist das orthomolekulare Luxus-Menü perfekt.

Rezept für 2 Personen:
2 filetierte Bach-Saiblinge • 1 EL Butter und Öl 1:1 • Kräutersalz • Zitronenpfeffer • Rosmarin • 1 Handvoll Kirschtomaten • 1 TL Butter • Salz • 1 Tasse Berglinsen • 2–3 Tassen Wasser • 1 zerbrochenes Lorbeerblatt • 2 EL Rotwein/1 EL Balsamico-Essig • 2 Schalotten/Jungzwiebeln • etwas Öl • Salz • 4 EL Petersilien-Würzpaste (→ Rezept, S. 50) • 2 Vollkornsemmeln • Salz • etwas Öl | Rohkost-Beilage

Zubereitung:
Gut gewaschene Linsen ein paar Stunden oder auch über Nacht in Wasser einweichen. Linsen in einem höheren, offenen Topf mit Einweichwasser (und noch mehr), einem zerbrochenen Lorbeerblatt und dem Essig/Wein etwa 30 Minuten garköcheln, bis die Linsen zwischen zwei Fingern leicht zerdrückbar sind.

Gehackte Zwiebeln in Öl anschwitzen, zu den Linsen geben, vorsichtig durchrühren und salzen, abschmecken und erst vor dem Servieren die Petersilien-Würzpaste unterrühren.

Während die Linsen garen, die Fischfilets kurz anbraten, würzen und zugedeckt ein paar Minuten sanft garen.

Ganze gewaschene Kirschtomaten mit dem grünen, sternförmigen Blattansatz in etwas Butter 1–2 Minuten unter „Herumschupfen" anschwitzen, bis sie (fast) aufplatzen und leicht salzen.

Für die Crostini 2 Vollkornsemmeln aufschneiden, kurz toasten, salzen und mit Olivenöl beträufeln. Alles gemeinsam auf vorgewärmten Tellern servieren.

FISCH MIT LINSEN UND TOMATEN
Linsen liefern (neben 23 % wertvollem Eiweiß) als Hülsenfrucht-Gemüse auch reichlich Mikronährstoffe und verdauungsfördernde Ballaststoffe. Olivenöl und Petersilie runden das Linsengericht mit gesundem Fett und sekundären Pflanzenstoffen ab, wobei alles zusammen gut und anhaltend sättigt. Fisch steuert wertvolles Eiweiß, Fett und Mikronährstoffe bei, darunter auch Vitamin D, B1 und B12. Tomaten punkten mit Ballaststoffen und Mikronährstoffen, insbesondere mit zellschützendem Lycopin. Mit der Salatbeilage ergibt das in Summe ein leichtes, vollwertiges Vitalgericht der Luxusklasse. ⊖ Bei erhöhten Harnsäurewerten (Gicht) ist es aber nicht zu empfehlen, da Linsen und Fisch reichlich Purine enthalten.

TIPP: Das Essen der blanchierten Kirschtomaten empfiehlt sich im Ganzen per Hand mittels Stielansatz, da mit der Gabel oft Pannen passieren, wie z. B. quer über den Tisch flutschende Tomaten oder/und unerwünschte Spritzer.

Vital-Teller-Menü/Person:	●● Gemüse (~2 Handvoll)	● Stärke-Beilage (~1 Handvoll)	● Eiweiß-Zulage (~1 Handvoll)	🟠 Extra-Fett (~ 1 EL)	♥ Süßes (optional)
	Kirschtomaten, Petersilienpaste | Rucola- oder Kresse-Salat	Crostini	Saiblings-Filet und Linsen	Olivenöl-Würzpaste	1 Handvoll Obst

Forelle/Saibling gebraten

Im Ganzen am Backblech im Rohr gebratene/geschmorte Fische nach Helgas Rezept gehören zu den köstlichsten und auch für Gäste enorm praktisch zubereitbaren Fischgerichten. Es bieten sich dazu einheimische Regenbogenforellen, Saiblinge oder Reinanken an. Besonders exquisit, aber nur selten erhältlich sind die kleinen Süßwassersee-Saiblinge, von denen man pro Person 2–3 Stück braucht. Gesundheitlich noch wertvoller sind arktische Seesaiblinge, die neuerdings in sauberem Alpenwasser gezüchtet werden (→ „Lebensmittel-ABC", Fischauswahl, S. 268). Als Beilage empfehle ich Petersilienkartoffeln oder Kartoffelsalat mit Gemüse/und oder Salat nach Geschmack.

Rezept für 2 Personen:
2 ganze, ausgenommene Forellen • 2 EL Gemüsewürze • Rosmarin • Thymian • Salz • Mehl • 2 EL Butter/Öl 1:1 | *Beilagen:* Fenchelgemüse mariniert (→ Rezept, S. 75) • Petersilienkartoffeln/Kartoffelsalat (→ Rezept, S. 134)

Zubereitung:
Backrohr auf 180 °C vorheizen und Backblech bereitstellen. Nebenbei Kartoffeln im Schnellkochtopf in der Schale garen, abschrecken und schälen, in Butter gewälzt warm stellen und erst vor dem Servieren die frisch gehackte Petersilie dazugeben.

Fische innen und außen gut waschen und außen vorsichtig trocken tupfen. Den Bauch mit Gemüsewürze und frischen oder getrockneten Kräutern füllen. Außen leicht salzen und mit etwas Mehl stauben.

Backblech mit einem Teil des Bratfettes befetten, Fische drauflegen, mit etwas Fett beträufeln und ins heiße Rohr geben.

Die Garzeit beträgt etwa 15–20 Minuten, je nach Fischgröße. Man erkennt an den weißlich herausquellenden Augen, dass der Fisch gar ist.

TIPP: Beim Zerlegen am Esstisch lassen sich die Gräten am besten entfernen, wenn Sie am Fisch an dessen seitlich sichtbarer Linie vorsichtig entlangschneiden und dann von der Flosse her ganz langsam den Grätenstrang herausziehen.

NÄHRSTOFF-INFO

FORELLE/SAIBLING/REINANKE
Diese einheimischen Süßwasserfische liefern wertvolles, leicht verdauliches Eiweiß, wenig Fett und reichlich Mikronährstoffe (vor allem bei guter Haltung oder Wildfang). Die arktischen Seesaiblinge aus österreichischer Zucht punkten zusätzlich mit Omega-3-haltigem Fischöl. Näheres zur Fischauswahl und Inhaltsstoffen finden Sie im „Lebensmittel-ABC" (S. 268). ⊖ Bei erhöhten Harnsäurewerten (Gicht) ist die Fischhaut unbedingt zu entfernen, da diese die meisten Purine enthält.

VARIANTE

▷ **Exklusiv-Fischöl-Plus:** mit in Österreich gezüchteten maritimen Seesaiblings-Arten

Schnelle Variante mit Filet

Gemüse (~2 Handvoll)	Stärke-Beilage (~1 Handvoll)	Eiweiß-Zulage (~1 Handvoll)	Extra-Fett (~ 1 EL)	Süßes (optional)
Sprossen/Salat Fenchelgemüse	Petersilienkartoffeln/ Kartoffelsalat	Forelle/Saibling	Butter/Olivenöl (Nüsse im Dessert)	3–4 EL Obstsalat mit Walnüssen

Vital-Teller-Menü/Person:

Schweins-Medaillons mit Apfel und Oregano

Wenn Sie (als Fleisch-Esser) das Glück haben, an Bioschweinefleisch zu kommen oder an das Fleisch einer waschechten Almsau, braucht es auch eine sommerlich-saftige, vitalstoffreiche Zubereitungsform. Diese sehr raffinierte, schnelle Komposition kommt auch bei Gästen sehr gut an – sie muss aber frisch zubereitet werden. Als Beilagen bieten sich Tomatensalat mit Oliven und Brot, Chapati oder Cracker (→ Rezepte, S. 121, 122) an.

Rezept für 4 Personen:
500 g Schweinsfilet (Medaillons) • 2 TL Salz • 2 TL weißer Pfeffer • 2 TL Estragonsenf • 4 säuerliche Äpfel • 2 große Zwiebeln • 1 EL Öl • 4 EL frischer Oregano | *Beilage:* Tomatensalat

Zubereitung:
Die etwa 2 cm dicken Medaillons mit der Salz-Pfeffer-Senfmischung bestreichen (am besten mit den Fingern in einem Suppenteller herumwälzen) und einige Minuten durchziehen lassen.

Äpfel waschen, vierteln, vom Gehäuse befreien und in Spalten schneiden. Zwiebeln halbieren und schmal halbringförmig schneiden.

Fleisch etwa 3 Minuten von beiden Seiten in der Pfanne anbraten und auf einem Teller bedeckt beiseitestellen.

Die Zwiebeln in derselben Pfanne mit etwas Öl vergolden, dann die Apfelspalten zugeben, beides etwa 5 Minuten garen, Fleisch dazugeben, vorsichtig durchrühren und sofort mit frischem Oregano bestreut servieren.

Vital-Teller-Menü/Person:	Gemüse (~2 Handvoll)	Stärke-Beilage (~1 Handvoll)	Eiweiß-Zulage (~1 Handvoll)	Extra-Fett (~ 1 EL)	Süßes (optional)
	Tomatensalat Zwiebel-Apfel-Sauce	Brot/Chapati/Cracker	Schweins-Medaillons (mit Apfel und Zwiebel)	Salat mit Oliven	(1 Apfel in der Sauce)

Bauernbratl

Dieses saftig-köstliche (wunderbar aufwärmbare) Feiertags-Schmorgericht von Wahloma Rosl wird klassisch mit Bio-Lamm-, -Kaninchen- oder -Kalbfleisch zubereitet (Schulter oder Schlögl).

Rezept für 6–8 Personen:

2 große Zwiebeln oder 1 Bund Frühlingszwiebeln oder Perlzwiebeln • 3 Knoblauchzehen • 6 Karotten • 6 gelbe Rüben • 1 gelbe (oder/und rote) Paprika • ca. 2 kg Lamm-, Kalbs- oder Kaninchenfleisch • 3 EL Rapsöl • 6 Gewürznelken • 1/8 l Weißwein zum Ablöschen • 3 EL Gemüsewürze • 1 TL Rosmarin • 1 TL Thymian • Pfeffer • evtl. Salz • 12–14 mittlere Kartoffeln • 2 Gläser Wasser für die Schmorsauce • evtl. 1/8 l Schlagobers und 1 EL Mehl zum Binden • Rosmarin- oder Thymianzweigerl zum Dekorieren • Preiselbeeren zum Servieren | *Beilagen:* Sauerkraut, Krautsalat oder Smoothie als Aperitif

Zubereitung:

Gemüse vorbereiten: Zwiebeln schälen und grob stückig schneiden, Frühlingszwiebeln säubern, waschen und in etwa 4 cm lange Stücke zerteilen. Geschälte Karotten und gelbe Rüben längs viertln oder halbieren (bei dünnen Karotten) und in etwa 3–4 cm lange Stücke schneiden (Kartoffeln erst später vorbereiten). Falls dazu gewünscht: Paprika waschen und in längliche Streifen schneiden.

Das Fleisch im Bräter in heißem Öl kurz anbraten, herausnehmen und bedeckt beiseitestellen. Nun die groben, mit Gewürznelken gespickten Zwiebelstücke goldgelb anbraten, restliche Gemüsestücke dazugeben und kurz mitschwitzen. Fleisch wieder dazugeben, mit Weißwein ablöschen und Alkohol verdunsten lassen. Mit Wasser oder Gemüsebouillon aufgießen, gut würzen mit Rosmarin, Thymian, Pfeffer und Gemüsewürze und zugedeckt 1–1,5 Stunden am Herd schmoren lassen. Fleisch eventuell einmal umdrehen oder mit Saft übergießen.

Kartoffeln schälen, viertln und ab etwa 20 Minuten vor Ende der Garzeit im Saft mitgaren. Die Sauce (kann am Schluss mit einer Mehl-Rahm-Mischung gebunden werden) abschmecken, eventuell mit Kräutern und Salz nachwürzen. Beim Anrichten mit Rosmarin- oder Thymianzweig abrunden, mit Preiselbeeren und großer Salat-Beilage servieren.

NÄHRSTOFF-INFO

LAMM-BAUERNBRATL

Frisches oder tiefgekühltes Bio-Lammfleisch aus Freiland-Mutterhaltung liefert Eiweiß, reichlich muskelstärkendes L-Carnitin, hirnschützende Phospholipide und wertvolle ungesättigte Fettsäuren – besonders bei Almhaltung im Sommer! Je älter das Tier, umso höher wird der Gehalt an weniger wertvollen Fetten (Triglyceriden) und je weniger frisch das Fleisch ist, desto mehr von den empfindlichen ungesättigten Fetten beginnen sich zu zersetzen, was den oft unangenehmen, strengen Geschmack bedingt. Lamm schmeckt daher milder als Schaf oder Hammel und je frischer, umso besser auf allen Linien! Durch das längere Schmoren geht einiges an Vitaminen des Saucen-Gemüses verloren, dessen Mineralstoffe bleiben aber erhalten. Gemüsefreaks können auch am Ende des Garvorganges noch frische Karotten etc. beizugeben und diese nur gerade bissfest garen. Als Vitaminstoß wären zu diesem Gericht ein Rohkost-Smoothie (z. B. als Vorspeise) und ein frischer Sprossen-Salat ideal.

TIPP: Thymian harmoniert übrigens besonders gut mit Lammfleisch, da auch im Fleisch selbst das ätherische Öl namens Thymol enthalten ist.

VARIANTE

▷ **Wurzelgemüse:** Sellerie- oder Pastinaken-Stücke oder Perlzwiebeln mitgaren.
▷ **Beilage:** beliebige Getreide/Nudeln/Kartoffel-Varianten/Kartoffelsalat

	Gemüse (~2 Handvoll)	Stärke-Beilage (~1 Handvoll)	Eiweiß-Zulage (~1 Handvoll)	Extra-Fett (~ 1 EL)	Süßes (optional)
Vital-Teller-Menü/Person:	*Krautsalat/Sauerkraut* *Wurzel-Gemüse-Sauce*	*Kartoffeln* *(in der Sauce)*	*Bratenfleisch*	*Salatöl/Butter/Nüsse* *(Walnüsse im Kraut)*	*1–2 EL Preiselbeeren* *(zum Braten)*

Rindsschnitzel in heller Wurzel-Sauce (ohne Rotwein)

Wild- oder Rindfleisch in Wurzelsauce

Dieser köstliche Schmorbraten von Uromi Grete (oder auch die schnelle Form als „Rindsschnitzel in Wurzelsauce" nach Helgas Rezept) eignet sich beispielsweise als großer Weihnachtsbraten für die Familie oder Freunde. Das Gericht ist zeitaufwändig, lässt sich aber gut vorbereiten und schmeckt aufgewärmt am zweiten Tag fast noch besser. Perfekt dazu harmoniert Rotkraut mit Walnüssen und Preiselbeeren. Beim Fleisch können Sie zwischen magerem Rind oder Wild wählen, wobei es bei beiden auf die Herkunft ankommt (→ Nährstoff-Info). Im Menü fehlt ausnahmsweise die Rohkost – bei so viel Gemüse muss das aber nicht immer sein.

Rezept für 8 Personen:

3 große Zwiebeln • 8 Karotten • 1 Sellerieknolle • ca. 2 kg Hirsch-, Reh- oder Gams-Fleisch • (Schlögel, Schulter, Rücken, Filet) • etwas Öl • 1/8 l Rotwein • 1 EL Gemüsewürze • 3 Wacholderbeeren • Salz • Pfeffer • 125 g Preiselbeermarmelade • 1/4 l Süßrahm • 2 TL Mehl zum Binden | Beilagen: Rotkraut (→ Rezept, S. 65) • Stärke-Beilage nach Wahl (→ Bild: Buchweizen-Pizzocheri, S. 177) • Preiselbeeren zum Servieren

Zubereitung:

Das Rotkraut kann auch schon am Vortag zubereitet werden. Wurzelgemüse waschen, schälen, zerteilen, klein hacken (alle gleich).

Fleisch in einem großen Bräter in etwas Öl rundherum anbraten und herausnehmen. Im Bratensatz das klein gehackte Wurzelgemüse (zuerst die Zwiebeln) anschwitzen, mit Rotwein ablöschen und den Alkohol kurz verkochen lassen.

Fleisch wieder dazugeben, mit Wasser so weit aufgießen, dass etwa 1/3 des Fleisches in der Flüssigkeit ist. Mit Gemüsewürze, Wacholderbeeren, Salz und Pfeffer 1–1,5 Stunden zugedeckt köcheln lassen. Ab und zu mit Saft begießen.

Das Fleisch mit einer Fleischgabel herausnehmen, mit einem elektrischen Messer in Scheiben schneiden und später in die fertige Sauce zurückgeben.

Die Sauce mit einem kleinen Glas (selbstgemachter) Preiselbeermarmelade perfektionieren, abschmecken. Zum Komplettieren die Sauce mit dem Mixstab „schlampig" pürieren – ein paar Gemüsestückchen dürfen sicht- und spürbar sein – und mit Süßrahm abrunden, Sauce gegebenenfalls mit etwas Mehl stauben und nachsalzen.

VARIANTE

▷ **schnelle Rindsschnitzel in Wurzelsauce:**
Für 4 Personen werden 4 schöne Scheiben Rindfleisch (Beiried) im Schnellkochtopf im gewürzten heißen Wurzelsud gekocht. Dazu je 2 Handvoll klein gehackte (angeschwitzte, mit 1/16 l Rotwein abgelöschte) Zwiebeln, Karotten und Sellerie mit 1 EL Gemüsewürze und Pfeffer würzen, knapp mit Wasser bedecken und einmal aufkochen lassen. Das Fleisch (eventuell vorher kurz beidseitig anbraten) in die kochende Sauce einlegen und ab Ventilschluss etwa 4 Minuten garen. Sauce schlampig pürieren und mit 2 EL Preiselbeeren und 2 EL Rahm (mit 1 TL Mehl versprudelt) abrunden; (Tiefkühl-)Rotkraut, Nudeln und Preiselbeeren dazureichen.

Vital-Teller-Menü/Person:	**●● Gemüse** (~2 Handvoll)	**● Stärke-Beilage** (~1 Handvoll)	**● Eiweiß-Zulage** (~1 Handvoll)	**🔥 Extra-Fett** (~ 1 EL)	**❤ Süßes** (optional)
	Rotkraut Wurzel-Gemüse-Sauce	Nudeln/Knödel/ Spatzln/Polenta ...	Braten/Fleisch	Walnüsse (im Rotkraut)	1–2 EL Preiselbeeren (zum Braten)

177

Entencurry mit Orange

Diese exotisch/indische Mischung hat ihren ganz besonderen süß-wärmend-pikanten Reiz und eignet sich daher eher für die kalte Jahreszeit. Das Gericht harmoniert sehr gut mit Couscous als – zudem praktische – Stärke-Beilage. Eine Gemüsesuppe und ein kleiner Sprossensalat runden das exquisite Essen ausgewogen ab.

Rezept für 4 Personen:

600 g enthäutete Entenbrustfilets • 1–2 EL Rapsöl • 1/2 TL ganzer Kreuzkümmel • 2 ganze Gewürznelken • 2 große Zwiebeln in Ringen • 2 zerdrückte Knoblauchzehen • 2 zerdrückte „Zehen" Ingwer • 2 TL Kreuzkümmelpulver • 1 TL Kurkumapulver • 1/4–1 TL Chilipulver • 100 g gehackte Tomaten (oder 1/2 Dose) • 100 ml Wasser • 2 Orangen, eine davon ausgepresst • 1/2–1 TL Salz • 1 EL Rosinen • Koriandergrün/ Petersilie | Sprossensalat-Beilage • Gemüse-Vorspeise (Suppe)

Zubereitung:

Entenfilets versäubern und in etwas dickere Medaillons schneiden.

Die Gewürze der Reihe nach in heißem Öl (wie unter „Von der Kunst des Würzens" näher beschrieben) anschwitzen/anbraten: 1. ganze Gewürze, 2. Zwiebeln, 3. Knoblauch mit Ingwer, 4. Pulver-Gewürze einmal aufschäumen lassen und zuletzt erst das Fleisch rundherum vergolden.

Aufgießen mit Tomaten, Wasser und dem ausgepressten Saft einer Orange. Salz und Rosinen beifügen und 20 Minuten köcheln lassen. Am Ende die zweite Orange gehackt dazugeben und noch 1 Minute durchziehen lassen.

Zum Abschmecken kann auch noch eine Gewürzmischung wie „Garam masala" verwendet werden. Mit Koriandergrün oder Petersilie dekorieren.

Vital-Teller-Menü/Person:	Gemüse (~2 Handvoll)	Stärke-Beilage (~1 Handvoll)	Eiweiß-Zulage (~1 Handvoll)	Extra-Fett (~1 EL)	Süßes (optional)
	Sprossen-Salat Gemüse-Suppe	Couscous	Entenfleisch	Salatöl/Ölsaaten (z. B. Cashews im Curry)	Orange in der Curry-Sauce

Lamm-Curry in Mandelsauce

Dieses Lammgericht der Extraklasse wurde von Christina aus Indien mitgebracht. Je besser die Tiere gehalten werden, umso besser, zarter und gesünder das Fleisch (→ Nährstoff-Info Bauernbratl, S. 175). Dazu harmonieren Vollkornbasmatireis genauso wie „indisches Kartoffelcurry" und jedes pikante Gemüse der Wahl, beispielsweise das „Gemüse-Duo" (→ Rezepte, S. 137).

Rezept für 4 Personen:

1 EL Öl • 500–600 g Lammfleisch-Ragout • Salz • 1 EL Öl • 2 Zwiebeln • 3 Knoblauchzehen • 1 „Zehe" Ingwer • 2 TL Korianderpulver • 1 TL Garam Masala • 1/2 TL Chilipulver • 1/4–1/2 TL Zimtpulver • 1/4 TL Nelkenpulver • 1/2 TL Kardamompulver • 2 EL Wasser • 1/8 l Süßrahm/Mandelmilch • 1 TL Mehl • 3 EL Mandelblättchen | *Beilagen:* Gemüse nach Wahl • Rohkost

Zubereitung:

Fleischragout in heißem Öl rundherum anbraten, salzen und beiseitestellen.

Für die Sauce die Gewürze der Reihe nach (zusammenfindend) in heißem Fett anschwitzen: 1. gehackte Zwiebeln, 2. zerdrückten Knoblauch und Ingwer, 3. Pulvergewürze kurz in der Mischung aufschäumen lassen, mit etwas Wasser ablöschen, das Fleisch zugeben und Curry für einige Minuten gemeinsam garen.

Curry mit versprudelter Rahm-Mehl-Mischung verfeinern, mit Salz abschmecken und bestreut mit Mandelblättchen servieren.

VARIANTEN

▷ **Experimentieren Sie mit Eiweiß-/Gemüse-/Stärke-Zulagen und Gewürzen.**
▷ **Kalbs- oder Putenfleisch-Ragout**
▷ **vegan:** Tofu-Würfel in Mandelsauce mit Kokosmilch
▷ **vegan:** Kichererbsen in Kokosmilch-/Kokosflocken-Sauce
▷ **Gemüse:** Gemüse-Currys (→ Rezepte, S. 135), indischer Spinat (→ Rezepte, S. 74), beliebige Gemüse-Kreationen
▷ **Stärke-Beilagen:** Basmatireis, Wildreis, Vollkorn-Risottoreis, Kartoffeln (z. B. Kartoffel-Currys, Sesamkartoffeln, Salat), Quinoa, Amaranth, Polenta (passt besonders gut zu Lamm)

Vital-Teller-Menü/Person:	Gemüse (~2 Handvoll)	Stärke-Beilage (~1 Handvoll)	Eiweiß-Zulage (~1 Handvoll)	Extra-Fett (~ 1 EL)	Süßes (optional)
	Salat/Sprossen/Smoothie Gemüsecurry/indischer Spinat	Reis/Kartoffeln/Getreide	Lammragout	Salatöl/Mandeln	1 Handvoll Obst

Süßes in Maßen:
Getränke, Desserts, Kuchen, Kekse

Auch in einem Vital-Kochbuch haben Desserts und süße Kleinigkeiten ihren Platz. Einige davon sind relativ gesunde, zuckerarme Alternativen, um Süßgelüste sinnvoll zu befriedigen. (→ Tipps bei ausgeprägten Süßgelüsten, S. 181). Dennoch sind die meisten Nachspeisen trotz guter Zutaten Naschereien, die Blutzuckerspitzen verursachen und unsere Körperchemie belasten. Allerdings sind hausgemachte Süßigkeiten meist kalorien- und chemikalienärmer und zugleich wertstoffreicher als Fertigprodukte, weil Sie selbst entscheiden, wie viel Zucker und welches Fett hineinkommt, und Sie können künstliche Zutaten vermeiden. Es gilt die Grundregel, Süßes nur selten und wenn, dann achtsam und dosiert zu genießen und bei Übergewicht auf die in den Tipps genannten Alternativen auszuweichen.

Süße „Kleinigkeiten" nach dem Vital-Teller-Modell.
½–1 Handvoll Obst oder 1 EL Trockenobst
3–4 EL hausgemachtes Kompott oder Apfelmus
2 EL Süß-Saures (z. B. zum Hauptgang)
1–2 Vollwert-Kekse

⊕ Kaum bis wenig süße Alternativen:
1 Glas Gewürz-Lassi
1 Handvoll Topfen/Joghurt-Creme (EW-Baustein)

An besonderen Tagen (mit viel mehr Bewegung):
½–1 Handvoll Vollwert-Kuchen
½–1 Handvoll sonstige Desserts

⊖ Süße Getränke (besonders zuckerreich):
Fruchtsäfte nur selten und sehr verdünnt genießen!
Obst für Smoothies 1:4 mit Gemüse verdünnen!
Alle süßen Fertiggetränke meiden!

Beispiele für Vital-Teller-Menüs mit einer Miniportion Süßes:

●● **Gemüse-Bausteine:** ~2 Handvoll	● **Stärke-Beilage:** ~1 Handvoll	● **Eiweiß-Zulage:** ~1 Handvoll	● **Extra-Fett:** ~1 EL	♥ **Süßes:** wenig, optional
Gemüse-Duo ayurvedisch	Basmatireis	Gelbe-Linsen-Dal	Cashewkerne und Ghee	1–2 Vollkornkekse
Tomaten-Sugo Gurkensalat	Vollkorn-Penne	----- (Topfen im Dessert)	Olivenöl (im Sugo und im Salat)	1 Handvoll Topfencreme (+ 1 EL Marillen-Marmelade)
Wurzel-Gemüse-Sauce Rotkraut	Buchweizen-Pizzocheri	Rindsschnitzel (mit Wurzelsauce)	Rapsöl und Süßrahm Walnüsse (am Rotkraut)	2 EL Preiselbeeren

Beim süßen Naschen sollten Sie auf die Menge, die Menü-Kombination und den Zeitpunkt achten.
Ayurveda-TIPP: Wenn Sie (ein wenig) Süßes wie beispielsweise Chutney oder Marmelade in den Hauptgang integrieren, ersparen Sie sich späteren Süßhunger.

⊕ Sie werden sehen, je weniger süß die Nachspeise, das Frühstück oder eine Zwischenmahlzeit ist, umso weniger Süßhunger (ausgelöst durch Blutzucker- und Insulinspitzen mit nachfolgendem Blutzuckerabfall) in den folgenden Stunden. Am besten lassen Sie im Alltag süße Nachspeisen, süße Zwischenmahlzeiten und Naschereien mittelfristig überhaupt weg. Selbst Obst ist wegen des appetitsteigernden Fruchtzuckers meiner Meinung nach als Zwischenmahlzeit ungünstig. Geben Sie sich aber Zeit, Ihre Gewohnheiten zu verändern, und gönnen Sie sich an besonderen Tagen eine süße Ausnahme. ⊕ Diese sollten Sie dann allerdings besonders achtsam, langsam und bewusst auskosten.

⊕ Nahezu zuckerfreie Alternativen für die mit süßem Geschmack verbundenen Glücksgefühle:
scharf-süßliche Gewürze: Anis (Chili s. u.), Fenchel, Kardamom, Nelken, Piment, Sternanis, Vanille, Zimt
Gewürz-Lassi, Gewürzmilch/Schlafmilch, ungezuckerter Chai mit Milch (→ alle Rezept, S. 184)
schluckweises Trinken von „ayurvedischem" Heißwasser (→ Tipps „Übergewicht, Abnehmen, Diät", S. 212)
Gewürz-Topfen-/Joghurtcremen ohne Obst/Marmelade (→ Rezepte, S. 199)
2–3 Nüsse oder Mandeln achtsam genießen, bei großem Hunger auch 1- 2 EL.
Vollkornbutterbrot langsam und achtsam auskosten.
Gemüsesticks von Karotten, Rohnen, Kohlrabi etc. knabbern.
Sämige Green Smoothies oder zuckerfreie Kräuterdrinks löffeln (→ Rezepte im Gemüseteil, S. 56).
Kauen von Fenchel-/Anissamen oder Süßdolden-Blättchen
kleine Mengen von langsam gekauten Grundnahrungsmitteln, wie Vollkornbrot, Vollreis, Kartoffeln
ayurvedisches Essen: mit im Hauptgang integriertem süßem Chutney

⊕ „Chili statt Schoki": Der scharfe Chili-Wirkstoff Capsaicin bewirkt den sogenannten „pepper-high-effect" durch die Ausschüttung von körpereigenen Motivationsbotenstoffen (Endorphinen, Serotonin, Dopamin). Auch Paprika, schwarzer und langer Pfeffer enthalten Capsaicinoide (→ „Vitalstoff-ABC", S. 280).

⊕ „Achtsames Ersetzen" und achtsames Genießen: gute Strategie zum genüsslichen Kaloriensparen
(wobei alle diese Varianten einen Zucker-Kick mit Blutzucker-/Insulinwirkung haben)
1–3 achtsam genossene Rosinen statt Kuchen
1–2 Dinkel-/Haferkekse (→ Rezept, S. 188) statt Packung XY-Kekse
Schokopudding statt Schokolade: Schokohunger kalorienarm befriedigen, ⊕ Kochen = Selbstfürsorge

Was bei Ihnen von diesen Tipps nachhaltig funktioniert, können nur Sie selbst durch Experimentieren herausfinden. Befriedigen Sie seelischen „Süß-Hunger", also Bedürfnisse nach Nähe, Ruhe, Geborgenheit, Liebe, Sicherheit, Trost und Wohlbefinden, am besten mit anderen Methoden als Essen, beispielsweise mit süßen Düften, einer wärmenden Öl-Selbstmassage, einem duftenden Vollbad, einer Verwöhndusche, Zärtlichkeit, Zwiegespräch, einem Nickerchen mit Wärmflasche oder mit sanfter Musik.
(Tipps und Literatur → „Wie essen", S. 20 ff)

GEWÜRZ-LASSI

Dies ist ein praktisch zuckerfreier, zarter Süßgenuss vom Feinsten. Ein Hauch von verdünntem Eiweiß, ein Hauch Milchzucker, sämig und würzig mit Gewürzen fördert sanft die Sekretion der Verdauungssäfte (nach dem Essen), unterstützt damit die Verdauung und befriedigt „nebenbei" Süßhunger wirkungsvoll.

HINWEIS: ⊖ Lassi kennen viele Menschen aus indischen Restaurants in Form des gehaltvollen, sehr süßen Mangolassis. Dieses ist eine wahre Kalorien- und Zuckerbombe – also für die meisten Menschen unsinnig – insbesondere als Aperitif, da es ziemlich satt macht und zudem schwer verdaulich ist.

▷ **Gewürze:** mit Rosenwasser, Piment, Nelken ...
▷ **salziges Lassi:** leicht gesalzen als Aperitif, auch mit Kreuzkümmel und Pfeffer

Gewürz-Lassi

Rezept für 2 Personen:
8 EL Naturjoghurt (3,6 %) • 400 ml Wasser • 1–2 Msp. Zimt • 1–2 Msp. Kardamom • evtl. 1–2 Msp. Vanillezucker

Zubereitung:
Naturjoghurt (3,6 %) auf 1:4 oder 1:5 mit Wasser verdünnen, gut mit dem Milchschäumer versprudeln und nach Belieben würzen.

TIPP: Das ist die leichteste, flüssige Nachspeise dieses Buches, die Sie auch bei Süßhunger zwischendurch (ohne spätere Heißhungerattacke) hemmungslos genießen dürfen. Dieses traditionelle ayurvedische Lassi ist stark verdünnt, schmeckt köstlich erfrischend, belastet nicht und wird gewürzt, leicht salzig oder ganz leicht würzig-süßlich Schluck für Schluck achtsam genossen.

„Schlafmilch"

Gewürzmilch/ ayurvedische „Schlafmilch"

Die gewürzte, warme Milch ist ideal zum „Herunterkommen" nach einem intensiven Abend oder arbeitsreichen Tag. Zudem befriedigt sie Süßgelüste hervorragend, wenn Sie diese achtsam und schluckweise genießen.

Rezept für 1 Person:
200 ml Milch • 2 Msp. Kardamom • evtl. 1–2 Msp. Vanillezucker • 1 Msp. Zimt • 1/2 Msp. Kurkuma • 1/4 Msp. Muskatnuss

Zubereitung:
Milch kurz aufkochen, wegstellen, würzen und gut versprudeln.

NÄHRSTOFF-INFO

GEWÜRZMILCH/SCHLAFMILCH

⊕ Milch enthält Tryptophan (die Vorstufe des Wohlfühlbotenstoffes Serotonin), welches durch den Milchzucker und das Milchfett schnell ins Gehirn geschleust wird. Die meisten wertvollen Inhaltsstoffe liefert Bio-Rohmilch, insbesondere B-Vitamine, edle Fettsäuren und Carotionoide. Milch gilt im Ayurveda als „Kapha"-Lebensmittel – ist also sehr nährend, schwer, einschleimend und beruhigend. Auf Grund der eher schweren Verdaulichkeit wird Milch stets unabhängig von anderen Lebensmitteln als eigene warme „Mahlzeit" und gut gewürzt empfohlen. Durch die Gewürze wird Milch nicht nur köstlich, sondern leichter verdaulich und auch die diversen Eigenwirkungen der Gewürze tragen zur Beruhigung/Entstressung bei (→ „Gewürz-ABC"). Pikant gewürzt wirkt die Milch eher aktivierend und stärkend, beispielsweise in Form von Chai oder „Kurkuma-Latte". Bei Verschleimungsneigung und Übergewicht ist Milch als eher ungünstig einzuschätzen.

VARIANTE

eher aktivierend für tagsüber
▷ **„Kurkuma-Latte":** 1 TL scharfe Gewürzmischung mit 200 ml Milch erhitzen und aufschäumen (z. B. Kurkuma, Ingwer, schwarzer Pfeffer, Zimt, eventuell 1/2 TL Zucker) oder fertige Gewürzmischungen von Sonnentor.

CHAI

Begrenzender Faktor bei diesem köstlichen Tee ist neben der persönlichen Verträglichkeit der Milch und der Gewürze insbesondere der Zuckerzusatz und die Qualität des verwendeten Zimts (→ „Gewürz-ABC", S. 330). Ich empfehle nur Ceylon-Zimt zu verwenden. Anstelle des Yogi-Tees oder Chai-Masalas als Basis können Sie auch lose Gewürze wie zerkleinerte Zimtrindenstücke, Nelken, Piment, Pfefferkörner und Ingwerscheiben verwenden. Statt Zucker könnte auch ausnahmsweise etwas Süßstoff verwendet werden.

▷ unzählige Würzmöglichkeiten, auch mit fertigen Chai-Masalas und Chai-Mischungen

Chai/indischer Gewürztee (mit Milch)

Speziell im Winter oder an kalten Tagen ist dieser Gewürztee ein willkommener Energiespender am Nachmittag. Er kann mit oder ohne Schwarztee zubereitet werden – mehr oder weniger anregend. Chai bedeutet in Indien wortwörtlich „Tee mit Milch" und in unseren Breiten verstehen viele darunter Yogi-Tee oder Schwarztee mit Gewürzen. Für „original" indischen Gewürztee/Gewürzmilch gibt es vermutlich fast so viele Rezepte wie indische Haushalte, hier erfahren Sie meine persönliche Lieblingsvariante.

Rezept für 2 l Tee:

2 EL Yogi-Tee classic • 3 ganze Gewürznelken • 1 Zimtstange • 10 grüne Kardamomkapseln • 1/2 TL grob zerstoßene Kardamomsamen • evtl. 5–6 schwarze Pfefferkörner • 2 Sternanis • 2–4 EL Vollrohrzucker/Jaggery (Palmzucker) • 2 l Wasser oder Wasser-Bio-Rohmilch (1:1 Mischung) • evtl. Sojamilch anstelle von Milch

Zubereitung:

Gewürzmischung in einem Mullsäckchen oder Teefilter ins kochende Wasser geben, mindestens 20 (besser 30 Minuten) köcheln lassen, nach Geschmack mehr oder weniger zuckern.

Vor dem Servieren die Milch zugeben und das Ganze noch einmal aufkochen, oder den Wasser-Chai individuell nach Belieben mit einmal aufgekochter Milch (oder Sojamilch, zB bei Milchunverträglichkeit) direkt beim Ausschenken abrunden.

Buttermilch-Himbeer-Shake

Buttermilch-Obst-Shakes

Diese erfrischend-leichten Mixgetränke können Sie mit fast jedem Obst Ihrer Wahl zaubern. Falls im Hauptgericht noch kein Extra-Fett enthalten war, können Sie auch den Drink gesundheitsfördernd-sämig „auffetten".

Rezept für 2 Gläser:
1/4 l Buttermilch • 1/2 Tasse Himbeeren • evtl. 1 EL Ölsaaten/Nüsse der Wahl

Zubereitung:
Zutaten miteinander vermixen und genießen, eventuell mit Nüssen gezielt aufwerten.

Topfen-/Joghurt-Cremen

Diese blitzschnell zubereiteten, köstlichen eiweißreichen Cremen eignen sich sowohl als Dessert als auch als Brotaufstrich. Köstlich sind zartsüße Topfenaufstriche beispielsweise als kalorien- und zuckersparender Marmelade-Ersatz, den Sie esslöffelweise beim Frühstück oder Abendessen aufs Brot streichen können (→ Rezepte Frühstücksgerichte, S. 38).

Grundrezept für 4 Personen:

250 g Magertopfen/Natur-Joghurt/1:1-Mischung davon 1–2 EL Milch zum Cremigrühren (bei reinem Topfen) • 1–2 EL Extra-Öl: z. B. 1 EL Leinöl und 1 TL Weizenkeimöl oder 2 EL Ölsaaten wie Hanfnüsse, Chiasamen oder Walnüsse • süße „Einlage" nach Geschmack: 1/2 Handvoll Obst, 1–2 EL Obstmus, 1 EL Marmelade • Gewürze nach Geschmack: Zimt, Kardamom, Piment, Nelken, Vanille, Rum

VARIANTEN

▷ **Obst-Topfen-Cremen/Obst-Joghurt-Cremen:** 1/2–1 Handvoll frisches, zerkleinertes Obst der Saison/(Tiefkühl-)Beerenobst oder 1 TL–1 EL hausgemachte Marmelade/Apfelmus/Kompott

▷ **Ricotta-Obst-Schichten-Creme (→ Bild, S. 187):** z. B. mit Ribiseln, schichtweise in ein Glas einfüllen: Ricotta pur, Beeren, Mischung aus Ricotta und Ribiselmarmelade, Beeren, Mischung, Beeren, Ricotta oder Sahnejoghurt pur, mit Vanillezucker garniert

▷ **Marillen-Müsli-Schoko-Becher (→ Bild, S. 187):** für 2 Personen 4 Marillen und 1 Orange in Stücken, 4 EL (kurz in Heißwasser eingeweichte) Hirse- oder Haferflocken, 2 Stück gehackte Bitterschokolade, 4 EL Magertopfen (mit etwas Milch und Vanillezucker cremig gerührt) in Schichten

▷ **Honig-Nuss-Creme:** griechisches Vollfettjoghurt, 1 EL Honig, 2 EL grob gehackte Walnüsse

▷ **Malaga-Creme:** 1–2 EL in etwas Rum eingeweichte Rosinen, 1 TL edler Vanillezucker

▷ **Kaffee-Creme:** 1 EL Löskaffeepulver (pur), 1/2 TL Zucker

▷ **Schoko-Creme:** 1 EL geriebene Bitterschokolade, 1 EL Magerkakao, 1/2 TL Zucker

▷ **milchfreie Varianten:** mit Soja-/Kokosmilch-Produkten etc.

NÄHRSTOFF-INFO

TOPFEN-/JOGHURT-CREMEN

⊕ Diese Cremen sind leichte, eiweißreiche „Light-Nachspeisen", die man sicher in hunderten persönlichen Geschmacksvarianten zubereiten kann. Sie sind – vorausgesetzt, Sie gehen sparsam mit den süßen Einlagen um – keine süßen Sünden mehr und eignen sich wohldosiert auch hervorragend für Abnehmwillige. Das leicht verdauliche Milcheiweiß und minimal enthaltene Milchfett kann (je nach Gesundheitsbedarf, Körpergewicht und Blutfettwerten) mit 1–2 EL wertvollem pflanzlichem Omega-3-haltigem Leinöl oder Vitamin-E-reichem Weizenkeimöl aufgewertet werden. Auch der Zuckergehalt ist gering und kann selbst gesteuert werden. Mit frischen Früchten oder Tiefkühlbeerenobst kommen neben herrlichen Aromen noch reichlich Mikronährstoffe und Ballaststoffe dazu. Nützen Sie diese Cremen zur vollwertigen Abrundung von Vital-Teller-Menüs als Eiweiß-Zulage, wenn das Hauptgericht vorwiegend Kohlenhydrate und Ballaststoffe (Gemüse und Sättigungsbeilagen) enthält, wie beispielsweise Wohlfühlsuppen, Gemüse-Pasta oder Risotti – oder auch als Brotaufstrich.

HINWEIS: Im Ayurveda gilt die Kombination von Milch(produkten) und Obst als ungünstig. Das deckt sich (speziell bei diesen hausgemachten Sauermilchprodukt-Desserts) weder mit meiner Einschätzung, noch mit meiner beruflichen/persönlichen Erfahrung, noch mit ernährungswissenschaftlichen Fakten. Entscheidend ist aus meiner Sicht immer die persönliche Verträglichkeit, die es achtsam zu testen gilt.

Marillen-Müsli-Stracciatella-Becher

NÄHRSTOFF-INFO

MARILLEN UND ORANGEN

Frisches, reifes Obst (möglichst Bio) ist reich an Mikronährstoffen, sekundären Pflanzenstoffen (mit vielfältigsten Aromen), Ballaststoffen, aber auch an Zucker. Deshalb sollten Sie trotz der vielen Vitalstoffe nicht mehr als 1 Handvoll am Tag davon genießen – nehmen Sie lieber mehr Gemüse zu sich.

Das Besondere an der herrlich blumig-aromatischen reifen (!) Marille ist ihr Reichtum an antioxidativem Betacarotin.

Orangen liefern viel Vitamin C, B-Vitamine, Fruchtsäuren, Mineralstoffe, Bitterstoffe, Flavonoide (insbesondere in den weißen Fasern der Orangen) und viele Anthocyanidine (in Blutorangen). ⊖ Konventionell produzierte Orangen sind oft mit Spritzmittelrückständen belastet.

HINWEIS!

⊖ Fruchtjoghurts und süße Topfencremen aus dem Supermarkt sind wahre Zucker-, Aroma- und Kalorienbomben. Wenn Sie mit dem Taschenrechner die Zutatenliste eines scheinbar gesunden Fertigfruchtjoghurts auf den Packungsinhalt hochrechnen, dann gehen Ihnen die Augen auf: Ein gängiges Erdbeerjoghurt aus dem Supermarkt enthält etwa 3 EL Zucker und etwa 1/2–1 Erdbeere (entsprechend dem gesetzlichen Mindestgehalt an Frucht von 6 %). Probieren Sie diese Rezeptur einmal mit einem weißen Joghurt. Ob Ihnen das schmeckt? Sie werden sicher sagen: „Das ist zu süß und hat kein/kaum Erdbeeraroma." Kein Wunder, woher denn auch? Denn Sie selber verwenden ja vermutlich keine künstlichen Aromen, oder? Manche dieser Fruchtaromen haben nämlich deutliche Bitternoten, die mit viel Zucker übertüncht werden müssen – außerdem halten überzuckerte Joghurts wesentlich länger.

Ricotta-Ribisel-Creme

187

Dinkelkekse/Nervenkekse nach Hildegard

Dies sind meine allseits beliebten Ganzjahres-Kekse für akute Nasch-gelüste – schnell gemacht, knusprig, relativ wenig süß und doch genussvoll. Sie werden auch Ihre Freude daran haben, wenn Sie jeden Keks einzeln bewusst und achtsam genießen, denn selbst diese „gesunden" Kekse sind gehaltvoll! Im Weckglas sind sie übrigens ein ideales, persönliches und zudem Müll sparendes Mitbringsel zur nächsten Einladung. Die Grundlage des Rezeptes stammt aus den überlieferten Schätzen der Mystikerin Hildegard von Bingen, die bekanntlich eine große Wertschätzung für Dinkel hatte (nicht ganz zu Unrecht → Nähr-stoff-Info-Box und „Getreide-ABC").

Rezept für 2 lockere Bleche:
200 g frisch gemahlenes Dinkel-Vollkornmehl • 60 g feiner Voll-rohrzucker • 20 g geriebene Walnüsse oder Mandeln • 100 g Butter in kleinen Stücken • 1 Prise Salz • 2 Msp. Zimt • 1 Msp. Nelken oder Piment • 1/2 Msp. Muskat • 1 TL Weinstein-Backpulver • 1 Ei

Zubereitung:
Zutaten (vorerst ohne Ei) abbröseln, dann Teig mit Ei zügig kneten, in 3 Kugeln teilen und diese in Frischhalte-Folie gewickelt etwa 1 Stunde im Kühlschrank rasten lassen.

Jeden Teil zu einer Wurst formen und mit einem glatten Messer ca. 3 mm schmale Scheibchen abschneiden. Dies ergibt pro Teigrolle etwa 20 kleine „Minibrotscheibchen", die dann auf einem mit Backpapier ausgelegten Backblech verteilt werden.

Bei 175 °C etwa 10–14 Minuten (je nach Backrohr und Keksstärke) backen. Vorsicht: Die Kekse dürfen höchstens an den Rändern einen Hauch braun sein, sonst schmecken sie leicht angebrannt.

NÄHRSTOFF-INFO

DINKELKEKSE

Vollkornmehl und wenig Zucker machen diese Kekse vergleichsweise gesund, wenn sie auch trotzdem eine ⊖ Nascherei bleiben. Die Gewürze verbessern nicht nur den Geschmack, sondern auch Verdaulichkeit und Blutzucker-wirkung dieser Süßigkeit. Walnüsse und Lein-samen enthalten wertvolle Omega-3-Fett-säuren und sekundäre Pflanzenstoffe. Alle Samen und Nüsse sind darüber hinaus regel-rechte Mineralstoff-Konzentrate.

Omega-3-Kekse: mit wertvoller Alpha-Li-nolensäure (ALA): 40 g Walnüsse (ca. 4 g ALA), 40 g geschroteter Leinsamen (ca. 20 g ALA), 40 g Hanfsamen (ca. 15 g ALA), 40 g Chiasamen (ca. 24 g ALA)

VARIANTEN

▷ **Roggen-Dinkel-Kekse:** mit Roggenvoll-kornmehl anreichern (1:1)
▷ **Mandel-Kekse:** mit Mandeln statt Nüssen
▷ **Omega-3-Kekse:** mit 40 g geschrotetem Leinsamen, Hanfsamen oder Chia-Samen
▷ **vegane „Nervenkekse":** Zum Binden (statt Ei) können Sie 2 EL über Nacht in Wasser eingeweichte Leinsamen, Chiasa-men oder Pfeilwurzelmehl verwenden.
▷ **Sesam-Kekse (Achtung, Sesam schmeckt gerne vor!):** mit 10–20 g Sesam zum Leinsamen oder zu den Nüssen oder auch statt den Nüssen
▷ **Schoko-Dinkel-Kekse:** 1 EL Bitterscho-kolade-Stückchen untermischen.

Hafer-Vanillekipferl

Dieses Kriegs-Rezept von Uromi Grete besticht durch seine Einfachheit, sowohl in der Zusammensetzung als auch beim Zubereiten. Andere Vanillekipferl-Rezepte haben bei mir damit ausgedient, denn diese hier sind köstlich, mürb und zudem vergleichsweise kalorienarm. Ich persönlich verwende noch weniger Zucker (→ Varianten).

Rezept (für 1 Blech, etwa 50 Kipferln):
140 g geriebene Haferflocken • 40 g Butter/Fett • 40 g Zucker • 1 Msp. Weinstein-Backpulver • 1,5 EL Milch/Wasser • 1 Pkg./1 TL Vanillezucker (im Teig oder zum Wälzen)

Zubereitung:
Geriebene Haferflocken mit Butter abbröseln, Zucker, Backpulver und Flüssigkeit kurz verkneten. Den Teig auf einem Brett zu vier Rollen formen, kleine (knapp 1 cm dicke) Scheibchen abschneiden und Kipferl formen.

Auf einem mit Backpapier ausgelegten Blech bei 180 °C etwa 10 Minuten zart hellbraun (an den Kanten) backen und nach kurzem Überkühlen die sehr mürben Kipferln sanft in Vanillezucker hin- und herwälzen.

Bratäpfel

Diese herrliche, an Kindertage im Schnee erinnernde Winternach-speise für kalte Tage lässt sich auch sehr gut ein paar Stunden früher für viele Gäste vorbereiten. Diese „relativ" kalorienarme Süßigkeit kann pur oder mit zimtbestreutem Sauerrahm/Vollfettjoghurt (oder an Festtagen mit Vanilleeis) serviert werden.

Rezept für 4 Personen:
4 säuerliche Äpfel • 2 EL Butter • 4 EL Preiselbeermarmelade • evtl. 2 EL gehackte Walnüsse • Zimt

Zubereitung:
Kerngehäuse aus den gewaschenen Äpfeln herauslösen (Spezial-Aussste-cher) und die hohlen Äpfel in eine gebutterte feuerfeste Form stellen.

Mit demselben Ausstecher 2 cm lange Butterstücke ausstechen und von oben in die Äpfel hineinschieben.

Preiselbeermarmelade vermischt mit gehackten Nüssen einfüllen, mit Zimt bestreuen (nötigenfalls zwischendurch mit Folie bedeckt kühl stellen) und 30 Minuten bei 180 °C im Rohr braten.

Apfel-Streusel/
Apple-Crumble

Mit Vanille-Eis eignet sich dieses herrliche süß-säuerliche, kalt-warme Winter-Dessert ideal für Festtage und Gäste. Es ist auch unter dem Namen „Apple-Stew" oder Apple-Crumble" bekannt und geschmacklich mit Apfelstrudel nah verwandt. Vorteil: Statt des Blätterteiges (Fettbombe!) kommt hier nur selbstgemachter Streusel obendrauf und diesen komponieren und dosieren Sie selber. Praktisch: Sie können alles schon ein paar Stunden vorher richten, abgedeckt kühl stellen und dann während des Hauptganges im Rohr backen.

Rezept für 8 Personen:
8–10 Stück Boskoop-Äpfel • Saft von 1 Zitrone • 4 EL Rosinen • evtl. 1 EL Zucker • Zimt oder/und Kardamom nach Geschmack | *Streusel klassisch:* 120 g Butter • 200 g Mehl • 80 g Zucker | *Streusel „Minus-30-%":* 80 g Butter • 140 g Mehl (halb Vollkorn) • 50 g Zucker

Zubereitung:
Äpfel waschen und mit Schale stückig schneiden, mit Zitronensaft, gewaschenen Rosinen, Zucker und Zimt vermengen und in einer abgedeckten Schüssel kurz durchziehen lassen.

Für die Streusel die Butter sanft schmelzen, lauwarm Mehl und Zucker darin abbröseln. Äpfel auf ein befettetes Backblech 2–3 cm hoch aufschichten, mit Streusel bestreuen und unter Küchenfolie kühl stellen.

Bei etwa 160 °C etwa 45 Minuten backen. Heiß servieren mit Vanille-Eis (mit Zimt oder Kardamom bestreut).

Gedeckter Apfelkuchen

Ein traditionelles Weihnachts-Rezept von Oma Lotte, welches köstlich schmeckt. Dieser Kuchen erfordert aber beim Zubereiten etwas Geduld und Geschick, da nicht nur die Äpfel geschnipselt werden müssen, sondern auch das lückenlose Aufbringen des „Deckels" fordert. Die Mühe lohnt allemal – der Kuchen schmeckt und ist relativ leicht und bekömmlich. Für schlanke Genießer gehört Schlagobers unbedingt dazu.

Rezept für eine runde Springform (25 cm):
100 g harte Butter • 200 g Mehl (davon 100 g Vollkornmehl) • 1 TL Weinstein-Backpulver • 70 g Zucker • Vanillezucker • 1 Ei • 5–6 große säuerliche Äpfel • 1/4–1/2 TL Zimt • 1/2 TL Zitronensaft • 1 Dotter zum Bepinseln • Schlagobers zum Servieren

Zubereitung:
Für den Mürbteig die Butter bröckelig schneiden, mit Mehl (+ Backpulver) und Zucker, Vanillezucker abbröseln, dann das Ei einrühren, eine Kugel formen und den Teig 1/2 bis 1 Stunde in Frischhaltefolie gewickelt im Kühlschrank rasten lassen.

Äpfel schälen (sonst zerfällt der Kuchen) und klein schnitzeln, mit Zimt, Zitronensaft und etwas Zucker marinieren und ziehen lassen.

Später den Teig in zwei unterschiedlich große Teile teilen, 2/3 davon für Torten-Boden (mit Seitenwand) und das andere Drittel für den Deckel verwenden.

Das größere Teigstück (am besten zwischen 2 Stück Frischhaltefolie) vorsichtig etwas größer als tortenformgroß auswalken, mit Hilfe einer der beiden Folien in eine befettete, bemehlte runde Springform „stülpen" und vorsichtig mit den Fingern die Fläche nachbearbeiten und auch am Rand etwa 2 Fingerbreit hochdrücken. Marinierte Äpfel einfüllen.

Das andere Teigstück für den Deckel vorsichtig etwa tortenformgroß auf einer Frischhaltefolie auswalken und damit „gestützt" achtsam auf die Äpfel stülpen. Deckel mit den Fingern vorsichtig nachbearbeiten und eventuelle Löcher vom Rand her schließen.

Kein Muss: Mit Eigelb bepinseln (optisch sehr schön!) und etwaige „Teig-Löcher" damit übertünchen.

8 Minuten bei 220 °C und 25–30 Minuten bei knapp 200 °C backen. Mit ein bisschen Schlagobers servieren.

NÄHRSTOFF-INFO

APFELKUCHEN
⊖ Dieser Obstkuchen ist wie jeder Kuchen eine zuckrig-fette Nascherei, aber – im Vergleich zu jeglichem Fertigkuchen oder Konditorei-Sahnetorten – immer noch relativ gesund. Durch das notwendige Schälen der Äpfel fällt leider ein Teil der wertgebenden Inhaltsstoffe weg. So gesehen ist Apfel-Streusel (→ Rezept, 191), vor allem die Vitalvarianten, die nährstoffmäßig überlegene und zudem arbeitsärmere Süßigkeit.

Topfen-Mandel-Kuchen

Dies ist ein eher eiweißbetonter, mittelsüßer Kuchen nach Christinas Rezept, der ohne Schnee sehr schnell „zusammengemixt" ist – flaumiger und formschöner wird er natürlich mit Schnee. Trotz Magertopfen ist auch dieser Kuchen eine Süßigkeit. Noch gesünder und nicht weniger köstlich schmeckt der Kuchen, wenn Sie die Mandeln (teilweise) durch geriebene Haferflocken ersetzen (→ Variante).

Rezept für eine runde Springform (25 cm):

130 g Butter (gesünder: 100 ml Rapsöl) • 80 g Zucker • 3 Eier • 500 g Magertopfen • 3 EL Vollkorn-Grieß • 80 g geriebene Mandeln • 1–2 EL Rosinen nach Geschmack

Zubereitung:

Erst Fett und Zucker cremig rühren und dann Eier, Topfen, Grieß und Mandeln (oder geriebene Haferflocken) und eventuell Rosinen dazurühren.

In einer mit Backpapier ausgelegten runden Springform zuerst 10 Minuten bei 220° Unterhitze und dann 35–40 Minuten bei 150–175 °C langsam backen (Zahnstocherprobe).

Am Ende gleich mit dem Messer zwischen der Form und dem Kuchen rundherum durchfahren, damit die Torte nicht zusammenfällt.

NÄHRSTOFF-INFO

SCHWINDELMISÙ

⊖ Dieses Dessert ist eine gehaltvolle Nascherei, aber – vor allem im Vergleich zu übersüßtem und oft sehr fettem Durchschnitts-Tiramisù im Restaurant – kalorienarm. Der Zucker kommt ausschließlich von den Vollkornbiskotten und dem Vanillezucker. Je nachdem, womit Sie die Grundmasse zubereiten, können Sie den Fettgehalt steuern.

VARIANTEN

mit weniger Fett
▷ **Mascarpone-Joghurt-Mischung:** eins zu zwei verdünnt
▷ **Griechen-Joghurt-Variante:** Mit griechischem Sahnejoghurt wird das Schwindelmisù fast genauso gut und ist noch fettärmer.

Schwindelmisù

Dies ist ein herrlich schmeckender, vergleichsweise kalorienarmer Tiramisù-Ersatz mit einer Mascarpone-Joghurt-Mischung als Grundlage. Dennoch bleibt auch dieses Dessert eine echte Nascherei für spezielle Festtage.

Rezept für 6–8 Personen:
250 g Mascarpone • 250 g Naturjoghurt • 1–3 TL Vanillezucker • 3 Msp. Kardamom • 1/2 TL Rum • 1 Pkg. Vollkorn-Biskotten • 1 Tasse starker Espresso • 1–2 EL Magerkakaopulver

Zubereitung:
Mascarpone und Joghurt vermischen und mit Vanillezucker, Kardamom und Rum würzen.

Die Biskotten kurz in den kalten Espresso tunken und in eine Form – beginnend mit Biskotten – abwechselnd mit der Joghurtmasse einschichten. Die oberste Cremeschicht dicht mit Kakaopulver besieben und ein paar Stunden im Kühlschrank mit Folie abgedeckt durchziehen lassen.

KAROTTENTORTEN-VARIANTEN

Hier gilt wieder einmal: ⊖ „Die Dosis macht das Gift." Für Normalgewichtige und körperlich aktive Menschen ist natürlich ab und zu ein Stück Kuchen erlaubt. Bei Übergewicht, erhöhten Blutfett-/Blutzuckerwerten stillen Sie Ihre Süßgelüste bitte anders (→ **TIPPS** am Kapitelanfang „Süßes", S. 181). Denn selbst die „light"-Variante mit der 50%igen Zuckerreduktion, die zusätzlich wegen des im Hafer enthaltenen Ballaststoffes Betaglucan einen deutlich günstigeren Blutzuckerverlauf hat, bleibt eine gehaltvolle Nascherei.

Karotten liefern Ballaststoffe, komplexe Kohlenhydrate, Mineralstoffe und viel zellschützendes Betacarotin. Nüsse/Mandeln sind fettreich (Walnüsse liefern mehr Omega-3-Fettsäuren) und reich an Vitamin E, Mineralstoffen und nervenstärkenden B-Vitaminen. Ei liefert vollwertiges Eiweiß, relativ viel Fett und Cholesterin, aber auch alle fettlöslichen Vitamine (A, D, E, K) und das gelbe, augenschützende Lutein.

„light"

▷ **Hafer-Karottentorte:** Die Hälfte des Zuckers wird durch 125 g Haferflocken ersetzt, die mit der Nussreibe grob zerkleinert und mit etwa 8 EL heißem Wasser für 10–15 Minuten eingeweicht werden. Walnüsse verwenden und 1 bis 2 Dotter weglassen!

Karottentorte

Auch diese Torte nach Helgas Rezept ist definitiv eine Süßigkeit, auch wenn sie einen so gesunden Namen hat. Sie ist sehr saftig und im Vergleich zu so mancher Sahnetorte relativ gesund. Sie wissen ja schon, „... allein die Dosis macht's ...". Falls Sie von vornherein Zucker sparen wollen, backen Sie gleich meine weniger süße „light"-Variante.

Rezept für eine Springform (25 cm):
5 Eier • 250 g Zucker • 250 g geraffelte Karotten • 250 g geriebene Mandeln/Walnüsse • 3 EL Vollkornmehl (oder glutenfreier Ersatz)

Zubereitung:
Mit dem Eiweiß einen steifen Schnee schlagen. Dotter und Zucker schaumig rühren, fein geraffelte Karotten, geriebene Mandeln und Mehl dazurühren und vorsichtig den Schnee unterheben.

In einer befetteten und bemehlten Springform 45 Minuten bei 180–200 °C backen. 5 Minuten vor Backzeit-Ende die Torte mit einem Handschuh kurz herausnehmen, mit einem Messer am Rand rundherum von der Form trennen und dann fertig backen. So sinkt die Torte in der Mitte weniger ein.

Süßer Vorrat:
Chutneys, Marmeladen, Obstmus und Kompott

Rhabarberkompott

Selbstgemachte süße Vorräte wie Marmeladen, Obstmus, Kompotte und Chutneys haben einen riesengroßen Vorteil: Sie selbst entscheiden, wie viel Zucker sie verwenden und Sie können künstliche Zutaten vermeiden. Damit sind die eigenen Erzeugnisse um Welten besser als gekaufte Produkte – nicht nur geschmacklich! Hausgemachte Süß-„Konserven" sind kalorien- und chemikalienärmer und zugleich wertstoffreicher, weil die achtsameund schonende Zubereitung dafür sorgt, dass wesentlich mehr Mikronährstoffe erhalten bleiben. Früchte aus dem eigenen Garten oder Wildfrüchte toppen dies noch.

NÄHRSTOFF-INFO

Obst/Beerenobst ist reich an Mikronährstoffen, sekundären Pflanzenstoffen und Ballaststoffen, allerdings enthält es auch beträchtliche Mengen an Einfach-Zuckern und dazu Fruchtsäuren.Beides schränkt mengenmäßig seinen Genuss ein. Diese „Nachteile" gelten natürlich ganz besonders für Obstsäfte/ Fruchtsäfte, aber auch für Eingemachtes – denn hier kommt noch zusätzlicher Zucker (und meist Zitrone) dazu. Daher ist es ratsam, fruchtige Vorräte nur ab und zu und in Maßen zu genießen!

Beispiele für Vital-Teller-Menüs mit integrierten süßen Vorräten:

●● Gemüse-Bausteine: ~2 Handvoll	● Stärke-Beilage: ~1 Handvoll	● Eiweiß-Zulage: ~1 Handvoll	● Extra-Fett: ~1 EL	♥ Süßes: wenig, optional
Gemüse-Duo ayurvedisch	Basmatireis	Gelbe-Linsen-Dal	Cashewkerne und Ghee	1–2 EL Chutney
Tomaten-Sugo Gurkensalat	Vollkorn-Penne	----- (Topfen im Dessert)	Olivenöl und Oliven	1 Handvoll Topfencreme (+ 1 EL Marillen-Marmelade)
Wurzel-Gemüse-Sauce Rotkraut	Buchweizen-Pizzocheri	Rindsschnitzel (mit Wurzelsauce)	Rapsöl und Süßrahm Walnüsse (am Rotkraut)	2 EL Preiselbeeren

Kürbis-Apfel-Chutney

Dies ist mein persönlicher Favorit unter den süß-pikanten Chutneys, den ich ausgesprochen gerne und unter großem Anklang in kleinen Marmeladegläsern verschenke. Durch den hohen Zuckeranteil gehören Chutneys zu den Süßigkeiten – integriert in den Hauptgang genossen (wie in der indischen Küche) ist das aber kaum problematisch. Dieser Chutney ist bei Lagerung im Kühlschrank problemlos mehrere Monate haltbar. Bei Hokkaidokürbis können Sie die Schale (heiß geschrubbt) mitverwenden, genauso wie bei Bio-Äpfeln.

Rezept für den Vorrat (3–6 Monate): kühl lagern!

1 kg Kürbis • 750 g säuerliche Äpfel • 250 g Zwiebel • 3 Knoblauchzehen • 125 g Rosinen • 250 g Rohzucker • 1/4 l Weißwein-Essig • je 1/2 TL Zimt-, Nelken-, Ingwer- und Currypulver • 1 TL Kurkumapulver • 1–2 Msp. Chilipulver • 2 TL Salz • 1 EL Ghee/Öl • evtl. etwas Wasser oder Weißwein

Zubereitung:

Entkernten Kürbis und Äpfel in etwa 1 cm große Spalten/Würfel schneiden, Zwiebel und Knoblauch zerkleinern und mit den Rosinen vermengen.

Zucker mit Essig verrühren, mit den Gewürzen und Fett in einen großen Topf geben und aufkochen.

Gemüse und Obst dazugeben und mindestens 1 Stunde zugedeckt dünsten lassen, dabei ab und zu umrühren, ab und zu mit Wasser oder etwas Wein aufgießen (falls zu wenig Flüssigkeit) und gegen Ende der Garzeit gegebenenfalls mit etwas Salz abschmecken.

In ausgekochte, trockene Schraubgläser abfüllen, gleich verschließen, ein paar Minuten am Kopf stehen lassen und nach dem Auskühlen im Kühlschrank lagern.

KÜRBIS-APFEL-CHUTNEY
Kürbisse (→ „Gemüse-ABC", S. 314) liefern reichlich Carotinoide, Ballaststoffe, sekundäre Pflanzenstoffe und Mineralstoffe. Äpfel ergänzen dies mit Vitaminen, Flavonoiden und Fruchtsäuren. Verschiedenste sekundäre Pflanzenstoffe und Aromen aus den Gewürzen runden das würzig-belebende und immunstärkende Vitalstoff-Konzentrat ab. Durch das relativ lange Garen geht zwar einiges an empfindlichen Vitaminen verloren, jedoch bleiben das temperaturstabile, gefäßschützende Quercetin aus den Zwiebeln, die Mineralstoffe und auch andere unempfindliche Inhaltsstoffe weitgehend erhalten und werden teilweise sogar durch das Köcheln noch besser verfügbar.
⊖⊕ Alle Chutneys sind relativ zuckerhaltig, da sie aber auch ballaststoff- und mikronährstoffreich sind und zudem üblicherweise nur in kleinen Mengen integriert in den Hauptgang genossen werden, stellen sie kein Kalorien- und Süß-Trigger-Problem dar. Im Gegenteil, 1–2 EL Chutney im Hauptgang können süße Gelüste befriedigen und meist fällt damit das Bedürfnis nach süßer Nachspeise (mit neuerlicher Blutzuckerspitze) weg.

ROSINEN-TAMARINDEN-CHUTNEY

Dies ist definitiv eine Süßigkeit, allein schon wegen der Rosinen und des Extra-Zuckers. Auch die sehr sauer schmeckende Tamarindenpaste enthält viel (Frucht-)Zucker, dazu viele Fruchtsäuren und Weinsäure, was in Summe bei empfindlichen Personen leicht abführend wirken kann. Hierbei wirkt auch der reichlich enthaltene, gut gelierende Ballaststoff Pektin mit. In kleinen Portionen – so wie Chutneygenuss gedacht ist – ist das alles kein Problem.

Rosinen-Tamarinden-Chutney

Dieses süß-saure Rezept ist inspiriert von meinem Lieblings-Ayurveda-Koch Nicky und wird auch Sie (und Ihre Gäste) begeistern – aber: Dieser Chutney ist im Kühlschrank nur etwa eine Woche haltbar. Tamarindenfrüchte sind übrigens auch unter dem Namen indische Datteln bekannt. Aus dem Mark der großen Hülsenfrüchte wird das Fruchtmus gewonnen und zu einer Paste gepresst.

Rezept für 6 Personen:

50 g Vollrohrzucker oder Jaggery/Palmzucker • 50 g Tamarindenpaste • 2 Gewürznelken • 150 ml Wasser • 200 g Rosinen • 1/2 TL grob zerstoßene Fenchelkörnchen • 1 TL Kardamompulver • 1/2 TL Ingwerpulver • 1/2 TL Kurkumapulver

Zubereitung:

Zucker, zerkleinerte Tamarindenpaste und Nelken ins kochende Wasser geben und 10 Minuten köcheln. Rosinen und restliche Gewürze dazugeben und eine Viertelstunde weiterköcheln.

Nach dem Erkalten im Kühlschrank lagern und bald aufbrauchen.

Marmeladen, Obstmus und Kompotte

Marmeladen, Apfelmus, Zwetschkenröster, Quittenmus und Kompotte lassen sich sehr einfach und mit viel (!) weniger Zucker herstellen als die herkömmlichen Fertigprodukte aus dem Supermarkt oder auch vom Bauernmarkt. Sogar bei von Bäuerinnen selbst eingemachtem Obst ist der Zuckergehalt manchmal sehr hoch – Nachfragen lohnt sich. Selbst Eingekochtes schmeckt nicht nur unvergleichlich besser, sondern das Verarbeiten von frischen, aromatischen, bunten Früchten ist eine beglückend-sinnliche Sache, der Duft verbreitet sich in der ganzen Wohnung und gesünder ist das Endprodukt sowieso. Eigene Marmeladen sind übrigens auch sehr sinnvolle, schöne, persönliche und begehrte Geschenke.

Grundrezept Marmelade für den Vorrat:
1,5 kg klein geschnittenes Obst (eine Sorte oder Mischungen) • 0,3 bis 0,5 kg (Gelier-)Zucker je nach Obstsüße • 1 Zitrone (Saft und Fruchtfleisch) • 2–3 Msp. oder ganze Gewürze wie Zimt, Nelken, Kardamom (passend zur Obstsorte)

Grundrezept Apfel-/Quitten-/Pflaumenmus/Zwetschkenröster (im Kühlschrank lagern!) für den Vorrat:
100 g Zucker/kg Obst (Quitten geschält) • 1 Zimtstange, 3–5 Gewürznelken

MARMELADE, OBSTMUS UND KOMPOTT

⊕ Selbstgemachte Marmeladen, Fruchtmuse und Kompotte aus Qualitätsobst (Bio, Bauern des Vertrauens, eigener Garten, Wildsammlung) enthalten natürlich auch Zucker, aber um Welten weniger als Fertigprodukte. Dazu kommen Vitamine, Mineralstoffe, Ballaststoffe und sekundäre Pflanzenstoffe, vor allem die bunten zellschützenden Farbstoffe wie Carotinoide und Polyphenole. Je reifer, frischer und schonender das Obst verarbeitet wird, umso mehr Mikronährstoffe bleiben erhalten. In frischem, reifem Obst sind die meisten Mikronährstoffe enthalten – insbesondere in der Schale!

TIPP: Um noch mehr Zucker und Kalorien zu sparen, ⊕ „verdünnen" Sie Ihre Marmeladen als Topfen-Brotaufstrich (→ Rezept Frühstücksgerichte, S. 42).

⊕⊕⊕ Herausragend mikronährstoffreich unter den Obst-/Beerensorten sind (frische) Wildfrüchte wie Hagebutten, Holunderbeeren, Kornelkirschen/Dirndln, Schlehen, Heidelbeeren/Blaubeeren, Preiselbeeren und Waldbrombeeren. Sie stärken die Immunabwehr, Haut-, Schleimhaut- und Blutgefäße sowie den Zellschutz und die Vitalität insgesamt. Herbstliches Naschen im Wald tut Körper und Seele gut!

⊖⊖ Vorgefertigte Marmeladen bestehen zu etwa drei Vierteln aus Zucker, da die Früchte mit meist mehr als demselben Gewicht an Zucker verarbeitet werden und der natürliche Zuckergehalt des Obstes noch dazukommt. Eine herkömmliche Marmelade-Semmel ist demnach im Wesentlichen Zucker mit Zucker, denn die Stärke des Weißmehles löst sich bereits im Mund zu Zuckermolekülen auf! Kein Wunder, dass dies nicht anhaltend sättigt, nach 1–2 Stunden Heißhunger auslöst und dick macht, denn jedes Zuviel an Zucker wandelt der Körper sofort in Fett um. Das einzig relativ Gesunde am typischen Wiener Semmel-Frühstück ist die Butter, der Kaffee und das Wasser.

Grundrezept Kompott für etwa 8 Portionen:

1 l Wasser • 1 Zimtstange, 3–5 Gewürznelken • evtl. 5–6 Kapseln grüner Kardamom • Zitrone nach Geschmack • 2 EL Zucker • 1/2 kg geschnittenes Obst

Zubereitung Marmelade und Obstmus:

Marmeladegläser auskochen und trocknen lassen oder die Gläser mit 70%igem Alkohol desinfizieren, indem Sie einen „Schluck" hineingeben und mit Deckel durchschütteln, ins nächste Glas umfüllen usw.

Obst waschen, klein schneiden oder sogar kalt pürieren, weil dies die Einkochzeit verkürzt und die Vitaminverluste beim Erhitzen vermindert.

Zucker und Zitrone (und falls gewünscht Gewürze wie Zimt, Nelken, Kardamom) dazugeben, gut durchrühren, aufkochen und ein paar Minuten unter Rühren köcheln. Wegstellen, den Schaum zusammenfallen lassen und einrühren.

Obstmus: Bei der Herstellung von Apfelmus die Masse heiß durch die „flotte Lotte" reiben, zur Keimreduktion vor dem Abfüllen noch einmal aufkochen. Quitten besser mit dem Pürierstab zerkleinern und Pflaumen/Zwetschken gar nicht pürieren.

Möglichst heiß abfüllen, Gläser für etwa 10 Minuten auf den Deckel stellen. Beschriftet, dunkel und kühl, beispielsweise im Keller, lagern. Selbstgemachte Marmeladen halten bei sauberer Arbeitsweise (im kühlen Keller) über 1 Jahr. Die zuckerärmeren Obstmuse sollten im Kühlschrank aufbewahrt werden!

Zubereitung Kompott:

Wasser mit Gewürzen, Zitrone und Zucker zum Kochen bringen, Obststücke einlegen, einmal aufkochen, 1–2 Minuten köcheln (je nach Obstsorte), beiseitestellen und bedeckt 5 Minuten ziehen lassen, dann schnell abkühlen und lauwarm oder kalt servieren.

▷ **Hollerkoch (für herbstliche Immun-Power):** 300 g reife, verlesene Hollerbeeren mit 250 ml Wasser, 3-4 Gewürznelken und 1 Zimtstange aufkochen. 100 ml Rotwein mit 1-2 EL Mehl versprudeln, zum heißen Hollersud geben und unter Rühren ein paar Minuten eindicken lassen

▷ **Preiselbeeren:** Diese immunstärkenden Wildfrüchte können durch ihre perfekt konservierenden antioxidativen Inhaltsstoffe mit noch viel weniger Zucker als andere Früchte eingekocht werden (1:10 oder 2:10). Das Endprodukt ist ein regelrechtes Vitalelixier. Handelsübliche Preiselbeermarmeladen sind meist mit Apfel gestreckt und zudem überzuckert.

Hollerbeeren auf dem Weg zum Hollerkoch

GESUNDHEIT – ERNÄHRUNG – KRANKHEIT

Viele der folgenden ernährungsbezogenen Gesundheitsprobleme mit den dazugehörigen persönlichen Fragestellungen werden/wurden immer wieder an mich herangetragen, in der Apotheke, bei Vorträgen, Workshops und Kursen sowie in der Einzelberatung. In den folgenden Abschnitten finden Sie dazu einiges an Basiswissen sowie allgemein vorbeugende und unterstützend-therapeutische Ernährungs-Empfehlungen mit Nährstoff-Tipps bei typischen ernährungs(mit)bedingten Erkrankungen.

> **HINWEIS!**
>
> Bei den meisten genannten Beschwerdebildern ist es ratsam und wichtig, persönliche Beratung durch Arzt, Apotheker, Ernährungsfachkräfte oder auch psychologische Unterstützung in Anspruch zu nehmen. Dies gilt besonders im Falle von ernsten Erkrankungen, wozu auch Übergewicht und Adipositas (mit ihren dramatischen Stoffwechsel-Folgen wie dem metabolischen Syndrom) gehören. Die meisten Menschen brauchen eine Zeitlang Begleitung, wenn es darum geht, die Ernährung und den Lebensstil umzustellen – ganz egal, ob es „nur" ums vernünftige Abnehmen und Bewegen geht oder um gezieltes Essen bei Stoffwechsel-Störungen.

„Tue deinem Körper etwas Gutes, damit die Seele Lust bekommt, darin zu wohnen."

TERESA VON AVILA (1515–1582 N. CHR.)

Die vier Säulen der Gesundheit

Ob das Verhindern oder das verminderte Auftreten von (ernährungsmitbedingten) Erkrankungen gelingt oder auch eine verbesserte Lebensqualität bei schon vorhandenen Erkrankungen möglich wird, liegt großteils an Ihnen. Es ist durchaus nicht alles schicksalhaft oder genetisch vorbestimmt. Geben Sie Ihre Gesundheitsprobleme nicht einfach in der Arztpraxis oder in der Apotheke ab. Übernehmen Sie Selbstverantwortung!

Die wirksamste Medizin ist die natürliche Heilkraft, die im Inneren eines jeden von uns liegt."

HIPPOKRATES VON KOS (460–370 V. CHR.)

⊕ Hören Sie wieder mehr auf Ihren „inneren Arzt", Ihre innere Stimme, die am besten weiß, was Ihnen wirklich guttut. Um mit diesem inneren gesunden Gespür wieder in Kontakt zu kommen, braucht es „nur" ein waches Bewusstsein und ein kurzes Innehalten – auch um einen gewissen inneren Abstand von ungesunden Gewohnheiten, Mustern und Prägungen zu bekommen. Diese können Sie in ehrlicher Selbsterforschung offenlegen – alleine oder mit professioneller Unterstützung, beispielsweise mit einem Psychotherapeuten, einem Coach oder einem spirituellen Lehrer.

Achtsames Yoga mit Meditation, Kontemplation oder auch meditative Persönlichkeitsbildungs-Methoden können helfen, mehr Klarheit über sich selbst zu erlangen, da es dabei nicht um kopflastiges Nachdenken, sondern um intuitives Erkennen aus dem Herzen heraus geht. Fallweise darf ich solche Erkenntnisprozesse bei meinen Yogaschülern miterleben – umso mehr noch mein Mann, der als Coach und Yogalehrer tätig ist (www.seinundwerden.at), oder auch einige Freundinnen, die als Therapeutinnen/Beraterinnen mit intuitiven Methoden erfolgreich tätig sind. Viele persönliche Fallbeispiele aus dem Umfeld zeigen mir, es lohnt sich, nach „innen" zu gehen – wie es alle großen Weisheitstraditionen aus Ost und West immer schon lehren. Beispielsweise geht es im Yoga nicht um gesunde „indische Gymnastik", sondern primär um Selbsterkenntnis und innere Einung – und aus dieser Mitte heraus ergibt sich ein stimmiges Leben.

„Yoga bedeutet, nicht zu viel essen, aber auch nicht völlig fasten, weder übermäßigen Schlaf noch ständiges Wachen."

BHAGAVAD GITA, 6.16 (3. JHD. V. CHR. BIS 2. JHD. N. CHR.)

Der Knackpunkt liegt allerdings bei Ihnen, in Ihnen ganz persönlich. Es geht darum, wie Sie selber mit sich, mit Ihrem „Wunderwerk" Körper, Ihrem Geist und Ihrer Seele umgehen. Ob Ihr Wissen und Ihr Handeln zusammenpassen, ob Sie im positivsten Sinn Selbstfürsorge und Selbstverantwortung leben oder ob Sie sich gehen lassen, zur Selbstaufgabe, zum Suchtverhalten oder gar zur Selbstzerstörung neigen.

Zur Förderung von ganzheitlicher Gesundheit und Lebensfreude gibt es folgende „rezeptfreie", relativ einfache, kostengünstige und nachhaltige Strategie.

Vier-Säulen-Strategie:
· gesünderes Ess-/Trink- und Konsumverhalten
· gezielte Entspannung und Stressminderung (inklusive ausreichendem Schlaf)
· regelmäßige Bewegung (angepasst an Alter und Gesundheitszustand)
· mehr Sinnerfüllung und spirituelle Verankerung

Und wenn Sie ganz ehrlich mit sich selber sind, werden Sie vermutlich erkennen, dass all diese Punkte mit Ihrer tiefsten inneren Stimme übereinstimmen. Dieses innere Wissen können Sie, wenn es einmal entdeckt ist, gezielt fördern, und zwar mit Kultivierung von Bewusstheit und Achtsamkeit. Diese beiden kostenlosen geistigen Qualitäten, die jeder Mensch in sich trägt, sind der Schlüssel in Richtung eines völlig natürlichen, instinktiv gesunden Lebensstils – ohne Kampf und Zwang von „Ich muss …!", „Ich darf nicht …!" oder „Ich sollte …!". Es geschieht dann von innen heraus das, was Ihnen wirklich wohltut. Aber um an all diesen Punkten ansetzen zu können, ist, wie schon gesagt, im Vorfeld eine gründliche Selbsterforschung angebracht, um den Ist-Zustand ehrlich zu erfassen, von dem aus dann die Veränderungsschritte erfolgreich unternommen werden können.

Bewegung und Sport

Das Bewegungsverhalten hängt unmittelbar mit der Vitalität, dem Energieverbrauch und damit mit der Ernährung zusammen. Durch die beim Sport erhöhte Muskelaktivität, Herztätigkeit und die intensivierte Atmung setzt der Körper mehr Sauerstoff, mehr Nährstoffe und Kalorien um. Dies gilt umso mehr, je intensiver, ausdauernder und regelmäßiger die Bewegung ist. Logischerweise gibt es daher eine gute Grenze zwischen zu wenig und zu viel. ⊖ Übertriebener Sport, insbesondere Leistungssport, ist definitiv nicht gesund und lässt den Körper früher altern. Die exzessive oxidative Belastung mit erhöhter Sauerstoff-Radikalbildung führt zu vorzeitigem Verschleiß der Zellkraftwerke und fördert die allgemeine Zellalterung – ganz abgesehen von der verstärkten mechanischen Abnützung von Strukturen wie Gelenken,

Autorin im Fluss

wöchentliches Schwimmen und Gehen, Nordic-Walking und Wandern im Plaudertempo. Solches Gesundheitswandern liegt im Trend und wird sogar von manchen Krankenkassen unterstützt. Auch ein Training von Beweglichkeit, Kraft, Gleichgewicht, Koordination, Atmung und meditativer Entspannung sollte ein- bis zweimal wöchentlich am Plan stehen. Dazu bieten sich beispielsweise achtsames therapeutisches Yoga oder Chi-Gong an.

Der Knackpunkt bei Bewegung und Sport liegt also in der regelmäßigen, moderaten Ausübung, damit sich Muskelkraft, Beweglichkeit, Herzleistung, Kalorien-Grundumsatz und damit das Wohlbefinden steigern. Eine derart ausgewogene Bewegung unterstützt auch eine *nachhaltige Gewichtsreduktion*, wobei man den bewegungsbedingten Kalorienverbrauch nicht überschätzen darf. Beispielsweise entspricht eine zweistündige Bergtour mit rund 600 Höhenmetern in etwa einem Stück Topfenstrudel.

⊕ **Körperliche Aktivität** erhöht durch den höheren Kalorien- und Sauerstoffumsatz auch den Bedarf an Mikronährstoffen. Dies gilt im Freizeit- und Breitensport und umso mehr im Leistungssport. Wer also an Marathon-/Bergläufen, Mountainbike-Rennen, Triathlon oder ähnlichen Bewerben teilnimmt oder auch bewegungsintensive Sportarten wie Fußball betreibt, sollte seinen Mikronährstoff-Status regelmäßig überprüfen lassen und Fehlendes gezielt supplementieren. Bei solchen Sportarten ist durch den hohen Grund- und Leistungsumsatz der Bedarf an allen (!) B-Vitaminen, Mineralstoffen, Vitamin C, Vitamin E, Selen und sonstigen Antioxidantien drastisch erhöht. Der Vitamin-D-Status sollte (in Hinblick auf Mangelvorbeugung, Immunstabilisierung, Muskelkraft und stabile Knochen) prinzipiell überwacht werden. Bei großen Belastungen, großer Hitze und bei starkem Schwitzen gehen außerdem über Harn, Kot und Haut viele Mineralstoffe (insbesondere Natrium, Chlorid, Kalium, Magnesium, Calcium, Eisen und Zink) verloren und müssen ergänzt werden, damit die Leistungsfähigkeit und das Immunsystem stabil bleiben. Ansonsten sind Muskelkrämpfe, Muskelverhärtungen, vorzeitige Erschöpfung, verzögerte Regeneration und Trainingsanpassung, Sportverletzungen

Bandscheiben oder Bändern. Speziell gefährdet sind ehrgeizige „Weekend-Warriors", die nach einer im Sitzen verbrachten Bürowoche sich mit knallrotem Kopf, außer Atem und heftig schwitzend in 2 Stunden 1000 Höhenmeter auf den Berg hinaufschinden. Wer das auch noch mit ordentlichem „Apfelbauch" tut, ist sogar akut herzinfarktgefährdet. Für solche Szenarien gilt das überspitzte Sprichwort „Sport ist Mord". ⊖ Genauso gefährlich ist aber auch zu wenig Bewegung – in jedem Alter!

⊕ **Gesundheitsförderliche Bewegung** muss zum jeweiligen Gesundheitszustand und den körperlichen Voraussetzungen passen. Das bedeutet, dass insbesondere bei Übergewicht der Bewegungsumfang und die Sportart so gewählt werden sollten, dass weder die Gelenke noch das Herz-Kreislaufsystem überlastet, sondern schonend aufbauend trainiert werden. Idealerweise wird unter ärztlicher Betreuung (mit einem Bewegungscoach) ein persönliches Bewegungsprogramm ausgearbeitet. Bewährt haben sich mehrmals

Elektrolyt-Sportgetränke sind erst ab einer Ausdauerbelastung von über einer Stunde notwendig – darunter ist Wasser als Getränk meist ausreichend (außer beispielsweise bei extremem Schwitzen).

⊕ Bei längerer Belastung sind isotone oder leicht hypotone Elektrolytgetränke sinnvoll und nach dem Sport empfiehlt sich beispielsweise auch verdünnter Apfelsaft zum Ausgleich der Kaliumverluste.

⊕ Für zwischendurch sind bei längeren Belastungen konzentrierte, leichtverdauliche *Riegel-Snacks* eine Option – vorausgesetzt Qualität und optimale Zusammensetzung sind garantiert.

⊕ Speziell in den Tagen und Wochen (vor und) nach intensiven Ausdauerbelastungen sind *Lebensmittel* wie Gemüse, Obst, Hülsenfrüchte, Vollreis, Vollkornprodukte, Kartoffeln, Nüsse, Ölsaaten, Pflanzenöle, Hefe-Flocken, Weizenkeimlinge, Sprossen, mageres Fleisch, Fisch, Eier, Milchprodukte und magnesiumreiche (Mineral-)Wässer zum Auffüllen der Körperspeicher an Kalium, Magnesium, Natrium, Calcium, Spurenelementen, Vitaminen, Antioxidantien sowie Proteinen, komplexen Kohlenhydraten und ungesättigten Fetten optimal.

⊕ Direkt nach dem Sport hat sich im Vergleich zu vielen eiweißangereicherten Sportdrinks ein kleines Glas *Kakao-Milch* als überlegen gezeigt, was die Muskelregeneration und die Elektrolytbalance betrifft. Hierbei spielen wertvolles Milchprotein, leicht verdauliches Milchfett mit MCT-Anteil, Natrium sowie die Kakaoinhaltsstoffe, insbesondere antioxidative Polyphenole, Eisen, Kupfer und Mangan, eine Rolle.

⊕ Häufige latente, subakute oder akute Mangelzustände im Sport: Vitamin D, B-Vitamine, Vitamin C, A und E, Calcium, Natrium (Salz), Kalium, Magnesium, Eisen, Selen und Zink. Insbesondere bei Leistungssport ist eine sportartspezifische gezielte Ergänzung nach individuellen Blutbefunden nötig.

durch Überlastung und erhöhte Infektanfälligkeit vorprogrammiert. *Leistungssportlerinnen* sollten ganz besonders auf ihre Eisenversorgung achten, einerseits wegen der monatlichen Menstruations-Verluste und andererseits wegen der durch Anstrengung verursachten Mikroblutungen im Magen-Darmtrakt. Da die Anforderungen für eine ausgewogene *Sport-Ernährung* je nach Sportart sehr unterschiedlich sind, empfiehlt sich zur optimalen Stoffwechsel-Unterstützung ein persönliches Ernährungscoaching. Die Grundregeln gesunden Essens (→ „Was essen – Kurzanleitung", S. 18) und die ernährungswissenschaftlichen Basis-Empfehlungen (→ „Nährstoff-ABC") gelten auch im Sport, doch der belastungsbedingte erhöhte Bedarf erfordert gezielte Anpassungen.

Nahrungsergänzung

Selbst unter Fachleuten wird dieses Thema kontrovers und emotional diskutiert. Da gibt es die Fraktion der Ablehner, die argumentieren, es sei alles mit Ernährungs-/Lebensstil-Maßnahmen in den Griff zu bekommen. Dies ist meines Erachtens bei gesunden Menschen mit vollwertiger Ernährung im Kern richtig, geht aber an der ernährungs(mit)bedingten gesundheitlichen Realität vieler Bewohner der Wohlstandsländer schlichtweg vorbei. Zum weit verbreiteten *„Mangel im Überfluss"* kann man die Zahlen beispielsweise im österreichischen Ernährungsbericht oder in den entsprechenden Publikationen anderer Nationen nachlesen. Es gibt auch Stimmen, die behaupten, alle Supplemente seien nutzlos, wenn nicht sogar gefährlich, und dabei stereotyp bestimmte Studien zitieren, die bei genauer Betrachtung in diesem Zusammenhang nicht zitiert werden dürften. Auf der anderen Seite gibt es die Nahrungsergänzungsmittel-Junkies, die „ohne" nicht mehr können und kritiklos alles schlucken, was beworben wird. Die Wahrheit liegt wie so oft in der Mitte. Es gilt die Sache einerseits am ganz konkreten Einzelfall je nach Gesundheitszustand, Befindlichkeit, Symptomen und Blutbefunden zu entscheiden. Wer beispielsweise unter deutlichem Eisen- oder Magnesium-Mangel leidet, braucht eben dringend Eisen oder Magnesium in Form eines Qualitäts-Supplements und sollte sich natürlich mittelfristig eisen- bzw. magnesiumreich ernähren, um nicht wieder in den Mangel hineinzuschlittern. Andererseits ist die Sache auch Risikogruppen-orientiert zu betrachten, da es genug seriöse Daten dazu gibt, welche Bevölkerungs- und Patienten-Gruppen mit Mikronährstoffen gut oder weniger gut versorgt sind, einen erhöhten Bedarf haben oder sogar mangelgefährdet sind. Am nützlichsten für die Gesundheit ist fast immer ein Maßnahmenbündel aus Beratung, vorübergehender Nahrungsergänzung und langfristiger Ernährungsumstellung mit begleitenden Lebensstilmaßnahmen sowie gegebenenfalls eine Arzneimittel-Einnahme.

Übergewicht, Abnehmen und Diät

Dieses Kapitel dient als Basisinformation für Menschen mit *Gewichtsproblemen*, ersetzt jedoch keine individuelle Ernährungs-Beratung. Insbesondere Personen mit beträchtlichem Übergewicht oder Adipositas sollten unter fachlicher Begleitung (Arzt, Ernährungsfachkraft, Psychologe, Bewegungscoach) oder im Rahmen von bewährten Selbsthilfegruppen abnehmen. Es hat sich gezeigt, dass damit gute Chancen bestehen, die Ess-Gewohnheiten nachhaltig umzustellen und langfristig das Gewicht zu vermindern und zu stabilisieren. Unausgewogene Alleingänge, Hungerkuren, einseitige (Wunder-)Diäten und sonstige extreme Kostformen führen so gut wie immer zum gefürchteten *Jo-Jo-Effekt* und der Abnehmwillige wird nach jedem Diätversuch immer noch dicker und dicker. Daher ist eine individuelle Begleitung sicher eine wichtige und nachhaltige Investition. ⊕ Jeder langfristig erfolgreiche Gewichtsverlust hebt nicht nur Stimmung und Lebensqualität, sondern verbessert die Gesundheit nachhaltig. Gewichtsreduktion ist eine der besten Gesundheitsmaßnahmen zur Reduktion des Risikos für Herzinfarkt, Bluthochdruck, Fettleber, Diabetes, Gelenksarthrosen und Krebs, darüber hinaus zeigt „restriction of calories" die besten Anti-Ageing-Effekte.

Das dramatische Ansteigen von *Übergewicht und Adipositas* (krankhaftes Übergewicht) in den Wohlstandsländern ist ungebrochen – und das ist leider viel mehr als ein kosmetisches Problem. In Deutschland/Österreich sind etwa die Hälfte der Erwachsenen und ein Viertel der Kinder/Jugendlichen übergewichtig – darunter immer mehr Adipöse. Die Weltgesundheitsorganisation (WHO) spricht von einer Fettleibigkeitsepidemie ungeahnten Ausmaßes, die auf Europa zukommt und sich jetzt schon in manchen Staaten deutlich abzeichnet. Die Ursachen dafür sind laut WHO „zu viel, zu süß, zu fett – in Kombination mit zu wenig Bewegung" – und auch in den regelmäßig erscheinenden österreichischen Ernährungsberichten ist genau diese steigende Fehlernährungs-Tendenz nachzulesen. Starkes Übergewicht und Adipositas sind ernstzunehmende Gesundheitsstörungen, die mit vielen Begleit- und Folgeerkrankungen wie Fettleber, Typ-2-Diabetes, Fettstoffwechselstörungen, Bluthochdruck, Atherosklerose, Herzinfarkt, Gicht etc. einhergehen.

⊕ Besonderes Augenmerk sollte deshalb auf die Vermeidung und Reduktion von Übergewicht, insbesondere bei Kindern und Jugendlichen, gelegt werden, da ansonsten eine lebenslange Krankengeschichte vorprogrammiert ist.

⊖ Besonders das „Apfeltyp"-Fettverteilungsmuster (Kugelbauch mit inneren Organ-Fettansammlungen) geht – im Gegensatz zum „Birnentyp" mit Fettpolstern an den Hüften und Oberschenkeln – mit sehr hohen gesundheitlichen Risiken wie Fettleber und Herzinfarkt einher. Dieses viscerale Fett innerhalb des äußerlich sichtbares Bauches sendet hormonartige Botenstoffe aus, welche nicht „nur" zu vermehrtem Hunger und Stimmungstiefs, sondern auch zu chronischen inneren Entzündungen mit Folgeschäden führen, insbesondere an Organen wie Leber, Bauchspeicheldrüse, Herz und Blutgefäßen. Das kann auch schon scheinbar schlanke Menschen, Kinder und Jugendliche betreffen, deren Taille-zu-Hüftumfang-Verhältnis/*Waist-Hip-Ratio*[9] (sollte bei Männern < 1 und bei Frauen < 0,8 sein) ungünstig ist. Ab einem Bauchumfang von > 80 cm bei Frauen und > 94 cm

bei Männern kann es je nach Gesamtkörper-Konstitution schon kritisch werden. Nehmen Sie also das Maßband, und falls Sie zum „Apfeltyp" gehören, gehen Sie schleunigst zum Arzt und verändern Sie Ihren Lebensstil und Ihre Ernährung. Empfehlungen dazu finden Sie unter anderem in der neuen DGE-Leitlinie mit Rezepten (www.optimix-schmeckt.de).

Warum so viele Diäten nicht funktionieren und zum Jo-Jo-Effekt führen:

1. Der Knackpunkt liegt darin, ob in der „Diätphase" eine tatsächliche *Ernährungs- und Lebensstilumstellung* – passend zum persönlichen Geschmack, Lebensstil und Stoffwechseltyp – gelingt. Denn was passiert sonst beim Beenden einer Diät? Man fällt zwangsläufig wieder in alte Muster zurück und nimmt wieder – oft sogar umso mehr – zu.

2. Viele populäre Diäten, insbesondere *Formuladiäten*, sind eher einseitig und daher nicht nur ungesund, sondern auch bald langweilig. Der Geschmack ist meist eintönig, es fehlen das Kauen und der sonstige Sinnesgenuss und damit die ganzheitliche Befriedigung beim Essen. Dies alles erschwert das Durchhalten und führt daher häufig zum Abbruch mitsamt „Jo-Jo"-Effekt.

3. Auch während des Abnehmens braucht der Körper Kohlenhydrate, Fette und Eiweiße. Einseitige *„Fett-verteufelnde" Diäten* schmecken nicht, sättigen schlecht und der Zell-Bedarf an lebensnotwendigen Qualitäts-Fetten führt oft zu übersteigertem (Süß-)Hunger. Eiweißreiche Diäten, die sich oft mit dem Etikett ⊖ *low carb* schmücken, scheinen zwar in den ersten 2–3 Monaten hilfreicher zu sein, aber mit der Zeit geht dieser Effekt verloren und langfristig belastet das viele Eiweiß die Nieren und erhöht das Gicht- und Rheuma-Risiko. *Generell schadet jegliche dauerhafte Einseitigkeit dem Körper.* Ein totaler Verzicht auf alle Kohlenhydrate/Carbohydrate, insbesondere Nudeln, Kartoffeln und Brot, wie es oft propagiert wird, ist völlig übertrieben, denn das eigentliche Problem ist die Überzufuhr an „schnellen" Einfachzuckern! Komplexe Kohlenhydrate aus Gemüse, Hülsenfrüchten,

---

9. mehr dazu → www.oege.at

Vollkorngetreide/-brot/-nudeln und Kartoffeln mit ihren relativ „langsamen Zuckern" inklusive reichlich Ballaststoffen und Mikronährstoffen haben einen guten Sättigungs-, Nähr- und Gesundheitswert.

Vitalkost

4. Erschwerend kommt häufig – insbesondere beim „*Apfeltyp*" – eine ⊖ *Fettleber-Erkrankung* (→ S. 214) hinzu. Diese ernste Erkrankung wird gerne übersehen, da sie zunächst schmerz- und scheinbar symptomlos ist. Eine Fettleber muss beim Diäthalten berücksichtigt werden, denn dieses Organ leistet die Hauptarbeit beim Abbau der „Fett-Altlasten" des Körpers.

5. Unter Extrembedingungen, also beim Fasten, strengen Diäthalten und Hungern, begibt sich der Stoffwechsel grundsätzlich in eine Art „*Energiesparmodus*". Im Hunger-Zustand muss nämlich das von Glucose sehr abhängige Gehirn/Nervensystem durch körpereigene Zuckerneubildung/Gluconeogenese versorgt werden. Dies gewährleistet vorwiegend die Leber, indem sie aus Muskeleiweiß- und Speicherfettabbau-Teilchen den benötigten „Not-Zucker" aufbaut. (⊕ Muskelabbau ist mit individuell abgestimmten Diät- und Bewegungsprogrammen verhinderbar.) Nach einer gewissen Fasten-Zeit kann das Gehirn zum Teil auch durch sogenannte Ketonkörper aus dem Fettsäure-Abbau notversorgt werden. Dadurch sinkt der Zucker-Bedarf des Nervensystems. In Folge sinkt auch der Insulinspiegel, die Schilddrüsen-Hor-

monbildung und damit der *Kalorien-Grundumsatz* um etwa 20 %. All dies sind überlebenssichernde Stoffwechsel-Anpassungen für den Fall einer Hungersnot. Wird dies übersehen, führt normales Essen nach der Diät (bei nach wie vor vermindertem Grundumsatz und Kalorienbedarf) automatisch zur Gewichtszunahme und das ist der gefürchtete „Jo-Jo"-Effekt.

⊕ Der *Schlüssel zum Erfolg* jeder Diät ist, dass sie keine Diät bleibt, sondern sich daraus eine neue, gesunde, für Sie persönlich stimmige Ernährungsweise (inklusive eines Lebensstils mit reichlich Bewegung) entwickelt. Denn wenn Ihnen die gesunde Küche Spaß macht, weil Ihnen das Essen schmeckt und Sie sich dabei wohlfühlen, werden Sie mühelos langfristig dabeibleiben.

⊕ Rücken Sie etwaigen 2–3 kg frisch „angefuttertem" Winter- oder Urlaubsspeck gleich zu Leibe, denn frische Fettpölsterchen sind leichter abbaubar als „altes", schwer mobilisierbares Speicherfett.

⊕ Achtsames Essen und vollwertiges, gemüsebetontes Kochen mittels Vital-Teller-Modell können beim Abnehmen hilfreich sein – bei starkem Übergewicht ist persönliche Beratung/Begleitung nötig.

⊕ Eine abwechslungsreiche (!), pflanzenbetonte Ernährung mit Gemüse, Bitterkräutern, Hülsenfrüchten, Vollkorn, Nüssen und Fisch fördert – im Vergleich zu fetter, fleischlastiger Kost – für die Kalorienbilanz günstige Bakterienkulturen wie Bacteroidetes. Die Gesamtheit der Darmbakterien (die individuelle Mikrobiota) beeinflusst nicht nur die Immunabwehr und die Psyche, sondern auch die Kalorienaufnahme aus der Nahrung. Es sind aber nicht die Bakterien am Übergewicht „schuld", denn die bakterielle Besiedlung hängt weitgehend von den Wohn- und Futterbedingungen im Darm ab, die wiederum stark von der Ernährungsweise des betreffenden Menschen beeinflusst werden.

Wichtige Schritte beim Gewichtsabbau und Diät-Halten

- Nehmen Sie sich Zeit für eine ehrliche Bestandsaufnahme.
- Klären Sie Ihren Ist-Gesundheitsstatus (und Diätabsichten) bei/mit Ihrem Arzt ab.
- Lassen Sie sich bei Ihrem persönlichen Diätplan beraten (Ernährungsfachkraft/Arzt).

- Setzen Sie sich realistische Ziele mit einem Gewichtsverlust von 0,5 bis 1 kg pro Woche.
- Ersparen Sie sich überflüssige (giftige) Kalorien aus Alkohol und süßen Getränken.
- Geben Sie sich Zeit, Ihre Ernährungsgewohnheiten in kleinen Schritten zu verändern.
- Kochen Sie abwechslungsreich-gemüsebetont, beispielsweise nach Vital-Teller-Modell (möglichst ohne Süßes), denn Gemüse ist vitalstoffreich und kalorienarm[10]-sättigend.
- Trinken Sie ausreichend – vor allem Wasser und Kräutertees.
- Gönnen Sie sich mehr Bewegung – angepasst an Ihre körperlichen Voraussetzungen –, vielleicht Schwimmen, Wandern oder zügiges Gehen im Plaudertempo.
- Um Mangelerscheinungen vorzubeugen und den Stoffwechsel „auf Touren" zu halten, ist eine vorübergehende Nahrungsergänzung mit Mikronährstoffen häufig angebracht. Dies sollte aber angepasst an die individuelle Stoffwechselsituation (→ Tipps bei Diabetes, Fettleber etc., S. 219), Begleiterkrankungen, Medikation, eventuelle Blutbefunde und die Reduktionskost nur nach ausführlicher fachlicher Beratung erfolgen.
- Die Grundregeln der „Was-Essen-Kurzanleitung", die Faustregeln für die Nährstoffzufuhr im „Nährstoff-ABC" und die Nährstoff-Info-Box für Typ-2-Diabetes gelten im Wesentlichen auch bei Übergewicht ohne Diabetes.

Stoffwechselanregende Gewürze

---

10. mit Ausnahme von Ölfrüchten wie Avocado oder Oliven

⊕ **Die einfachste Methode zur Gewichts- und Giftreduktion im Alltag ist der Verzicht auf Alkohol und sämtliche süßen Getränke:**
Dabei müssen Sie keine Sekunde wirklich hungern und Sie entlasten nebenbei Ihre Leber und Bauchspeicheldrüse wirkungsvoll. Am Anfang spüren Sie (bei vorher „normalen" Trinkgewohnheiten) vielleicht ein paar Tage lang gewisse Entzugssymptome, das gibt sich aber schnell. Schon nach kurzer Zeit werden Sie sich unabhängig von solchen Gewohnheitsdrogen viel vitaler und freier fühlen, der Appetit vermindert sich und die Kilos beginnen wie von selbst zu schmelzen – insbesondere, wenn Sie auch nach den Prinzipien des so variantenreichen Vital-Teller-Modells kochen und das Essen achtsam genießen.

⊕ **„Dinner-cancelling" 1–3-mal pro Woche:**
Trinken Sie statt des Essens nur Wasser/Kräutertee oder schluckweise 1 Glas Naturmolke, Magermilch, ungesüßte Sojamilch, Gewürz-Lassi (→ Rezepte, S. 182) oder klare Gemüsebrühe.

⊕ **Trinken Sie viel Wasser und genießen Sie viel Gemüse, Kräuter und Gewürze, insbesondere:**
- Scharf-bitter-herbe Gewürze (nur bei Magenverträglichkeit!) mit ihren vielfältigen Scharfstoffen und Bitterstoffen unterstützen die Verdauung, regen den Stoffwechsel an, verbessern die Leber-Entgiftungsleistung, erhöhten den Energieumsatz, fördern den Gallefluss, vermindern so Fettdepots und machen zudem munter und froh. Insbesondere Chili fördert die Bildung von Glückshormonen wie Serotonin („pepper-high" effect) und kann sogar Schokogelüste befriedigen. Weiters bieten sich Ingwer und Ingwerwasser[11], verschiedenste Pfeffersorten, Kurkuma, Kreuzkümmel, Koriander, Muskat, Nelken, Paprika, Piment, Zimt und Gewürz-Mischungen (→ „Garen und Würzen", S. 31) an → Foto Seite 211.
- Scharf-bittere und bittere Gemüse, Salate und Wildkräuter: Artischocke, Asia-Salate, Bärlauch, Chicorée, Kohl/Kraut, Knoblauchrauke, Kren, Kresse, Lauch, Löwenzahn, Radicchio, Radieschen, Rettich, Sauerkraut, Schnittlauch, Spargel, Zwiebel
- Kohl und Kraut verbrauchen beim Verdauen mehr Energie, als sie liefern, sind also als Beilagen „Kalorienfresser" und das ist das Wirkprinzip der Kohlsuppendiät (die aber in Reinform zu einseitig ist).

⊕ **Diät-begleitende ayurvedische „Heißwasser-Trinkkur" (für maximal 2–3 Wochen):**
Nehmen Sie alle halbe Stunden über den Tag verteilt jeweils ein bis zwei Schlucke ⊕ (!) ziemlich heißes Wasser zu sich. Dies entspannt unmittelbar, beruhigt Hunger- und Süß-Gelüste und fördert das Verdauungsfeuer (Agni), indem es den Zellen die „Feuer-Information" (aktivieren, verbrennen) gibt. Das Kur-Wasser kann in einer Thermoskanne aufbewahrt werden und sollte mindestens 10 Minuten abgekocht sein, dadurch wird es mineralärmer, schmeckt „süßer" und geht schneller ins Gewebe. Schluckweises Heißwasser-Trinken ist im Ayurveda bei Stoffwechselträgheit, zur Entgiftung und bei Neigung zu Übergewicht als Kurgetränk bewährt – und zwar als *„Kick" in kleinen Mengen* für ein paar Wochen und ⊖ keinesfalls als Dauergetränk in größeren Mengen, da ansonsten Mineralstoffmängel die Folge sein können.

⊕ Weitere Tipps zur Verminderung von Süßhunger → Seite 181 bei den Süßrezepten.

---

11. Ingwerwasser nicht bei gastritischen Beschwerden!

Alkohol – kalorienreiches Genussgift

Alkoholische Getränke gelten zwar als wertvolles „Kulturgut", sind aber zugleich die nicht unkritische Gesellschaftsdroge Nummer eins. Es ist eine unumstößliche Tatsache, dass Alkohol (Ethanol) in jeder Dosis Gift für den Körper ist und zusätzlich ein enormes Gewöhnungs- und Suchtpotenzial mit sich bringt. Die Leber muss diesen Fremdstoff im wahrsten Sinne des Wortes entgiften. Zusätzlich liefert Alkohol mit 7 Kcal/g beträchtliche Energiemengen, nämlich fast ebenso viele Kalorien wie Fett mit 9 Kcal/g. Laut Weltgesundheitsorganisation wird in Europa der höchste Pro-Kopf-Konsum von Alkohol weltweit verzeichnet, der mit etwa 120.000 vorzeitigen Todesfällen pro Jahr einhergeht, wobei Deutschland und Österreich im Mittelfeld der trinkfreudigen Länder liegen. Der durchschnittliche erwachsene Österreicher trinkt pro Jahr 108 Liter Bier und 29 Liter Wein. Männer ernähren sich – bezogen auf die wöchentliche Gesamtkalorienzufuhr – umgerechnet etwa einen Tag in der Woche nur von Alkohol.

Da es in mehrerlei Hinsicht keine gesunde Dosis von Alkohol gibt – höchstens eine gerade noch halbwegs tolerierbare Obergrenze –, ist ein weitgehend abstinenter Lebenswandel empfehlenswert. ⊖ Die Mär von dem täglichen gesunden *Achterl Rotwein* hält sich (auch unter Ärzten) hartnäckig, wohl indirekt mit gewissem Grund, weil für viele Menschen und Patienten eine Beschränkung auf nur ein Achterl (statt 2 oder mehr) schon einen enormen Gesundheitsgewinn darstellt. Die französische Studie, die dem Mythos „Alkohol schützt das Herz-Kreislaufsystem" zu Grunde

> **TIPP!**
>
> ⊕ Der Verzicht auf Alkohol und süße Getränke ist die einfachste Methode zur *Gewichts- und Giftreduktion im Alltag*. Dabei werden Leber und Bauchspeicheldrüse, ohne zu hungern, entlastet, die anfänglichen Entzugssymptome (bei vorher „normalen" Trinkgewohnheiten) geben sich schnell und eine neue Vitalität und Freiheit wartet als Belohnung.

> **ACHTUNG!**
>
> ⊖ *Alkohol ist in jeder Menge Gift* für den Körper und schädigt dosisabhängig nahezu jedes Organ. Zudem birgt Alkohol ein enormes Suchtpotenzial. Die sogenannte „akzeptable" Obergrenze von 10–16 g/Tag bei Frauen (etwa $^1/_8$ l Wein, 0,3 l Bier) und 20–24 g/Tag bei Männern (etwa $^1/_4$ l Wein, $^1/_2$ l Bier) ist eine rein schadensbegrenzende Empfehlung. Schwangere, Stillende und Kinder sollten in jedem Fall gänzlich auf Alkohol verzichten. Bereits mit 0,5 Promille Alkohol im Blut kann ein Kind bewusstlos werden und in der Schwangerschaft und Stillzeit können auch kleine Mengen ernste Gesundheitsschäden nach sich ziehen. Zum verantwortungsvollen Umgang mit Alkohol können Sie sich unter www.alkoholohneschatten.at informieren.

liegt, ist schon relativ alt und die Studienergebnisse besagten lediglich, dass die Franzosen trotz eher deftig-fettem Essen vergleichsweise wenige Herzinfarkte erleiden. Man erklärte sich das beobachtete „french paradoxon" mit dem reichlichen Genuss von polyphenolreichem Rotwein zum Essen. Es gäbe sicher noch auch andere mögliche Erklärungen, denn gesundheitsförderliche Polyphenole (→ „Vitalstoff-ABC", S. 282) sind nicht nur im Rotwein, sondern auch in vielerlei Gemüse und Obst, insbesondere in Oliven (!), rotem Beerenobst/Wildobst, roten Zwiebeln, roten Trauben, Rotkraut, Rohnen, Blüten-, Grün- und Kräutertees zur Genüge enthalten. Außerdem – und das spielt sicher bezüglich Gesundheit eine nicht zu unterschätzende Rolle - leben die Franzosen ihre typische Esskultur und genießen gutes Essen in Ruhe im Sitzen.

Was macht Alkohol zum Gift?

1. Die akute Zufuhr von Alkohol bewirkt einen Anstieg von Blutdruck und Blutfetten sowie einen Abfall von Blutzucker und Muskelleistung. Die außen liegenden Blutgefäße erweitern sich, was zu Rötung und Erwärmung der Haut führt. Auf das Gehirn wirkt Alkohol zuerst enthemmend und er-

regend, wobei Reflexe und Reaktionszeiten schon deutlich verlangsamt sind, später wirkt Alkohol überhaupt eher dämpfend-betäubend. Ab etwa 1,5 Promille kommt es zur akuten Vergiftung mit verminderter Zurechnungsfähigkeit, Kontrollverlust, Rauschzustand, Schwindel, Übelkeit, Erbrechen, Empfindungs- und Orientierungsstörungen, Gedächtnislücken, Atembeschwerden bis hin zu Bewusstlosigkeit („Koma"). Bei 4–8 Promille tritt der Tod durch Atemlähmung ein.

2. Bei chronischer Zufuhr hat Alkohol (neben den unten genannten Langzeitschäden) ein gehöriges Gewöhnungs- und Suchtpotenzial. Das Problem dabei ist, dass diese Gesellschaftsdroge salonfähig und nahezu überall präsent ist. Es ist extrem schwierig trocken zu bleiben - insbesondere für „trockene" Alkoholiker, die lebenslang krank sind und in ständiger Rückfallgefahr leben.

3. Der komplexe Vorgang der Alkohol-Entgiftung in der Leber belastet die Leberenzyme und plündert „nebenbei" die Körperreserven bestimmter Co-Enzyme/Mikronährstoffe, insbesondere B-Vitamine, Magnesium und Zink. Mangelerscheinungen, ernste Gesundheitsprobleme mit Dauerschäden sind die Folge, wie chronische Nervenschmerzen (alkoholische Polyneuropathie), Leber- und Gehirnschäden.

4. Die lokale Reizwirkung des Alkohols verursacht Schleimhautschäden („Erosionen") im Bereich Mund, Speiseröhre, Magen-Darmtrakt, Leber und Niere bis hin zu erhöhtem Krebsrisiko in all diesen Organen.

5. Alkohol ist kalorienreich und diese Energie wird sofort in Fett umgewandelt, was mit der Zeit zu Fettleber und typischen (inneren und äußeren) Bauchfettansammlungen vom „Apfeltyp" führt. Von der Fettleber ist es nicht weit zur Fettleber-Hepatitis und zur fatalen Leber-Zirrhose, die mit der endgültigen Zerstörung von Lebergewebe und hohem Leberkrebs-Risiko einhergeht.

6. Alkohol schädigt neben der Leber auch die Bauchspeicheldrüse, was zu schmerzhaften und bedrohlichen Entzündungen dieses Organs (akute und chronische alkoholische Pankreatitis) führen kann. Alkoholismus erhöht das Bauchspeicheldrüsen-Krebsrisiko und kann Typ-2-Diabetes verursachen.

Nähere Informationen zu Alkoholproblemen, Zahlen, Fakten, Behandlungs- und Betreuungsangeboten finden Sie im 2015 erschienenen „Handbuch Alkohol Österreich" des Gesundheitsministeriums (→ Literatur unter Uhl et al., S. 349).

Fettleber und Folgeerkrankungen

Die Leber ist mit etwa 1,5 kg eines der größten und bedeutendsten inneren Organe, nämlich die „*biochemische Schaltzentrale*" des gesamten Körpers. Dieses Zentralorgan ist Filter, Entgiftungs- und Verarbeitungsort von Essen, Trinken, Arzneimitteln und Genussgiften und wickelt somit den Großteil des Abbau-, Umbau- und Aufbaustoffwechsels des Organismus ab. Darüber hinaus hat die Leber Wächter-, Regulations- und Kontrollfunktionen, spielt eine große Rolle im Immun- und Hormonsystem und ist Produktions- und/oder Speicherort für Nährstoffe, wie Vitamine, Fett, Glycogen und Eisen.

Die Fettleber-Erkrankung ist ein ernstes, aber zunächst „*stilles*", quasi symptomloses und daher oft übersehenes *Leiden*, da sich vordergründig nur unspezifische Symptome wie Müdigkeit oder Oberbauchdruck zeigen. Auch im Blutbild gibt keine spezifischen Marker nur Hinweise. Bei Verdacht kann über eine algorithmische Einberechnung mehrerer Körper- und Blutbefunde – den sogenannten Fatty Liver Index[12] – mit etwa 80%-iger Wahrscheinlichkeit auf eine Fettleber rückgeschlossen werden. Ein Bauch-Ultraschall kann zu etwa 60% Klarheit schaffen und eine sichere Diagnose ist nur mittels Kernspintomographie oder

---

12. FLI nach Bedogni et al, 2006: Body-Mass-Index, Bauchumfang, Triglyceride und Gamma-GT

nicht ungefährlicher Biopsie (Gewebsentnahme) möglich. Man unterscheidet je nach Ursache zwischen der alkoholischen und nicht-alkoholischen Fettleber-Erkrankung und in Summe ist etwa jeder dritte Erwachsene davon betroffen.

- *alkoholische Fettleber-Erkrankung:*
  Ursache hoher Alkoholkonsum
- *nicht-alkoholische Fettleber-Erkrankung:*
  Meist Ernährungs- und Lebensstil-bedingte Ursachen, untergeordnet auch genetische, infektiöse und hormonelle Ursachen. Hauptrisikofaktoren sind Übergewicht mit Bauchfettansammlungen vom „Apfeltyp", Bewegungsmangel und Typ-2-Diabetes. Daher tragen etwa 70 % der übergewichtigen Erwachsenen, 75 % der Typ-2-Diabetiker und bereits 30–40 % der übergewichtigen Kinder, aber auch 15 % der schlanken Menschen eine Fettleber mit sich herum, meist ohne etwas davon zu wissen.

Bei dieser Erkrankung kommt es unabhängig von der Ursache zu übermäßiger Fetteinlagerung in den Leberzellen und die als Fettdepot „missbrauchten" Leberzellen können dadurch ihre eigentlichen Stoffwechselaufgaben nicht mehr erfüllen. Mit der Zeit wächst der Anteil der verfetteten Zellen, diese blähen sich immer mehr auf, entzünden sich und es kommt zu Fettleber-Hepatitis. Im noch weiter fortgeschrittenen, chronischen Entzündungs-Stadium sterben immer mehr Leberzellen ab (Leberzirrhose), was zu Funktionsverlust bis hin zu Leberversagen und Leberkrebs führen kann. Darüber hinaus gilt die Fettleber als klarer Risikofaktor und Mit-Ursache für das Entstehen von Insulinresistenz/Typ-2-Diabetes und in der Folge auch von (tödlichen) Herz-Kreislauferkrankungen und Alzheimer-Demenz. Wer nun beim übermäßigen Essen und Trinken vereinfacht denkt: „Meine Leber wird das schon aushalten, ich bin ja mehr als meine Leber", der möge sich vor Augen halten, dass die Leber die Schaltzentrale der Körperchemie ist und jedes andere Organ – insbesondere das Gehirn mit dem Nervensystem – vom Leberstoffwechsel abhängt.

Was können Sie Ihrer Leber Gutes tun?

Selbst bei schon fortgeschrittener Leberverfettung sind die einzigen Behandlungs-Optionen konsequente Ernährungs- und Lebensstilmaßnahmen inklusive des Vermeidens aller überflüssigen Leberbelastungen, denn es gibt kein einziges nachweislich wirksames Medikament gegen Fettleber.

1. Verzicht auf Alkohol, sonstige Genussgifte und überflüssige Medikamente (Rücksprache Arzt!). ⊕ Eine alkoholische Fettleber kann unter totaler Alkoholabstinenz in 2–3 Monaten ausheilen.
2. Verzicht auf fructosehaltige, gesüßte Getränke und Speisen, insbesondere Snacks
3. Vermeiden von sonstigem überkalorischem Essen
4. Jedes Plus an vernünftiger Ausdauer-Bewegung entlastet die Leber, denn die Skelett- und Herzmuskeln können der Leber einen Teil der Fettverbrennung abnehmen.
5. Radikaldiäten und übertriebener Sport sind regelrechte Sonderstressfaktoren für dieses Organ.
6. Umstieg auf eine *Leber-entlastende Ernährungsweise:* Am Beginn können Spezialprogramme wie das Leberfasten nach Dr. Worm, F.-X.-Mayr-, Kneipp-, Schroth- oder Ayurveda-Kuren stehen, langfristig ist jede ausgewogene Kostform, z. B. nach Vital-Teller-Modell, oder gezielte, sanfte Reduktionskost nützlich (→ „Übergewicht, Abnehmen und Diät" und „Achtsam essen", S. 208, 22).
7. Zufuhr leberfunktionsunterstützender Lebensmittel, Nährstoffe, Bitterkräuter und Gewürze, damit insbesondere die fettspaltenden Enzyme, Fett-Transportsysteme und Entgiftungsenzyme optimal mit Stoffwechselhelfern versorgt sind (→ Nährstoff-Info „Diabetes"/„Fettleber", S. 214).
8. Unterstützend: Leberwickel und gezielte Lymphdrainage
9. Sonstige ergänzende Tipps bei Fettleber → in der großen Info-Box im Kapitel Diabetes, S. 219

Diabetes Typ 2 – Die Zuckerkrankheit der Masse

Diabetes/Zuckerkrankheit ist mit rund 390 Millionen Erkrankten mittlerweile ein weltweites Gesundheitsproblem. In Österreich/Deutschland leiden geschätzte 9 % der Bevölkerung daran und ein knappes Drittel weiß (noch) nichts davon, da die Krankheit meist schleichend beginnt. Es handelt sich dabei um eine Störung des Zucker- und Insulinstoffwechsels mit erhöhten Blutzuckerwerten. Beim Gesunden sorgt das von der Bauchspeicheldrüse gebildete Hormon Insulin als Signalstoff dafür, dass im Blut befindlicher Zucker von zuckerverwertenden Zellen/Geweben (z. B. im Muskel) aufgenommen werden kann. Bei Diabetes sind die Blutzuckerwerte erhöht, weil entweder ein Insulinmangel vorliegt oder dieses zu wenig wirkt, weshalb man zwischen 2 Typen dieser Erkrankung unterscheidet.

> **HINWEIS!**
>
> ⊖ Der volkstümliche Name *„Zucker-Krankheit"* besteht bei beiden Diabetes-Formen zu Recht, da der Zucker-Stoffwechsel mehr oder weniger erkrankt bis völlig zusammenbricht. Beim vorwiegend ernährungsbedingten Typ-2-Diabetes kommt Zucker(-konsum) als eine der Hauptursachen noch hinzu.

Beim eher seltenen „schicksalhaften" Typ-1-Diabetes produziert die Bauspeicheldrüse (vermutlich auf Grund von Autoimmunprozessen oder Virusinfektionen) plötzlich kein Insulin mehr und dieses muss lebenslang mittels Insulinspritzen oder implantierten Pumpen ersetzt werden.

Dem in 95 % der Fälle vorliegenden Typ-2-Diabetes (früher „Alterszucker") liegt eine verminderte Insulinwirkung zu Grunde: ⊖ Durch jahrelange überhöhte Kalorienzufuhr entwickelt sich gemeinsam mit dem Übergewicht zunächst eine schleichende Zuckerverwertungsstörung (Prädiabetes), die sich zur sogenannten Insulinresistenz (Typ-2-Diabetes) auswächst.

Das bedeutet, dass viele Körpergewebe immer weniger auf das Insulinsignal ansprechen und damit keinen Zucker mehr aufnehmen (und verwerten können). Der Zucker bleibt im Blut zurück und es kommt zu dauerhaft erhöhten Blutzuckerwerten mit dramatischen Folgeschäden. Diese Form der Zuckerkrankheit ist also eine vorwiegend Ernährungs- und Lebensstil-bedingte, also im wahrsten Sinne des Wortes angegessene und angetrunkene, meist in Zusammenhang mit Bewegungsmangel, Übergewicht, Fettleber und Adipositas auftretende Erkrankung. Insbesondere Bauchfettansammlungen vom „Apfeltyp" gehen mit einem hohen Diabetesrisiko einher. Kritisch kann es schon ab einem Bauchumfang von > 94 cm bei Männern und > 80 cm bei Frauen werden. Besonders gefährdet sind Männer mit einem Bauchumfang > 102 cm und Frauen > 88 cm, vor allem in Kombination mit hohem Blutdruck, erhöhten Blutfettwerten und Bewegungsmangel. Die moderne Ernährung („western diet") mit ihrem hohen Anteil an zuckrigen Softdrinks, Alkohol(misch)getränken, zuckrig-fetten Snacks, Weißmehl-Produkten, Würsten und Fleisch hat sehr viel damit zu tun. Und leider werden die Patienten immer zahlreicher, jünger und sogar Kinder sind schon davon betroffen.

Das Drama der zerstörerischen Überzuckerung:

⊖ Die ständige *Zuckerflut* überfordert die Leber und die insulinbildende Bauchspeicheldrüse gemeinsam mit vielen anderen Organen. Zwangsläufig wird vermehrt *Speicherfett* aus Zucker gebildet, was zu Fettleber und anwachsenden Fettspeichern im ganzen Körper führt. Parallel dazu ist durch die verminderte Insulinwirkung der Blutzuckerspiegel ständig erhöht und der Zucker wird zum Teil über das „Notventil" Harn ausgeschleust. Das zeigt sich deutlich in Blut- und Harnbefunden und ist zu Beginn schmerzlos, obwohl innerlich schon gefährliche Stoffwechselveränderungen im Gange sind wie eine verstärkte Sorbitolbildung aus Zucker und verschiedenste andere entzündlich-oxidative Prozesse. Auf Dauer schädigt *erhöhter Blutzucker* die kleinen und großen Blutgefäße durch *„zuckrige Verklebungen"* von Eiweißmolekülen (Blutbestandteilen, Gefäßwandproteinen). Bei fortschreitender Eiweiß-Verzuckerung (Protein-Glykierung) entstehen sogenannte AGEs[13], funktionslose „nonsense-Moleküle", die vom Körper kaum mehr gespalten werden können.

---

13. AGEs: Advanced Glycation Endproducts
    (fortschreitende Glykierungsprodukte)

⊖ *Fatale Kombination Fett und Zucker:* Studien belegen, dass eine hohe Zufuhr von einfachen Zuckern und gesättigten Fetten zu Übergewicht und Fettleber bis hin zu Fettsucht/Adipositas führt. Parallel dazu kommt es zu veränderten Blutfett- und Blutzuckerwerten, es steigt das Typ-2-Diabetes-Risiko und in Folge das Herzinfarkt-Risiko sehr deutlich.

⊖ Ständig *erhöhter Blutzucker* führt neben vielen anderen Schäden zu fortschreitender Eiweißverzuckerung in Form von „zuckrigen Verklebungen" namens AGEs (wie z. B. HbA1c). Diese beschleunigen den atherosklerotischen Blutgefäß-Verschleiß (die sogenannte „Verkalkung") mit seinen dramatischen Folgen und die allgemeine Zellalterung (Ageing) → zu viel Zucker macht also alt und krank!

⊕ *Je weniger Zucker zugeführt wird* und je besser das Blut mit antioxidativen Mikronährstoffen (beispielsweise aus buntem Gemüse) ausgestattet ist, desto langsamer schreitet die AGEs-Bildung, die Gefäß-Entzündung und -Sklerosierung voran. Die WHO-Leitlinie 2015 zum Zuckerverzehr empfiehlt daher selbst Gesunden pro Tag möglichst nur 6 TL (25 g) zugesetzten Zucker aus verarbeiteten Lebensmitteln zu konsumieren. Um wie viel mehr sollten Übergewichtige und Zuckerkranke sich zurückhalten. ⊖ **ACHTUNG:** Mit einem Glas Cola oder Orangensaft oder einem Fertig-Fruchtjoghurt haben Sie diese Zucker-Tagesration schon erreicht. Meiden Sie daher ganz besonders alle flüssigen Zuckerbomben (→ Tipps in der großen Info-Box, S. 219).

Verschiedenste AGEs[14] binden an bestimmte Zell-Rezeptoren (RAGE) und „verkleben" quasi mit Blutbestandteilen wie Fetten, Cholesterol-Lipoproteinen, Immunzellen, Calcium und Blutgefäßwandzellen. Über Immunreaktionen und die Bildung sogenannter Schaumzellen schaukeln sich diese Vorgänge auf und wirken an der gefürchteten *Gefäß-„Verkalkung"* (*Atherosklerose*) mit. Dabei kommt es zu Verengung, Versprödung, chronischer Entzündung und letztlich zur Zersetzung der Blutgefäße von innen. In der Fachsprache werden diese krankhaft-entzündlichen Gefäßerkrankungen als diabetische Mikro- und Makroangiopathien bezeichnet. Diese schleichenden sklerotischen *Blutgefäßschäden* führen zu Wundheilungs- und Durchblutungsstörungen mit diabetischem Fuß, Sichteinschränkungen bis hin zur Erblindung und Nierenfunktionsstörungen mit Dialyse-Pflicht. Auch das Gehirn mit dem Nervengewebe, welches seinen Energiebedarf vorwiegend aus Zuckern deckt, ist stark mitbetroffen. Zu den gefürchteten Spätfolgen des Diabetes gehören daher auch

heftige Nervenschmerzen, Taubheitsgefühle, Gehirnleistungsstörungen bis hin zur *Alzheimer-Demenz-Erkrankung* (mittlerweile als *Typ-3-Diabetes* bezeichnet). Gemeinsam mit Begleiterscheinungen wie erhöhten Blutfettwerten und Bluthochdruck kommt es früher oder später zu Gefäßverschlüssen wie Thrombosen, Herzinfarkt, Schlaganfall oder Nierenversagen. Darüber hinaus sind Zucker-Moleküle potente Erzeuger von „*oxidativem Stress*" durch eine massiv vermehrte Produktion von aggressiven Sauerstoffradikalen, die Schäden an allen Zellstrukturen, also fortschreitende Zellalterung bis hin zur Erbsubstanz (DNA) verursachen können – was übrigens auch das deutlich erhöhte Krebsrisiko bei Übergewicht erklärt. (Weiterführendes → Literatur: Stirban, A./Diabetesgesellschaft; Nawroth-Ziegler/Endokrinologie)

Vorbeugung und Behandlung von Typ-2-Diabetes:
Am besten ist es natürlich, dem Übergewicht und seinen Folgeerkrankungen konsequent vorzubeugen – mit einer ausgewogenen, gemüsebetonten und zuckerarmen Ernährung sowie ausreichend Bewegung. Das gilt ganz besonders für Kinder und Jugendliche, aber natürlich auch für Erwachsene. Die zweit-

---

14. z. B. glykiertes Hämoglobin (HbA$_{1c}$), welches bei Diabetes zur Blutzucker-Kontrolle mitbestimmt wird

TIPPS BEI BLUTZUCKERPROBLEMEN, TYP-2-DIABETES, FETTLEBER UND ÜBERGEWICHT

⊕ Ihre Selbstverantwortung ist gefragt, denn es geht um nichts Geringeres als Ihren (einzigen) Körper!

⊕ Ärztliche, diätologische/ernährungstherapeutische und pharmazeutische Begleitung ist wichtig.

⊕ Typ-1-Diabetes erfordert besondere Disziplin und eine umfassende Diabetiker-Schulung bezüglich Essen (Broteinheiten), Insulindosis und Lebensstil - viele der folgenden Punkte gelten auch.

⊕ Verschriebene (schadensbegrenzende) Medikamente sind regelmäßig einzunehmen.

⊖ Verzichten Sie auf Alkohol, sonstige Genussgifte, süße Getränke und überkalorisches Essen!

⊕ Beachten Sie als gesunde Richtschnur die → „Was-essen-Kurzanleitung", S. 18 (mit Süß-Einschränkung) und die Faustregeln im „Nährstoff-ABC" für Getränke, Kohlenhydrate, Ballaststoffe, Fette, Eiweiße etc.

⊕ Kochen Sie gemüsebetont nach dem Vital-Teller-Modell (möglichst ohne die kleine Süß-Portion) – mit den entsprechenden individuellen, diätologischen Anpassungen – passend zu Ihren Befunden.

⊕ Ein Bewegungs-Coach und eine psychologische Begleitung können notwendig und hilfreich sein.

⊕ Ein angepasstes Bewegungsprogramm unterstützt (die Leber) beim Entfetten/Zuckerverbrennen.

ZUSATZTIPPS BEI FETTLEBER:

⊕ Ergänzung/Optimierung der Leber-Schonkost/Diät mit folgenden Nährstoffen kann hilfreich sein:
Ballaststoffe wie Betaglucane etc., Cholin, Lecithin, L-Carnitin, L-Glutamin, Omega-3-Fette, Coenzym-Q10, Phytosterine, Vitamin B-Komplex, Vitamin D, Vitamin E, Vitamin C, Polyphenole, Taurin, L-Cystein/Acetylcystein (Glutathion-Vorstufen), Magnesium, Selen, Zink sowie Spezialextrakte aus Artischocken, Mariendisteln oder Berberitzen sowie Probiotika (Der jeweilige Bedarf ist individuell abzuklären.)

⊕ Gewürze: Kurkuma, Rosmarin, Schwarzkümmel, Chili, Ingwer, Koriander, Kurkuma, Muskat, Paprika, schwarzer Pfeffer, langer Pfeffer/Pippali, Bitterkräuter-Mischungen

⊕ Filterkaffee (2–3 Tassen pro Tag)

ZUSATZTIPPS BEI DIABETES:

⊕ Blutzuckerspiegel-stabilisierende Lebensmittel: Gemüse, Hülsenfrüchte, Vollkornprodukte (insbesondere Haferflocken und Haferkleie), magere Milchprodukte, magerer Fisch und kaltgepresste Pflanzenöle sowie Ölsaaten (achtsam dosiert)

⊕ Unterstützende Tees, Bitterkräuter und Gewürze: Bohnenschalentee, Bitterkräutertee, Grüntee (in Maßen), Bockshornkleesamen, Chili, Ingwer, Kardamom, Knoblauch, Koriander, Kreuzkümmel, Kurkuma, Muskat, Nelken, Paprika, Piment, verschiedene Pfeffersorten, Rosmarin, Thymian, Schnittlauch, Ceylon-Zimt, Zwiebel

⊕ Verminderung des Süß-Hungers: Betaglucane und andere lösliche Ballaststoffe, Gewürze wie Chili, Kardamom, Nelken, Vanille und Ceylon-Zimt. Hilfreich zeigt sich auch die ayurvedische Heißwasser-Trink-Kur (→ „Übergewicht", S. 208) und die Praxis des achtsamen Essens (→ „Wie essen", S. 23).

⊕ Zuckerstoffwechselunterstützende Nahrungsergänzung mit allen B-Vitaminen, insbesondere Vitamin B1 und Magnesium sowie Kalium, Zink und Chrom. Weiters zu bedenken sind Vitamin D, Vitamin B12 (bei bestimmten Arzneimitteln wie Metformin), Antioxidantien wie Vitamin C und E, Coenzym Q10, Selen, Polyphenole sowie begleitende Fettstoffwechsel-, Leberschutz- und Zellschutz-Strategien.

⊖ Bei Obst empfehle ich große Zurückhaltung, denn es liefert neben vielen gesunden Inhaltsstoffen beträchtliche Zuckermengen mit appetitfördernder (!) Fructose. Nach dem Motto *„Gemüse ist das bessere Obst"* bieten sich süßliche Gemüse wie Karotten, Kohlrabi oder Rohnen als Ersatz-Knabberei an.

⊖ Süßstoffe und Zucker-Austauschstoffe sind in geringen Mengen eine Notlösung, da auch sie das Süß-Bedürfnis fördern, wie beispielsweise Stevia oder Holzzucker/Birkenzucker/Xylitol.

Anmerkung zur unterstützenden Nahrungsergänzung: Der erhöhte Mikronährstoff-Bedarf von Typ-1-und Typ-2-Diabetikern und Übergewichtigen lässt sich mit Ernährung nur schwer decken, deshalb ist es bis zur Besserung oder Stabilisierung der Blutzucker- und Blutfettwerte oft empfehlenswert, vorübergehend ein speziell dafür konzipiertes, ausgewogenes diätetisches Lebensmittel als *Nahrungsergänzung (NEM)* einzunehmen. Da die Zusammenhänge im Stoffwechsel sehr komplex sind, sollten Sie dies nur nach eingehender fachlicher Beratung tun. In vielen Fällen kann die gezielte Einnahme eines Qualitäts-NEMs das Blutfettprofil und insbesondere die Blutzucker-Einstellbarkeit – und damit Ihre Lebensqualität – verbessern und auch mittelfristig zur Schadensbegrenzung beitragen. Die Empfehlung „Supplemente sind nicht nötig" kommt meistens von solchen, die sich mit der Körperchemie nicht wirklich bis gar nicht auskennen. Allerdings: Niemals kann eine Nahrungsergänzung – und sei sie auch noch so toll als „Zuckersenker" oder „Fettblocker" beworben – die durch ein ständiges Zuviel an Fett, Zucker und Alkohol ausgelösten Kalorien- und Stoffwechsel-Probleme lösen.

beste Möglichkeit besteht in der Früherkennung von Prädiabetes, um den „Ausbruch" von Typ-2-Diabetes durch gezielte Ernährungs- und Lebensstilmaßnahmen rechtzeitig zu verhindern. Informieren Sie sich dazu unter www.diabetes-verhindern.at und nützen Sie insbesondere bei ⊖ *Apfeltyp-Bauchfett-Ansammlungen* ärztliche Vorsorgeuntersuchungen. Selbst bei übergewichtigen Typ-2- und Typ-1-Diabetikern zeigt eine Ernährungs- und Lebensstil-Umstellung eine deutliche Risikoreduktion von diabetischen Gefäß-Komplikationen und oxidativen Folgeschäden an den Genen[15]. Falls Sie betroffen sind, sollten Sie diese Chance ergreifen!

Aber: Mit Fettsparen allein ist es definitiv nicht getan! Nicht ohne Grund verschwindet nach einer (recht riskanten) operativen Magenverkleinerung innerhalb von ein paar Wochen der Typ-2-Diabetes. Das beweist, dass dies auch mit weniger Essen (ohne Operation) funktioniert hätte – sicherer, billiger und risikoärmer. Zur Schadensbegrenzung ist es außerdem wichtig, die verschriebenen Medikamente regelmäßig einzunehmen.

Erhöhte Blutfettwerte/Hyperlipidämie

Bei mehr als der Hälfte aller Erwachsenen zeigen sich erhöhte Blutfettwerte[16]. Vorwiegend sind diese ernährungsbedingt, nur in seltenen Fällen handelt es sich um eine genetische Fettstoffwechselstörung oder eine Arzneimittelnebenwirkung. Die Blutfett-/Blutlipid-Werte sind also meist „nur" Ausdruck einer allgemein zu hohen und zudem qualitativ ungesunden Energiezufuhr – insbesondere aus Zucker, schlechten Fetten und Alkohol. Im Zusammenhang mit Bewegungsmangel zeigt sich die Überflutung des Körpers mit einer überkalorischen (meist gleichzeitig mikronährstoffarmen) Ernährung meist auf mehreren Ebenen – im Übergewicht, in verschiedensten Blutbefunden, in Gesundheit und Leistungsfähigkeit.

---

15. → Literatur: Lindström et al.; Gillies et al.; Müllner et al., S. 348

16. Triglyceride, Gesamtcholesterin, LDL-/HDL-/ VLDL-Cholesterin, Lipoprotein A etc.

TIPPS BEI ERHÖHTEN BLUTFETTWERTEN

⊕ *Ernährungs- und Lebensstil-Maßnahmen* sind auch bei erhöhten Blutfettwerten (außer bei seltenen familiär-genetischen Cholesterinerhöhungen) die einzige ursächliche und nebenwirkungsfreie Heilmethode. Auch hier gelten die Grundregeln der „Was-essen-Kurzanleitung", die Empfehlungen aus dem „Nährstoff-/Lebensmittel-ABC" und zusätzlich die Nährstoff-Info-Box aus dem Kapitel „Diabetes".

⊕ *Ernähren Sie sich nach dem Vital-Teller-Modell* (das all diese Regeln/Empfehlungen integriert) und genießen Sie viel Gemüse, Hülsenfrüchte, Vollkornprodukte, magere Milchprodukte, ab und zu mageres Fleisch, in Maßen Eier und gönnen Sie sich täglich, aber dosiert edle Qualitätsfette wie Omega-3-haltige Fettfische, Nüsse und kaltgepresste Pflanzenöle statt „Junk-Fett" (→ „Nährstoff-ABC").

⊕ *Die Gesamtkalorienzufuhr – vor allem aus Zucker, Alkohol und Fett – muss im Vergleich zum Verbrauch vermindert werden.* Alleiniges Fettsparen bei erhöhter Proteinzufuhr ist nicht (!) zielführend, denn auch Zucker und Alkohol werden vom Körper in Fett umgewandelt und zu viel Eiweiß belastet die Nieren und erhöht das Gicht- und Rheuma-Risiko. Die (früher) gebetsmühlenartig empfohlene „cholesterinarme Diät" (→ Exkurs, S. 222) mit dem Mythos „Eier erhöhen Cholesterin" ist längst überholt und fördert primär den Absatz gewinnträchtiger „cholesterinfreier" Diätprodukte. Das Gesamtkonzept muss stimmen.

⊕ *Fettstoffwechselunterstützende Gemüse und Gewürze:* Artischocke; Bitterkräuter, Lauch, insbesondere Bärlauch, Knoblauch, Zwiebel und Spargel; Löwenzahn und Zichoriensalate; Kohl- und Kressegewächse, insbesondere Kren, Kresse, Kapuzinerkresse sowie Kraut und Broccoli; Oliven; Gewürze wie Chili, Ingwer, Koriander, Kurkuma, Liebstöckel, Oregano, Pfeffer, Pfefferminze, Rosmarin, Schwarzkümmel, Thymian und Ysop

⊕ *Fettstoffwechselunterstützende und Arzneitherapie-optimierende Nahrungsergänzung:* B-Vitamine, Coenzym Q10 (bei Statinen), Lecithin, L-Carnitin, lösliche und unlösliche Ballaststoffe, Phytosterine und pflanzliche Spezial-Extrakte aus Artischocken, Knoblauch, rotem Hefereis und Berberitzen

HINWEIS: Niemals kann jedoch ein Schlankheitspräparat oder eine Nahrungsergänzung – und sei sie auch noch so toll verpackt oder gar als „Fettblocker" beworben – das „zu viel – zu fett – zu zuckrig – zu alkoholisch" ohne parallel dazu eingehaltene Diät und ein Bewegungsprogramm lösen.

Was mittels Laboranalytik im Blut zu finden ist, kommt letztlich fast immer von außen und das Problem hat der ganze Körper, nicht nur das Blut. Im Prinzip gilt daher bei krankhaft veränderten Blutfettwerten dieselbe Ernährungsstrategie wie für Diabetiker und Übergewichtige, weil in den meisten Fällen der Zucker-, der Fett- und oft auch der Eiweiß-Stoffwechsel gemeinsam betroffen sind. Nur in speziellen Fällen von genetisch/familiär bedingter Hypercholesterinämie, wo die Leber durch einen Gen-Defekt extrem große Cholesterinmengen produziert, gilt es, das Problem anders zu betrachten. Diese Patienten brauchen fast immer schadensbegrenzende Arzneimittel, da über Diät- und Lebensstil-Maßnahmen nur geringfügige oder gar keine Verbesserungen möglich sind.

Exkurs: Mythos Cholesterin (Cholesterol) – eine kritische Betrachtung

Bei kaum einem Thema wird ernährungsmedizinisch so kontrovers darüber diskutiert, was nun wirklich gesund oder ungesund ist, und manche Fragen werden dabei zu selten gestellt. Kann Cholesterol tatsächlich der „böse Bube", also die Ursache für Atherosklerose sein? Was ist die Ursache der erhöhten Cholesterol-Werte und was bezweckt der Körper damit? Ist diese (in vielen Studien beobachtete) Erhöhung nur messbarer Ausdruck, also Bio-Marker einer überkalorischen Ernährung und der damit zusammenhängenden Stoffwechsel-Entgleisungen? Meiner Ansicht nach stimmt – mit Ausnahme der selten vorliegenden familiär-genetisch bedingten Cholesterol-Überproduktion – Letzteres.

Denn Cholesterol ist eine körpereigene Substanz, die zum Aufbau von Hormonen, Vitamin D, Coenzym Q10, fettemulgierenden Gallensäuren und vielem mehr gebraucht wird – zudem ist es Teil von Fett-Transportern (wie VLDL-, LDL-, HDL-Cholesterol-Lipoproteinen). Dass das Cholesterol-System mitbetroffen ist, wenn der Stoffwechsel auf Grund von permanenter Überfütterung/Überflutung an Energieträgern (Zucker, Alkohol und Fett) entgleist, ist für mich logische Konsequenz und nicht Ursache des Problems. Fakt ist, dass die Leber den Großteil des Cholesterols selbst bildet und nur ein kleiner Teil von außen über die Nahrung kommt. Das bedeutet, das Cholesterol-Einsparen beim Essen hilft nur sehr bedingt, wenn überhaupt.

⊕ Es ist also Entstressung beim moderaten Genuss von Eiern und Butter angesagt. Darüber hinaus ist es ein fataler Irrtum zu glauben, dass einige cholesterin- und zuckersenkende Tabletten (mit fallweise beträchtlichen Nebenwirkungen) die tägliche Flut an überflüssigen Kalorien ausgleichen können. Mit Arzneimitteln ist eine gewisse Schadensbegrenzung möglich, aber der entscheidende Faktor ist der gesamte Ess- und Lebensstil. Nicht nur die Kalorienzufuhr muss im Verhältnis zum Verbrauch stimmen, sondern auch der Mikronährstoffgehalt. Wiederholt haben sich daher „mediterrane" und „nordische" Kostformen mit einem hohen Anteil an Gemüse als schützend vor Herz-Kreislauf-Erkrankungen gezeigt. Dies hängt unter anderem mit den im Gemüse reichlich mitgelieferten zellschützenden Antioxidantien wie beispielsweise den Polyphenolen (→ „Vitalstoff-ABC", S. 282) zusammen. Denn beim sogenannten „schlechten" LDL-Cholesterol ist das eigentliche Atherosklerose-mitverursachende Problem seine – durch Zucker und Radikale – oxidierte/aggressive Form (oxLDL). Dieses ist im Blut mitbeteiligt an der Ausbildung der gefürchteten Blutgefäß-Sklerose (über Bildung von „Schaumzellen" und irreversiblen Glykierungsprodukten/AGES → „Diabetes", S. 216) mit chronischer Entzündung in den Gefäßwänden. Nur auf die Cholesterolwerte allein zu schauen, greift daher eindeutig zu kurz – das Gesamtkonzept muss stimmen.

Zu diesem Thema und verwandten medizinischen Fragen finden Sie auch viel Interessantes in den kritischen Büchern von Dr. Dr. Uffe Ravnskoff oder Dr. Günther Loewit (→ Literatur , S. 348).

Gicht/Hyperurikämie

Bei dieser entzündlichen Gelenks-Erkrankung, die vorwiegend Männer betrifft, liegt ein erhöhter Harnsäurespiegel durch eine meist genetisch bedingte *Störung des Purin-Stoffwechsels* vor. Daneben gibt es auch zahlreiche ernährungs-/krankheits-/lebensstilbedingte Einflussfaktoren, weshalb Gicht auch zu den typischen Wohlstands-Erkrankungen gehört. Der Harnsäurespiegel kann schon jahrelang unerkannt erhöht sein, bis es zu einem ersten schmerzhaften Gichtanfall in der großen Zehe oder in einem anderen kleinen Gelenk kommt. Der akute, heftige Schmerz wird durch plötzliches nadelförmiges Auskristallisieren der *Harnsäure* ausgelöst, wobei dies insbesondere nach Festessen, Alkoholexzessen, massiver körperlicher Aktivität oder auch beim Fasten passieren kann. Im chronischen Stadium der Gicht kommt es zu dauerhaften entzündungsbedingten *Schmerzen*, zur Ausbildung typischer *Gichtknoten* in den Gelenken, zur schleichenden Zerstörung der Knorpelsubstanz mit fallweise massiven Bewegungseinschränkungen sowie zu Ablagerungen in den Harnwegen bis hin zur Gicht-Niere mit Harnsäure-Steinen. Eine rein medikamentöse Behandlung der Erkrankung ohne Veränderung von Ernährungs- und Lebensstil ist nicht erfolgreich – meist braucht es ein Paket an Maßnahmen. Dies gilt umso mehr, wenn gleichzeitig weitere ernährungsbedingte Erkrankungen wie Übergewicht, Adipositas, Typ-2-Diabetes oder Herz-Kreislauferkrankungen vorliegen. Gicht ist dennoch im Allgemeinen gut behandelbar.

Was sind Purine und wo sind sie enthalten?

Purinkörper sind zentrale Bestandteile der Erbinformation/DNA jedes Zellkernes und kommen daher in allen Lebensmitteln und im Menschen vor. Harnsäure ist das natürliche Abbauprodukt bestimmter – nicht aller – Purinkörper. Beim Essen hängt der Puringehalt im Wesentlichen von der Zell(kern)zahl pro Gramm Lebensmittel ab und daher liefern kleinzellige/vielzellige Nahrungsmittel wie Fleisch, Fisch, Linsen viel mehr Purine als großzelliges Gemüse,

große Bohnen oder ein (einzelliges) Ei – und genau dies wird in der purinarmen oder streng purinarmen Diät genützt.

Eckpunkte der Behandlung von Gicht:

Gicht ist in vielen Fällen allein *mit Ernährungs- und Lebensstilmaßnahmen* ⊕ *erfolgreich behandelbar*, fallweise ist parallel dazu noch eine Arzneitherapie nötig. Damit es zu möglichst wenigen Gichtanfällen und damit Spät-Komplikationen kommt, ist bei erhöhten Harnsäurewerten eine persönliche Ernährungsberatung nicht nur unbedingt notwendig, sondern auch höchst erfolgversprechend. Denn bei Gichtneigung ist ein lebenslanges konsequentes Anstreben eines Harnsäurewertes von unter 6,5 mg/dl (besser 6,0) nötig, was je nach individuellem Harnsäurespiegel mit einer streng oder moderat begrenzten Zufuhr von Nahrungs-Purinen meist erreichbar ist. Zusätzlich ist bei Übergewicht (eine entscheidende Mitursache von Gicht) eine langsame Gewichtsreduktion ein Muss – aber langsam, sonst drohen ⊖ *vermehrte Gichtanfälle!* In Summe empfehlen sich bei allen Patienten folgende 3–4 Maßnahmen (Details → Ernährungstipps, S. 224) gemeinsam:

1. Verminderung der Harnsäure-Entstehung durch purinarme Kost
2. Förderung der Harnsäure-Ausscheidung
3. Meiden von sonstigen Harnsäure-erhöhenden Faktoren und gegebenenfalls
4. langsamer Abbau von Übergewicht

KOCHTIPP!

Bei Übergewicht und Gicht sind Gemüse-Kartoffel-Suppen (→ Rezepte „Wohlfühlsuppen", S. 81) ideal als leichte und dennoch sättigende Abendgerichte. Selbst purinreichere Gemüse sind in dieser Kombination mit Weißbrot als Stärke-Beilage kein Problem.

ERNÄHRUNGS-TIPPS BEI GICHT

Bei dieser Erkrankung ist eine persönliche Ernährungsberatung, wie schon gesagt, unerlässlich. Hier sehen Sie im Überblick die drei Grundprinzipien zur Senkung der Harnsäurewerte. Zur Erleichterung der Lebensmittelauswahl und des Koch-Alltages gibt es einschlägige Tabellenwerke sowie kostenlose online Purin-Berechnungstools[17]. Regelmäßige Bewegung an frischer Luft – optimiert mit bewusst verlängerter, entsäuernder Ausatemphase – kann sich unterstützend positiv auf das Stoffwechselgeschehen auswirken.

1) Senkung der Harnsäure-Entstehung mittels purinarmer (lacto-ovo-vegetarischer) Ernährung:
- ⊕ 4–5 Handvoll Gemüse/Tag liefern sättigende komplexe Kohlenhydrate mit Ballaststoffen und Vitalstoffen.
- ⊕ 3 Handvoll/Glas (magere) Milchprodukte liefern Eiweiß, gut verdauliche Fette und Mikronährstoffe: Milch, Buttermilch, Naturjoghurt, Topfen, Frischkäse, Hartkäse etc.; Sauerrahm/Süßrahm dosiert.
  HINWEIS: Das Gichtrisiko wird bei Männern durch 1 Glas Milch/Tag um etwa 50 % gesenkt.
- ⊕ Eier in moderaten Mengen bis zu 1 Ei/Tag (das ist selbst bei Übergewicht und Diabetes kein Problem).
- ⊕ Obst ist purinarm, aber zuckerhaltig – daher max. 1 Handvoll/Tag – *„Gemüse ist das bessere Obst".*
- ⊕ Moderat dosierte Qualitäts-Fett-Zufuhr mit pflanzlichen Ölen/Butter/Nüssen: ~3 EL/Tag
  Fette sind zwar purinfrei, aber ein Übermaß an Fett führt zu Keto-Acidose und Harnsäure-Ausfällung.
- ⊕ Kartoffeln, Nudeln, Weißmehl, Weißbrot/Mischbrot als Stärke-Lieferanten: 3 Handvoll/Tag
- ⊕ Bei Hülsenfrüchten sind großbohnige Sorten zu bevorzugen: maximal 2-mal pro Woche 1 Handvoll

- ⊖⊕ *Verminderte/dosierte Zufuhr purinreicher Lebensmittel:* 1–2-mal/Woche bis maximal 1 Handvoll/Tag Fisch, Fleisch, Wurst; kleine Ölsaaten/Nüsschen; Vollkornprodukte/Vollkornbrot; kleine Hülsenfrüchte wie Erbsen, Linsen, Kichererbsen, Sojabohnen; auch Dal, Sojamilch, Hummus und Tofu
- ⊕⊖ Purinreichere Gemüsesorten wie Broccoli, Karfiol, Spargel, Spinat und Pilze sind vergleichsweise purinarm, also in Maßen kein Problem; auf die Kombination kommt es an (nicht mit Fleisch/Fisch etc.).
- ⊖ *Verzicht auf Purinbomben:* Innereien, Hefe(-Extrakte), Fleischextrakte, Fleischsuppe, Bierhefe, Bier, Tomatenmark/Ketchup, Blütenpollen, bestimmte Fischarten wie Anchovis, Hering, Makrele, Sardinen, Sprotten, Muscheln und Meeresfrüchte sowie die purinreiche Haut (!) von Fisch, Geflügel und Schwein

2) Förderung der Harnsäure-Ausscheidung:
- ⊕ Reichliches Trinken von möglichst kalorienfreien Getränken (1,5–2 Liter/Tag) wie Wasser und Harn-alkalisierende Getränke wie bicarbonatreiche Mineralwässer, Kräutertees, Molke, Gemüse-, Zitrus-Säfte
- ⊕ Moderate Mengen an Kaffee wirken durch die enthaltene Chlorogensäure leicht harnsäuresenkend.
- ⊕ Erhöhung der täglichen Vitamin-C-Zufuhr, denn dies zeigt bei Männern vorbeugende und deutliche risikomindernde Effekte[18], da Vitamin C die Harnsäureausscheidung (wie Gicht-Arzneimittel) fördert.
- ⊕ Gegebenenfalls die regelmäßige – oder im Gichtanfall akut benötigte – Einnahme von Arzneimitteln

3) Vermindern/Vermeiden von harnsäuresteigernden Faktoren/Gichtanfall-Auslösern:
- ⊖ Radikales Fasten: Muskeleiweißabbau führt zu Erhöhung der Harnsäurewerte/Gichtanfall.
- ⊖ Völlerei und Übergewicht/Adipositas
- ⊖ Alkohol, insbesondere hochprozentige Spirituosen und purinreiches (selbst alkoholfreies) ⊖⊖⊖ Bier: Alkohol vermindert dosisabhängig die Harnsäureausscheidung der Niere, erhöht die Harnsäurebildung in der Leber und fördert Fettleber, welche wiederum das Gichtrisiko erhöht.
- ⊖ Vermeidung von Fructose, Sorbit und Xylit, weil alle drei indirekt die Harnsäurebildung erhöhen, weil bei ihrem Abbau vermehrt Purine entstehen. Meiden Sie daher insbesondere Softdrinks/Limos, Säfte, Saftgetränke, Fertigmarmeladen, süße Snacks, aber auch Light-Limos, Kaugummi etc. mit den genannten Zuckerersatzstoffen.

Rheumatische Erkrankungen

Von Schmerzen und Entzündungen im Bewegungsapparat werden viele Menschen geplagt. Dazu gehören akute und chronische rheumatoide (Poly-)Arthritis, Gelenks-Arthrosen, Muskel- und Sehnenscheidenentzündungen sowie Weichteilrheumatismus. Häufig sind (starke) Schmerzmittel nötig, um im Alltag halbwegs zurechtzukommen. Überkalorische, mikronährstoffarme Ernährung, hoher Fleischkonsum, Bewegungsmangel und Genussgifte können neben erblicher Veranlagung, Traumen und Infektionen dazu beitragen. Leider bewegen sich Schmerzpatienten oft sehr wenig, weil Bewegung im ersten Moment als schmerzhaft empfunden und daher bewusst vermieden wird. Oft wird übersehen, dass mit sanfter Bewegung, vermehrter Durchblutung und einer veränderten Ernährungsweise der Entzündungsneigung des Körpers gezielt entgegengewirkt werden kann. Selbst bei Fibromyalgie oder Knie-Arthrose können beispielsweise sanfte Heilgymnastik, achtsames Yoga oder Bewegungstraining nach Feldenkrais Schmerzen lindern und die Beweglichkeit verbessern. Dadurch kann die Medikamenten-Dosis gesenkt werden, Nebenwirkungen treten vermindert auf und fallweise kommen Patienten immer öfter oder sogar dauerhaft ohne Arzneimittel aus.

TIPP!

Zwei Ess-/Trinkstrategien können bei rheumatischen Erkrankungen und entzündlichen Schmerzen hilfreich sein – am besten wirken diese, wenn sie zusammen konsequent umgesetzt werden, wie im Folgenden beschrieben: (A) die sogenannte „basische Ernährung" und (B) eine gezielte Veränderung der Fettzufuhr mit entzündungshemmenden Effekten. Ergänzende Maßnahmen (C, D) können dies noch unterstützen.

A) Beeinflussung des Säure-Basen-Haushaltes und der Körper-Durchsaftung:

Dies wird durch vermehrte Zufuhr von Wasser, „Basen-liefernden" Mineralstoffen und Stoffwechsel-ankurbelnden Vitaminen erreicht. Die „basenbetonte" Kost setzt sich aus natürlichen, mikronährstoffreichen Vollwert-Lebensmitteln (→ Info-Box, S. 17), dem Hauptgetränk Wasser und gezielter Nahrungsergänzung zusammen. Gleichzeitig werden „säurelastige" Lebensmittel deutlich eingeschränkt, vor allem tierisches Eiweiß und „leere Kalorien" aus Zucker, Weißmehl, Fastfood und Alkohol. Diese Maßnahmen sind nach der Erfahrung vieler Experten, insbesondere von Kur-Ärzten, die Kneipp-Kuren, Otto-Buchinger-Heilfasten oder F.-X.-Mayr-Medizin anbieten, sehr wirkungsvoll. Obwohl diese sogenannte „basische" Ernährung erfahrungsgemäß „funktioniert" – ist sie schulmedizinisch dennoch umstritten. Einen Versuch ist eine in diese Richtung gehende langfristige Ernährungsumstellung jedenfalls wert, denn sogar ein einzelner Gemüsesafttag kann im akuten Rheumaschub sofort eine gewisse Linderung bringen. Übrigens kann diesbezüglich auch eine Umstellung auf ayurvedische Ernährungsweise (nach erfolgter Kur – besser in Europa als in Indien) sehr hilfreich sein.

B) Veränderung des zugeführten Fettsäure-Musters:

Diese Maßnahme ist als wirksam anerkannt und wird häufig von Ernährungsmedizinern, Apothekern, Ernährungswissenschaftlern und Diätologen empfohlen. Der biochemische Hintergrund dabei ist, dass unterschiedliche Fettsäuren zu unterschiedlicher *Produktion von Gewebshormonen/Botensubstanzen (Eicosanoiden[19])* führen. Dabei konkurrieren verschiedenste Fettsäuren um denselben physiologischen Umwandlungsweg. Das heißt, je nachdem, was „oben" (beim Essen) mehr/weniger eingefüllt wird, sich also in den fetthaltigen Zellwänden anreichert, das kommt „unten" (im Zellinneren) mehr oder weniger an Botenstoffen heraus.

---

17. beispielsweise www.purinrechner.de
18. Literatur: Choi et al.
19. Prostaglandinen, Prostacyclinen, Thromboxanen, Leukotrienen etc.

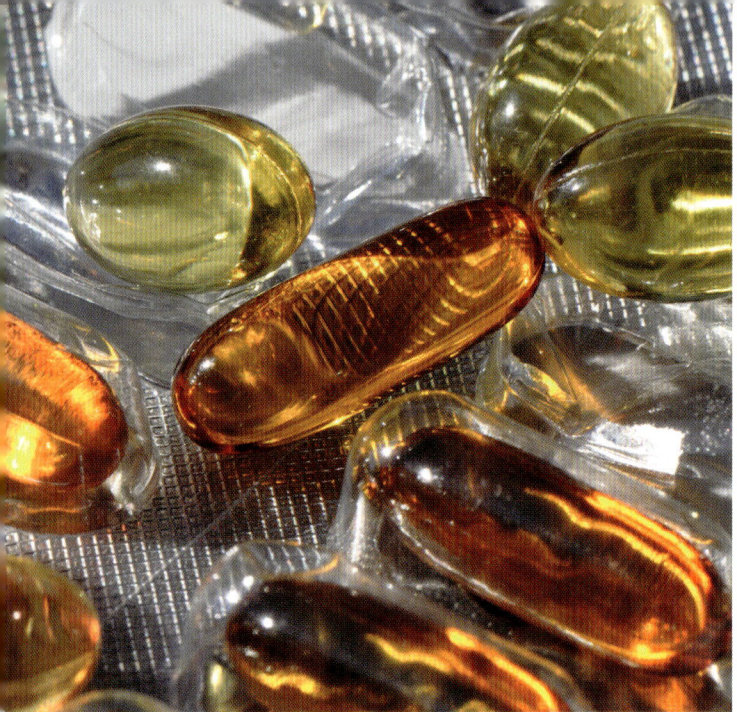

Fischöl-Kapseln

Die wichtigsten Ausgangssubstanzen und zugleich „Gegenspieler" bei der Gewebshormonbildung sind Arachidonsäure (AA) und Eicosapentaensäure (EPA):

⊖ *AA-Abkömmlinge wirken entzündungsfördernd, blutgefäßverengend, blutdrucksteigernd und blutverklumpungsfördernd. (Tierfette liefern viel AA.)*

⊕ *EPA-Abkömmlinge wirken entzündungshemmend, blutgefäßerweiternd, blutdrucksenkend, blutverdünnend, blutfettsenkend und antiarrhythmisch. (Fischöle liefern viel EPA.)*

Deshalb ist es möglich, mit der Ernährung gezielt auf das Entzündungs- und Schmerzgeschehen Einfluss zu nehmen, nämlich wenn weniger tierische Fette (AA-reich) und mehr Fischöle (EPA-reich) sowie bestimmte Pflanzenöle (mit EPA-Vorstufe) zugeführt werden. Konkrete Lebensmittelempfehlungen → Info-Box.

ERNÄHRUNGS-TIPPS BEI RHEUMATISCHEN SCHMERZEN

Als Koch-Leitfaden eignet sich – bei Berücksichtigung der hier genannten „Knackpunkte" – das Vital-Teller-Modell. Verändern Sie Ihre Ernährung in folgende Richtung (A und B parallel; ergänzend C und D), praktizieren Sie also gezielt ein weitgehend „entzündungshemmendes Essen". Bis die Wirkungen dieser Maßnahmen sich entfalten, dauert es üblicherweise einige Wochen.

A: Säure-Basen-Optimierung (mineralstoff- und vitaminreich, zucker- und eiweißarm)

⊕ Mehr (Mineral-)Wasser und „basenbildende" sowie „säure-basen-neutrale" Lebensmittel: allen voran Gemüse, Gemüse-Suppen, -Sprossen, -Säfte und Green Smoothies sowie Obst, verdünnte Zitrusfrucht-Säfte, Pellkartoffeln, Vollkornreis, Kräuter, Gewürze, Kräutertees, Grüntee, Brottrunk, Reismilch, verdünnte Mandel- und Hafermilch, Molke und fettarme, verdünnte (Sauer-)Milchprodukte. Hülsenfrüchte maximal 2-mal/Woche

⊖ Weniger „säurelastige" (*) Nahrungs- und Genussmittel: allen voran Limos/Softdrinks* (insbesondere Cola), Energydrinks* und süße Naschereien*; Rauchen und Alkohol; tierische Fett-Eiweiß-Träger wie Wurst*, Speck, Schinken, Fleisch, insbesondere fettes Schweinefleisch, Fleischkäse* und Fastfood, insbesondere Fertigpizza*, Burger*, Schmelzkäse* sowie viele Convenience-Fertigprodukte* (→ „Was-essen-Kurzanleitung: schlecht für mich", S. 18.) Halten Sie darüber hinaus Maß mit Kaffee und Hartkäse, die beide Säure(-vorstufen) liefern.

(*Genau genommen Basenmangel/Mineralstoffmangel durch leere Kalorien, Stoffwechselgifte, „basenraubende" Mineralstoff-Resorptions-Verhinderer wie künstliche Phosphate/Phosphorsäure sowie säureliefernde Lebensmittel)

B: Fett-Optimierung (mehr Omega-3-Fette wie EPA und gleichzeitig weniger AA)

⊕ Mehr Kaltwasser-Fett-Fisch: 2-mal/Woche Hering, Lachs, Makrele oder spezielle Zuchtfische wie arktischer Seesaibling (→ „Lebensmittel-ABC", S. 269)

⊕ Mehr Pflanzenöle, Ölsaaten und Nüsse: täglich 1–2 EL Leinöl, Leindotteröl, Hanf-, Walnuss-, Raps- oder Sojaöl und 2 EL frisch geschroteten Leinsamen, Hanfsamen, Chiasamen oder Walnüsse

⊖ Weniger tierische Fette (AA-reich): Schweineschmalz, Schweineleber, fettes Schweinefleisch, insbesondere alle Würste, Speck, Formfleisch wie Leberkäse und Pasteten; Frittiertes und Backwaren mit minderwertigen Fetten, insbesondere Blätterteig-/Plundergebäck und Pommes. Zurückhaltung gilt auch bei fettem Käse, Rahm, Eiern und Erdnüssen (!). Sommer-Butter kann in Maßen verwendet werden.

C: Unterstützende entzündungshemmende Lebensmittel und Nahrungsergänzung

⊖ Ohne gleichzeitige Verminderung der Arachidonsäure-Zufuhr (Ernährungsumstellung) klappt es nicht.

⊕ Persönliche Beratung durch orthomolekular zusatzqualifizierte Fachleute wie Arzt, Apotheker oder Ernährungsberater/Diätologen ist im Vorfeld wichtig, damit die Nährstoffe maßgeschneidert passen und eventuelle Nebenwirkungen, Wechselwirkungen und Gegenanzeigen bedacht werden.

⊕ Sicherstellung einer ausreichenden Vitamin D-Versorgung (Blutbild!)

⊕ Lebensmittel und Gewürze mit reichlich antioxidativen Polyphenolen, Bitterstoffen und Senfölen: Zwiebel, Knoblauch, Rettich, Kren, Kresse und insbesondere Kurkuma. ⊖ Ingwer ist hingegen ungünstig!

⊕ Weitere Mikronährstoff-Optionen – gut dosiert und aufeinander abgestimmt: ⊕ Omega-3-Kapseln (EPA-Konzentrat) mit Vitamin E, Vitamin C, B2, B3, Selen, Zink, L-Cystein/Acetylcystein, Polyphenolen, Flavonoiden und Carotinoiden. Dieser „Cocktail" optimiert die antientzündlichen Wirkungen der empfindlichen ungesättigten Öle/Fette und wirkt darüber hinaus entzündungshemmend/antioxidativ.

⊕ Entzündungshemmende pflanzliche Wirkstoffe: Aus indischem Weihrauch, Krallendorn und Kurkuma, wobei bei allen dreien nur mit hochwertigen Spezial-Extrakten eine Wirksamkeit nachgewiesen ist.

⊕ Kurweise Einnahme einer ausgewogenen „Basenmischung" (Mineralstoffe und Spurenelemente) – für maximal drei Monate und keinesfalls bei Magensäuremangel oder Austrocknung mit Alkalose im Alter!

TIPP: Im akuten Schmerzschub kann ein eingeschobener („basenreicher") Reis-, Gemüsesaft-, Brottrunkoder Kur-Molke-Tag oft schon sehr entlastend und schmerzlindernd wirken. Idealerweise wird dies kombiniert mit etwas sanfter Bewegung an frischer Luft.

D: Allgemeine Tipps, die Schmerzen lindern helfen können

• langsames, achtsames Essen und ausgiebiges Kauen; Speisen auskosten (→ „Wie essen", S. 23)

• regelmäßig sanfte Bewegung mit gewissem Herz-Kreislauf-in-Schwung-Bringen und gezieltem, vorsichtigem Mobilisieren und Dehnen der schmerzenden Bereiche

• bei Übergewicht: langsame, begleitete Gewichtsreduktion (Arzt/Ernährungstherapeut)

• viel frische Luft und bewusstes verlängertes – entsäuerndes – Ausatmen (beim Gehen)

• sanfte Saunagänge, mäßiges Schwitzen, falls angenehm; ⊕ fallweise ist Kälte besser!

• Basenbäder einmal wöchentlich zu Hause, falls Ihre Haut nicht zu trocken dafür ist (37 °C, 30–45 Minuten, 100 g Soda/Vollbad), oder ein entsprechender Kurbad-Aufenthalt

• regelmäßige Praxis von Entspannungsübungen, Meditation oder Kontemplation

Osteoporose

Diese systemische Skeletterkrankung des (meist) höheren Lebensalters gehört zu den 10 häufigsten Volkskrankheiten und zeichnet sich durch eine *stark verminderte Knochen-Masse* (Mineralien und Eiweiß) sowie eine veränderte, *zerbrechlichere Mikroarchitektur der Knochen* aus. Damit besteht ein erhöhtes Risiko, bei einem Sturz oder auch spontan einen Wirbel- oder Oberschenkelhalsbruch zu erleiden. Oft ist damit eine langfristige Immobilität, ein beschleunigter Kräfteverfall sowie ein erhöhtes Thrombose-, Lungenentzündungs- und Sterblichkeits-Risiko verbunden. Hauptrisikogruppe sind Frauen, da nach den Wechseljahren die Schutzwirkung der Östrogene auf das Knochengewebe nachlässt und der normale Knochenabbau dann noch schneller fortschreitet.

Das Schlüsselalter bezüglich *Vorbeugung* der Erkrankung liegt zwischen 10. und 25. Lebensjahr, denn in diesem Alter wird die Spitzenknochenmasse (peak bone mass) aufgebaut, wobei hierbei Bewegung einen lange unterschätzten, starken Einfluss hat. Von diesem Depot zehrt der Körper das restliche Leben. Der Knochen ist nach dem Wachstum in Kindheit und Jugend keine starre Materie, sondern ist auch im Erwachsenenalter steten Auf-, Um- und Abbauprozessen unterworfen – immer *in starker (!) Abhängigkeit von seiner Beanspruchung durch Muskelaktivität, Druck-, Zug- und Stoßbelastungen.* In der Jugend überwiegen Knochenaufbauprozesse, ab 30 überwiegt der ganz normale oder aber pathologisch vermehrte beschleunigte Abbau, den es nach Möglichkeit in Grenzen zu halten gilt.

HINWEIS!

Die Knochengesundheit ist abhängig von Ernährung und Lebensstil – von der Kindheit bis ins Alter. Die drei knochenstärkenden Hauptfaktoren dabei sind: viel Bewegung/Knochenbeanspruchung, eine ausgewogene, mikronährstoffreiche Ernährung und eine gute Versorgung mit Vitamin D – durch vernünftigen Sonnengenuss oder/und gezielte Supplementierung (im Winterhalbjahr, bei Immobilität).

Knochenstabilisierende Nährstoffe

Die derzeitige Hauptrolle in der Osteoporose-Vorbeugung und -Behandlung spielen unumstritten Calcium und Vitamin D. Denn Calcium ist das Hauptmineral der Knochenfestsubstanz und Vitamin D regelt als Steuerhormon den Calciumhaushalt, die Knochenfestigkeit, die Muskelkraft und vieles mehr (→ „Vitalstoff-ABC"). Das Vitamin-D-Hormon ermöglicht erstens die Calcium-Aufnahme aus der Nahrung und zweitens – gemeinsam mit Vitamin K2 – den Calcium-Einbau in die Knochen. Eine calciumreiche Ernährung ist daher wichtig, aber Sinn macht diese nur in Kombination mit ausreichend Vitamin D, welches im Essen – außer in Leber und Meeresfisch – kaum zu finden ist. Die Hauptquelle von Vitamin D ist die sonnenabhängige Eigenproduktion in der Haut, wobei viele Daten zeigen, dass (zumindest im Winterhalbjahr auf Grund von UVB-Mangel) in weiten Teilen der mittel- und nordeuropäischen Bevölkerung ein mehr oder weniger ausgeprägter Vitamin-D-Mangel vorliegt. Senioren sind besonders betroffen, weil das altersbedingte Nachlassen der Vitamin-D-Hormon-Bildung und oft ganzjähriger „Sonnenmangel" noch dazukommt. Darüber hinaus greift es zu kurz, nur diese beiden Knochen-Nährstoffe zu bedenken.

NÄHRSTOFF-INFO

Um ständig neue hochwertige Knochensubstanz zu bilden, braucht der Körper neben der entsprechenden ⊕ Bewegung/Knochenbeanspruchung alle Nährstoff-Zutaten und Hilfsstoffe für den Knochenbau. Dazu gehören bestimmte Eiweiße/Aminosäuren, Vitamin D, Calcium, viele weitere Mineralstoffe wie Magnesium, weiters Vitamin C, B-Vitamine und insbesondere Vitamin K. Wie eine Art Klebstoff stabilisieren und fixieren Vitamin-K-abhängige Proteine[20] diverse Calcium-Mineralsalze (die, wie gesagt, nur mit Hilfe von Vitamin D in den Körper und die Knochen gelangen können) im Knochengerüst. Diese relativ neuen Erkenntnisse decken sich mit großen Studien, die ein deutlich vermindertes Oberschenkelhalsbruchrisiko bei erhöhtem Gemüse- und Obstkonsum – also einer Mikronährstoff- und insbesondere Vitamin-K-reichen Ernährung zeigen.

---

20. Osteocalcin, Osteopontin

Da eine *gute Versorgung mit Vitamin D* nicht nur für die Knochengesundheit, sondern auch für ein funktionierendes/effizientes Immun- und Hormonsystem sowie die Herz- und Skelettmuskelkraft essenziell ist, sollten Sie sich am besten 2-mal im Jahr (Oktober, Jänner) Ihren Vitamin-D-Blutspiegel bestimmen lassen und gegebenenfalls gezielt ergänzen. Multivitaminpräparate stellen nur eine gewisse Minimalversorgung sicher, die gängigen bei Osteoporose verschriebenen Calcium-D-Kombinationspräparate sind bezüglich Vitamin D nach jetzigem Wissensstand unterdosiert. Es bräuchte meistens noch eine Extraportion Vitamin D dazu – zumindest im Winterhalbjahr (→ „Vitalstoff-ABC").

TIPPS FÜR STARKE KNOCHEN

⊕ **„Knochenstarke" Ernährung: reich an Calcium, Vitamin K und anderen Knochennährstoffen**
- Grundprinzip: „Was-essen-Kurzanleitung" und Vital-Teller-Modell
- Mineral-, Heil- und Leitungswässer: 1,5 Liter/Tag
- Milchprodukte: 2–3-mal/1 Handvoll Tag, Molke, Magermilch, Naturjoghurt, Topfen, fettarme Käsesorten
- Gemüse: 4–5 Handvoll/Tag; Grünkohl, Rucola, Spinat, Fenchel, Broccoli, Lauch, Kohlrabi, Mangold ...
- Wildkräuter/Gemüse: Brennnessel, Kresse, Löwenzahn ergänzen die Gemüsepalette.
- Nüsse/Ölsaaten: 2–3 EL/Tag; Mohn, Sesam, Mandeln, Walnüsse, Hasel- und Paranüsse, Pistazien
- Getreide/Ersatzgetreide: 1–3 Handvoll/Tag Amaranth, Braunhirse, Hafer, Hirse, Quinoa
- Fische mit Gräten: etwa 2-mal/Woche 1 Handvoll Sardinen und Sprotten

⊕ **„Knochenstarker" Lebensstil:**
- Gezieltes, regelmäßiges Kraft- und Gleichgewichts-Training ermöglicht Muskel- und Knochenpower; Tanzen, Nordic Walking, Treppensteigen, Wandern. ⊖ Extremer Ausdauersport schadet!
- Sonnengenuss mit Vernunft: UVB sorgt für Vitamin-D-Bildung in der Haut (→ „Vitalstoff-ABC").
- Vorsorgeuntersuchungen beim Arzt

⊕ **Indizierte Arznei-Supplemente (Vitamin D oder/und Calcium-Vitamin D in Kombination):**
- bei Osteoporose, Lactoseintoleranz, Vitamin-D-/Calcium-/Hormon-Mangel, Dauermedikation (mit Corticoiden etc.) und zur Sekundärprävention

⊕ **Ergänzende Knochen-Nährstoffe (für Gewebsaufbau und -erhaltung):**
- Vitamine: Vitamin D, Vitamin K, Vitamin C, B-Vitamine
- Mineralien: Calcium, Phosphor, Magnesium, Kalium, Mangan, Kupfer, Zink, Eisen, Fluorid, Silicium, Bor
- Eiweiß: insbesondere die Aminosäuren Lysin und Prolin

⊖ **„Knochenkiller": sind tunlichst lebenslang zu vermeiden – insbesondere in der Jugend!**
- Vitamin-D-Mangel/Sonnenmangel: im Winterhalbjahr allgemein und bei Senioren besonders häufig
- Bewegungsmangel, aber auch übertriebener Ausdauersport
- Mangel an: Vitamin K, Bor, Calcium, Eisen, Magnesium, Eiweiß und anderen Knochennährstoffen
- Rauchen, Alkohol, Energydrinks, Limos/Softdrinks, insbesondere Coca-Cola, künstliche Phosphate*
- Essen/Trinken: zu viel Kochsalz, zu viel Koffein (Kaffee, Energydrinks)
- Arzneimittel wie Corticoide und Antiepileptika ohne begleitende ausgleichende Supplementierung

* Lebensmittelzusatzstoffe wie *Phosphate* (E-Nummern 339–343) und *Ortho-Phosphorsäure* (E 338) sind *Calcium-Räuber*: Softdrinks/Limos, insbesondere das ultrasaure Cola (E 338), Energydrinks, Schmelzkäse, Formfleisch, Fertiggerichte, Fertigkuchen, Naschereien und Snacks. Künstliche Phosphate/Phosphorsäuren binden Calcium (im Darm) und verhindern dadurch die Aufnahme.

Allergien auf Lebensmittel

Bei Lebensmittel-Allergien oder begründetem Verdacht sind ein Arztbesuch zur Abklärung und eine individuelle Ernährungsberatung sehr anzuraten.
⊕ Verschriebene Notfallmedikamente können Leben retten, aber nur dann, wenn man sie bei sich hat. Theoretisch gibt es auf jedes Lebensmittel (wie auf viele andere Dinge unserer Biosphäre) echte Allergien, bei denen das Immunsystem mit der Bildung von bestimmten Immunglobulinen und mehr oder weniger dramatischen Symptomen reagiert. Diese reichen von Halskratzen, Tränen, Niesen, Juckreiz, Urticaria über Schwellungen, Quaddeln, Ödeme, Asthma, Atemnot bis hin zum anaphylaktischen Schock. Bei vielen Allergikern kommt es mit der Zeit zu einem „Etagenwechsel" der betroffenen Schleimhäute und es kann sich chronisch-allergisches Asthma entwickeln. Der Großteil der (vermeintlichen) Nahrungsmittel-Allergien sind eine Art „Modekrankheit", wobei etwa 30 % der Menschen glauben, eine solche zu haben. Damit tut sich eine geschäftsträchtige Marktnische für teure

„Frei-von"-Produkte auf, die wiederum diese „Modediagnose" mit ihrer Werbung kräftig schüren. Tatsächlich sind etwa 1–4 % der Erwachsenen und etwa 6–8 % der Kinder von einer echten Nahrungsmittelallergie betroffen, aber es zeigt sich generell eine ansteigende Tendenz von Allergieerkrankungen, die mittlerweile als typische Zivilisationserkrankung gelten.

Bei den meisten Lebensmittel-Allergie-Auslösern (Allergenen) handelt es sich um natürliche, aber körperfremde Eiweiße/Proteine, wobei einige durch Erhitzen ihre allergieauslösenden Eigenschaften verlieren.

Die 14 Haupt-Allergene in Nahrungsmitteln:
- Eier
- Erdnüsse
- Fisch
- glutenhaltiges Getreide
- Krustentiere
- Lupinen
- Milch
- Nüsse und sonstige Schalenfrüchte
- Schwefeldioxid und Sulfite
- Sellerie
- Senf
- Sesamsamen
- Soja
- Weichtiere

Seit Dezember 2014 gibt es EU-weit verschärfte Kennzeichnungs-Regelungen, die Allergikern beim Einkaufen und Außer-Haus-Essen helfen sollen. Bei verpackten Fertigprodukten müssen diese 14 gängigsten Lebensmittel-Allergene gesondert ausgezeichnet werden. Auch bei unverpackten, lose verkauften Nahrungsmitteln müssen diese „allergenen 14" mittels Schild, Aushang oder mit Hilfe elektronischer Info-Terminals im Geschäft gekennzeichnet sein. Diese Regeln gelten auch in Restaurants, wobei Fußnoten auf der Speisekarte erlaubt sind. Es können auch mündliche Auskünfte z. B. durch den Koch gegeben werden, soferne es auf Nachfrage zugängliche schriftliche Zutatenlisten im Betrieb gibt. Mehr Information zur Lebensmittelkennzeichnung finden Sie im Internet unter: www.aid.de.

TIPP!

Achten Sie auf Ihre Darmgesundheit, denn diese spielt beim Thema Allergien (und Unverträglichkeiten) eine Riesenrolle, denn die Schleimhaut des Magen-Darmtraktes ist mit ihren vielen Windungen und unzähligen Ausstülpungen unsere weitaus größte Kontaktfläche zur Außenwelt. Die Darmschleimhaut steht in enger Verbindung mit allen anderen inneren und äußeren Schleimhäuten und der ganzen Haut. Je gesünder die Darmschleimhaut mit ihren über 100 Billionen Darmbakterien umso besser, denn der Darm und seine winzigen Mitbewohner befinden sich in ständiger Wechselwirkung mit dem was wir essen, trinken, denken und fühlen (Gehirn-Darm-Achse). Zudem sitzt der größte Teil des Immunsystems im Darm und dabei ist die Darmflora/Mikrobiota ein entscheidender Einflussfaktor. Insoferne haben probiotische Bakterienkulturen in der Prävention (und begleitenden Therapie) von Allergien ihren Stellenwert – insbesondere in der Schwangerschaft.

Allergien auf Gemüse, Obst und Pollen

An der Spitze der Allergieauslöser unter den Gemüsen stehen Sellerie und Karotten. Daher Vorsicht bei bäuerlicher oder sonstiger hausgemachter Gemüsewürze (sosehr ich diese auch sonst empfehle), denn üblicherweise sind beide Wurzelgemüse als Hauptbestandteile enthalten. Achten Sie auf die Zutatenliste oder fragen Sie danach. Im Falle von Allergien ist es besser, wenn Sie alle zwei Monate ein eigenes Gemüsekonzentrat (→ Rezepte, S. 52) herstellen und im Kühlschrank aufbewahren.

Achtung Kreuzallergien: Bei Pollen-Allergikern können beim Essen von Gemüse, Gewürzen, Kräutern und Obst sogenannte pollenassoziierte Nahrungsmittelallergien auftreten. Als Symptome können leichter Juckreiz und Halskratzen, Tränen und Niesen bis hin zu Schwellungen, Asthma, Atemnot oder gar allergischem Schock auftreten. Das Phänomen besteht meist das ganze Jahr über, ist aber oft saisonal besonders schlimm. Da heißt es leider verzichten.

HINWEIS!

Auf dem freien Markt befindliche Selbst- und Schnell-Tests (sogenannte Ig/IgG$_4$-Tests) sind zwar momentan in Mode, aber in ihrer Aussagekraft medizinisch sehr umstritten. Eine Allergie gilt erst als nachgewiesen, wenn klinische Symptome und (mehrere) Befunde zusammenpassen.

Gluten-Unverträglichkeiten/Zöliakie & Co.

Bei diesen Gesundheitsstörungen handelt es sich um (vorwiegend nicht allergische) Überreaktionen auf das in Getreide enthaltene Kleber-Eiweiß namens Gluten. In der Liste der Nahrungsmittel-Allergene scheint Gluten aus praktischen Gründen dennoch auf. (→ S. 230).

Fachärzte unterscheiden neuerdings zwischen 3 Formen der Erkrankung:

- autoimmun-bedingte Gluten-Unverträglichkeit (Zöliakie, Sprue)
- allergisch bedingte Reaktion auf Gluten (Weizen-Allergie)
- nicht-autoimmun/allergisch-bedingte Gluten-Empfindlichkeit (Gluten-/Weizen-Sensitivität)

Der Fachbegriff Zöliakie bezeichnet eine Autoimmunerkrankung, die durch bestimmte Anteile des Getreide-Kleber-Eiweißes (Gluten[21]) ausgelöst wird. Durch Autoimmunprozesse kommt es zu einer entzündlich-degenerativen Veränderung (Atrophie) der Darmschleimhaut. Dies zeigt sich mit Symptomen wie Bauchschmerzen, Blähbauch, Blähungen, Durchfall, Verstopfung, Müdigkeit, Erschöpfung, blasenbildenden Haut-Ekzemen, Migräne, Depression,

---

TIPPS BEI ZÖLIAKIE

Verträgliche glutenfreie Lebensmittel

⊕ Ersatzgetreide: Amaranth, Buchweizen, Hirse, Mais, Quinoa, Reis und Wildreis/Gräsersamen

⊕ Mehl-/Stärkelieferanten: Esskastanien(-mehl), Kartoffel(-stärke), Kichererbsen(-mehl), Kokosraspel, Lupinenmehl, Maniok(-mehl), Maroni(-mehl), Soja(-mehl)

⊕ Verdickungsmittel/Hilfsstoffe zum (Brot-)Backen und Soßenbinden etc.: Agar-Agar, Chiasamen, Flohsamen, Gelatine, Guarkernmehl, Johannisbrotmehl, Pektin, Pfeilwurzelmehl

Meiden: Glutenhaltige Getreide(-produkte)

⊖ Weizen, Hartweizen, Dinkel, Grünkern, Roggen, Gerste, Urkorn, Einkorn, Emmer, Kamut, Triticale und (gewöhnlichen)[22] Hafer. Das gilt auch für Mehl, Grieß, Brösel, Brot, Nudeln, Couscous oder Fleischimitate aus Weizenprotein wie Seitan oder Analog-Schinken, Suppen, Würzen, Saucen, Süßigkeiten sowie Malzkaffee, Malzbier und Bier.

---

21. Zu Klebereiweiß/Gluten gehören Gliadin (Weizen etc.), Hordein (Gerste), Avenin (Hafer).
22. Spezieller als glutenfrei gekennzeichneter Hafer wird sehr oft vertragen.

„umnebeltem" Verstand, Bewegungskoordinations-Störungen, Wasseransammlung/Ödemen bis hin zu Nährstoff-Aufnahmestörungen wie Eisen-, Calcium- und Vitamin-D-Mangel sowie Gewichtsabnahme. Manche Patienten haben trotz nachgewiesener Zöliakie kaum Symptome – außer vielleicht einen bisher schwer behandelbaren, stets wiederkehrenden Eisenmangel. Zöliakie ist eine ernste Darmschleimhaut-Erkrankung und kann nur durch lebenslange glutenfreie Kost behandelt werden. Echte Zöliakie kommt relativ selten vor (bei etwa 1 % der Bevölkerung), aber wenn sie nachgewiesen ist, müssen zur Vermeidung von Beschwerden, Nährstoffmängeln und dramatischen Spätfolgen wie Darm-Tumoren einige Getreidesorten strikt gemieden und durch andere Getreide ersetzt werden.

Bei konsequenter Vermeidung der oben genannten Getreidesorten und daraus hergestellter Produkte haben Sie gute Chancen auf Beschwerdefreiheit oder zumindest deutliche Verbesserung der Symptome. Etwa 80 % der Patienten profitieren relativ bald von einer strikten glutenfreien Diät. Meist bessern sich die Beschwerden innerhalb weniger Wochen. Das „Brav-Sein" beim Essen lohnt sich also, denn es gibt keine andere Behandlung dieser Erkrankung außer konsequentes Meiden des Auslösers.

Die Symptome der sogenannten „Gluten-/Weizen-Sensitivität" sind denen der Zöliakie oder einer echten Weizen-Allergie sehr ähnlich. Allerdings kommt es dabei im Hintergrund zu ganz anderen Immunreaktionen und zu keinen entzündlich-degenerativen Langzeitschäden im Darm. Auch hierbei ist eine weitgehend glutenfreie oder zumindest glutenarme Ernährung die einzige (fast immer) wirksame Therapie. Einige Getreidesorten enthalten weniger Gluten und werden deshalb in kleinen Mengen relativ gut vertragen, wie beispielsweise Hafer. Für die Gesamtbevölkerung ist jedoch eine glutenfreie Ernährung nach derzeitigem Wissensstand nicht nötig – auch wenn diese Strategie von manchen fanatischen Gluten-Ablehnern vertreten wird. Definitiv kann niemand die langkettigen Kleber-Proteine vollständig verdauen, aber sie werden von der Masse der Menschen vertragen. Ballaststoffe werden ja auch nicht vollständig verdaut und sind gerade deshalb gesundheitsfördernd.

Histamin-Unverträglichkeit und sonstige Pseudoallergien

Bei Lebensmittel-Unverträglichkeiten/Pseudoallergien handelt es sich um durch Speisen und Getränke ausgelöste Beschwerden, die im Gegensatz zu Allergien ohne Beteiligung des Immunsystems ablaufen. Die Beschwerden können zwar allergieähnlich sein, sind aber meist weniger dramatisch, treten mit einiger Verzögerung auf und hängen auch oft von der konsumierten Menge des auslösenden Stoffes ab.

Als Auslöser von Nahrungsmittel-Unverträglichkeiten spielen sogenannte biogene Amine eine große Rolle. Sie entstehen beim natürlichen Eiweiß-Abbau aus bestimmten Aminosäuren und üben wichtige biochemische Funktionen aus. Dazu gehören insbesondere Botenstoffwirkungen im Nerven-, Hormon- und Immunsystem sowie im Entzündungs-, Zellteilungs- und Wundheilungsgeschehen. Biogene Amine sind in vielen Lebensmitteln, Lebensmittel-Zusätzen und Genussmitteln wie Wein enthalten und können bei empfindlichen Menschen zu Überreaktionen führen oder sogar pseudoallergische Reaktionen auslösen. Wie so oft kann allein die Dosis oder auch die Kombination das Problem sein und kleine Mengen werden unter Umständen gut vertragen. Einige biogene Amine reichern sich vor allem in länger gelagerten Produkten an, da diese beim fortschreitenden Eiweiß-Abbau wie beispielsweise bei der Käsereifung, Schokoladeproduktion oder auch beim Verderb von Lebensmitteln vermehrt entstehen.

Die bekanntesten biogenen Amine sind Dopamin, Histamin, Tyramin, Serotonin und Synephrin, wobei die drei letzteren mitunter Kopfschmerzen, Migräne, Schlafstörungen und Blutdruckerhöhung auslösen können. Histamin verursacht dagegen vorwiegend Juckreiz, Hautrötungen, Hitzegefühl, vermehrten Speichelfluss, Bläschen/Quaddeln, Atemnot, Unruhe, Kopfbrummen, Kopfschmerzen, Schwindel, Erbrechen und Übelkeit. Auch Glutamate, die natürlich vorkommen, aber auch häufig in Form von Glutamat-Salzen als künstliche Geschmacksverstärker (E-Nummern 620–625) in Fertigprodukten, insbesondere in Streu- und

Biogene Amine, verwandte und sonstige Auslöser für Nahrungsmittel-Unverträglichkeiten:

- ⊖ *Histamin:* lange gelagerter Fisch, besonders Konserven und Räucherfisch; Hefe-Extrakte; Sauerkraut; lange gereifte Käse-Sorten; Brennnessel-Spinat, Spinat, Tomaten; Rotwein, Champagner
- ⊖ *Histamin-Liberatoren:* Erdbeeren, Schokolade, Tomaten, Zitrusfrüchte
- ⊖ *Tyramin:* Avocado, Bananen, Fisch, Fisch- und Fleisch-Extrakte; Käse; Sauerkraut; Wurst und Pasteten
- ⊖ *Serotonin:* Ananas, Avocado, Bananen, Kakao, Zwetschken, Tomaten, Schokolade, Walnüsse
- ⊖ *Coffein, Theophyllin, Theobromin:* Kaffee, Tee, Kakao, Schokolade
- ⊖ *Glutamat:* natürliche Aminosäure in Hefe-/Fleischextrakten und Sojasaucen; künstliche Glutamate als Lebensmittelzusatzstoffe (Geschmacksverstärker) in vielen Fertigprodukten wie Flüssigwürzen, Streuwürzen, Suppenwürfeln, Salatdressings, Snacks, salzigen Naschereien, Fertigpizza etc.
- ⊖ *Azofarbstoffe/Lebensmittelzusatzstoffe mit den E-Nummern 102–133:* bunte Süßigkeiten (EU-Verordnung/2008 zu Azofarbstoffen E 102, 104, 110, 122, 124, 129: „Kann sich nachteilig auf die Aufmerksamkeit und Konzentration von Kindern auswirken".
- ⊖ *Schwefelverbindungen/Sulfite:* Wein, Sekt, Trockenobst, Säfte
- ⊖ *Salicylate (Arzneimittel)* und *Benzoesäure (Konservierungsmittel)*

Flüssigwürzen enthalten sind, können zu Unverträglichkeits-Symptomen führen. Bekannt sind Glutamate als Auslöser des sogenannten „Chinarestaurant-Syndroms". Milde Verlaufsformen zeigen sich in einer rauen, tauben Zunge, leichtem Kratzen im Hals bis hin zu heftigen Migräne-Attacken. Glutamate wirken zudem appetitsteigernd, verbilden den Geschmackssinn und verstärken möglicherweise die Symptome des Aufmerksamkeits-Defizit-Hyperaktivitäts-Syndroms (ADHS). Manchmal werden auch Coffein, Theobromin und Theophyllin nicht vertragen oder sie verstärken Reaktionen auf andere biogene Amine.

Da Histamin-Unverträglichkeiten vergleichsweise häufig vorkommen, sind hier noch einige günstige und ungünstige Lebensmittel gelistet. Als hilfreiche Grundregel bei Histamin-Problemen gilt: ⊕ „Bevorzugen Sie möglichst frische, junge und frisch gekochte Nahrungsmittel und Getränke."

Wenn der/die Auslöser gefunden ist/sind, sollten Sie die entsprechenden Lebensmittel nach Möglichkeit meiden. Zur „Entschärfung" von biogenen Aminen kann es auch hilfreich sein, Vitamin B6 zu ergänzen, da es deren Abbau ermöglicht und beschleunigt. Speziell bei Histamin-Unverträglichkeit kann das Histamin-Abbau-Enzym Diaminoxidase (DAO) mit seinen Helfern B6, Zink und Magnesium unterstützend in Form einer Nahrungsergänzung eingenommen werden.

Lebensmittel	histaminarm	histaminreich
Alkohol	trockener Weißwein, untergärige Biere	Champagner, Rotwein, Weizenbier
Fisch	Frischfisch, Tiefkühlfisch	Fischkonserven, Räucherfisch, Thunfisch, Makrele, Sardine, Sardellen
Gemüse	Broccoli, Erbsen, Karfiol, Karotte, Lauch	eingelegtes Gemüse, Sauerkraut, Avocado, Brennnessel, Melanzani, Spinat, Tomaten
Käse	Frischkäse, Butterkäse, junger Gouda, junger Pecorino	Hartkäse wie Parmesan, reifer Pecorino, alter Gouda, Emmentaler
Wurst	Frischwurst-Aufschnitt, Kochwürste	gepökelte, getrocknete, geräucherte Würste
Gewürze	natürliche, pflanzliche Gewürze und Salz	Würzsaucen mit Hefeextrakt, Sojasauce, Miso, Tempeh, Ketchup

Fruchtzucker-Unverträglichkeit

Etwa 30 % der Europäer leiden unter Kohlenhydrat-Unverträglichkeiten, wobei eine Spielart dieser Verdauungsstörungen durch Fruchtzucker (Fructose) verursacht wird. Dabei ist streng zwischen einer seltenen, vererbten und einer vorübergehenden, Mengen-/Darmdysbiose-bedingten Störung zu unterscheiden, welche in den meisten Fällen vorliegt. Fallweise treten Probleme überhaupt nur bei Verzehr besonders hoher Mengen von Fruchtzucker auf. Kein Wunder, denn das Angebot an fructosehaltigen Lebensmitteln, insbesondere süßen Getränken (!), Süßigkeiten, Desserts, Marmeladen und Obst, ist übergroß und das verursacht gemeinsam mit der weit verbreiteten stärkereichen, fettarmen Mischkost einen Fructoseüberhang, der mengenabhängig fast zwangsläufig zu Beschwerden führt. Auch in diesem Zusammenhang sollte der nach wie vor geltende gesunde DACH-Slogan „5-mal am Tag Gemüse und Obst" meiner Ansicht nach besser „4–5-mal am Tag Gemüse" (fallweise 1-mal/Tag Obst) lauten, wie im Vital-Teller-Modell vorgezeichnet. Allerdings ist der ⊖ Verzicht auf alle genannten Süßigkeiten, insbesondere süße Getränke, viel wichtiger.

Bei einer *nachweislichen Fructose-Intoleranz* kann der Darm diesen Zucker nur unvollständig verdauen (Fructose-Malabsorption). Der Grund ist ein eingeschränkter Fructose-Transport durch die Dünndarm-Schleimhaut ins Blut, weil das zuständige Transporter-Molekül vermindert produziert wird. Fructose bleibt daher großteils im Darm und beginnt dort „zu vergären", was zu Symptomen wie Bauchweh, Blähungen und Durchfall bis hin zu Müdigkeit, Schwindel, Kopfschmerzen und depressiven Zuständen führen kann. Letztere sind übrigens oft die Folge von Nährstoff-Verlusten durch häufige Durchfälle bei längerem Nichtwissen oder Nichtbeachtung dieser persönlichen Unverträglichkeit.

Ganz abgesehen von der Unverträglichkeitsproblematik belastet eine sehr hohe Fructose-Zufuhr (> 15 % der Tagesenergie) die Leber und ist mitbeteiligt an der Ausbildung einer nicht-alkoholischen Fettleber-Erkrankung (→ „Fettleber", S. 214) und des damit zusammenhängenden sogenannten metabolischen

Syndroms. Zum Symptom-Mix dieser fatalen Wohlstandserkrankung gehören Bauchfettansammlungen, Adipositas, Fettleber, erhöhte Blutfettwerte, erhöhter Blutdruck und Typ-2-Diabetes. All diese hauptsächlich ernährungs- und lebensstilbedingten Stoffwechselstörungen führen früher oder später zu Herz-Kreislauferkrankungen wie Atherosklerose und Herzinfarkt.

Auch bei dieser Unverträglichkeit ist eine veränderte Darmflora eine mögliche Mit-Ursache und kann durch Probiotika-Einnahme günstig beeinflusst werden. Damit sich die individuelle Darmflora/ Mikrobiota wirklich erholen/verändern kann, sollte parallel dazu mindestens 6 Wochen möglichst wenig Fruchtzucker zugeführt werden. Die gleichzeitige Zufuhr von Traubenzucker (Glucose) zeigt sich interessanterweise als fructosetransportfördernd und damit symptomlindernd. Dies ist in einigen Obstsorten der Fall, die eher vertragen werden. Sorbit-, Xylit-, Stachyose- und Inulin-haltige Lebensmittel hingegen blockieren die Fructoseaufnahme und verschlechtern die Beschwerden beziehungsweise können selbst Verdauungsstörungen auslösen.

⊖ Wenn sich die Beschwerden in einem Monat konsequenter Diät nicht bessern, ist Fructose-Intoleranz nicht die Ursache!

Potenziell Unverträgliches bei Fructose-Malabsorption:

⊖ isolierter Fruchtzucker und alle damit hergestellten Produkte wie Softdrinks, Fruchtjoghurts, Frucht-Eis, Marmeladen, Kompotte, Süßigkeiten, Müslis, Riegel, Kuchen/Kekse, Instant-Tees, Wellness-Drinks sowie Trockenobst und Honig!

⊖ Zucker-Ersatzstoffe wie Isomalt (E 953), Maltit (E 965), Mannit (E 421), Sorbit (E 420), Xylit (E 967)

⊖ Sorbit findet sich auch in: Kern- und Steinobst, Weiß- und Rotwein, Bier.

⊖ Obst mit hohem Fructose-Gehalt und/oder ungünstigem Fructose/Glucose-Verhältnis: Apfel, Ananas, Brombeeren, Erdbeeren, Himbeeren, Johannisbeeren, Birne, Mango, Orange, Pfirsich, Wassermelone

⊖ Gemüse, die Inulin*/Polyfructose oder Oligofructosen enthalten (mengenabhängig verträglich): Alant, Artischocken, Pastinaken, Topinambur, Schwarzwurzeln/Haferwurzeln/Winterspargel, Yacon-Knollen, Zichoriensalate: Catalogna, Endivien, Frisée, Löwenzahn, Radicchio, Zuckerhut; in kleinen Mengen in Bananen, (Knob-)Lauch, Spargel und Zwiebeln (*Inulin: Ballaststoff → „Vitalstoff-ABC", S. 279)

⊖ Hülsenfrüchte, die Stachyose (fructosehaltiger Ballaststoff) enthalten: Erbsen, Bohnen, Linsen, Soja-Produkte, Mungbohnen und Erdnüsse

⊕ Eher vertragen werden Glucose-reichere/Fructose-ärmere Früchte in moderaten Mengen: Bananen, Datteln, Honigmelonen, Kiwi, Marillen, Papaya, Pflaumen, Süß- und Sauerkirschen, Zwetschken.

Milch-Unverträglichkeiten und -Allergien

Echte Milch-Allergien sind überschießende Immunreaktionen (allergische Reaktionen) auf bestimmte Milcheiweiße wie Casein oder Molkenprotein. Solche Allergien sind vergleichsweise selten und in diesen Fällen müssen alle Produkte mit Milcheiweiß gemieden werden. Wenn hingegen Milchzucker das Problem ist, handelt es sich um keine Allergie, sondern um eine Verdauungsstörung, bei der bestimmte (lactosefreie und lactosearme) Milchprodukte genossen werden können.

Milchzucker-Unverträglichkeiten (Lactose-Intoleranz/-Malabsorption):

Man unterscheidet dabei zwischen einer erblich bedingten Intoleranzform und einer vorübergehenden Lactose-Verdauungsschwäche, die zu Beschwerden führt. Etwa 5–20 % der erwachsenen Menschen (vorwiegend dunkelhäutige Völker) können Milchzucker nicht oder nur in geringen Mengen gut verdauen, weil es durch fehlende oder zu geringe Aktivität des Milchzucker spaltenden Enzyms namens Lactase zu Gärungsreaktionen mit Gasbildung, Blähungen, Bauchschmerzen bis hin zu Durchfall kommt. Bei Verdacht sollte unbedingt ärztlich abgeklärt werden, ob genetische oder andere Ursachen für die Beschwerden vorliegen, wie beispielsweise entzündliche Darmerkrankungen, Zöliakie oder eine z.B. durch Antibiotikatherapie verursachte Darmdysbiose. Bei vielen Menschen ist die Milchunverträglichkeit nämlich keine lebenslange Erkrankung, sondern oft wird nach einer gewissen Zeit, nach Ausheilen einer Darmentzündung oder Regeneration der Darmflora/Mikrobiota die Lactose in normalen Mengen wieder vertragen. *Unabhängig von der Ursache ist es nicht nötig, generell auf alle Milchprodukte zu verzichten.* Meistens werden Käse, Sauermilchprodukte und Butter gut vertragen, da wenig Lactose enthalten ist. Darüber hinaus bieten sich lactosefreie Milchprodukte oder das Einnehmen eines Lactase-Enzympräparates zum Essen an. Da Milch ein wertvoller Calcium-Lieferant ist, ist bei absoluten „Milch-Ablehnern" eine regelmäßige Calcium- (und Vitamin-D-)Einnahme oder eine Ernährungsschulung hinsichtlich Calcium empfehlenswert. Jedenfalls können sich auch probiotische Bakterienpräparate güns-

tig auf den Darm auswirken und sind einen Versuch wert.

Verschleimungsneigung:

Manche Menschen empfinden Milch(-produkte) tendenziell oder auch fallweise als verschleimend, aufschwemmend oder schwer verdaulich. Dies ist in der westlichen Schulmedizin nicht anerkannt, allerdings sehr wohl in der ayurvedischen Ernährungs- und Konstitutionslehre. Milch gilt im Ayurveda zwar grundsätzlich als sehr wertvoll und nährend, dies schränkt aber ihren Genuss für „Kapha"-betonte Menschen, die zu Übergewicht, Wasseransammlungen und Verschleimung (wie Sinusitis, Bronchitis) neigen, ein. In solchen Fällen ist es tatsächlich besser, Milch nur fallweise, in geringen Mengen sowie heiß und gewürzt zu trinken (→ Gewürzmilch-Rezept unter „Süßes", S. 183), da Milch tatsächlich diese Beschwerden durch Ansammlung von „Kapha" (wörtlich Schleim) verstärken kann.

Alternative Schaf- und Ziegenmilch?

Vor allem Schafmilch ist ziemlich nahrhaft, da sie mehr Eiweiß (5,5 %), Fett (7 %) und Calcium enthält als Kuhmilch. Ziegenmilch ist diesbezüglich der Kuhmilch sehr ähnlich. Dennoch sind beide etwas bekömmlicher, weil leichter verdaulich als Kuhmilch. Sie enthalten nämlich kleinere Fett-Tröpfchen mit noch mehr kurz- und mittelkettigen Fettsäuren (MCT-Fette → „Nährstoff-ABC", S. 248), die leichter gespalten und resorbiert werden können. Die alte Geschichte von Heidi und der kranken Clara, die auf der Alm mit Ziegenmilch wieder zu Kräften kommt, hat also neben Luft und Liebe auch einen gewissen ernährungsphy-

siologischen Hintergrund. Schaf- und Ziegenmilch enthalten jedoch Lactose und Casein, sind also keine Alternative bei Lactoseintoleranz und Caseinallergien, allerdings schon bei ⊕ Molkenproteinallergien.

Alternative „Milch"-Drinks aus Hafer, Mandeln, Reis und Sojabohnen

Alle diese Milchersatzprodukte enthalten keinen Milchzucker und rein pflanzliches Eiweiß, können also bei Milchunverträglichkeiten/-Allergien eine Alternative sein. Die industrielle Herstellung erfolgt durch Quellen, Verdünnen und Homogenisieren des eingeweichten „Korns" mit Wasser, fallweise auch unter Verwendung von Zucker, Emulgatoren und Aro-

men. Es empfiehlt sich daher, die Packung genau zu studieren! Vergessen Sie aber nicht, dass es grundsätzlich auf jedes Eiweiß (und natürlich auch Zusatzstoffe) Allergien geben kann, beispielsweise sind ⊖ Soja-Allergien genauso häufig wie Kuhmilchallergien. Deshalb sollten Kleinkinder oder Säuglinge keinesfalls automatisch (im veganen Trend) mit Soja-Babymilch gefüttert werden. Diese ist nur in ganz speziellen Fällen – auf kinderärztlichen Rat – angebracht, denn Soja liefert – zusätzlich zum Allergiepotenzial – hormonähnliche Inhaltsstoffe, welche in größeren Mengen bei Kindern nicht ganz risikolos sind. Mehr zu Soja finden Sie im „Lebensmittel-ABC" unter den Hülsenfrüchten sowie im „Gemüse-ABC".

Eisenmangel

Eisenmangel ist weltweit – vor allem hungerbedingt in Entwicklungsländern, aber auch in Österreich – ein sehr verbreitetes Problem. Besonders gefährdet sind *Kleinkinder*, bei denen auf Grund der schnellen Entwicklung neben Blutarmut auch bleibende Gehirnschäden durch indirekten Sauerstoffmangel entstehen können[23]. Eine zweite *Hauptrisikogruppe sind Frauen*, wobei mehr als die Hälfte davon zwischen der Pubertät und den Wechseljahren immer wieder unter (sub)klinischem Eisenmangel leiden. Fast jede zweite bis dritte Frau ist gefährdet und befindet sich „hart an der Grenze" – häufig auch ohne es zu wissen. Das hat einerseits mit den monatlichen Blutverlusten zu tun, andererseits mit den Essens-Vorlieben vieler Frauen in den Wohlstandsländern. Sie essen eher vegetarisch als Männer, und wenn Fleisch gegessen wird, greifen Frauen eher zu weißem als zu rotem/eisenreichem Fleisch. Erschwerend können sich noch *Situationen des erhöhten Bedarfes* wie ein starker Wachstumsschub, Schwangerschaft und Stillzeit oder auch intensiver Sport auswirken. Ausdauersport erhöht den Sauerstoff- und Eisen-Bedarf, belastungsbedingte Mikroblutungen im Magen-Darmtrakt verschärfen dies oft noch. Auch Magensäuremangel, säurehemmende Medikamente, häufiger Schmerzmittelkonsum, Magen-Darm-Blutverluste sowie chronische Entzündungen und Infekte erhöhen das Mangel-Risiko (gilt alles auch für Männer!).

Gute Eisenquellen

---

23. → Literatur: Eussen et al., 2015

⊕ Eisen ist im ganzen Körper zuständig für den Sauerstoff-Transport in den roten Blutkörperchen und die aerobe Energiegewinnung im Rahmen der Zellatmung. Zudem hat Eisen noch wichtige Aufgaben bei der Zellteilung, in der Immunabwehr, im Hormonaufbau und im Entgiftungsstoffwechsel. Hohe Eisenkonzentrationen weisen Blut, Leber, Knochenmark, Milz und Muskulatur auf. (→ „Vitalstoff-ABC")

Eisenmangel-Anzeichen:
Lange bevor drastischere Symptome der Blutarmut (Anämie) mit Sauerstoffmangel, charakteristischer Blässe, extremer Kälteempfindlichkeit, starkem Energiemangel mit Kurzatmigkeit und starke Erschöpfung auftreten, kann sich eine suboptimale Eisenversorgung mit verschiedenen mehr oder weniger unangenehmen Beschwerden bemerkbar machen. Dazu gehören Müdigkeit, Energielosigkeit, Lern- und Konzentrationsschwäche, Kopfschmerzen, häufige Infekte, Leistungsschwäche (insbesondere bei Sportlerinnen), Wachstums-/Entwicklungsverzögerung bei Kindern, Immunschwäche, Infektanfälligkeit, Mundwinkel-Risse, dunkle Augenringe, trocken-empfindliche Haut/Schleimhäute, brüchige Nägel, spröde Haare und Haarausfall. Bei solchen Symptomen (die allerdings auch auf andere/weitere Mikronährstoff-Mängel hindeuten können) ist es jedenfalls sehr ratsam, ein Blutbild machen zu lassen, um auf keinen Fall einen eventuellen Eisenmangel zu übersehen.

Verschriebene Eisen-Supplemente:
Je nachdem, wie groß der Mangel ist, wird vom Arzt das entsprechend dosierte Präparat verschrieben oder fallweise sogar eine Infusion verabreicht. Falls Sie das ver-

schriebene Präparat nicht gut vertragen, lassen Sie sich in der Apotheke beraten. Es gibt auch gut verträgliche Eisen-Verbindungen, die allerdings von der Krankenkasse nur selten bezahlt werden. Notfalls kann auch auf Kinderpräparate ausgewichen werden. Eisen-Supplemente sollten immer nur auf Basis eines aktuellen Blutbildes eingenommen werden. Auf eigene Faust „herumzudoktern" ist gefährlich, denn zu viel Eisen ist ebenso gesundheitsschädlich wie zu wenig davon. Parallel zum medikamentösen Mangelausgleich (Blutbildkontrolle!) sollten Sie versuchen, Ihre Ernährung so anzupassen, dass Sie zukünftig nicht wieder in den Mangel hineinschlittern. Wenn Sie die im nächsten Absatz erwähnten Lebensmittel regelmäßig in Ihren Speiseplan einbauen, haben Sie gute Chancen, dass dies gelingt.

NÄHRSTOFF-TIPPS ZUR VERBESSERUNG DER EISEN-AUFNAHME:

⊕ *Beste Eisen-Quellen*: rotes (Bio-)Fleisch/Innereien, Eigelb
Essen Sie daher 2-mal/Woche rotes Fleisch und genießen Sie mehr Eier – denn das „Häm"-Eisen aus dem roten Muskel-Farbstoff Myoglobin, dem Blutfarbstoff Hämoglobin und dem Eidotter ist besonders gut bioverfügbar. Insoferne wären natürlich Leber, Leberwurst und Blutwurst gute Eisen-Quellen – allerdings ausschließlich aus biologischer Tierhaltung, da Innereien (vor allem aus Massentierhaltung) häufig mit Schadstoffen wie Schwermetallen und Arzneimittel-Rückständen belastet sind.
⊕ Pflanzen-Eisen finden Sie in vielerlei Gemüse und (Wild-)Kräutern, insbesondere in dunkelgrünen Blättern. Darunter sticht Brennnessel(-Spinat) mit sehr hohen Eisengehalten hervor, gefolgt von gewöhnlichem Spinat, Mangold, Grünkohl, Broccoli, Staudensellerie, Zucchini, Sauerampfer-, Vogelmiere-, Petersilie-, Löwenzahn-, Brombeer- und Wildmalvenblättern, Weißkraut, Sauerkraut, Kohlrabi, Karfiol, Fenchel und roten Rüben. Gute Quellen sind Kartoffeln, Linsen, Bohnen, frische Getreide-Keimlinge, Vollkornbrot und Getreideflocken (insbesondere Hirse und Hafer), Ölsaaten wie Sesam, Leinsamen und Kürbiskerne, Obst wie Erdbeeren und Himbeeren. Selbst schwarze Melasse und Gewürze wie beispielsweise Kurkuma (oder Curryblätter-Extrakte) liefern Eisen. Übrigens: Eisenkraut (Verbena) enthält kein Eisen – sein Name ist kultischen Ursprunges und hat mit Wundheilung nach Verletzungen durch Waffen zu tun.

⊖ Allerdings ist Eisen aus pflanzlicher Kost schlechter verfügbar als aus tierischen Lebensmitteln.

⊕ **TIPP**: *Vitamin C* (z. B. Orangensaft, Zitronensaft, Sauerkraut oder Ascorbinsäure-Präparate) verbessert die Eisenaufnahme aus pflanzlicher Kost. Deshalb ist es ratsam, zum vegetarischen/veganen Essen beispielsweise Wasser mit frischem Zitronensaft/verdünntem Orangensaft zu trinken oder auch ein Ascorbinsäure-Präparat einzunehmen. Nach diesem Prinzip funktionierte übrigens auch die „Uroma-Methode" mit den rostigen Eisen-Nägeln, die ein paar Tage lang in Äpfel gesteckt wurden. Bei Eisenmangel bewähren sich daher unterstützend auch roh pürierte Blattgemüse/Obst-Smoothies (4:1).
⊕ **TIPP**: *Ein Geheimtipp aus der Kräuterküche* sind eisenreiche Wildkräuter-Smoothies und -Suppen, insbesondere Brennnesselsuppe (Brennnessel darf wegen der Brennhaare nicht roh genossen werden!), aber auch Mischungen von Brennnessel, Vogelmiere, Petersilie, Liebstöckel, Sellerie, Löwenzahn, Giersch und dergleichen. Um die Mineralstoffe optimal herauszulösen, werden die gewaschenen Blätter mit kochendem Wasser übergossen, im Mixglas püriert, mit Gemüse-Suppenwürze abgeschmeckt, ein paar Minuten geköchelt und mit etwas Zitronensaft oder Apfelessig verfeinert genossen. Wenn Ihnen die leicht säuerliche Suppe nicht schmeckt, runden Sie die Kräutermixtur einfach mit Süßrahm und Kräutersalz ab und essen Sie beispielsweise eine Orange, eine Kiwi oder grüne Paprika davor.

NÄHRSTOFF-ABC

Eine ausgewogene, vollwertige Mahlzeit setzt sich aus verschiedensten Nährstoffen – den orthomolekularen (guten, richtigen) Bausteinen – zusammen. Von Wasser, Sauerstoff und Makronährstoffen braucht unser Stoffwechsel täglich größere Mengen, vorwiegend zur Energiegewinnung und als Baumaterial für Körpergewebe. Von den Mikronährstoffen werden hingegen nur Gramm- oder Milligramm-Mengen gebraucht, was aber nicht bedeutet, dass diese deshalb weniger wichtig sind. Im Gegenteil: Ohne Mikronährstoffe können die Makronährstoffe im Körper nicht verwertet werden.

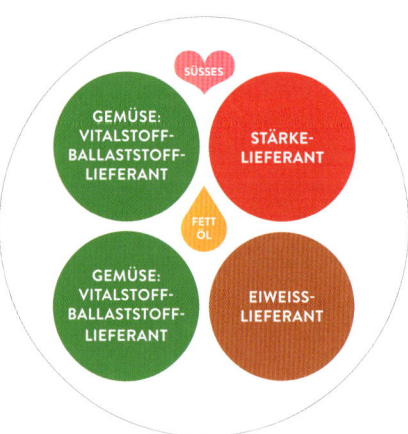

TIPP!

TIPP FÜR DIE KOCHPRAXIS:

Die folgenden Seiten mit viel interessantem Basiswissen zu den einzelnen Nährstoff-Gruppen inklusive Zufuhrempfehlungen dienen lediglich der umfassenden Information für den interessierten Leser. Für das Kochen müssen Sie sich nichts aus den folgenden Abschnitten merken, denn die darin zusammengefassten Faustregeln für die konkrete Nährstoff-Zufuhr (Info-Kästen) sind im Wesentlichen im Vital-Teller-Modell praktisch umgesetzt. Nach diesem Leitfaden können Sie einfach drauf-loskochen – denn vollwertige Mahlzeiten entstehen durch entsprechend gesundes Kombinieren.

Makronährstoffe	% der Tageskalorien
Kohlenhydrate/Zuckerverbindungen mit Ballaststoffen (30 g/Tag)	55 % -
Fette/Fettsäure-Verbindungen	30 %
Eiweiße/Proteine/ Aminosäureverbindungen	15 %

Empfehlungen laut DACH

Jedenfalls sind alle drei Makronährstoffgruppen in bestimmten Mengen wichtig für die Körpersubstanz. Manche Mode-Diäten, die beispielsweise falsch verallgemeinernd alle Kohlenhydrate (wo unter anderem auch Gemüse/Vollkorngetreide mit Ballaststoffen dazugehören) oder jegliches Fett „verteufeln" oder unphysiologisch hohe Eiweißmengen zuführen, entsprechen keinesfalls einer ausgewogenen, gesundheitsförderlichen Ernährung. Als ideale, anhaltende Energiespender dienen dem Körper primär komplexe Kohlenhydrate und Fette, in geringerem Umfang auch Eiweiße, denen hauptsächlich Baustoff-Funktionen zukommen. Der persönliche Energiebedarf/Energieverbrauch hängt eng mit Geschlecht, Alter, Gesundheitszustand und geistig-körperlichen Anforderungen (Bewegungsart/-dauer sowie Trainingszustand) zusammen. ⊖ Fast jede überschüssige Nahrungs-Kalorie, die nicht verbraucht wird, lagert der Körper zwangsläufig in Form von Speicherfett ein – egal, ob sie als Fett, Zucker oder Eiweiß zugeführt wurde.

Wasser

Etwa ²/₃ unseres Körpers bestehen aus Wasser, es ist daher unser elementarster Lebensspender. Wir verdursten auch viel schneller, als wir verhungern.

Entscheidend am Trinkwasser ist, dass es in gelöster Form Mineralstoffe enthält und nur so unserem Körper dienlich ist – destilliertes Wasser wäre das hingegen nicht. Frisches Quellwasser wäre natürlich das Optimum, aber es muss kein Mineralwasser sein. Österreichisches Leitungswasser ist fast überall recht mineralstoffreich, von guter Qualität und bei Weitem

FAUSTREGELN FÜR EINE GESUNDE GETRÄNKE-ZUFUHR

Das Trinken von Wasser ist wie das Atmen von Sauerstoff entscheidend für Ihre Vitalität! Energiebildung, Gehirn- und Stoffwechselleistung profitieren unmittelbar davon. Die empfohlene Trinkmenge beträgt etwa 1,5 Liter über den Tag verteilt – zusätzliches Wasser ist im Essen.

⊕ **A) Durstlöscher Nr. 1 ist Wasser und Wässriges:** Quellwasser, Leitungswasser, Mineralwasser, Heilwasser | ungesüßte Kräuter- und Früchtetees | Natur-Molke | Grüntee, Kaffee und Schwarztee (in Maßen)
B) stark verdünnte Fruchtsäfte (frisch; Direktsäfte) und verdünnte Kräuter-Gemüse-Obst-Smoothies
C) verdünnte, ungesüßte „Milchgetränke"[24] wie Magermilch, Buttermilch; Soja-/Reis-/Hafermilch

⊖ **Vermeiden Sie zuckersüßes, alkoholisches, kalorien- und chemiereiches „Getränke-Gift":** Alkohol (in jeder Form), Alkopops und Energydrinks | Softdrinks/Limos, Nektare, Sirupe, Fruchtsaftgetränke und unverdünnte echte Fruchtsäfte (Zusammensetzung beispielsweise unter www.das-ist-drin.de nachschauen)
HINWEIS: Süße Getränke, Alkohol, überkalorisches Essen und Bewegungsmangel sind die Hauptursachen für die Entstehung von Übergewicht, Fettleber, Typ-2-Diabetes etc.

---

24. Gelten ernährungswissenschaftlich gesehen als Nahrungsmittel und nicht als Getränke.

Hauptgruppen von Kohlenhydraten (KH):

⊖ *Einfache Kohlenhydrate: „schnelle" Zucker*
- Einfach-Zucker: Traubenzucker/Glucose, Fruchtzucker/Fructose, Schleimzucker/Galactose, Holzzucker/Xylose
- Zweifach-Zucker: Haushaltszucker/Saccharose, Milchzucker/Lactose, Malzzucker/Maltose, Honig (Honigzusammensetzung: 70 % Invertzucker aus Fructose-Glucose, dazu 7 % Maltose, 1 % Saccharose, 1 % Oligosaccharide, 18 % Wasser, weiters Pollen, Enzyme und Mikronährstoffe)

⊕ *Komplexe Kohlenhydrate: „langsame" Zucker*
- Polyglucosen wie Stärke/Amylose, Amylopektin, Mannose und Dextrine (technisch hergestellt) sowie Glycogen in Leber und Muskulatur
- Polyfructosen wie Inulin, Raffinose und Stachyose
- Ballaststoffe, großteils „unverdaulich", nur minimale Zuckergewinnung möglich

die umweltfreundlichste, unkomplizierteste Möglichkeit der Wasser-Zufuhr. Bei Mineralwasser sind kohlensäurefreie/-arme Sorten meist besser verträglich. Bestimmte (Heil-)Wässer können die Mineralstoffbilanz gezielt verbessern und bei bestimmten Erkrankungen unterstützend hilfreich sein.

Kohlenhydrate/Zuckerverbindungen

Für viele Menschen ist die Fachbezeichnung Kohlenhydrate/Carbohydrate für die Nährstoff-Gruppe der Zuckerverbindungen etwas sperrig. Der Name kommt daher, dass diese Nährstoffe aus Kohlenstoff (Kohle: Carbo) und den Wasser-Elementen, also Wasserstoff/Hydrogenium und Sauerstoff, bestehen. Die von Pflanzen mittels Sonnenergie (durch Photosynthese) aus Kohlendioxid und Wasser erzeugten Kohlenhydrate dienen menschlichen und tierischen Organismen
- vorwiegend als lebensnotwendige Energiespender
- in geringem Umfang als Energiespeicher in Form von Muskel- und Leberglycogen
- in geringem Umfang als Baustoffe für diverse Körpersubstanzen (z. B. Knorpelstrukturen)

Die Verdauung der Kohlenhydrate beginnt im Mund durch den Speichel, was sich durch den Süßgeschmack vieler vordergründig „nichtsüßer" Lebensmittel bei längerem Kauen zeigt, und setzt sich im Dünndarm fort. Von dort gelangen die verschiedensten Zucker zur Verstoffwechselung in die Leber und in den restlichen Körper zur weiteren Verwertung. Aus verdaulichen komplexen Kohlenhydraten können die enthaltenen Zuckermoleküle Schritt für Schritt – gleichmäßig und körperverträglich – freigesetzt werden. Je einfacher Kohlenhydrate aufgebaut sind, umso schneller wird daraus Zucker freigesetzt. Daher kann ein „schneller" Energieschub mit Traubenzucker kurz vor dem Ziel/Ende einer längeren sportlichen/geistigen Betätigung akut helfen.

⊕ Im Normalfall sind jedoch Lebensmittel mit „langsamen" Mehrfach-Zuckern die besseren Energielieferanten, denn diese sorgen über einen längeren Zeitraum für einen konstanten Blutzuckerspiegel, welcher der Leistungsfähigkeit/Denkfähigkeit am dienlichsten ist.

Alle Kohlenhydrate generell als ungesund abzulehnen, wie es in manchen „Low-carb"-Diäten propagiert wird, ist daher blanker Unsinn!

In diesem Zusammenhang werden oft der *glycämische Index (GI)* und die glycämische Last (GL), also die Blutzucker- und Insulinspiegel-Auswirkungen verschiedenster Kohlenhydrate, für deren Beurteilung herangezogen. Diese Werte sind nur sehr bedingt aussagekräftig, da die Zusammensetzung der gesamten Mahlzeit mitentscheidend für ihre Stoffwechselwirkung ist. So wirken sich beispielsweise lösliche Ballaststoffe wie Betaglucane günstig auf den Blutzuckerverlauf aus. Darüber hinaus ignoriert das GI/GL-Modell (welches sich nur auf Glucose bezieht) die Fructose mit ihren appetitsteigernden und fettleberfördernden Eigenschaften.

Aus Kohlenhydraten freigesetzte Glucose ist in Form von Leber- und Muskel-Glycogen nur sehr begrenzt speicherbar. Dennoch ist eine gewisse Menge davon schlichtweg lebensnotwendig, da vor allem das Gehirn, die roten Blutkörperchen und das Nierenmark auf eine konstante Traubenzucker-Versorgung angewiesen sind. Auch Skelettmuskeln und andere Organe verwerten Zucker, aber Muskeln können bei Ausdauer-Belastungen auch sehr gut Fett verwerten. *Beim Hungern oder Fasten* muss das Gehirn durch Glucose-Freisetzung aus Muskel-/Leber-Glycogen oder durch Glucose-Neubildung aus dem Abbau von Speicherfett oder Muskeleiweiß (glucogene Aminosäuren) versorgt werden. In gewissem Umfang ist eine zuckerfreie Notenergieversorgung des Gehirns auch mittels sogenannter Ketonkörper aus dem Abbau von Fetten (insbesondere MCT-Fetten → „Fette", S. 248) möglich. Glucosemangel geht daher nicht nur mit Körperfett-/Muskelabbau, sondern auch mit Konzentrationsproblemen, Müdigkeit, Schwindel, Orientierungsstörungen, Keto-Acidose, Krampfanfällen bis hin zu Koma einher. Unterzuckerung ist daher akut gefährlich. Gefahr droht aber auch durch Überzuckerung, vor allem mittelfristig.

25. Zugesetzter Zucker (auch in verarbeiteten Lebensmitteln) → Literatur unter WHO und WCRF
26. Literatur → Widhalm, K.

WARNHINWEISE ZUM ZUCKERVERZEHR:

⊖ Der Körper und insbesondere das Gehirn brauchen nur im *Unterzuckerungs-Notfall* „schnelle" Einfach-Zucker (z. B. im Sport oder bei Diabetes), denn der laufende Zuckerbedarf ist besser mit „langsamen" komplexen Kohlenhydraten gedeckt.

⊖ *Fast jede überflüssige/nicht verbrauchte Kalorie aus Zucker (Glucose, Fructose), Fett und Alkohol wird sofort in Speicherfett/Triglyceride umgewandelt.* ⊖ Zu viel Glucose belastet die Bauchspeicheldrüse und die Blutgefäße, ⊖ Fructose ist appetitfördernd und zu viel belastet die Leber. Ein ständiges Kalorienplus führt zu Übergewicht, Fettleber und Typ-2-Diabetes mit seinen dramatischen Folgen (→ Gesundheitsteil, ab S. 204).

⊖ *Zuckrige Fertigprodukte,* versteckter Zucker und insbesondere die großen Zuckermengen in süßen Getränken sind eine Gefahr! 1 l Coca-Cola enthält 20 TL (100 g) Zucker und 1 l scheinbar gesundes Hohes C immerhin noch 18 TL (90 g). Informieren Sie sich daher genau, was Sie so trinken und essen (www.das-ist-drin.de), und verzichten Sie am besten auf alle Softdrinks/Limos, Fruchtsaft-Getränke etc.

⊕ Die aktuelle *Zuckerverzehr-Leitlinie* 2015 der Weltgesundheitsorganisation/WHO empfiehlt zur Eindämmung der weltweiten Übergewichtsepidemie und Karies eine Reduktion der täglichen Zuckeraufnahme auf möglichst < 5 % (25 g/~ 6 TL) der Gesamtkalorienaufnahme/Tag und warnt in diesem Zusammenhang ausdrücklich vor *verstecktem Zucker in Getränken* und Fertigprodukten (→ Info-Box mit Faustregeln, S. 241). Die Amerikanische Herzgesellschaft und der Internationale Krebsforschungsfonds unterstützen diese Zuckerreduktions-Empfehlung, die Deutsche Adipositas-Gesellschaft befürwortet sogar die Einführung einer Zuckersteuer. Auch das Österreichische Akademische Institut für Ernährungsmedizin befürwortet umfassende politische Maßnahmen, die den Zuckerkonsum eindämmen helfen[26], und startete eine Initiative zur Diabetes-Früherkennung (www.diabetes-verhindern.at).

Macht Zucker süchtig und zuckerkrank?

Diese „süße Gefahr" besteht tatsächlich, da wir von klein auf quasi auf Süß programmiert sind, denn Fruchtwasser, Muttermilch und Fläschchenmilch schmecken süß. Tief unbewusst verankert sitzt daher diese erste Geschmackserfahrung des Lebens – für die meisten Menschen seelisch verknüpft mit wohliger Wärme, Nähe, Sicherheit, Gehalten- und Geborgensein. Kein Wunder also, dass viele nach diesem Geschmack „hungern" und zu süßen Naschereien greifen, wenn sie sich ängstlich, einsam, frustriert, gestresst oder gelangweilt fühlen. Für solcherart Süßhunger kann ein kurzer Zuckerkick nie die Lösung sein (→ „Wie essen/Achtsam essen", S. 23) – und er sorgt obendrein für den nächsten Süßhunger. Dieses – auch durch das ständige Überangebot verlockte – zwanghaft wiederholte Konsumieren von Süß mittels Säften, süßen Snacks, Energydrinks, süßem Kaffee, Müsli-Riegel, Schokolade oder Keksen ist nachweislich eine Form von Sucht. Bei Entzug kommen Aggression, Depression, Unruhe, Nervosität und starkes Süßverlangen auf. Besser wäre es, den Kohlenhydrathunger konsequent mit langsam gekautem Vollkornbutterbrot, Karotten oder einigen Nüssen zu befriedigen, um aus der Abhängigkeit von schnellen Zuckern herauszukommen. In Verbindung mit Bewegungsmangel ist eine überhöhte Zuckerzufuhr hauptverantwortlich für Übergewicht, Adipositas und Typ-2-Diabetes, der in 90 % der Fälle vorliegenden Form von Zuckerkrankheit. Der Name kommt nicht von ungefähr.

Sind sogenannte „Low-carb"-Diäten sinnvoll?

Die ausführliche Antwort erfahren Sie im Gesundheitsteil, hier das Fazit: Viel besser wäre eine „No-sugar"-Diät – also ein gezieltes Meiden aller „schnellen" Zucker, insbesondere von süßen Getränken. Denn ohne ständig wiederholte Süß-Triggerung vermindert sich der Appetit und die Kilos purzeln fast wie von alleine.

FAUSTREGELN FÜR EINE GESUNDE KOHLENHYDRAT-ZUFUHR

Die folgenden ernährungswissenschaftlichen Empfehlungen finden in meinem Vital-Teller-Modell ihre praktische Umsetzung – mit meiner Optimierung nach dem Motto *„Gemüse ist das bessere Obst"* (pro Tag 4 Handvoll Gemüse und 1 Handvoll Obst; bei Übergewicht besser 5 x Gemüse und kein Obst).

⊕ **Empfehlenswerte Tages-Menge an wertvollen, komplexen („langsamen") Kohlenhydraten:**
   4 (3) Handvoll Gemüse – gedünstet und roh, auch als Salat
   1 Handvoll Vollkornbrot (2–3 Scheiben) oder Getreideflocken (3–5 EL); als Brei/Müsli
   1 Handvoll KH-Sättigungsbeilage: Pellkartoffeln, Kartoffelsalat, Vollkorn-Reis/-Nudeln etc.
   1 Handvoll gekochte Hülsenfrüchte (mit Eiweiß-Plus): zumindest 3-mal/Woche
   1 (2) Handvoll Obst: Bei Übergewicht wegen des Zuckergehaltes durch Gemüse ersetzen!

⊖ **Vermeiden/Vermindern Sie „schnellen" Einfach-Zucker in all seinen Spielformen!**
   (insbesondere bei Übergewicht, Fettleber, Typ -2-Diabetes und Fructoseintoleranz → Gesundheitsteil, ab S. 204)
   Haushaltszucker, Traubenzucker, Fruchtzucker, Holzzucker/Birkenzucker/Xylitol, Honig (80 % Zucker) | feste und flüssige Süßigkeiten: Sirupe, Softdrinks/Limos, Energydrinks, Alcopops, Nektare, Fruchtsaftgetränke, Zuckerln/Bonbons, Kuchen, Kekse, Riegel, Schokolade, Eis, Marmeladen, Gelees etc.

⊖⊕ **Bei Obst gilt eine dosierte Zurückhaltung** (bei Übergewicht besser durch Gemüse ersetzen), denn es enthält neben vielen Vitalstoffen und Ballaststoffen auch appetit-/kariesfördernden Zucker.

Ballaststoffe

Der Begriff Ballaststoffe umfasst unverdauliche und „teilverdauliche"/lösliche *Pflanzenfasern* und -inhaltsstoffe. Sie gehören überwiegend zu den komplexen Kohlenhydraten und dienen den Pflanzen als innere Stütze/Holzfasern oder als Gerüstsubstanzen in Schalen und Rinden. Einst hatte man diese Nahrungsbestandteile als unnötigen „Ballast" eingestuft, mittlerweile gelten sie als „funktionelle Fasern", weil sie wichtige Aufgaben in unserem Verdauungstrakt erfüllen und nachweislich zahlreiche gesundheitsfördernde Effekte haben wie

- Anregung der Kautätigkeit, langsameres Essen, mehr Speichelbildung
- anhaltende Sättigung durch Quellfähigkeit
- Anregung der Verdauungstätigkeit und verbesserte Darmentleerung
- Darmbakterien-Wachstumsförderung (präbiotische Effekte)
- günstige Wirkung auf das Körpergewicht
- Senkung des LDL-Cholesterins
- Senkung des Risikos für Herz-Kreislauferkrankungen
- Senkung der Blutzuckerwerte nach einer Mahlzeit
- Senkung des Risikos für Typ-2-Diabetes
- entzündungshemmende Wirkungen, Senkung von Biomarkern wie CRP
- Senkung des Darmkrebsrisikos (gilt als sehr wahrscheinlich)

Zu den *unlöslichen Ballaststoffen* gehören Pflanzenfasern wie Lignin, Phytinsäure, Cellulose und Hemicellulosen, die sich vor allem in den Randschichten von Vollkorngetreide und Gemüse befinden. Wertvolle Faserstoff-Lieferanten sind beispielsweise Weizen und Roggen mit je 13 %, Dinkel und Gerste je 10 % Ballaststoffen. Ein weiterer Vertreter dieser Gruppe von Ballaststoffen ist unverdauliche/resistente Stärke, die sich unter anderem in gekochten, abgekühlten Kartoffeln bildet. Unlösliche Ballaststoffe fördern die Darmaktivität auf Grund ihrer Wasserbindefähigkeit, wodurch sich das Stuhlvolumen vergrößert. Über den Füllungsreiz wird die Darmmuskulatur zur Bewegung

Frühlingssalat

angeregt und fördert so den Stuhlentleerungsreiz. Für diesen positiven Effekt ist aber eine ausreichende Trinkmenge nötig! Wenn Sie hingegen Weizenkleie löffelweise (mit zu wenig Wasser) einnehmen, kann die Kleie den Darm richtiggehend „zustopfen" – also das Gegenteil vom Gewünschten bewirken.

Lösliche Ballaststoffe umfassen Schleimstoffe, Pflanzengummis, Pektin, Inulin/Polyfructose, Oligofructosen und die besonders gesundheitsförderlichen Betaglucane. Ballaststoffe dieser Art sind hauptsächlich in Gemüse, Algen, Hülsenfrüchten, Getreide wie Hafer und Gerste, Ölsaaten wie Lein- und Chiasamen sowie Kartoffeln und vielen Obstsorten enthalten. Diese teilweise löslichen Faserstoffe quellen und bilden gallertartig-schleimige Massen, die gut sättigen, Blutzucker und Blutfette senken, die Darmaktivität fördern und auch das Dickdarmkrebsrisiko vermindern. Als sogenannte Präbiotika fördern sie zudem eine gesunde Darmbakterienflora/Mikrobiota, indem sie durch die Bakterien teilweise zu kurzkettigen Fettsäuren abgebaut werden, was den Darm leicht ansäuert und dies sich in der Folge wiederum günstig auf das Bakterienwachstum auswirkt. In Summe resultiert daraus ein weiterer positiver Effekt auf die Verdauung. Sind das nicht viele überzeugende Gründe, sich in Zukunft ballaststoffreicher zu ernähren?

Eiweiße/Proteine/Aminosäure-Verbindungen

Der Mensch braucht Qualitäts-Eiweiß im Essen, um daraus zumindest alle *8 essenziellen* (unentbehrlichen) *Aminosäuren* – die kleinsten Eiweiß-Bausteine – aufzunehmen. Der Körper kann aus diesen die restlichen 13 Protein-bildenden Aminosäuren (in Summe 21) und daraus wiederum abertausende Körper-Proteine bilden, wie

- Gewebs- und Zell-Baustoffe wie Keratin, Kollagen und Elastin
- Blutbestandteile wie Hämoglobin
- Nerven-Botenstoffe wie Serotonin
- Verdauungs-Enzyme wie Pankreatin
- Hormone wie Cortisol
- Transport-Eiweiße wie Ferritin
- Funktions-Eiweiße wie Cytochrome, Transaminasen, Gerinnungsfaktoren
- Immun-Botenstoffe und -regulatoren wie Interleukine
- Not-Energiegewinnung (Gluconeogenese) bei Zuckermangel

Unsere etwa 60 Billionen Körperzellen befinden sich ständig im Ab-, Auf- und Umbau, benötigen also lau-fend auch wertvolles „Reparaturmaterial" in Form von allen essenziellen Aminosäuren. Wie hochwertig ein Eiweiß ist, definiert sich aus der (mehr oder weniger gegebenen) *Vollständigkeit seines Aminosäuremusters*. Tierische Proteine wie fettarme Milchprodukte, mageres Fleisch, Fisch und Eier gelten wegen des Aminosäure-Gehaltes als besonders hochwertig. Einige wenige Pflanzen wie Quinoa oder Amaranth liefern vollwertiges Eiweiß mit allen 8 essenziellen Aminosäuren, sonstige pflanzliche Proteinlieferanten sollten zur Komplettierung mit anderen Eiweißträgern kombiniert werden.

Vollwertige Eiweiß-Kombination

FAUSTREGELN FÜR EINE GESUNDE EIWEISS-ZUFUHR

Der Durchschnitts-Österreicher isst laut Ernährungsberichten zu viel (insbesondere tierisches) Eiweiß!
⊕ Genießen Sie stattdessen *mehr pflanzliches Eiweiß* – insbesondere aus Hülsenfrüchten –, denn es ist gesünder, kalorienärmer und nachhaltiger (→ „Lebensmittel-ABC").

⊕ **Täglicher Eiweiß-„Power-Baustoff" (Diese Empfehlungen sind im Vital-Teller-Modell umgesetzt.):**

2–3 Handvoll Milchprodukte (1 Handvoll ~ 1 Glas) oder Schaf-, Ziegen-, Büffel-, Hafer-, Soja-Milch-Produkte
Milch, Joghurt, Topfen, Molke, Sauerrahm, Frisch- und Hart-Käse

1 Handvoll Extra-Eiweiß-Zulage (wahlweise A, B, C oder D):
A: Hülsenfrüchte: mindestens 3-mal/Woche
B: Fisch: mindestens 2-mal/Woche, beste Qualität
C: Fleisch: maximal 1–2-mal/Woche, dafür beste, magere Bio-Qualität
D: Eier: in Maßen, etwa 3 Stück/Woche, beste Qualität

⊕ *Kombinieren Sie die Eiweißlieferanten abwechslungsreich*, damit sich die Aminosäuremuster positiv ergänzen (z. B. Kartoffeln mit Ei/Milchprodukten oder Getreide mit Hülsenfrüchten/Milchprodukten).

⊖ *Vermeiden Sie riskante Einseitigkeiten:*
Soja sollte niemals über einen längeren Zeitraum als einzige Eiweißquelle dienen, da die enthaltenen „Phytoöstrogene" speziell für Männer, (Klein-)Kinder und Frauen mit hormonellen Erkrankungen gesundheitlich nicht ganz unbedenklich sind.

⊖ *Vermeiden/Vermindern Sie die Zufuhr von folgenden fetten/tierischen Eiweißlieferanten:*
fettes Fleisch, fettes Faschiertes, Innereien, Speck, Formfleisch wie Würste, Pasteten, Leberkäse, Toastschinken, Nuggets, vorgefertigte Frikadellen, fette Fische wie Aal, Karpfen oder Wels etc.
Diese Nahrungsmittel haben nicht nur ökologische Nachteile, sondern liefern auch viel tierisches Fett (mit hohem Arachidonsäure-Gehalt), welches die Blutfettwerte ungünstig beeinflusst und entzündungsförderlich wirkt.

⊖ Eine *übermäßige Eiweißzufuhr,* wie sie in manchen „modernen" Diäten (oder im „Wellness"-Bereich) propagiert wird, kann zwar kurzfristig das Abnehmen etwas erleichtern, weil Eiweiß recht gut sättigt und pro Gramm weniger Kalorien liefert als Fett. Eine zu eiweißreiche Ernährung belastet aber die Nieren, ist eher säurelastig und kann langfristig das ganze Säure-Basen-System aus dem Gleichgewicht bringen. Das fördert das Auftreten von Säure-assoziierten Beschwerden (z. B. Schmerzen) und zudem ist das Risiko für rheumatische Erkrankungen und Gichtanfälle deutlich erhöht.

⊖ Auch (vielbeworbene) *Eiweiß-/Aminosäure-Pulver, -Drinks und -Riegel* sind nur in Ausnahmefällen angebracht, da die meisten Menschen ohnehin zu viel Eiweiß konsumieren. Solche Ausnahmen sind beispielsweise die Verminderung von Muskelschwund bei schweren Erkrankungen, das Einbremsen von Muskelabbau bei extremen Ausdauerbelastungen, der gezielte Muskelaufbau im Extrem-Kraftsport, oder auch medizinische *Formuladiäten* als Einstieghilfe im Rahmen einer fachlich begleiteten Ernährungsumstellung. Außerdem sollte eine Eiweiß-Ergänzung nur in Kombination mit anderen Nährstoffen, insbesondere Vitamin B6, Zink und Magnesium, erfolgen, denn sonst sind Verwertungsstörungen vorprogrammiert.

Fette/Fettsäure-Verbindungen

Die verallgemeinernde Aussage „Fat is bad" ist ein folgenschwerer Trugschluss, der nicht nur den Ess-Genuss deutlich mindert, sondern vor allem unsere Körperchemie vollkommen übersieht. Fette erfüllen wichtige, zum Teil lebensnotwendige Aufgaben, weshalb wir auch etwa ein Drittel unserer Tageskalorien in Form von Qualitätsfetten aufnehmen sollten.

Diese ernährungswissenschaftliche Empfehlung (nach DACH) findet mit dem „Extra-Fett" im Vital-Teller-Modell ihre praktische Umsetzung, denn die wichtigsten *Fett-Funktionen* sind unverzichtbar:

- nachhaltige Sättigung
- Geschmacks- und Aromaträger
- Energie-Reserve (Triglyceride) für Notzeiten oder bei erhöhtem Bedarf, z. B. im Ausdauersport
- Energieversorgung der Herzmuskulatur
- Transporteure fettlöslicher Vitamine A, D, E, K und Vitaminoide wie Q10 und Lecithin
- Isolierung vor Kälte (Unterhautfettgewebe)
- Schutz/Stützpolsterung von Organen (z. B. Niere)
- Haut- und Schleimhaut-Bausteine: Geschmeidigkeit, Funktion, Barriere
- Bausteine für die (Myelin-)Isolationsschichten um die Nerven- und Gehirnzellen
- Zellmembran-Bausteine für etwa 60 Billionen Zellen und ihre unzähligen Zell-Organellen, insbesondere für die Zellkraftwerks-Fettmembranen (worin die Energiegewinnung abläuft)
- Ausgangssubstanzen für viele wichtige Botenstoffe und Hormone, wie Vitamin D, Geschlechtshormone, Gallensäuren, Gewebshormone (Eicosanoide), Immunsignalstoffe etc.

Qualitäts-Fett-Mangel verursacht nicht nur trockene Haut/Schleimhäute, sondern schwächt alle Zellen und damit den Gesamtorganismus. Wenn das richtige „Schmieröl" fehlt, leidet die Energiegewinnung, die Immun-Abwehr, die Nervenreizleitung, die Gedächtnisleistung, die Konzentrationsfähigkeit, die Blutfließfähigkeit, die Bildung von Vitamin D, Hormonen und Blutkörperchen und vieles mehr.

Verschiedene Fette und ihre Eigenschaften

Fette sind komplexe Fettsäure-Glycerin-Verbindungen mit unterschiedlichstem Aufbau und sich daraus ergebenden speziellen Eigenschaften. Man unterscheidet zwei große Gruppen von Fetten nach ihrem Sättigungsgrad[28]:

- *gesättigte Fette:* chemisch relativ stabil, eher unempfindlich, von eher stabilerer Konsistenz
- *ungesättigte Fette:* chemisch eher reaktiv, licht-/luft-/sauerstoffempfindlich, von eher flüssig-elastischer Konsistenz, je ungesättigter, umso mehr

Die jeweilige „Fett-Komposition" entscheidet darüber, wo und wie das jeweilige Fett im Körper gebraucht wird, wo es sich anreichert, ob es als Baustein für Körperstrukturen, als anhaltender Energielieferant oder als Energiespeicher dient. In diesem Zusammenhang werden gesättigte Fette oft zu Unrecht generalisierend „verteufelt", obwohl der Körper diese im Notfall sogar aus Zucker aufbauen muss. Denn in den Zellen/Geweben sind gesättigte und ungesättigte Fette für verschiedenste Körper-Funktionen wichtig.

⊕ Der Körper braucht daher einen gesunden Mix an verschiedensten Fetten: Nach jetzigem Wissensstand sollten wir Menschen täglich etwa je ein Drittel gesättigte (stabilere), einfach ungesättigte (elastische) und mehrfach ungesättigte (hochelastisch-fluide) Fettsäuren aufnehmen. Da die meisten Menschen eher zu viele gesättigte Fette (aus Wurst, Fleisch, Backwaren und Fastfood) zu sich nehmen, sollten diese vermehrt durch Pflanzenöle und Fisch(öle) ersetzt werden, um in den Genuss von mehr ungesättigten Fetten zu kommen.

MCT-Fette (middlechain/mittelkettige Triglyceride) stellen eine Besonderheit unter den gesättigten Fetten dar. Sie liefern auf Grund ihres verkürzten Ketten-Aufbaues einerseits weniger Energie/Kalorien und andererseits werden sie leichter und anders verstoffwechselt als die langkettigen gesättigten Fette.

---

28. Art der chemischen Bindungen

Quellen von wertvollen Ölen und Vitamin E

MCT-Fette können – ohne Bedarf an Gallensäuren, Pankreaslipase und L-Carnitin – sehr leicht zu Ketonkörpern abgebaut werden und diese können z.B. vom Gehirn direkt als Energieträger verwertet werden. Dies wird in speziellen Diät-Regimes wie der sogenannten „ketogenen Diät", beispielsweise bei seltenen Epilepsieformen, gezielt therapeutisch genützt. Man erforscht(e) zudem die Möglichkeit, ob MCT-Fette einen positiven Beitrag zur Gewichtsreduktion leisten können. Bisher zeigten sich zwar kurzfristig günstige Effekte, längerfristig scheinen diese aber nicht anzuhalten.

Die gesundheitliche Bedeutung
von ungesättigten Fetten:
Man unterscheidet dabei zwischen Omega-9-, Omega-6- und Omega-3-Fettsäuren, wobei zwei davon als essenziell gelten, also Vitamincharakter haben:
- Omega-6-Linolsäure und Omega-3-Alpha-Linolensäure (ALA).
- Aus der pflanzlichen ALA können körperintern in geringem Umfang langkettigere, noch elastischere Fettsäuren (EPA und DHA[29], als Fettsäuren des Fischöls bekannt) gebildet werden. DHA ist insbesondere vorgeburtlich als Baustein der Myelinhülle von Gehirn-/Nervenzellen wichtig für Gedächtnisleistung, Intelligenz und Sehkraft. EPA spielt eine große Rolle in der Herz-Kreislauf-Gesundheit und im Entzündungsgeschehen[30] (→ Gesundheitsteil unter „Rheumatische Erkrankungen", S. 225).

Standardisierte Fischöl-Supplemente (1–3 g EPA+DHA/Tag) wirken Herzrhythmus-stabilisierend, blutflussfördernd, entzündungshemmend und können so vor Atherosklerose, Herzinfarkt und Rheuma schützen. Darüber hinaus dürften Fischöl-Kapseln auch zum Erhalt der Muskelmasse (im Alter) beitragen, wobei noch unklar ist, warum. Die speziellen Herz-Kreislauf-Wirkungen von hochdosierten Fischöl-Kapseln wurden zwar teilweise auch mit Fisch, aber nicht bei Leinöl-(ALA-)Zufuhr beobachtet, was vermutlich mit der geringen Umwandlungsrate zu tun hat. Omega-9-reiche Öle wie Olivenöl und Rapsöl sind gesundheitlich neutral bis leicht Herz-Kreislauf-schützend einzustufen.

Omega-3-Fett-reiche Lebensmittel (Details zur Auswahl von Ölen/Fisch → „Lebensmittel-ABC", S. 268, 269):
- *Pflanzenöle (ALA-reich):* → Tabelle S. 250
- *bestimmte Fett-Fische (EPA- und DHA-reich):* Fische aus Kaltwasser-Meeren, wie Lachs (1,7 %), Makrele (1 %), Hering (1,2 %) und in Österreich gezüchtete arktische Saiblings-Arten (2–3 %[31])
- *Bestimmte Mikroalgen:* vegane EPA/DHA-Quelle dar.
- *Wildfleisch:* wildlebendes Wild, welches Omega-3-Fett-reiche hochalpine Moose und Flechten frisst, wie Steinbock, Gams, Rotwild etc.

29. Eicosapentaensäure und Docosahexaensäure
30. Gewebshormon/Eicosanoid-Bildung
31. Hersteller-Angaben Alpenlachs®Seesaibling und Ettenauer, T. (→ Literatur, S. 348)

Fettsäuremuster von pflanzlichen Speiseölen im Vergleich zu Butter/Butterschmalz/Ghee

(Literatur: Werte gerundet nach „Souci-Lebensmitteltabelle für die Praxis" und „Lexikon der Lebensmittelchemie")

Öl	gesättigte FS %*	Omega-9-FS %*	Omega-6-FS %*	Omega-3-FS (ALA) %*
Albaöl (Rapsöl-Prod.)	7	60	20	12
Arganöl	16	50	32	< 1
Chiaöl	10	7	23	50
Distelöl	9	10	75	< 1
Erdnussöl	20	56	21	< 1
Kokosöl/-fett	90 (60 % MCT)	7	2	< 1
Kürbiskernöl	17	29	50	< 1
Leinöl	10	18	14	58
Leindotteröl	8	38	15	33
Maiskeimöl	13	30	55	1
Mohnöl	12	11	73	1
Olivenöl	14	72	8	< 1
Palmkernöl	46 (55% MCT)	37	10	< 1
Perillaöl	< 10	13	14	60
Rapsöl	6	60	22	9
Sesamöl	12	40	42	2
Sojaöl	14	19	53	8
Sonnenblumenöl	10	20	63	< 1
Traubenkernöl	9	16	66	< 1
Walnussöl	9	18	55	13
Weizenkeimöl	17	13	55	7 (⊕⊕ Vit. E)
Butter/B-Schmalz/Ghee	48 (10 % MCT)	41	10	1

* FS=Fettsäure

HINWEIS!

Insbesondere Leinöl, aber auch Leindotteröl, geschroteter Leinsamen, Hanföl, geschälte Hanfsamen, Chiaöl und Fisch(öle) mit ihren *empfindlichen ungesättigten Omega-3-Fetten werden schnell* ⊖ *ranzig* – erkennbar am bitter-strengen Geschmack und Geruch. Ich empfehle daher, speziell die Öle (auch Supplemente) in möglichst kleinen, dunklen Glasflaschen im Kühlschrank aufzubewahren, möglichst bald zu verbrauchen und bei strengem Geschmack nicht mehr zu essen, denn sie sind so nicht mehr gesund. Die besonders hohe Oxidationsempfindlichkeit der mehrfach ungesättigten Fettsäuren gilt übrigens auch im Körper. Daher erfordert eine Einnahme von Omega-3-Fischöl-Kapseln oder auch die Zufuhr von größeren Mengen an Leinöl begleitend eine adäquate Zufuhr an ⊕ *antioxidativen Schutzstoffen* (insbesondere Vitamin E, Carotinoiden und Polyphenolen), um in den Genuss des angestrebten Nutzens der edlen Fette zu kommen. Am besten trinken Sie daher zum Öl/zur Kapsel ein großes Glas Gemüsesaft und/oder Sie essen gemüsebetont nach dem Vital-Teller-Modell.

FAUSTREGELN FÜR EINE GESUNDE FETT-ZUFUHR

Gönnen Sie sich täglich eine gute Mischung an pflanzlichen und tierischen Qualitätsfetten/Ölen, wie hier und im Vital-Teller-Modell empfohlen, denn Fette erfüllen wichtige Körper-Funktionen, liefern fettlösliche Vitamine und sättigen geschmackvoll-sämig. Über einzelne Fette, Öle, Ölsaaten und Nüsse können Sie vertiefend im → „Lebensmittel-ABC" nachlesen.

⊕ **Gönnen Sie sich sinnvolle Extraportionen an folgenden Fetten/Ölen als „Zell-Schmieröl":**

Täglich: 1–2 EL kaltgepresstes Öl + 2 EL gemischte Ölsaaten/Samen/Nüsse + 1 EL Butter/2 EL Rahm.
Kombinieren Sie abwechslungsreich aus allen 3 Gruppen und genießen Sie in der Gruppe B
tendenziell mehr Omega-3-Öle (denn diese sind häufiger Mangelware) als Omega-6-Öle.

A) Einfach ungesättigte Öle (Omega-9): Olivenöl, Rapsöl, Mohnöl
B) Mehrfach ungesättigte Öle (hauptsächlich für die kalte Küche): Omega-3-haltig: Chia-Samen/Chia-Öl, Leinsamen/Leinöl, Leindotteröl, Hanfsamen/Hanföl, Walnüsse/Walnussöl, Sojaöl und kaltgepresstes Rapsöl | Omega-6-betont: Kürbiskerne/Sonnenblumenkerne/Haselnüsse/Sesam/Mohn und ihre Öle, Distelöl, Maiskeimöl, Mandeln, Paranüsse, Pignoli, Pistazien …
C) Gesättigte Fette (mit MCT-Anteil): Butter/Ghee, Süßrahm, Sauerrahm, rotes Palmöl, natives Kokosöl, Vollmilch, Schaf- und Ziegenmilch

1–2-mal wöchentlich: *1 Portion Kaltwasser-Meeresfisch/einheimische Polar-Seesaiblinge aus der Zucht*
Hering, Lachs, Makrele, oder Alpenlachs®-Seesaibling und vergleichbare Produkte
(Tipps zur Qualität/Auswahl von Fisch finden Sie im „Lebensmittel-ABC")
und 1 Handvoll Getreidekeimlinge

⊖ Streng, bitter oder gar *ranzig schmeckende (also oxidierte) Öle/Nüsse* sind nicht mehr gesund und Fette sollten nie über den Rauchpunkt erhitzt werden, da sie auch dabei oxidieren.

⊖ Meiden Sie *übertriebenes, ungezieltes Fett-Sparen,* denn dies führt fallweise zu regelrechtem Heißhunger auf Fettes (und Süßes).

⊖ Vermeiden Sie fettreduzierte *Light-Produkte,* denn sie sind versteckte Dickmacher! Sie enthalten zwar 30 % weniger Fett, dafür aber relativ viel „Chemie" und oft umso mehr Zucker (der dann vom Körper schleunigst in Fett umgewandelt wird). Alle Light-Produkte sättigen nicht und suggerieren zudem, dass ihr Genuss gefahrlos ist, und verführen oft zu überhöhtem (teurem) Konsum.

⊖ Vermeiden/Vermindern: *minderwertige tierische, frittierte*, (teil)gehärtete* Fette und (versteckte) Fettbomben,* insbesondere folgende perfekte Dick- und Krankmacher:
• Schweineschmalz, Grammelschmalz und Mayonnaise
• fettes Fleisch inklusive Fettrand: besonders Würste, Speck, Pasteten, Leberkäse …
• Frittiertes: Pommes, Krapfen, Donuts, Burger, panierte Nuggets, Backerbsen …
• Naschereien: Crackers, Chips, Kekse, Crunchy-Müslis, Sahnetorten, Schokolade …
• Blätter-/Plunderteig: Croissants, Pariser Kipferl, Golatschen, Teigtaschen, Quiches …

* Transfett-Quellen: Gesundheitsschädliche Transfette entstehen beim (unvollständigen) industriellen Härten von Pflanzenfetten/Ölen oder beim wiederholten/längeren Erhitzen von Frittieröl/Bratfett.

Mikronährstoffe

Mikronährstoffe sind keine bunte Dekoration im Essen, sondern die entscheidenden Faktoren, die im Teamwork den gesamten Stoffwechsel und alle sonstigen elektro-biochemischen Körpervorgänge gewährleisten. wie hier im Überblick in Gruppen beschrieben. Bislang sind gut 40 Mikronährstoffe (Vitamine und Mineralstoffe) als essenziell/unentbehrlich bekannt. Das heißt, sie müssen von außen – am besten regelmäßig – über die Nahrung zugeführt werden. Essenziell bedeutet auch, dass das vollständige Fehlen nur eines dieser Stoffe in der Nahrung früher oder später zum Tod führen würde. Das beweist letztlich die elementare Wichtigkeit all dieser Substanzen. Dabei ist es – was oft übersehen wird – ziemlich entscheidend, ob ein Mikronährstoff in optimaler Menge, gerade noch ausreichend, grenzwertig oder nur grob mangelhaft vorhanden ist. Beispielsweise erhöht ein unterschwelliger Magnesiummangel das Risiko für Bluthochdruck, Herzinfarkt und Diabetes, ohne dass charakteristische Magnesiummangel-Symptome (z. B. Beinkrämpfe oder Lidzuckungen) auftreten müssen.

Zu den Mikronährstoffen werden üblicherweise folgende Substanzen gezählt:
- essenzielle Vitamine
- essenzielle Mineralstoffe: Mengen-, Spuren- und Ultraspurenelemente

Aus orthomolekularmedizinisch-therapeutischer Sicht werden häufig folgende essenzielle und nicht essenzielle Stoffe zu den Mikronährstoffen „dazugezählt":
- essenzielle Fettsäuren und essenzielle Aminosäuren
- sekundäre Pflanzeninhaltsstoffe
- Vitaminoide und weitere Mineralstoffe, die fallweise/möglicherweise auch essenziell sind
- naturidentische Hormone
- probiotische Bakterienkulturen
- Enzyme

(Die einzelnen Mikronährstoffe mit ihren Funktionen/Anwendungsgebieten und Lebensmittelquellen sind im „Vitalstoff-ABC" beschrieben).

Die 6 Stadien der Vitamin-Verarmung nach G. Brubacher (1982)

1	Marginale Bedarfsdeckung: Gewebsspeicher teilweise entleert	Vitaminblutspiegel unverändert
2	Marginale Bedarfsdeckung: verminderte Bildung aktiver Vitaminformen (Coenzmye), verminderte Vitaminausscheidung	Vitaminblutspiegel unverändert
3	Subklinischer Mangel: Vitaminabhängige Enzyme und Hormone arbeiten bereits deutlich eingeschränkt. (z. B. Energiegewinnung, Biosynthesen)	Vitaminblutspiegel *können* unverändert bleiben.
4	Subklinischer Mangel: Erste unspezifische Symptome zeigen sich (biochemische und funktionelle Störungen).	Vitaminblutspiegel *können* unverändert bleiben.
5	Manifester Mangel: charakteristische Mangelsymptome (biochemische, funktionelle und morphologische Veränderungen)	Vitaminblutspiegel vermindert, bei entsprechender Vitaminzufuhr sind die Symptome *reversibel*.
6	Bei fortdauerndem manifestem Mangel entstehen irreversible Gewebe- und Organschäden, die auch bei entsprechender Vitaminzufuhr nicht mehr zu beheben sind (und in letzter Konsequenz zum Tod führen).	

Mikronährstoff-Quellen

Mikronährstoffe wirken in unserem Stoffwechsel in abertausenden, hochvernetzten chemischen Reaktionen quasi im Teamwork. Praktisch nie hängt eine biochemische Funktionsstörung nur von einem Mikronährstoff alleine ab und selten ist nur ein Nährstoff Mangelware. So benötigt beispielsweise Vitamin B6 zu seiner Aktivierung gleich drei andere Mikronährstoffe (Magnesium, Zink und aktiviertes Vitamin B2). Nur in seiner aktiven Wirkform kann Vitamin B6 seine zahlreichen, unersetzlichen Funktionen im Aminosäurestoffwechsel erfüllen. Es erfordert daher ein umfassendes Spezialwissen, um Mikronährstoffe sinnvoll und hilfreich einzusetzen.

Mikronährstoff-Funktionen

Vitamine und Mineralstoffe steuern und ermöglichen im Teamwork und meist gemeinsam mit spezialisierten Eiweißen (Enzymen) unzählige Prozesse in unserer „inneren Chemiefabrik":

- *Funktionen als Stoffwechsel-Helfer (Co-Enzyme, Co-Faktoren):* Sie dienen bildlich gesprochen als eine Art „Präzisions-Werkzeuge", ohne die die Zellmitarbeiter/Enzyme ihre Aufgaben nicht erfüllen können. Zu diesen Aufgaben gehören unter anderem die Verdauung, Aufnahme und Zerspaltung von Makro- und Mikronährstoffen sowie die Energiegewinnung (ATP[32]-Bildung) aus energiereichen Makronährstoffen. Außerdem gewährleisten Coenzyme als unentbehrliche Zellwerkzeuge den Körpersubstanzaufbau aus den (bei der Verdauung gewonnenen) kleinsten Nahrungsbestandteilen. Dabei werden in abertausenden Biosynthesen sämtliche körpereigenen Zellen und Gewebe, deren Zellbestandteile, funktionelle Zellmitarbeiter und Botenstoffe aufgebaut, gereift und vermehrt. Dazu gehören Vorgänge wie Zellteilung, Wachstum, Wundheilung, Immunabwehr, Blutbildung, Blutgerinnung und Hormon-Bildung. Auch die Entgiftung/Metabolisierung von Abbauprodukten und Fremdstoffen kann nur unter der Anwesenheit aller dafür notwendigen Coenzyme ablaufen.

- *Funktionen als Baustoffe (Strukturbestandteile):* Einige Mineralien dienen einerseits als stabilisierende Bestandteile des Körpers, wie Calcium-Magnesium-Eiweiß-Verbindungen in Knochen und Zellwänden oder Zink und Selen in vielen Proteinen. Andererseits sorgen essenzielle Fettsäuren als Zellwandbestandteile für Elastizität und damit optimale Funktion aller Fettmembranen in Haut, Schleimhaut und allen sonstigen Zellwänden inklusive der unzähligen winzigen funktionellen Zellabteile im Zellinneren, z. B. der Zellkraftwerke.

---

32. Adenosin-Triphosphat: innerer Universal-Energie-Träger

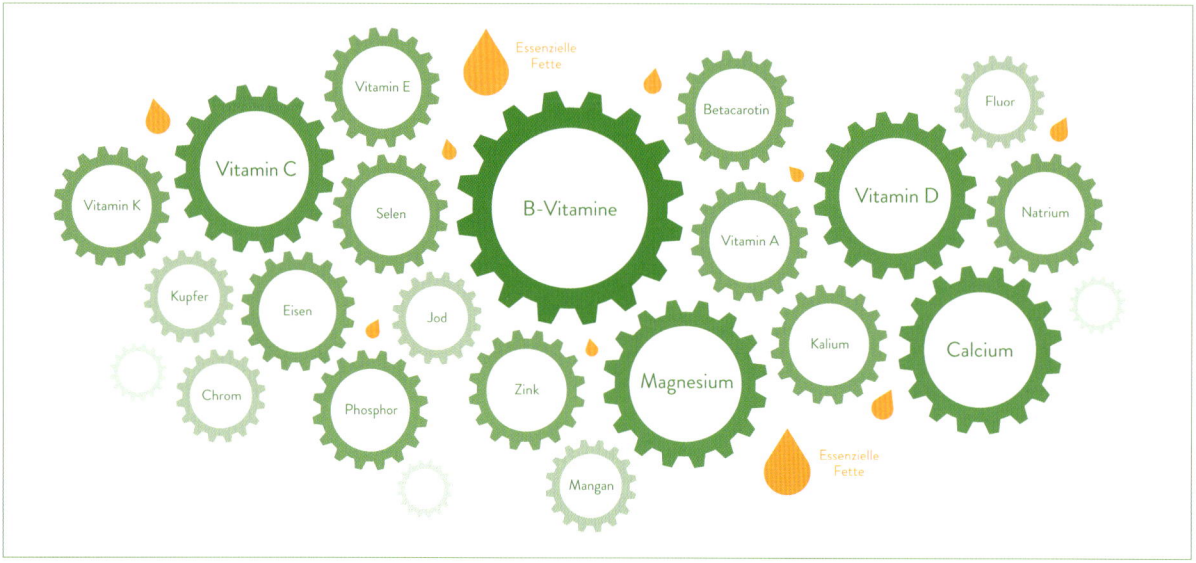

Mikronährstoffe wirken im Teamwork

- *Funktionen als Zell-Verschleiß-Schützer (Antioxidantien):* Eine ganze Gruppe von verschiedensten antioxidativen Substanzen dient dem Körper als eine Art „Feuerlösch-Truppe". Diese entschärfen im Teamwork aggressive Moleküle wie Sauerstoff-Radikale, bevor diese der Körpersubstanz zu sehr schaden. Sie schützen also empfindliche Stoffe und Strukturen vor Oxidation. Dies ist insbesondere dort von Bedeutung, wo ständig Radikale entstehen, beispielsweise bei der Zucker-/Fett-Verbrennung in den Zellkraftwerken, im Rahmen der Immunabwehr oder bei der Erzeugung von Schilddrüsenhormonen.

- *Funktionen als elektrische Spül- und Leitstoffe (Elektrolyte):* Mineralstoffe, die unter anderem den Wasser- und Säure-Basen-Haushalt, die Bindegewebs-Durchsaftung, die Blutdruckregulation, die Reizleitung, die Zell-Erregung bis hin zur Muskelfunktion steuern.

Wenn *alle Mikro- und Makronährstoffe* in ausreichender, dem persönlichen Bedarf entsprechender Menge vorhanden sind, laufen die Energiegewinnung und das Stoffwechselgeschehen rund ab. Dann fühlen wir uns im Allgemeinen energiegeladen und vital. Wenn die Versorgung suboptimal ist, „schwächeln" viele Systeme mehr oder weniger. Dann fühlen wir uns unter Umständen erschöpft und unkonzentriert, oder der Blutdruck schwankt, oder wir kränkeln. Früher oder später können sich ernsthafte Beschwerden wie Depression, Blutarmut oder chronische Schmerzzustände zeigen. Wenn es weiter fehlt, kann es passieren, dass die inneren Zellkraftwerke bildlich gesprochen nur mehr „glosen, glimmen und rauchen", das heißt, es kommt zu eingeschränkter Energiebildung und übermäßigem Verschleiß. Dies hat zur Folge, dass der Organismus schneller altert, schlechter regeneriert, viele Dinge im Stoffwechsel unerledigt bleiben und manches als „Notlösung" eingelagert wird. Das ganze System „stottert und verschlackt" und gerät biochemisch-physikalisch nach und nach aus der Balance.

⊖ Das passiert vor allem dann, wenn wir dem Körper ständig *„leere" Zucker-/Fett-Kalorien* mit Nahrungsmitteln zuführen, die er im Grunde nicht braucht (z. B. Naschereien, Pommes, Softdrinks), oder ihm gar Genussmittel zuführen, die entgiftet werden müssen (z. B. Alkohol, Rauchen), und zugleich wertvolle Nahrungsbestandteile vorenthalten. Denken Sie noch einmal daran, von der Körperchemie her gilt: *„Mein Essen (Trinken) heute = mein Körper morgen."*

Sekundäre Pflanzenstoffe

Weit mehr als 50.000 dieser pflanzlichen Verbindungen sind bisher bekannt, dazu gehören beispielsweise Pflanzenfarbstoffe, Harze, Bitter- und Gerbstoffe sowie ätherische Öle. Sie sind im Essen und in Getränken auch kulinarisch von Bedeutung, denn sie sind mitverantwortlich für Aussehen, Aroma, Geschmack und Geruch. Gesundheitlich wirken sie unter anderem günstig auf die Verdauung, den Stoffwechsel, die Zell-Schutzsysteme und das Immunsystem.

⊕ *Diese Stoffgruppe ist ein guter Grund für das Genießen von mehr pflanzlicher Kost – insbesondere von Gemüse, Kräutern und Gewürzen!* Denn viele sekundäre Pflanzeninhaltsstoffe haben, obwohl sie nicht nährend/nutritiv und nicht essenziell/unentbehrlich sind, für Mensch und Tier einen sehr hohen Gesundheitswert und werden daher oft als „bioaktive Pflanzenstoffe" bezeichnet

⊕ Sekundäre Pflanzenstoffe sind unter anderem *hauptverantwortlich für die vielfältigen Wirkungen von Heilpflanzen, Kräutern und Gewürzen.* In der Volksmedizin werden zwar seit jeher wildwachsende oder frei gehandelte Gewürze und Kräuter als Medizin verwendet. Aber nur bei Arzneipflanzenqualität ist ein definierter Gehalt an Wirkstoffen garantiert, bei Kultur- oder Wildpflanzen bleibt dieser unbekannt.

TIPP!

Details zu den wichtigsten Gruppen und Vertretern sekundärer Pflanzenstoffe, ihren Lebensmittelquellen, Inhaltsstoffen und ihren Wirkungen erfahren Sie im lexikalischen „Vitalstoff-ABC".

Mehr Theoretisches und Praktisches wie Qualitätsfragen und Würztipps finden Sie unter „Gewürze und Kräuter" im „Lebensmittel-ABC" sowie unter „Garen und Würzen" im Kochpraxis-Teil und zu den einzelnen Pflanzen in den lexikalischen „Gemüse-, Gewürz- und Kräuter-ABCs".

Hauptquellen für sekundäre Pflanzenstoffe:
- Heil- und Gewürzpflanzen
- pflanzliche Lebensmittel: Sprossen, Gemüse, Obst, Salat, Küchen- und Wildkräuter, Gewürze, native Gemüse- und Obstsäfte, Hülsenfrüchte, Kartoffeln, Getreide, kaltgepresste Pflanzenöle, Nüsse, Samen, Pilze, Flechten und Algen. Auch tiefgefrorene, eingedoste und getrocknete Gemüse, Früchte etc.
- pflanzliche Genussmittel wie Rotwein und Bier
- tierische Produkte wie Butter und Milch (je nach Futter)
- bakterielle, fermentierte Produkte

LEBENSMITTEL-ABC

Gemüse und Obst

Buntes, reifes, aromatisches Gemüse sollte den Hauptbestandteil Ihres täglichen Essens ausmachen und eine gewisse Menge an Obst gehört auch dazu. Denn der Verzehr von reichlich Gemüse und Obst fördert die Gesundheit auf vielen Ebenen – vorausgesetzt, es ist die persönliche Verträglichkeit gegeben.

Gemüse ist Wellness aus der Natur
In frischem oder auch pur tiefgekühltem, regionalem, saisonalem, biologischem Gemüse sind, wenn es schonend gesäubert und zubereitet wird, grundsätzlich fast alle Inhaltsstoffe gesundheitsförderlich.

Je mehr Sie beim Gemüse abwechseln und kombinieren, desto gesünder, weil die unterschiedlichen Pflanzenfamilien verschiedenste Vitalstoffe enthalten und diese sich oft gut ergänzen. Treiben Sie es daher ruhig bunt am Teller! Spielen Sie mit der Farben-, Formen- und Aromenvielfalt, genießen Sie diese Köstlichkeiten ganz bewusst – denn Augen, Nase und Herz essen mit. Auch vom Kaloriengehalt her betrachtet können Sie von den meisten Gemüsesorten essen, soviel Sie wollen. Ausnahmen stellen Avocados und Oliven dar, die wegen ihrer zwar wertvollen, aber dennoch hohen Fettgehalte im Grunde zu den Ölfrüchten gehören. Details zu einzelnen *Gemüsesorten* finden Sie im „Gemüse-ABC".

> **TIPP!**
>
> Genießen Sie täglich 5 Handvoll Gemüse und Obst ganz nach dem DACH-Slogan „Nimm 5 am Tag!". Gemüse sollte dabei im Verhältnis 3:2 (oder meines Erachtens noch besser 4:1, oder sogar 5:0 bei Übergewicht) gegenüber Obst bevorzugt werden, denn es ist nahezu zuckerfrei. Es gilt daher: *„Gemüse ist das bessere Obst"*, was auch im Vital-Teller-Modell mit seinem hohen Gemüseanteil berücksichtigt ist. Denn eine ausgewogene, „mediterrane" oder „nordische", also eine gemüsebetonte und fleischreduzierte Kost vermindert – in Verbindung mit ausreichend Bewegung – nachweislich das Risiko von vielen ernährungs(mit)bedingten Erkrankungen wie Übergewicht, Fettsucht, Diabetes, Krebs und Herzinfarkt. Sie sollten diese bunte, geschmackvolle, sinnenfreudige Möglichkeit der Gesundheitsförderung unbedingt für sich nützen. Damit Sie die in Gemüse und Obst enthaltenen fettlöslichen Vitamine aufnehmen können, gehört immer eine ⊕ „Extraportion" Fett dazu.

GEMÜSE

⊕ Gemüse ist der sättigende *Vitalstoff- und Ballaststoff-Lieferant „par excellence"* – deshalb stellt es im Vital-Teller-Modell mengenmäßig jeweils die Hälfte einer Hauptmahlzeit – 2 Handvoll gedünstet und/oder roh. Durch den hohen Wassergehalt (85–95 %) ist es kalorienarm und zugleich reich an komplexen Kohlenhydraten, Ballaststoffen, Vitaminen, Mineralstoffen und sekundären Pflanzenstoffen.

⊕ Pures *Tiefkühlgemüse* (ohne Sauce etc.) ist im Winterhalbjahr eine hervorragende Quelle für Mikronährstoffe – viel besser als jeder Glashaus-Salat oder weit gereistes „Frisch"-Gemüse. Die Pflanzen dürfen bis zur Vollreife am Feld stehen, werden blitzschnell verarbeitet und schockgefroren. Manche Sorten werden kurz blanchiert, dabei gehen zwar empfindliche B-Vitamine zum Teil verloren, aber viele andere wertgebende Inhaltsstoffe bleiben erhalten. Die Verfügbarkeit von Mineralstoffen wird durch den Gefriervorgang (Zellstrukturen brechen auf) sogar noch verbessert.

⊖ Bei *Fruchtzucker-Unverträglichkeit* (→ Gesundheitsteil, S. 234) sind einige wenige Gemüsesorten ungünstig.

Was ist beim Obstgenuss zu beachten?

⊕ Saftiges, knackiges und buntes Obst ist beliebt bei Groß und Klein. Kein Wunder, denn der süße Geschmack der schönen bunten Früchte ist bei den meisten Menschen von frühester Kindheit an positiv besetzt. Eine gewisse Menge an Obst gilt als gesund, allerdings wird sein Zuckergehalt leider oft übersehen – ganz besonders bei Kindern, bei Übergewicht, Zuckerkrankheit oder Unverträglichkeiten.

Traubenzucker-Quelle

OBST

Obst ist in Bezug auf Mikronährstoffe und Ballaststoffe genauso wertvoll wie Gemüse, allerdings hat es auch zwei oft übersehene Nachteile. Obst enthält fallweise beträchtliche Mengen an Einfach-Zuckern und dazu Fruchtsäuren. Beides schränkt mengenmäßig seinen Genuss ein. Diese „Nachteile" gelten natürlich ganz besonders für *Obstsäfte/Fruchtsäfte*. Daher ist es ratsam, diese nur verdünnt und in Maßen zu genießen! Bedenken Sie, wie viele Orangen Sie für ein Glas Saft auspressen müssten – würden Sie diese überhaupt auf einen Sitz essen können?
Insbesondere bei Übergewicht gilt: *„Gemüse ist das bessere Obst"* – das heißt, von den insgesamt 5 Handvoll Gemüse und Obst/Tag sollten Sie meines Erachtens hauptsächlich Gemüse nehmen (4:1, 5:0).

⊕ Frisches, reifes Obst liefert reichlich wertvolle Vitamine, Mineralstoffe, sekundäre Pflanzenstoffe und Ballaststoffe. Die meisten Mikronährstoffe befinden sich in oder knapp unterhalb der Schale, manche auch in den Trennwänden der Fruchtkammern.

⊕ Schwarze Johannisbeeren und rote Ribiseln enthalten wesentlich mehr Vitamin C als jede Zitrone oder Kiwi. Herausragend mikronährstoffreich sind außerdem frische *Wildfrüchte* wie Holunder, Hagebutten, Kornelkirschen/Dirndln, Schlehen, Waldbrombeeren, Heidel- und Preiselbeeren. Sie alle stärken ganz besonders die Immunabwehr, Haut-, Schleimhaut- und Blutgefäße sowie den Zellschutz und die Vitalität insgesamt. Herbstliches Naschen im Wald tut Körper und Seele gut!

⊖ Der *Zuckergehalt von Obst* ist aus mehreren Gründen zu bedenken und das gilt umso mehr für Fruchtsäfte, die flüssige Zuckerkonzentrate sind und noch viel schneller ins Blut „schießen". Einfachzucker sind bedenklich wegen des Kaloriengehaltes, des nicht unkritischen Süßreizes und wegen ihrer appetitfördernden Wirkung auf mehreren Ebenen. Erstens löst der durch Traubenzucker ausgelöste Blutzuckeranstieg durch den nachfolgenden Blutzuckerabfall neuerlich Süßhunger aus. Zweitens ist Fruchtzucker als appetitfördernd bekannt und drittens verstärkt die häufige Stimulation der Süß-Geschmacksknospen das Süßverlangen. Deshalb ist meines Erachtens Obst als Zwischenmahlzeit nicht so günstig – viel besser geeignet dazu sind Gemüsestreifen. Aus all diesen Gründen reihe ich Obst im Vital-Teller-Modell unter (dosiert-vernünftiges) Süßes-Extra ein.

⊖ In größeren Mengen setzen *Fruchtsäuren* (allen voran die Zitronensäure) und insbesondere häufiges Süß-Sauer dem Zahnschmelz sehr zu und können fallweise Hauterkrankungen verschlimmern.

⊖ Bei *Fruchtzucker-Unverträglichkeit* (→ Gesundheitsteil, S. 234), Übergewicht/Adipositas, Fettleber, Diabetes und Gicht sind bestimmte Obstsorten zu meiden und Obst insgesamt sehr achtsam zu dosieren.

Getreide, Ersatzgetreide und Brot

Getreide und sogenannte (glutenfreie) Ersatzgetreide sowie daraus hergestellte Produkte wie Grieß, Mehl und Brot spielen im Ernährungsalltag als sättigende Energielieferanten eine große Rolle. Die in diesem Zusammenhang oft zu hörende/lesende verallgemeinernde Behauptung „Kohlenhydrate machen dick und Brot (Getreide) ganz besonders" unrichtig. Meist ist der Brotbelag und der hohe *Weißmehlanteil* das Kalorienproblem, denn es kommt auf die Menge und die Art der Kohlenhydrate an. Nachweislich wirkt sich ein hoher Konsum von Vollkorn(produkten) positiv auf die Gesundheit aus und vermindert das Risiko von Übergewicht, Darmerkrankungen und Krebs.

Laut DACH-Empfehlungen sollten Sie pro Tag etwa 4–5 Scheiben Vollkornbrot genießen oder diese zum Teil durch kohlenhydratreiche Getreide-Flocken ersetzen. Wenn Sie hingegen 4–5 Semmeln oder sonstiges Weißbrot verzehren, führen Sie neben Stärke und Eiweiß sehr wenig an wertvollen Inhaltsstoffen zu – und vergleichsweise viele leere Kalorien (→ Tabelle, S. 259). Sie werden im Übrigen auch bemerken, dass speziell zuckerreiche Marmelade-/Honig-Semmeln nicht nachhaltig sättigen. Die ungesündesten, kalorienreichsten und mikronährstoffärmsten Weißmehl-Fett-Kombinationen sind Plundergebäck, Croissants, Muffins und dergleichen. Solche Produkte führen, besonders nach einem ausgiebigen Sonntags-/Urlaubsfrühstück, gerne zum Phänomen der „Fressnarkose" mit dem Bedürfnis nach einem Vormittagsschläfchen. Kein Wunder, denn diese minderwertigen Backwaren sind schwer und zugleich „leer".

Am besten kaufen Sie (falls Sie nicht selber backen) *Vollkorn-Brote* und -Gebäck beim Bäckermeister, der Teig und Brot jede Nacht frisch und ohne vorgefertigte

VOLLKORN-GETREIDE/ERSATZGETREIDE, -MEHL UND -BROT

(Die einzelnen Getreide- und Ersatzgetreidesorten sind im →„Getreide-ABC" ausführlich beschrieben.)

⊕ *Vollkorn-Produkte* gehören im Vital-Teller-Modell zu den sättigenden Stärke-Beilagen, da sie primär komplexe Kohlenhydrate wie Stärke und Ballaststoffe liefern. An Inhaltsstoffen kommen bei den klassischen Getreiden noch wertvolles Eiweiß (mit einem gewissen Gluten-Anteil) und reichlich Mikronährstoffe des ganzen Getreidekorns hinzu. Dazu gehören zahlreiche Mineralstoffe, B-Vitamine sowie ungesättigte Fettsäuren, Lecithin und Vitamin E aus dem Keimling. Genießen Sie daher vorwiegend Brot und Getreide-Produkte aus vollem Korn (außer bei Gicht). Auch das Brotbacken mittels Sauerteig-Führung erhöht die Mikronährstoff-Ausbeute. Übrigens ist das Kleberprotein Gluten verantwortlich für die Backfähigkeit zu Brot.

⊕ Mit Abstand am meisten Mikronährstoffe liefern frische *Getreidekeimlinge, Frischkornbrei* aus über Nacht eingeweichten Getreidekörnern sowie eingeweichte *Getreideflocken*. Das Vorquellen verbessert nicht nur die Verdaulichkeit/Bekömmlichkeit, sondern auch die Verfügbarkeit von Inhaltsstoffen der einzelnen Getreide-/Ersatzgetreidesorten (→ „Getreide-ABC").

⊕ *Ersatzgetreide* in Vollkornqualität sind den Getreiden inhaltlich sehr ähnlich, allerdings enthalten sie ein glutenfreies Eiweiß und bieten sich daher bei nachgewiesenen *Gluten-Unverträglichkeiten als Alternative* an. Auch sonst können sie im Sinne von Abwechslung im Vital-Teller-Modell nach Belieben verwendet und (bei Verträglichkeit) auch mit Getreide kombiniert werden.

⊖ *Weißmehl/Weißmehlprodukte* jeglicher Art sind durch die mehrstufigen industriellen Verarbeitungsprozesse arm an Mikronährstoffen und Ballaststoffen und liefern vorwiegend Stärke und Eiweiß.

Nährstoffgehalte von je 100 g Weizen-Brot

	Weizen-Vollkornbrot	Weizen-Semmel
Energie	204 Kcal	274 Kcal
Kohlenhydrate	41 g	55,5 g
Fette	1 g	1,9 g
Proteine	7,8 g	8,7 g
Ballaststoffe	8,4 g	3 g
Magnesium	60 mg	30 mg
Calcium	31 mg	27 mg
Eisen	2 mg	1,2 mg
Vitamin B1	0,23 mg	0,1 mg
Vitamin B2	0,15 mg	0,03 mg
Vitamin B3	3 mg	1 mg
Vitamin B6	0,08 mg	0,04 mg

(Literatur: Elmadfa et al., „Die große GU Nährwert- und Kalorientabelle", 2014/15)

Backmischungen zubereitet. Dieses teilweise schon vom Aussterben bedrohte backende Handwerk sollten wir Konsumenten unterstützen – unserer eigenen Gesundheit zuliebe. Die üblichen Backshops und Backstationen in Supermärkten oder auch sogenannte „Meisterbäcker"-Ketten backen meist vorgefertigte Teiglinge auf, teilweise tiefgefroren und sehr weit gereist, notwendigerweise stabilisiert und konserviert. Hier handelt es sich eher um ein „kläglich Brot" als um ein wertvolles Lebensmittel. Vereinzelt gibt es auch frisch gebackene Brote (von Bäckern) in den Supermarktregalen – es lohnt sich nachzufragen.

Eine Acrylamid-Quelle; Hinweis → Kartoffeln, S. 261

> **HINWEIS!**
>
> Die Dunkelheit des Brotes ist nicht immer ein Merkmal für Vollkorn. Manche Brote sind leider dunkelbraun gefärbt, um gesund zu erscheinen. Darüber hinaus sind dunkle Brotkrusten oder auch zu dunkel getoastetes Brot wegen hoher Acrylamidgehalte (→ Hinweis unter Kartoffeln, S. 261) ungesund.

Falls Sie selber *Brot backen*, vermeiden Sie nach Möglichkeit vorgefertigte Backmischungen, denn auch hier sind allerlei – teilweise kritische – Zusatzstoffe drin. Unvergleichlich gut schmeckt Vollkorn, wenn es aus guter Quelle und frisch gemahlen ist. Getreidekörner können Sie sich in Reform- und Bio-Läden frisch mahlen lassen, oder Sie mahlen mit der eigenen Mühle, auch für Mehlspeisen. Der sonst fallweise strenge Geschmack z. B. von Palatschinken aus Vollkornmehl ist bei frisch gemahlenem Mehl kein Thema. Ein frisch zerquetschtes Getreidekorn schmeckt angenehm und nicht streng, wie es bei länger gelagertem Vollkornmehl (durch Oxidation der empfindlichen wertvollen Fettsäuren des Keimes) unter Umständen vorkommen kann.

Ist *Müsli* gesund?
Ja, wenn Sie dabei als Grundlage pure, eingeweichte Getreideflocken verwenden und immer wieder die Getreidesorte wechseln oder mehrere Sorten mischen. Mischen Sie Ihr Haus-Müsli einfach nach Lust und Laune selber. Die Bekömmlichkeit und Mikro-

nährstoff-Aufnahme ist am besten, wenn Sie die Flocken über Nacht in etwas Wasser, Molke, Milch oder Joghurt quellen lassen (Einweichflüssigkeit mitessen!). Sie sollten auch dosiert Ölsaaten, Nüsse und Trockenfrüchte untermischen oder frisches Obst hineinschneiden, Tiefkühl-Beerenobst einrühren oder das Ganze mit etwas Zitronensaft[33] beträufeln und das Müsli, wenn Sie wollen, mit 2–3 EL weißem Joghurt oder Topfen abrunden. All das schmeckt köstlich und liefert viel Gesundes. Für viele Menschen ist ein warmes Müsli (Porridge-artig) verträglicher. Im Rezept-Teil finden Sie verschiedene warme oder kalte Frühstücks-Müslis (→ S. 39)

> **HINWEISE!**
>
> ⊖ Sehr zuckrig sind die meisten industriellen *Fertig-Müslis*, noch zuckriger viele „*Frühstückscerealien*", ganz besonders Crunchy-Produkte (die obendrein extrem fett sind) und sehr viele sogenannte Müsli-Riegel. Diese Produkte sollten Sie besser vermeiden/vermindern! Viele sind nur blanke Naschereien und enthalten neben hohen Prozentsätzen an Fett und Zucker auch unnötige Zusatzstoffe. Es lohnt sich, die Packungen genau zu studieren und z. B. an einem Schlechtwettersamstag (vielleicht mit Kindern) mit dem Taschenrechner und einer *E-Nummern*-Broschüre (→ Literatur: kostenlos bei der österreichischen Arbeiterkammer erhältlich) in den Supermarkt forschen zu gehen.

33. Einweichen und Ansäuern verbessert insbesondere die Eisen- und Zinkaufnahme.

Kartoffeln und Stärkeknollen/-früchte

Botanisch gehören Kartoffeln und ähnliche unterirdische Knollen zum Gemüse (→ „Gemüse-ABC", S. 313). Da sie als unterirdische Stärke-Speicherorgane einen hohen Nährwert haben, werden sie in diesem Buch – trotz vieler anderer Inhaltsstoffe – kochtechnisch zu den stärkehaltigen Sättigungsbeilagen gezählt. Sie können heutzutage aus Hunderten Kartoffel-Sorten wählen, wobei mehligkochende einen etwas höheren Stärkeanteil (14–18 %) und festkochende etwas weniger Stärke enthalten.

Süßkartoffeln/Bataten und *Topinambur-Knollen* können im Prinzip ähnlich verwendet werden, schmecken aber auf Grund ihres hohen Zucker- beziehungsweise Inulin-Gehaltes deutlich süßer.

KARTOFFELN/ERDÄPFEL & Co.

⊕ Im Vital-Teller-Modell zählen Kartoffeln und ähnliche Knollen zu den *Stärke-Beilagen*. Kartoffeln sind sehr wertvoll und sind anderen Stärkelieferanten (wie Nudeln, Mais oder Reis) ernährungsphysiologisch deutlich überlegen, da sie neben 10–18 % Stärke auch Ballaststoffe, hochwertiges *glutenfreies Eiweiß* sowie ca. 78 % Wasser mit zahlreichen darin gelöst vorliegenden Vitaminen (insbesondere Vitamin C, B1, B2, B3) und vielen Mineralstoffen wie Eisen, Kalium, Magnesium und Zink liefern. Dies alles gilt allerdings nur für Pellkartoffeln, die richtig – mit Schale – gekocht werden. ⊕ Die Zubereitungsart entscheidet, ob die Kartoffel in möglichst naturbelassener Form ein wertvolles Lebensmittel ist oder stark verarbeitet zu einem regelrechten „Dickmacher" wird.

⊕ Wenn Sie die *Kartoffeln mit Schale im Dampf garen* oder kochen – und zwar eingelegt ins/übers schon kochende Wasser –, bleiben die Vitamine weitgehend und die Mineralstoffe vollständig erhalten. Bei geschält gekochten Salzkartoffeln gehen die Mikronährstoffe großteils im Kochwasser verloren. Beim Bereiten von Kartoffelsuppe kommen Sie durch das Mitessen des Kochwassers wenigstens in den Genuss der hitzeunempfindlichen Mineralstoffe. Bei abgekühlten Schalenkartoffeln (z. B. Kartoffelsalat) wird ein Teil der Stärke „resistent" – also zum unverdaulichen Ballaststoff mit günstigerem Blutzuckerverlauf.

⊖ **HINWEIS:** Bei *Bratkartoffeln und Rösti* gilt es, diese so kurz wie möglich zu erhitzen und höchstens zu „vergolden", um die Acrylamid-Gehalte möglichst gering zu halten. *Acrylamid* entsteht bei sehr starkem Erhitzen von Getreide- und Kartoffel-Produkten, insbesondere *beim Frittieren, beim Braten und Backen* über 180 °C. Dabei kommt es zu einer irreversiblen chemischen Reaktion zwischen Eiweiß- und Kohlenhydrat-/Zucker-Molekülen (Glykierung). Die dabei entstehende schwerlösliche Glykierungs-Verbindung ist für den Körper nicht zerspaltbar und deshalb (in größeren Mengen) toxisch. Acrylamid findet sich vor allem in stark gebräunten und „angekohlten" Krusten von Brot, Backwaren und Kartoffelprodukten, insbesondere in stark getoastetem Toastbrot, Knäckebrot, Kartoffel-Chips, Pommes frites, Kartoffelkroketten, Puffern und lange gebratenen Röstkartoffeln.

⊖ Dass Verarbeitungsformen wie *Pommes frites und Chips* mit Kartoffeln fast nichts mehr gemeinsam haben und im Grunde salzige Fett-Bomben sind, dürfte allgemein bekannt sein. Immer wieder wundert es mich, wie kritiklos dieser völlig wertlose „Müll" gegessen und insbesondere Kindern häufig als Mittagessen im Gasthaus oder als Jause im Schwimmbad vorgesetzt wird.

⊖ Bataten eignen sich daher nicht bei Übergewicht und Diabetes. Topinambur ist bei Fructose-Intoleranz unverträglich.

Esskastanien und Maroni werden hier abgehandelt, weil ihre Inhaltsstoffe den Stärke-Speicherknollen ähneln. Botanisch werden die nahrhaften, sehr ähnlichen Schalenfrüchte den Nüssen zugeordnet, sind aber im Vergleich dazu sehr fettarm (2 %) und daher deutlich kalorienärmer. Kastanien liefern 80 % Kohlenhydrate – darunter vorwiegend Stärke – sowie 3,5 % glutenfreies Eiweiß, Mineralstoffe und B-Vitamine. Maronenpüree/-mehl gilt daher als (besonders mineralstoffreiche) Stärke-Beilage und kann beispielsweise bei Gluten-Unverträglichkeit eine Alternative sein.

Hülsenfrüchte

Zu den Hülsenfrüchten/Leguminosen (→ „Gemüse-ABC", S. 306) zählen unzählige Bohnen-Arten, darunter auch Soja- und Mung-Bohnen, Fisolen, Zuckerschoten, Erbsen, Linsen, Kichererbsen, Luzernen und Süßlupinen. In östlichen Kulturen haben viele von diesen Schotenfrüchten einen hohen Stellenwert als Grundnahrungsmittel, bei uns sind sie – außer bei Veganern und Vegetariern – nicht so begehrt. Das liegt einerseits an dem schlechten Ruf als Blähungs-Verursacher und andererseits an der Erinnerung vieler Menschen an diese Lebensmittel als *„Arme-Leute-Nachkriegs-Essen"*, weil sie relativ billig und zudem getrocknet lange haltbar sind. Das ist schade, denn die gesunden und gut sättigenden Hülsenfrüchte las-

---

NÄHRSTOFF-INFO

HÜLSENFRÜCHTE UND LEGUMINOSENMEHLE

Das Jahr 2016 wurde von der FAO zum „internationalen Jahr der Hülsenfrüchte" erklärt, da diese Lebensmittelgruppe aus mehreren Gründen als besonders nachhaltig und gesund eingeschätzt wird:

⊕ geringer Kalorien-, Zucker- und Fettgehalt (Ausnahmen: Erdnüsse, Dicke Bohnen, Erbsen)

⊕ hoher Eiweiß-Gehalt von 20–35 %, weshalb Hülsenfrüchte im Vital-Teller-Modell als Eiweißträger betrachtet werden. Dieses pflanzliche Eiweiß sollte zur Vervollständigung des Aminosäuremusters allerdings mit anderen Eiweißträgern wie Getreide kombiniert werden. In solchen Kombinationen sind Hülsenfrüchte der gesundheitlich perfekte und ökologisch nachhaltige Ersatz für Fleisch.

⊕ hohe Gehalte an komplexen Kohlenhydraten und Ballaststoffen, welche anhaltend sättigend, blutzuckerstabilisierend und günstig auf die Darmtätigkeit wirken. Bei ungewohntem Genuss können diese Faserstoffe Blähungen verursachen.

⊕ hoher Gehalt an Mikronährstoffen, insbesondere Magnesium, Eisen und Zink, sowie zahlreichen sekundären Pflanzenstoffen. Dazu gehören die schaumbildenden Saponine, welche gemeinsam mit den vielen Ballaststoffen verantwortlich für das mehr oder weniger starke Auftreten von Blähungen sind.

TIPP: Wenn Sie Hülsenfrüchte geschickt würzen (→ „Garen und Würzen", S. 31), diese in kleinen Mengen in den Speiseplan einführen und immer öfter genießen, gibt es mit der Zeit kaum mehr Blähungen, da sich die Darmbakterien/die Mikrobiota an das Verdauen der vielen (gesunden) Faserstoffe gewöhnen.

HINWEIS: ⊖ Die meisten Hülsenfrüchte enthalten im Rohzustand giftige Inhaltsstoffe (Lektine), deshalb sollten sie immer gut durchgegart werden – ein bloßes „Bissfest"-Kochen ist nicht zu empfehlen. Auch der durch die enthaltenen Saponine/Seifenstoffe entstehende Schaum sollte abgeschöpft werden.

⊖ Soja sollte niemals über einen längeren Zeitraum als einzige Eiweißquelle dienen, da die enthaltenen Phytoöstrogene speziell für Männer, (Klein-)Kinder und Frauen mit bestimmten hormonellen Erkrankungen gesundheitlich nicht unbedenklich sind.

sen sich in unzähligen köstlichen Varianten zubereiten und sollten zumindest zweimal, besser dreimal in der Woche am Speiseplan stehen. Dies empfiehlt sich nicht nur wegen des hohen Gesundheitswertes der Leguminosen, sondern auch aus ökologischen Gründen, denn *pflanzliches Eiweiß ist wesentlich ökologischer/nachhaltiger in der Produktion als Tiereiweiß.*

Auch *Leguminosenmehle*, insbesondere Lupinen-, Erbsen-, Kichererbsen- und Sojamehl, gewinnen in der vegetarischen und veganen Küche als wertvolle Eiweiß- und Ballaststoffquellen immer mehr an Bedeutung. Sie eignen sich gut zum Kochen und Backen, da sie aber kein Gluten enthalten, werden sie meist als 10–20%ige Beimischung zu Getreidemehlen verwendet, beispielsweise zum Verfeinern von Teigen oder zum Binden von Saucen.

Milchprodukte

Die Bezeichnung Milch(produkte) steht üblicherweise für *Kuhmilch* und daraus hergestellte Erzeugnisse. Zu bevorzugen sind dabei faire, frische Milchprodukte von Kühen aus möglichst ökologischer Tierhaltung und Fütterung. Ein hoher Anteil an Grünfutter, also Gras und Heu – am besten von sauberen Alm-Weiden –, ist in ökologischer und gesundheitlicher Hinsicht wünschenswert. Einerseits stehen die Wiederkäuer mit ihrer artgerechten und nachhaltigen „Grasverwertung" nicht in Nahrungskonkurrenz zum Menschen und andererseits reichern sich in der Milch deutlich mehr wertvolle Inhaltsstoffe an. Als Milch-Alternativen[34] stehen darüber hinaus Ziegen- und Schafmilch sowie zahlreiche milchartige Getränke, die aus pflanzlichen Eiweißen hergestellt werden, zur Verfügung.

Die Haltbarmachung von Rohmilch erfolgt meist durch Erhitzen und/oder Homogenisierung oder Mikrofiltration, wodurch pathogene Keime (wie Listerien) zuverlässig abgetötet werden. Je heißer/drastischer die Behandlung, umso länger haltbar ist die Milch, aber auch umso höher die Vitaminverluste. Man unterscheidet daher folgende *Milch-Sorten:*

- Rohmilch („Vorzugsmilch"): Rohmilch darf ab Hof mit dem Hinweis „vorher abkochen" verkauft werden und sollte möglichst schnell verbraucht werden.
- „Frischmilch": etwa 5–7 Tage haltbar durch Pasteurisierung bei etwa 70 °C
- „ESL"-Milch (extended shelf life): längere Haltbarkeit im Regal (7–40 Tage) durch Hocherhitzung bei etwa 120 °C oder Mikrofiltration. Die Aufschriften „länger frisch genießen", „hält länger frisch" etc. sind leicht irreführend durch die Ähnlichkeit mit den Begriffen frische Milch oder Frischmilch.
- „H-Milch": 3–6 Monate haltbar durch Ultrahocherhitzung bei 130–135 °C

HINWEIS!

Meiden Sie insbesondere ⊖ süße („*Frucht*"-)*Milchprodukte* aller Art, denn trotz des gesunden Images sind diese in Wahrheit die reinsten Zucker- und Kalorienbomben! Fruchtzwerge, Milchschnitten und Co. sind reine Süßigkeiten, aber Fruchtjoghurts, fruchtige Topfencremen und fertige Kakaogetränke auch. Beispielsweise enthält 1 Becher durchschnittliches Erdbeerjoghurt etwa 3 EL Zucker (Würden Sie diese Menge in ein Naturjoghurt tun?) und bestenfalls 1 Erdbeere. Denn der vorgeschriebene Mindestfruchtgehalt in Fruchtjoghurts beträgt 6 % (6 g von 100 g Produkt), und welcher Hersteller tut schon freiwillig mehr hinein, als er muss? *„Woher kommt dann der Erdbeer-Geschmack?"*, werden Sie fragen. Es gibt leider EU-weit über 3000 zugelassene Aromen ...

TIPP: ⊕ Mixen Sie sich „Frucht-Joghurts", Buttermilch-Mixgetränke und Topfencremen besser selber aus Naturjoghurt und frischen Früchten/hausgemachtem Fruchtmus/hausgemachter Marmelade (→ Rezepte, S. 199). Das ist billiger, kalorienärmer, gesünder und aromatischer – und Sie wissen genau, was drin ist.

---

34. → „Milchunverträglichkeiten" im Gesundheitsteil, S. 236

MILCHPRODUKTE

⊕ Im Rahmen einer ausgewogenen, gemüsebetonten Vollwert-Ernährung spielen Milchprodukte eine Rolle als Lieferanten von 3–4 % hochwertigem Eiweiß (→ Eiweiß-Zulage im Vital-Teller-Modell, S. 26) und viel gut verfügbarem Calcium. Milchprodukte sind zudem purinarm und daher günstig bei Gicht und Übergewicht. In den 3–5 % Milchfett finden sich – je nach Futter, Weidegebiet, Bewegungsmöglichkeit, Rasse und Alter der Kühe – bis zu 400 verschiedene, vorwiegend gesättigte, aber auch ungesättigte Fettsäuren. Milch liefert zudem 4–6 % Milchzucker, Enzyme, reichlich Calcium, Magnesium, Jod, Kalium und Phosphor, wasserlösliche B-Vitamine (insbesondere B2 und B12) und zahlreiche fettlösliche Vitalstoffe wie Lecithin, Carotinoide, Vitamin A und E sowie Spuren an Vitamin K und D. Milchprodukte aus Grünland- oder Almbeweidung zeichnen sich durch höhere Gehalte an ungesättigten Fettsäuren (mit Omega-3-Anteil) und zellschützenden Carotinoiden aus. Daraus können auch ganz spezielle Käsesorten produziert werden, die mit herkömmlicher „Massenmilch" nicht gelingen.

⊕ *Gesäuerte Milchprodukte* wie Joghurt, Buttermilch und Kefir gelten als besonders gesundheitsförderlich. Denn durch enzymatischen Abbau liefern sie weniger Milchzucker, leichter verdauliches Eiweiß sowie darmgesundheitsfördernde Milchsäurebakterien-Kulturen.

⊕ *Käse* ist genau genommen ein Milchkonzentrat und ist dadurch mineralstoff- und fettreicher, aber fallweise ziemlich salzig. 2 dünne Scheiben Hartkäse wie Emmentaler liefern etwa ein Drittel des Tagesbedarfes an Calcium. Details zu einzelnen Käsesorten finden Sie bei den Kochrezepten.

⊕ *Fettarme Milchprodukte* sind besonders gute Calcium-Quellen und sind bei Figurproblemen – insbesondere bei Übergewicht und Adipositas – zu bevorzugen. Wobei 1 Glas Vollmilch oder 1 Handvoll Natur-Vollmilchjoghurt definitiv keine Kalorienbomben sind und besser sättigen und schmecken als die Magerstufen. Richtig „gefährlich" sind gesüßte Fertig-Milchprodukte wie Fruchtjoghurt (→ Hinweis, 263).

⊕ *Butter* ist ein traditionelles, natürliches Milchfettkonzentrat mit einem herrlich milden Aroma. Sie gilt in Maßen genossen als gesund und es gibt keinen wissenschaftlich haltbaren Grund, Butter zu meiden. Auch das enthaltene Cholesterin ist kein Problem (→ Exkurs „Mythos Cholesterin" im Gesundheitsteil, S. 222). Butter besteht zu etwa 85 % aus Fett, ein Großteil davon sind gesättigte Fette, allerdings mit einem guten Anteil an kurzkettigen und mittelkettigen Fettsäuren (→ MCT-Fette im „Nährstoff-ABC", S. 248), was ihre relativ leichte Verdaulichkeit und Bekömmlichkeit bedingt. Sommer-, Alm- oder Grünland-Butter enthält mehr ungesättigte Fette und Carotinoide und ist dadurch gesünder, cremiger, streichfähiger und gelblicher. Halbfettbutter ist deutlich fettärmer und empfiehlt sich bei Übergewicht. *Süßrahm* liefert 36 % Fett und sollte daher achtsam dosiert genossen werden, beispielsweise 1 EL/Person zum sämig-geschmackvollen Abrunden eines Gemüse- oder Hülsenfruchtgerichtes.
Traditionell am Herd schonend gewonnenes *Butterschmalz* (→ Rezept Ghee, S. 47) enthält reines Milchfett, kann bei Raumtemperatur gelagert werden und eignet sich gut als Bratfett.

Exkurs: Mythen und Fakten zu gerade modernen Zweifeln an der Milch[35]

Mythos 1: *„Milch ist nur für Kälber"*, behaupten trendige Milch-Ablehner.
Mit der gleichen Logik könnte man sagen, dass Bananen nur für Affen seien.
⊕ Die DACH-Ernährungs-Fachgesellschaften stufen Milch nach wie vor als wertvolles Lebensmittel ein, besonders für Kinder, aber auch für Erwachsene.
⊖ Es gibt allerdings verschiedenste Milchunverträglichkeiten und erfahrungsgemäß auch bestimmte Menschen-Typen, die auf (größere Mengen von) Milch mit Verschleimungsempfinden reagieren. (→ „Unverträglichkeiten", S. 236)

Mythos 2: *„Milch ist ein Calcium-Räuber."*
Diese Behauptung ist wissenschaftlich unhaltbar.
⊕ Der in der Milch enthaltene Milchzucker fördert sogar die Calcium-Aufnahme, was den Effekt des geringen Calcium-Verlustes durch gemeinsame Ausscheidung mit Milchfett bei Weitem übertrifft. Die positive Calcium-Nettobilanz aus einem Glas Milch beträgt etwa 30 mg, aus 100 g Emmentaler etwa 250 mg.

Mythos 3: *„Milch macht dick, verursacht Krebs, Diabetes und Herzinfarkt."*
⊕ Viele Studien zeigen, dass fettarme Milchprodukte sogar einen positiven Beitrag zur Gewichtsreduktion, zur Senkung des Diabetes- und Gichtrisikos leisten, unter anderem weil Milchproteine den Muskelabbau bremsen und die Harnsäurewerte senken. Bezüglich Brust- und Magen-Darm-Krebs-Risiko sowie bei Herz-Kreislauferkrankungen üben 3 Portionen Milchprodukte/Tag nach jetzigem Wissensstand sogar Schutzwirkungen aus. Dabei dürften die in der Milch enthaltenen mittel- und kurzkettigen Fettsäuren eine gewisse Rolle spielen.
⊖ Ein sehr hoher Milchkonsum[36] kann tatsächlich zu übermäßigen Fettansammlungen und Zuckerstoffwechselstörungen führen (→ Nährstoff-Info, S. 240). Wieder einmal mehr gilt Paracelsus' Spruch: „Nichts ist ohn' Gift, all' Ding ist Gift, allein die Dosis macht's ..."

Mythos 4: *„Milch erhöht die Sterblichkeit von Frauen."*
Laut zweier schwedischer Kohortenstudien aus dem Jahr 2014 erhöhen 3–4 Gläser Milch/Tag das Knochenbruch- und Sterblichkeitsrisiko von Frauen im Vergleich zu einem Glas/Tag. Zugleich wurde festgestellt, dass der vermehrte Konsum von fermentierten (Sauer-)Milchprodukten den gegenteiligen (einen risikomindernden) Effekt zeigte. Die Autoren warnen selbst vor einer voreiligen, einseitigen Interpretation der Teil-Ergebnisse, denn zu viele Fragen seien noch offen. In manchen Fachkommentaren zu diesen Studien wird vermutet, dass vielleicht besonders Frauen mit geringer Knochendichte (also Risiko-Patientinnen) mehr Milch getrunken hatten, in der Hoffung, ihrem Schicksal zu entgehen.

Eier

Unter Eiern werden hier, wie allgemein üblich, *Hühnereier* und daraus hergestellte Produkte verstanden, da andere Eier im Ernährungsalltag eine untergeordnete Rolle spielen.

Das Leben der Hühner und die damit verbundene *Ei-Qualität* sind aber je nach Tierhaltungs- und Fütterungsbedingungen sehr unterschiedlich – auch Schadstoffe, Stresshormone und Bakterien können sich in/ an Eiern befinden. Empfehlenswert sind daher nur frische Eier aus biologischer *Haltung*, Freiland-Haltung oder auch in Einzelfällen aus Bodenhaltung (wenn Sie den Hof und den Stall kennen). Die Herkunft der Eier ist für Konsumenten am aufgedruckten Zahlencode ersichtlich, wobei die vorderste Zahl entscheidend ist: 0 steht für Bio, 1 für Freilandhaltung und 2 für Bodenhaltung. Lassen Sie sich nicht von hübschen Packungen mit „Huhn im Stroh" täuschen!

---

35. Literatur zu Punkt 1 und 2: → Mörixbauer, A.
36. Literatur → Melnik, B. C.

Naturnahes Osterei

Schauen Sie sich im Internet an, was unter so harmlos klingender *Bodenhaltung* alles erlaubt ist. ⊖ Im industriellen Großmaßstab kommt das von der Besatzdichte und Enge her der mittlerweile verbotenen Legebatterie (jetzt „Kleingruppenhaltung" in Käfigen) oft sehr nahe. Stress ohne Ende im kurzen Leben der industriell so arg geplagten Tiere.

TIPP!

⊕ Ein *frisches Ei* zeigt keine Schwappgeräusche beim Bewegen und bildet beim Aufschlagen ein schön gewölbtes Dotter. Die Farbe des Dotters hängt von der Fütterung ab und ist besonders kräftig, wenn die Tiere im Sommer viel carotinoidreiches Grünfutter fressen.

Wie viel Ei ist gesund?

Zahlreiche Ernährungswissenschafter empfehlen wegen des relativ hohen Fettgehaltes des Dotters, nicht mehr als 3 Eier pro Woche zu verzehren, inklusive der Eier, die in verarbeiteten Gerichten enthalten sind. Das kalorienreiche Eidotter besteht etwa zu einem Drittel aus Fett, darunter viel nützliches Lecithin[37] und reichlich (angeblich schädliches) *Cholesterin*, welches teilweise durch Lecithin emulgiert gleich wieder über den Darm ausgeschieden wird (mehr: → „Mythos Cholesterin" im Gesundheitsteil, S. 222).

Ich persönlich empfinde die Empfehlung von nur 3 Eiern/Woche, vor allem bei der anzustrebenden lacto-ovo-vegetarischen Ernährungsweise, unrealistisch und denke – wie auch viele andere Fachleute –, dass bei Normalgewicht im Schnitt 1 Ei/Tag kalorienmäßig überhaupt kein Problem darstellt. Diese Einschätzung bestätigen (übertreffen sie sogar) neue Studien mit übergewichtigen Diabetikern, wo die Zufuhr von immerhin 2 Eiern/Tag gegenüber 3 Eiern/Woche beforscht wurde und sich kein Gewichts-Nachteil zeigte und die Blutzuckerwerte sogar besser wurden. Darüber hinaus ist die immer noch verbreitete „Cholesterin-im-Ei-Panik" völlig überzogen, da auch die Mär von der Blut-Cholesterin-Erhöhung durch normalen Eierverzehr längst widerlegt ist (→ Gesundheitsteil, S. 220 f).

⊖ Wenn jemand allerdings zum Frühstück in Fett herausgebratene *„Ham and eggs"* von 3 Eiern verspeist, dann hat derjenige seinen Gesamtfettbedarf für den Tag quasi gedeckt. Kein Wunder, wenn sich das am Bauch bemerkbar macht, es sei denn, derjenige ist Schwerarbeiter, Kraftsportler oder isst den restlichen Tag fast nichts mehr.

HINWEIS!

⊖ Verzichten Sie auf rohes Ei – einerseits wegen der Gefahr eines Salmonellen-Befalls und andererseits wegen des im rohen Eiklar enthaltenen Vitamin-(Biotin-)Räubers namens „Avidin".

NÄHRSTOFF-INFO

EIER

⊕ Qualitätsvolle Hühnereier enthalten eine nahezu perfekte Kombination aus wertvollen Nährstoffen. Sie liefern das biologisch hochwertigste Eiweiß mit allen 8 essenziellen Aminosäuren – daher gehören Eier im Vital-Teller-Modell zu den Eiweißträgern. Eidotter ist relativ fetthaltig, mit einem hohen Cholesterin- und Lecithin-Anteil (→ „Mythos Cholesterin" im Gesundheitsteil, S. 222). Eier liefern auch reichlich Vitamine, insbesondere Vitamin A, D, E und B12, antioxidative Carotinoide wie das gelbe Lutein sowie Mineralstoffe, darunter relativ viel Eisen und Zink.

37. Lecithin: → „Vitalstoff-ABC", S. 282

Fleisch

Nichts wird beim Essen emotionaler diskutiert als das Thema Fleisch. „Was, du isst totes Tier?", so fragen manche schockiert. Meines Erachtens dann ganz zu Recht, wenn es um Fleisch(produkte) aus industrieller Massenproduktion[38] geht. Denn das ist Tierquälerei, Ressourcenvernichtung und Gesundheitsgefahr. Die Massentiermast verbraucht viel Energie, Wasser, Kraftfutter und Arzneimittel, insbesondere Antibiotika. Dies führt zu vermehrter bakterieller Resistenzbildung, sodass immer mehr Antibiotika beim Menschen nicht mehr wirken. Das Problem der „Nahrungskonkurrenz" von Masttier und Mensch kommt noch hinzu (→ Kapitel Nachhaltigkeit, S. 14).

Persönlicher Exkurs:

Mein Mann und ich essen – ethisch-ökologisch und yogisch bedingt – schon länger fast gar kein Fleisch mehr, wir sind so gesehen gemüselastige „Flexitarier". Unsere „Sondertagsbraten" beziehe ich vorwiegend direkt ab Bio-Hof und regionales Fleisch von einem engagierten Landmetzger. Unseren Eiweißbedarf decken wir mit Linsen/Dals aller Art, Bohnen, Nüssen, Ölsaaten, Getreide, Eiern und Milchprodukten sowie einheimischem Süßwasserfisch und arktischen Seesaiblingen aus einheimischer Zucht. Fallweise greife ich zu Tofu (aus österreichischen Sojabohnen).

NÄHRSTOFF-INFO

FLEISCH

⊕ Rein von den Inhaltsstoffen her betrachtet, hat eine gewisse Menge unverarbeitetes (mageres) Qualitäts-Fleisch im Rahmen der gesunden Ernährung durchaus seine Berechtigung, da es neben 2–30 % Fett auch 15–25 % wertvolles Eiweiß liefert. Deshalb wird Fleisch im Vital-Teller-Modell als ein möglicher Eiweiß-Baustein betrachtet. Zudem enthält Fleisch wertvolle Mikronährstoffe, die wir aus anderen Lebensmitteln nicht so leicht bekommen: ganz besonders Eisen, Zink, Selen und Vitamin B12 sowie Vitamin B1, B3, B6 und Vitamin A. Insbesondere in rotem Fleisch findet sich viel gut verfügbares Häm-Eisen, was für einen 1–2-mal wöchentlichen Fleischgenuss spricht. Hingegen sind die hohen Häm-Eisengehalte bei täglichem Fleisch- und Wurstkonsum ein Gesundheitsrisiko.

HINWEIS: In verarbeiteten Fleischprodukten – ganz besonders in Wurst, Roh- und Koch-Würsten, Pasteten und sogenanntem Formfleisch wie Toast-Schinken, Leberkäse und „Nuggets" – sind auch beträchtliche Mengen (40–60 %) an tierischen Fetten enthalten, die nach jetzigem Stand des Wissens in größeren Mengen definitiv nicht gesund sind (→ „Fette" im „Nährstoff-ABC", S. 248). ⊖ Stark verarbeitete Fleisch(abfall)produkte sind nicht nur mit gesundheitlich ungünstigen Fetten, sondern auch mit Zusatzstoffen durchtränkt: Stabilisierende Phosphate[39], sonstige Verdickungsmittel und Mehl halten die Presslinge zusammen, Pökelsalze sorgen für Röte und salzigen Geschmack, Räucherstoffe geben Aroma. Viele dieser Stoffe sind in größeren Mengen gesundheitsschädlich und daraus ergibt sich (neben dem hohen Anteil an tierischem Fett) auch die Erhöhung des Dickdarm-Krebsrisikos beim häufigen Genuss von verarbeiteten Fleischprodukten[40].

⊕ Wenn schon Fleisch, dann greifen Sie bitte zu bester Qualität! Gönnen Sie sich einmal oder maximal zweimal in der Woche ein schönes Stück edles Muskelfleisch aus biologischer Haltung – am besten aus Mutterkuhhaltung auf Grünland oder mit Heufütterung. Das kostet Geld, aber wenn Sie sich sonstiges Fleisch und vor allem Wurst und Leberkäse sparen, können Sie sich das leicht leisten. Es gibt engagierte Bauern, die solche exquisiten Nischenprodukte produzieren. Manche von ihnen schlachten sogar am Hof, was den Tieren Reise, Todesangst und damit verbundene Stress-Hormonausschüttung und beruhigende Medikamente erspart und es dem Esser erspart, Reste davon unfreiwillig mitzuessen.

---

38. Fleischatlas 2014–2016, www.bund.net
39. Künstlich hergestellte Phosphate mit den E-Nummern E 338–E343
40. International Agency for Research on Cancer (WHO), Pressemeldung vom 26.10.2015

Arktischer Seesaibling aus österreichischer Zucht

Fisch

Beim Thema Fischgenuss gibt es gleichermaßen Fans wie Ablehner und die Bandbreite der angebotenen Produkte und Zubereitungsformen ist schier unüberschaubar. Sie reicht von Frischwaren und Tiefkühlprodukten über getrockneten und eingelegten Fisch bis hin zu Räucherwaren und Konserven. Meeresfrüchte werden hier nicht gesondert erwähnt, da ihr Genuss ökologisch und gesundheitlich, bis auf wenige Ausnahmen, eher bedenklich ist.

Aus ökologischen Gründen sind diese an sich gesunden Empfehlungen allerdings recht kritisch einzuschätzen, denn die Überfischung ist in manchen Gegenden schon so weit fortgeschritten, dass einige Fischarten am Aussterben sind. Deshalb sollten Sie bei Meeresfisch-Kauf unbedingt darauf achten, Fisch möglichst aus nachhaltigen Quellen, am besten aus ökologischer Aquakultur oder bei Wildfang nur mit Nachhaltigkeits-Label (z. B. MSC) zu kaufen. Bewusstes Einkaufen kann einen Beitrag dazu leisten, gefährdete Arten zu schonen. Nähere Informationen zu internationalem Fisch inklusive Handy-Apps finden Sie im WWF-Fischführer oder unter www.greenpeace.org/fischratgeber. Fische aus herkömmlicher Aquakultur sind leider häufig mit Antibiotika-Rückständen belastet und durch den sehr geringen Bewegungsraum bilden die Fische auch weniger wertvolle Fette. Vor dem Hintergrund dieser Tatsachen empfehle ich Ihnen, etwa 1 mal pro Woche möglichst nachhaltigen Qualitäts-Fisch – möglichst aus sauberen, einheimischen Gewässern – zu genießen und zusätzlich andere pflanzliche/tierische Omega-3-Quellen zu nützen (→ „Fette" im „Nährstoff-ABC", S. 249).

Die Frische ist ein sehr wichtiges Kriterium bei Fisch, da es sich um ein leicht verderbliches Lebensmittel handelt. Tiefkühl-Fisch ist übrigens (wenn die Kühlkette nicht unterbrochen war) nährstoffmäßig ähnlich wie Frisch-Fisch. Speziell bei weitgereisten und länger gelagerten Fischen oder Meeresfrüchten sind Fischvergiftungen auf Grund von bakteriellem Befall oder Eiweiß-Zersetzung und der damit verbundenen Entstehung von biogenen Aminen (z. B. Histamin)

NÄHRSTOFF-INFO

FISCH

⊕ Fast alle Fische sind wertvolle Eiweiß-Lieferanten und als solche werden sie prinzipiell im Vital-Teller-Modell betrachtet. Manche (maritime) Fischarten sind darüber hinaus auch als gesunde „Extra-FettLieferanten" interessant, da sie bei einem Fettgehalt von 1–30 % ein gesundheitlich besonders günstiges Fettsäuremuster aufweisen. Daher sollte laut aktuellen DACH-Zufuhrempfehlungen 2-mal in der Woche fetter Kaltwasser-Meeresfisch genossen werden, um die Zufuhr an wertvollen Omega-3-Fettsäuren zu erhöhen (→ „Nährstoff-ABC", S. 249). Meeresfische liefern auch relevante Mengen an Mikronährstoffen, insbesondere Jod, Selen, Vitamin A und D. (Empfehlenswerte Fischarten S. 269.)

gar nicht so selten. Histamin-empfindliche Menschen und Allergiker sollten daher auch auf Fischkonserven und -räucherwaren verzichten, denn diese enthalten meist größere Histamin-Mengen.

Empfehlenswerte einheimische Süßwasser-Fische und (ursprünglich maritime) Zuchtfische:

⊕ Äsche, Flussbarsch, Forelle, Hecht, Reinanke/Renke, Schleie, Saibling, Zander etc.

Diese Fische sind ein fett-/kalorienarmer, gesunder Hochgenuss, weil sie zudem viel leicht verdauliches wertvolles Eiweiß, Vitamine und Mineralstoffe liefern und auf Grund des meist sehr sauberen Wassers schadstoffarm sind. Allerdings enthalten sie alle keine nennenswerten Mengen an Omega-3-Fettsäuren.

⊕ Arktische Seesaiblinge[41] aus einheimischer Zucht: Laut Fischmarkt-Analysen der AGES aus dem Jahr 2005 nimmt der in Österreich gezüchtete Alpenlachs® (eine arktische Seesaiblingsart) eine Sonderstellung ein, da er quasi schadstofffrei ist und ein günstiges Fettsäuremuster hat. Solche Polarsaiblinge – wie unter anderem das genannte Markenprodukt – werden mit angereichertem österreichischem Spezialfutter (unter anderem Omega-3-Fett-haltigem Leinöl und Rapsöl)[42] gefüttert und bilden in Folge (wie im Meer aus Plankton) langkettige Omega-3-Fettsäuren (EPA/DHA)[43] in ihrem Muskelfleisch, soferne die Fische viel Bewegung in kaltem Wasser haben. Diese geniale österreichische „Erfindung", nämlich maritime Omega-3-Bildner in sauberem Alpenwasser zu züchten, kostet den Züchtern zwar einige Mühe und Geduld, denn die Fische wachsen langsam, aber das Endprodukt ist zweifellos gesund und zudem nachhaltig, denn der Futter-Eiweißeinsatz bei der Fisch-Eiweißproduktion ist lediglich 1:1 (beim Rind 10:1, Pute 7:1, Huhn 4:1, Schwein 3:1)[44]. Diese nachhaltig-gesunden Qualitätsfische sollten mehr Verbreitung erfahren und haben zu Recht einen gehobenen Preis.

Geltende DACH-Empfehlungen zu Meeresfischen:

⊕ kleine, fette Meeres-Fische aus möglichst nachhaltigen Quellen wie Hering, Lachs, Makrele, Sardinen, Sprotten. Sie alle sind reich an Eiweiß und Fett mit einem hohen Anteil an günstigen Omega-3-Fettsäuren, Vitaminen und Mineralstoffen, besonders Vitamin D und Jod.

⊖ Größere Meeres-Fische wie Thunfisch, Dorsch oder Hai sowie Meeresfrüchte sind wegen Schwermetallbelastung und auch ökologisch nicht zu empfehlen.

Fette, Öle, Ölsaaten, Nüsse und Ölfrüchte

Fett darf allein schon aus geschmacklichen Gründen im Essen nicht fehlen. Zudem ist es schlichtweg unentbehrlich für den Körper. Fette erfüllen wie eine Art „Schmieröl" (oder auch ölige Schutzhülle) wichtige, zum Teil lebensnotwendige Aufgaben, weshalb wir auch etwa ein Drittel (!) unserer Tageskalorien in Form von Qualitätsfett aufnehmen sollten. Fette und Öle finden sich in pflanzlichen und tierischen Quellen, wobei pflanzliche Öle aus Ölsaaten, Nüssen und Oliven von besonderem Gesundheitswert sind, aber auch Butter und Rahm als weitgehend naturbelassene tierische Fette in Maßen empfehlenswert sind.

Auf den nächsten Seiten sehen Sie im Überblick die wertgebenden Inhaltsstoffe von Nüssen und Ölsaaten zusammengestellt. Die wichtigsten Speiseöle und ihre Fettsäuremuster finden Sie tabellarisch im Nährstoff-ABC.

Weitere wertvolle Öl-Lieferanten:

Avocado-Birnen werden dem Obst/Gemüse zugeordnet, enthalten aber im butterartigen Fruchtfleisch 23 % Fett, sollten daher nur in Maßen genossen werden. Darüber hinaus liefern sie 65 % Wasser, 10 % Kohlenhydrate, viel Vitamin E, Kalium, Vitamin B2, B3 und etwas Vitamin C (weitere → S. 272).

---

41. Salvelinus alpinus: Arktischer (See)Saibling, Wandersaibling, Eismeersaibling, Polarsaibling
42. → Literatur: Ettenauer, T.
43. → Fette im „Nährstoff-ABC", S. 248
44. „Veredelungsverluste" (→ Literatur: Koerber et al. und www.bund.net/Fleischatlas)

NÜSSE UND ÖLSAATEN

Ausführliche Informationen zu den Fetten/Ölen/Ölsaaten/Nüssen finden Sie im „Lebensmittel-ABC" und ein Basiswissen zu Fetten mit Faustregeln für eine gesunde Fett-Zufuhr im „Nährstoff-ABC".

⊕ Nüsse und Ölsaaten sind kalorienreiche *Vitalstoff-Konzentrate der Extraklasse* (!) und laufen im Vital-Teller-Modell vereinfachend unter „Extra-Portion Fett", da sie im Schnitt 50 % Fett mit einem hohen Anteil an wertvollen ungesättigten Fettsäuren mit reichlich Lecithin enthalten. Nicht nur deshalb gelten Nüsse als *Nervennahrung/„Brainfood"*, für die Gehirn- und Gedächtnisfunktion sind viele weitere Inhaltsstoffe von Bedeutung: B-Vitamine, fettlösliche Vitamine A, E und K, wertvolles Eiweiß (mit gefäßschützendem Arginin), komplexe Kohlenhydrate, Ballaststoffe, sekundäre Pflanzenstoffe, insbesondere Antioxidantien (Carotinoide, Flavonoide, Polyphenole etc.) sowie reichlich Mineralstoffe wie Calcium, Magnesium, Eisen, Selen und Zink.

TIPP: Die DGE empfiehlt, täglich eine kleine Menge (25 g ~ 2 EL) gemischte Nüsse oder Ölsaaten zu verzehren. Gönnen Sie sich daher täglich in moderaten Mengen einen Mix aus unterschiedlichen Ölsaaten und Nüssen. Diese sind einerseits ein idealer *„power and brain snack"* für zwischendurch, der nur zu einem minimalen Blutzuckeranstieg führt (also keinen Heißhunger verursacht), andererseits auch wertvolle Zutaten von Mahlzeiten. Vergleichbares gilt auch für Oliven und in Maßen für Avocados.

⊕ Trotz des beträchtlichen *Kaloriengehaltes* von im Schnitt etwa 600 Kcal/100 g Nüsse tragen diese (bei gezieltem, moderatem Genuss im Rahmen einer mediterranen Kost) nicht zu Übergewicht bei, sondern haben durch ihr spezifisches Fettsäureprofil nebst Begleitstoffen vielseitige gesundheitsfördernde Effekte: Sie verbessern die Blutfettwerte, die Blutzuckerwerte, den Blutdruck, die Blutgefäß-/Herz-Kreislaufgesundheit, erleichtern das Abnehmen und fördern die Darmgesundheit.

⊕ Die folgende Tabelle gibt einen Überblick über gängige Nüsse und Ölsaaten, die abwechslungsreich zur gezielten Qualitäts-„Auffettung" und gleichzeitigen Mikronährstoff-Aufwertung von Mahlzeiten genützt werden sollten (wie auch im Vital-Teller-Modell mit dem „Extra-Fett" empfohlen).

⊖ Viele Nüsse haben (selbst in Spuren) ein hohes *Allergiepotenzial* und manche Sorten sind sehr anfällig für *Schimmelbefall* und enthalten relevante Mengen an toxischen, krebserregenden Schimmelpilzgiften. Besonders häufig sind Pistazien, aber auch Erdnüsse und Haselnüsse davon betroffen.

Nüsse und Ölsaaten zur Aufwertung von Vital-Teller-Gerichten

Nüsse/Ölsaaten	Fett/Öl %	Eiweiß %	KH %	Ballast-Stoffe %	Mikronährstoffe und sekundäre Pflanzenstoffe
Cashew-Kerne	42	17	30	3	⊕⊕⊕ Vitamin A ⊕⊕ Zink, Vitamin B1, B2, B6 ⊕ Eisen, Kalium, Magnesium, Vitamin B3, Folat
Chiasamen	31 ⊕⊕⊕ ω-3	20	5	36	⊕⊕ Vitamine, Mineralstoffe ⊕ Quercetin
Erdnüsse (ungeröstet)	48	25	14	12	⊕⊕⊕ Vitamin E, Folsäure, Vitamin B1 und B3 ⊕⊕ Kalium, Magnesium, Folat ⊕ Eisen, Kupfer, Selen, Zink
Hanfsamen/ Hanfnüsschen	55 ⊕⊕ ω-3	28	4	3	⊕⊕⊕ Eisen, Magnesium, Vitamin B2, Vitamin E ⊕⊕ Vitamin B1 ⊕ Calcium, Phytosterole
Haselnüsse	61	12	10	8	⊕⊕⊕ Vitamin E ⊕⊕ Calcium, Kalium, Eisen, Vitamin A, B1 und B2 ⊕ Magnesium, Selen, Zink, Vitamin B3 und Folat
Kürbiskerne	46	24	14	9	⊕⊕⊕ Magnesium, Kalium, Vitamin A, B2 und B6 ⊕⊕⊕ Eisen, Zink ⊕⊕ Vitamin B1, B3, Phytosterine ⊕ Vitamin E, Kupfer, Selen
Leinsamen	30 ⊕⊕⊕ ω-3	24	0	40	⊕⊕ Calcium, Kalium, Vitamin B1 und B2, Lignane ⊕ Magnesium, Zink, Vitamin B3 und E
Mandeln	54	19	5	13	⊕⊕⊕ Kalium, Vitamin A, B2 und E ⊕⊕ Calcium, Mag-nesium, Vitamin B1 und B3 ⊕ Eisen, Zink, Folat
Mohn	42	20	4	20	⊕⊕⊕⊕ (!) Calcium, Zink ⊕⊕⊕ Magnesium, Eisen, Vitamin B1 ⊕⊕ Kalium, Vitamin A, E, B2 und B6 (u. U. Spuren von Morphin-Alkaloiden)
Paranüsse	67	14	4	7	⊕⊕⊕ Selen, Vitamin B1 ⊕⊕ Kalium, Calcium, Magnesium, Vitamin A und E ⊕ Eisen, Zink
Pignoli/Pinienkerne	60	13	20	1	⊕⊕ Zink, Vitamin E, B1 und B2 ⊕ Magnesium, Kalium, Eisen ⊕ Vitamin A, B1, B3 und Folat
Pistazien	52	21	8	10	⊕⊕⊕ Kalium, Vitamin A und B1 ⊕⊕ Calcium, Eisen, Zink, Vitamin E ⊕ Selen, Vitamin B2, B3, B6 und Folat
Sesam	50	18	10	11	⊕⊕⊕ Calcium, Magnesium, Eisen, Zink ⊕⊕⊕ Vitamin B1, B2 und B6 ⊕⊕ Kalium, Selen, Vitamin A und B3 ⊕ Vitamin E
Sonnenblumenkerne	49	22	12	6	⊕⊕⊕ Magnesium, Vitamin B1 und E ⊕⊕ Kalium, Eisen, Zink, Vitamin B2, B3 und B6
Walnüsse	62 ⊕ ω-3	14	10	6	⊕⊕⊕ Vitamin A und B6 ⊕⊕ Magnesium, Kalium, Vita-min B1 und E ⊕ Eisen, Zink, Selen, Vitamin B2, B3, B6 und Folat

(Literatur: Werte gerundet nach „Die große GU Nährwert-Kalorien-Tabelle", „Lebensmitteltabelle für die Praxis", „Lexikon der Lebensmittelchemie" und sonstige Quellen); +++ relativ hohe Gehalte, ++ mittlere Gehalte, + moderate Gehalte | Fett/Öl: „ω" steht für ungesättigte Omega-3-Fettsäuren (→ Kapitel „Nährstoff-ABC", S.240).

Calcium-, Zink- und Öl-reicher Mohn (→ Tabelle S. 250)

Chiasamen, die schwarzen und weißen winzigen Früchte aus dem spanischen Salbei, der in Mittel- und Südamerika beheimatet ist, sind mittlerweile eine Art Mode-Ölsaat. Nicht ganz zu Unrecht, da sie 23 % gesunde Omega-3-Fette, 16 % glutenfreies Eiweiß, 30 %–45 % vorwiegend unlösliche, quellende Ballaststoffe zuzüglich eines 2–7%igen Anteils an löslichen Ballaststoffen sowie reichlich antioxidative Polyphenole, Vitamine und Mineralstoffe liefern. Die gesunden Fettsäuren und Antioxidantien sind besonders gut aus dem bei uns schwer erhältlichen Chia-Öl verfügbar – aus dem Samen deutlich weniger. Die hübschen, durch die Ballaststoffe sehr quellfähigen Chia-Körnchen sind hervorragend zum Brotbacken, insbesondere von glutenfreien Diätwaren, geeignet und daher von der EU als „neuartige Lebensmittel-Zutat" in Backwaren zugelassen. Auch das Mit-Einweichen im Frischkorn- oder Flockenbrei macht den Frühstücksbrei nicht nur besonders sämig und sättigend, sondern die Gel-bildenden Ballaststoffe verzögern auch den Blutzuckeranstieg. Chia-Gel bildet sich durch etwa zehnminütiges Einweichen in Wasser und kann Eier in Backrezepten oder Puddings ersetzen, weshalb Chia auch als „veganes Ei" mittlerweile bei Veganern sehr beliebt ist.

Hanfsamen sind die winzigen geschälten Früchte des Speisehanfes, der frei von Cannabinoiden ist (→ S. 270 Bildmitte, rechts). Das enthaltene Hanföl enthält beide mehrfach ungesättigten essenziellen Fettsäuren (Omega-3 und Omega-6) in einem sehr guten Verhältnis und ist daher gesundheitlich als sehr wertvoll einzuordnen. Dieses Fettsäuremuster macht Hanfsamen sehr empfindlich, sie sollten unbedingt kühl, dicht und lichtgeschützt (und nicht zu lange) gelagert werden. Hanfsamen liefern darüber hinaus reichlich hochwertiges Eiweiß mit allen 8 essenziellen Aminosäuren, reichlich Vitamin E, relativ viel Eisen und Magnesium sowie B-Vitamine. In Österreich wird das Nischenprodukt Speisehanf vorwiegend in strukturschwachen Gebieten wie z. B. im Waldviertel, Burgenland und im Bregenzerwald angebaut.

Leinsamen zeichnet sich durch einen sehr hohen Gehalt an ungesättigten Fetten aus, er ist herausragend ballaststoffreich, er liefert relativ viel Eiweiß, Mineralstoffe und hormonmodulierende Lignane und er enthält keine verwertbaren Kohlenhydrate. Das ganze Korn wird häufig getreideartig genützt, z. B. in Müsli, als Brot-/Keks-Bestandteil oder auch für glutenfreie Fladenbrote (→ Cracker-Rezepte, S. 122). Leinsamen wirkt als schleimbildendes Abführmittel und schutzfilmbildendes Naturheilmittel. Hauptverantwortlich für diese Wirkungen ist sein mit ca. 40 % hoher Anteil an unlöslichen, quellenden und löslichen,

gallertbildenden Ballaststoffen. Leinsamenschleim heilt bei konsequenter Anwendung Magengeschwüre und Darmentzündungen und verhindert die Ausbreitung von Fäulniserregern im Darm. Geschroteter und eingeweichter Leinsamen eignet sich als Stuhlregulierungsmittel gegen Verstopfung. Das zu etwa 35 % im Samen enthaltene Leinöl ist besonders reich an der ungesättigten Omega-3-Fettsäure Alpha-Linolensäure sowie Vitamin E und A.

Oliven werden dem Gemüse zugeordnet, liefern je nach Sorte 14 % (grüne Oliven) bis 35 % Öl (schwarze, griechische Oliven) mit einem hohen Anteil an einfach ungesättigten Fettsäuren. Oliven enthalten kaum Eiweiß, Kohlenhydrate und Ballaststoffe, allerdings viele Mineralstoffe, insbesondere Kalium, Calcium und Eisen, reichlich Vitamine, insbesondere das antioxidative Vitamin E, Vitamin A und B-Vitamine sowie unzählige sekundäre Pflanzenstoffe mit einem hohen Anteil an antioxidativen Polyphenolen und Bitterstoffen. Oliven haben mit ihrem aromatischen Vitalstoff-Mix einen hohen Sättigungs- und Gesundheitswert, beugen Herz-Kreislauferkrankungen vor und ⊕ sollten mehrmals wöchentlich – ruhig auch als gesund sättigender Snack zwischendurch – am Speiseplan stehen. Übrigens: Frisch vom Baum sind Oliven ungenießbar, sie müssen erst durch Einlegen in Salzlake entbittert werden.

Getränke

Getränke liefern einen wesentlichen Beitrag zur gesundheitsförderlichen Nährstoffversorgung, sofern diese zum Großteil aus Wasser bestehen. Das Trinken von Wasser ist wie das Atmen von Sauerstoff entscheidend für Ihre Vitalität! Energiebildung, Gehirn- und Stoffwechsel-Leistung profitieren unmittelbar davon. Mehr zum Thema erfahren Sie im „Nährstoff-ABC" unter dem Abschnitt Wasser (→ S. 241).

Gewürze und Kräuter

Gewürze und Kräuter sind die ältesten Arzneien der Welt und werden seit jeher geschätzt, gesucht und global gehandelt. Gewürze/Kräuter sind gewissermaßen „Medizin, die schmeckt". Schon die Pharaonen wussten um die Kraft von Knoblauch, Pfeffer und Kreuzkümmel, wie Grabfunde und alte Schriften bestätigen. Auch in der jahrtausendealten traditionellen indischen Heilkunde, im Ayurveda, sind Gewürze und Kräuter nach wie vor wichtige Heilmittel. Ein reger Handel spannte sich seit jeher um die Welt – Gewürzkarawanen und Schiffe brachten die Schätze exotischer Länder schon im frühen Mittelalter nach Europa. So finden sich zum Beispiel auf der Einkaufsliste der ältesten erwähnten Apotheke Österreichs (apoteca magistri Bartholomei di Insbruka) im Jahr 1303 Pfeffer und Safran[45]. Auch auf Ritterburgen waren Pfeffer, Safran, Senf, Zimt, Muskat und Ingwer um 1400 sehr gefragt. Gewürze waren weitgereist, heißbegehrt und daher oft auch sehr teuer, wie der Spruch von den „reichen Pfeffersäcken" bezeugt. So manches Gewürz, welches uns jetzt als einheimisch erscheint, hat einen fernen Ursprung, wie beispielsweise Petersilie.

Bei Gewürzen handelt es sich um getrocknete, oft auch gemahlene Pflanzenteile: Kräuter (Blätter, Stiele und Blüten), Früchte, Samen, Fruchtschalen, Rinden, Wurzeln und Zwiebeln. Getrocknete Gewürze sind meistens relativ gut haltbar, aber dennoch empfindlich, vor allem gegenüber Feuchtigkeit, Schimmelbefall und UV-Strahlung. Sie sollten daher trocken, luftdicht und lichtgeschützt aufbewahrt werden.

Qualität ist bei Gewürzen/Gewürzkräutern wünschenswert – bei Heilpflanzen unerlässlich:

Gute Gewürze und getrocknete Kräuter bekommen Sie nicht nur in gut sortierten Bio-Läden, sondern viele davon auch lose in Apotheken, beispielsweise Zimt, Gewürznelken, Thymian, Rosmarin, Majoran oder Basilikum – mit perfekter Qualität und zudem wesentlich günstiger als im Supermarkt. Denn viele Gewürzpflanzen sind nach wie vor als *Arzneipflanzen* (Fachbezeichnung: Arzneidrogen) in Verwendung und müssen daher *Arzneiqualität* haben. Das ist allerdings nicht gleichbedeutend mit Bio-Qualität, denn bei Arzneipflanzen geht es primär um das Endprodukt - um dessen Qualität und Inhaltsstoffe – nicht um landwirtschaftliche Herstellungskriterien. Im kontrollierten Arzneipflanzenanbau wird manches sogar strenger geregelt als im Bio-Landbau, allerdings stammen manche Pflanzen auch aus eher konventionellem Anbau oder gar aus kontrollierter Wildsammlung, wo

45. → Literatur unter Dörler G.

NÄHRSTOFF-INFORMATION: GEWÜRZE UND (GEWÜRZ)KRÄUTER

Informationen zu Einzelgewürzen mit Inhaltsstoffen und Wirkungen finden Sie im → „Gewürz-ABC" und zu besonders interessanten Inhaltsstoffen von Gewürzen und Kräutern etc. im „Vitalstoff-ABC".

⊕ Gewürze und Kräuter sind reinste *Vitalstoff-Konzentrate*. Das Typische und zudem Gesunde an Gewürzen ist, dass sie schon in geringer Menge sehr aromatisch sind, was durch ihren hohen Gehalt an ätherischen Ölen, Senfölen und weiteren sekundären Pflanzenstoffen bedingt ist.

⊕ Nützen Sie die geballte *Kraft der Gewürze* zur Steigerung von Genuss und Gesundheit, denn viele dieser duftenden Inhaltsstoffe haben sekretanregende, verdaulichkeitsfördernde, blähungsmindernde und desinfizierende/antibakterielle Wirkungen. Als Beispiele seien hier nur Pfeffer, Zimt, Nelken, Thymian, Salbei, Zwiebel und Knoblauch genannt. Andere Gewürze sind herausragend zellschützend/antioxidativ, wie beispielsweise Kurkuma oder Rosmarin. Zudem liefern Gewürze und Kräuter zahlreiche Vitamine und Mineralstoffe, manche von ihnen auch wertvolle fette Öle, wie beispielsweise Schwarzkümmel.

HINWEIS: Meiden Sie industrielle Fertigwürzen, -saucen und -dressings!

⊖ Industriell erzeugte Fertigwürzmischungen wie Flüssig- und Streuwürzen (z. B. Brathähnchen- oder Grillgewürz), gewöhnliche Suppenwürfel, Salatsaucen und Dressings enthalten oft zu viel Salz, fallweise beträchtliche Mengen an Zucker und fast immer diverse künstliche Zusätze. Dazu gehören Geschmacksverstärker wie Glutamate (teilweise als Fleischextrakt oder Hefeextrakt „getarnt"), Stabilisatoren, Emulgatoren und Konservierungsstoffe. Solche Produkte verbilden nicht nur den Geschmackssinn, sondern erhöhen den Appetit und können Unverträglichkeitsreaktionen auslösen.

man auch nicht von Bio-Standards sprechen kann. Das heißt, Arzneipflanzen müssen den österreichischen und europäischen Arzneibuch-Vorschriften entsprechen, worin zu jeder einzelnen Pflanze Qualitätskriterien, Prüfverfahren, Wirkstoffe und arzneiliche Zubereitungen beschrieben sind. Nach diesen Richtlinien werden nicht nur von den Herstellern sondern verpflichtend auch in jeder Apotheke einzelne Heil-

Rosen-Minze-Tee

TIPP!

Wenn Sie beispielsweise sehr verschleimt sind und einen Qualitäts-Hustentee mit definiertem Wirkstoffgehalt (und damit erst möglicher schleimlösender Wirksamkeit) brauchen, dann ist das nur in Arznei-Tees aus der Apotheke garantiert. Bei allen anderen Produkten oder bei im Garten oder wild geernteten Heilpflanzen bleibt der konkrete Inhalt immer unbekannt – das Kraut kann wirken oder auch nicht.

Die Arzneipflanze Johanniskraut kann Lichtallergien auslösen.

kräuter (darunter auch Gewürze) auf Identität und Qualität geprüft. Nur wenn diese stimmt, werden die Pflanzen verwendet, verkauft oder/und daraus definierte Kräuterteemischungen, Hustensirupe, Magentropfen, Heilsalben, Zahnspülungen, Gurgelwässer und vieles mehr angefertigt.

Was ist beim Thema Wildkräuter zu beachten?
Die momentane Renaissance der „Druiden-Tränke brauenden und Wundertee mischenden Kräuterweiblein", sonstiger Wildkräuter-Freaks und Wildkräuter-Kochbücher hat zwei Seiten. Einerseits ist es sehr zu begrüßen, dass sich Menschen wieder für das traditionelle Wissen um Heil- und Wildkräuter (auch als Lebensmittel) interessieren. Andererseits ist auch gefährliches Halbwissen im Umlauf, sowohl in Büchern

als auch unter sogenannten Kräuterpädagogen/Kräuterfachfrauen. So manches, was im Rahmen einer Führung als essbares Kräutlein präsentiert wird, würde kein Botaniker oder Apotheker ohne Mikroskop eindeutig zuordnen können. Es gibt – vor allem unter den Doldenblütlern – gefährlich ähnliche Arten, die einen wohlschmeckend, die anderen *tödlich giftig*. Der Geschmack ist manchmal warnend bitter, aber nicht immer. Deshalb ist auch bei Pilzen große Vorsicht angesagt. In einem meiner Pilzkochbücher findet sich beim Knollenblätterpilz der launige Satz: „Schmeckt angenehm nussig. Darf nicht probiert werden."

Um *Wildpflanzen* in der eigenen *Küche* risikolos zu verwenden, beispielsweise für Kräutertees oder Kräutersalz, muss man sie erstens einwandfrei kennen, zweitens zum richtigen Zeitpunkt am richtigen Standort ernten und drittens schonend, aber dennoch schnell genug trocknen, damit die empfindlichen Wirkstoffe erhalten bleiben. Und selbst bei sauberer Arbeitsweise bleibt im Privatbereich immer unbekannt, welche und wie viele Inhaltsstoffe tatsächlich enthalten sind, und ein eventueller mikrobieller Befall ist auch nicht auszuschließen.

Mikronährstoffe wirken im Teamwork →

Griechischer Bergtee wächst auch in Tirol

Römische Duftkamille fürs Bad

VITALSTOFF-ABC

Sekundäre Pflanzenstoffe

Auf den folgenden Seiten finden Sie Kurz-Informationen zu den wichtigsten Gruppen von sekundären (sogenannten bioaktiven) Pflanzeninhaltsstoffen – über deren gemeinsames Wirkungsspektrum können Sie sich im einführenden „Nährstoff-ABC" einen Überblick verschaffen. Viele dieser Stoffe sind nicht nur für gesundheitliche Wirkungen von Lebensmitteln, sondern auch für die Wirkungen von Heil- und Giftpflanzen verantwortlich. ⊖ *Zu bedenken ist* dabei, dass selbst nachweislich gesundheitsfördernde Stoffe – vor allem bei Zufuhr unphysiologisch hoher Mengen – unerwünschte oder sogar schädliche Effekte haben können. Daher eignen sich logischerweise nicht alle Pflanzen (mit ihren sekundären Pflanzenstoffen) zum Essen, wie beispielsweise die *duftende Römische Kamille,* die im Kräuterkörbchen oder *Wohlfühlbad* ein herrliches Aroma verströmt und auch fallweise in Kräutertees als Schönungsdroge mit dabei ist – nur in kleinen Mengen, denn sie schmeckt extrem bitter. Viele andere dieser teilweise sehr bunten, aromatischen und wohlschmeckenden Substanzen sind jedenfalls ein guter Grund für das Genießen von mehr pflanzlicher Kost in Form von Gemüse, Obst, Hülsenfrüchten, Kräutern und Gewürzen. Je bunter, frischer und abwechslungsreicher, umso besser für die Gesundheit und Vitalität.

AVENANTHRAMIDE

phenolische Inhaltsstoffe des Hafers

Ⓦ antioxidativ, entzündungshemmend, antiallergisch/Antihistamin-Wirkung

Ⓐ Zellschutz, oxidativer Stress wie Diabetes oder Sport

Ⓠ Hafer

BALLASTSTOFFE
(→ „Nährstoff-ABC", S. 245)

lösliche und unlösliche komplexe Kohlenhydrate

unlösliche: Lignin, Phytinsäure, Cellulose, Hemicellulosen, resistente Stärke

Ⓦ Quellfähigkeit mit Wasser, Vergrößerung des Stuhlvolumens, Entleerungsreiz

lösliche: Schleimstoffe, Pektin, Oligofructosen, Inulin/Polyfructosen (→), Betaglucane (→)

Ⓦ Quellfähigkeit, Schleimbildung, Blutzucker- und Blutfett-stabilisierend, prebiotische Wirkung

Ⓐ Sättigung, Appetitkontrolle, Körpergewichtsstabilisierung, Verdauungshilfe, Darmsanierung, erhöhte Blutzuckerwerte bei Prädiabetes und Diabetes, erhöhte Blutfettwerte, Risikoverminderung für Herzinfarkt, Schlaganfall und Diabetes

Ⓠ Gemüse, Obst, Hülsenfrüchte, Vollkorngetreide – insbesondere Hafer und vorgequollene Ölsaaten wie Lein- und Chiasamen

BETAGLUCANE
(→ „Getreide-ABC", Hafer, S. 317)

teilweise lösliche, schleimbildende Ballaststoffe bestimmter Getreide und Hülsenfrüchte

Ⓦ Quellfähigkeit, Gallert-/Schleimbildung, Verzögerung der Magenentleerung, Senkung des Blutzucker-anstieges nach Mahlzeiten (postprandial), damit Blutzuckerstabilisierung, Blutfett- und Cholesterinsenkung sowie günstiger Einfluss auf den Blutdruck; Präbiotikum (nährt butyratbildende Darmbakterien); Immunmodulation über Makrophagenaktivierung

Ⓐ Sättigung, Verdauungshilfe, Gewichtsreduktion, Übergewicht, erhöhte Blutzuckerwerte bei Diabetes und Prädiabetes, erhöhte Blutfettwerte, erhöhter Blutdruck; Magengeschwüre

Ⓠ Haferkleie, Haferflocken (beides in Wasser quellen lassen!); Lupinensamen; in kleinen Mengen auch in anderen Getreiden wie Gerste, Roggen, Dinkel und Weizen

BETALAINE

blutrot-violette Farbstoffe, Abbauprodukte der Anthocyane, wie Betanin/Betenrot

Ⓦ antioxidativ

Ⓐ Zellschutz; Lebensmittelfarbstoff

Ⓠ Rote Rübe (Rohne, Rote Bete); Pilze

BETAIN

aminosäureartige Verbindung aus roten Rüben und verwandten Rüben

Ⓦ Methyl-Spender für Methylierungsreaktionen (z. B. Cholin-/Lecithin-Bildung) in der Leber

Ⓐ Leberschutz bei Hepatitis, Leberentfettung, Fettstoffwechselunterstützung, Homocysteinsenkung (gemeinsam mit B-Vitaminen)

Ⓠ rote Rüben, Runkelrüben, Zuckerrüben (im Zucker nicht mehr enthalten)

BIOFLAVONOIDE
(→ Flavonoide, S. 280)

BITTERSTOFFE

verschiedenste bittere Geschmacksstoffe

Ⓦ sekretolytisch/Verdauungssaft-anregend: Speichel-/Magen-/Gallen-/Bauchspeicheldrüsensäfte ermöglichen die Kohlenhydrat-, Eiweiß- und Fettverdauung.

Bitterpflanze Löwenzahn

 „Magenbitter", Verdauungshilfe/Digestif, Blähungen, Völlegefühl, Fettleber
 viele Heil-, Gewürz-, Gemüsepflanzen wie Artischocke, Enzian, Hopfen, Kohl, Löwenzahn, Wermut, Zichoriensalate, Zitrusschalen und mineralische Bitter-Salze (in Wässern)

CAPSAICINOIDE
(→ „Gemüse-ABC/Nachtschattengewächse", S. 313)
orange-rote, fettlösliche Scharfstoffe
 schleimhautreizend, erhitzend; Endorphin-, Magensaft- und Darmmotorik-anregend; verdauungsfördernd; desinfizierend
 Verdauungshilfe; äußerlich in Schmerzpflastern; Schoki-Ersatz wegen „pepper-high"-Effekten; ayurvedisch zur Stoffwechselaktivierung bei Übergewicht, Verdauungsträgheit etc.
 schwarzer, weißer und langer Pfeffer; Paprika und Chili

CAROTINOIDE
gelb-orange-rote, fettlösliche Pflanzenfarbstoffe, etwa 750 bekannte Substanzen, die in den Pflanzen als Lichtabsorber und Energieüberträger an das Photosynthese-abwickelnde Chlorophyll dienen. Einige Carotinoide dienen im Menschen als Vitamin-A-Vorstufen.
 antioxidativ/zellschützend: Verminderung von oxidativen Licht-(UV-)Schäden, insbesondere vorzeitiger Augen-/Hautalterung inklusive Krebsrisiko; immunstärkend; etwa 50 Carotinoide wie Alpha-Carotin, Betacarotin und Cryptoxanthin wirken als Vitamin-A-Vorstufen.

 unterstützender Lichtschutz; Zell-, Augen- und Hautgesundheit; oxidativer Stress; Immunschwäche
 rotes Palmöl, gelb-orange-rot-grünes Gemüse, Früchte und Blüten, Eier, Milchprodukte (optimale Aufnahme aus zerkleinertem, gut gekautem, sanft gedünstetem Gemüse mit 1 TL Öl/Butter)

Betacarotin (Vorstufe von Vitamin A)
 UV-, Zell-, Haut-, Schleimhaut- und Augenschutz
 Sonnenempfindlichkeit, Mallorca-Akne, Hautalterung
 Karotten, Kürbis, Grünkohl, Spinat, Mangold, Algen

Lycopin
 UV- und Zell-Schutz, insbesondere in der Prostata anticancerogen
 Tomaten, Tomatenmark, rotes Palmöl, Hagebutten, Wassermelone, Sanddorn, Pfifferlinge, Algen

Lutein
 UV- und Zell-Schutz, insbesondere am Auge im gelben Fleck der Netzhaut
 „natürliche Sonnenbrille", Augenschutz, Grauer Star, altersbedingte, trockene Makuladegeneration
 Eidotter, Alfalfa/Luzernen, rotes Palmöl, in grünen Blättern wie Grünkohl, Spinat, Mangold, Feldsalat, Petersilie, Brennnessel

Zeaxanthin
 UV- und Zell-Schutz, insbesondere am Auge
 Grauer Star und altersbedingte trockene Makuladegeneration
 Mais, Gerste, Sanddorn, Hagebutte, Getreide-Keimöle, rote/gelbe Paprika, Blüten, Früchte

FLAVONOIDE
(→ Polyphenole, S. 282)
gelb-bräunliche Pflanzenfarbstoffe, die oft erst im Herbst bei Chlorophyll-Abbau sichtbar werden. Dienen vermutlich als Selbstschutz der Pflanze vor UV-Strahlung und Fäulnis. Besonders bekannt sind Rutin, Hyperosid, Quercitrin, Quercetin, Apigenin und Luteolin.

Ⓠ Zitrusfrüchte, Kernobst, Beerenobst, Trauben, Datteln, Granatäpfel, Honig und Pollen, Hopfen, Tomaten, Porree, Buchweizen, Kräuter und Gewürze, Schwarz-, Kräuter-/Blüten-/Früchtetees, Wein und Bier

Rutin, Quercetin

Ⓦ antioxidativ (Eigenwirkungen und Vitamin-C-Verstärkerwirkung), entzündungshemmend, antiviral, antiallergisch, gefäßabdichtend, bindegewebs- und venenstärkend, immunstimulierend, Zellschutz
Ⓐ *Rutin:* Venenleiden, Couperose/Besenreiser; Quercetin: Allergien, degenerative Augenerkrankungen
Ⓠ (weitgehend hitzestabil): Schalotten, Zwiebeln, Knoblauch, Quitten

Apigenin und Luteolin

Ⓦ antioxidativ, entzündungshemmend, antidiabetisch, krebshemmend, schützend vor Leberverfettung
Ⓐ Zellschutz (Forschungsstudien)
Ⓠ *Luteolin:* Artischocke, Karotten, Oregano, Paprika, Petersilie, Pfefferminze, Thymian, Rosmarin | *Apigenin:* Grapefruit, Orangen, Kamille, Petersilie, Zwiebeln

Orange mit flavonoidreichen weißen Fasern

GERBSTOFFE UND GERBSÄUREN
(→ Polyphenole S. 282)
Gerbende, farbgebende, herb-bitter schmeckende komplexe Zucker-Polyphenol-Verbindungen wie Catechin- und Epicatechingerbstoffe, Tannine, Labiatengerbstoffe (Rosmarinsäure) und farblose oligomere Proanthocyanidine (OPC) dienen Pflanzen vermutlich als Selbstschutz gegen Fäulnis/Feinde.

Ⓦ adstringierende Wirkungen: zusammenziehend, gewebsstärkend, abschwellend, wundheilend, stopfend; antioxidativ, antibakteriell, antiviral
Ⓐ Wundheilung, Blutstillung, Durchfall, Gurgellösungen, Hämorrhoidal-Sitzbäder; Venenleiden, Allergien; Zellschutz, Krebsschutz, Immunstärkung; Desinfektion
Ⓠ Holz, Baumrinden (z.B. Eichenrinde), Pflanzengallen, Früchte, Schalen, Rinden, Kerne, Blätter, Schwarztee, Grüntee, Kräuter und Kräutertees, Kaffee- und Kakao(bohnen), Hopfenblüten, geriebene Äpfel, getrocknete Apfelscheiben, getrocknete Heidelbeeren, Brombeeren, Granatäpfel, Kaki, Quitten, Rotwein und rote Weintrauben

GLUCOSINOLATE
(→ Senföle, S. 284)

INDOL-GLYCOSIDE
intensiv unangenehm bis fein blumig riechende Verbindungen wie Sulforaphan, die zum Teil Abbauprodukte von Senfölen/Glucosinolaten sind
Ⓦ antioxidativer Zellschutz, Krebsrisiko-mindernd, Leber-Entgiftungshelfer
Ⓐ Immunschwäche, Infekte, Prävention von Krebserkrankungen
Ⓠ Kohl-Gewächse, insbesondere Broccoli (→ „vegane Hauptspeisen" S. 124, „Gemüse-ABC" S. 305)

INULIN/ALANTSTÄRKE UND OLIGOFRUCTOSEN
(→ Fructoseintoleranz, Gesundheitsteil, S. 234)
leicht süßlich schmeckende lösliche Ballaststoffe aus Fructanen/Fructose-Polymeren
Ⓦ günstig auf Blutzucker, Blutfette, Darmflora, Darmentleerung/Stuhlgang
Ⓐ Verdauungsstörungen, Fettstoffwechselstörungen
Ⓠ Artischocke, Endivien, Pastinaken, Topinambur, Schwarzwurzeln/Haferwurzeln, Zichoriensalate wie Chicorée oder Zuckerhut; Wildpflanzen: Alant, Löwenzahn, Wegwarte und andere Korbblütler
⊖ Bei Fructoseintoleranz vermeiden!

ISOFLAVONE
(→ Phyto-SERMs, S. 283)

LECITHIN/PHOSPHATIDYLCHOLIN

Dieses fetthaltige Vitaminoid kommt im Fett aller Zellen vor, wird also sowohl im Menschen, in Tieren und in Pflanzen gebildet als auch über die Nahrung aufgenommen. Lecithin ist ein komplexes Gemisch aus Glycero-Phospoliden und anderen Fetten. Seine wesentlichen Komponenten sind Glycerin, Cholin, Phosphat und diverse ungesättigte Fettsäuren und es ist in den wichtigsten Organen in besonders hoher Konzentration vorhanden (z. B. Gehirn, Knochenmark, Niere).

W wichtiger Zellmembranbaustein, Membranschutz: Gehirn-, Nerven-, Haut- und Schleimhautschutz; wichtigster Lipidbestandteil der Lipoproteine im Blut; Gallensäuren-Mischmicellen-Bestandteil: Fettemulgierung (z. B. auch Cholesterin-Ausschleusung), Fettverdauung, Leberschutz

A präventiver und therapeutischer Leberschutz (z. B. bei Arzneimittel- oder Knollenblätterpilzvergiftung), Leber-Entgiftung, Leberschäden wie Fettleber und Hepatitis B und C; Fettstoffwechselstörungen, erhöhte Blutfettwerte; Nerven- und Gehirnnahrung („brainfood"), Kurzzeitgedächtnis- und Konzentrationsstörungen, Nervosität und Unruhezustände, Schlafstörungen; technisch/pharmazeutisch als natürlicher Emulgator (in Lebensmitteln, Kosmetika, Arzneimitteln)

Q Eier, Haferflocken, Hefe, Sojabohnen, Weizenkeime, Fisch und Fleisch

LECTINE/LEKTINE

⊖ giftige Pflanzenabwehrstoffe, sogenannte Hämagglutinine, die beim Garen weitgehend zerstört werden → ⊖ Hülsenfrüchte immer durchgaren!

Q rohe Hülsenfrüchte, insbesondere Saubohnen

LIGNANE:
(→ Phyto-SERMS, S. 283)

MONO- UND SESQUITERPENE
Hauptbestandteile der ätherischen Öle, besonders in Gewürzen und Kräutern

W aromatisch, desinfizierend, sekretolytisch/verdauungsfördernd, blähungslösend, krampflösend, schleimlösend ...

A Aromageber, Verdauungsstörungen

Q Pfefferminze (Menthol), Thymian (Thymol), Kümmel (Carvacrol), Anis (Anethol) und Tausende andere Heil-/Gewürzpflanzen mit deren ätherischen Ölen und Hauptwirkstoffen

OXALSÄURE UND OXALAT-KRISTALLE
(→ Spinatgewächse, „Gemüse-ABC", S. 309)

POLYPHENOLE
Überbegriff für eine große Gruppe von gelben-braunen-roten-violetten-blauen Pflanzenfarbstoffen. Dazu gehören unzählige Flavonoide (→), Phenolsäuren (s. u.), Stilbene (z. B. Resveratrol) und Lignane (→), auch „Phytoöstrogene"/Isoflavone (→), Anthocyane/Proanthocyanidine und Gerbstoffe/Tannine (→).

W antioxidativer Zellschutz (Licht- und Verschleißschutz) aus Eigenwirkungen und auch als Vitamin-C-Verstärker: Radikalfänger, zellschützend, verschleißmindernd (z. B. Grauer Star), immunstärkend, Blutgefäß-abdichtend, Venen-/Haut-/Kollagen-stabilisierend, verkalkungsmindernd, abschwellend, antiallergisch, krebsrisikosenkend, desinfizierend ... und förderlich für eine gesunde Darmflora

A Immunschwäche; Vorbeugung von Herz-Kreislauf- und Krebserkrankungen; Gewichtsreduktion?

Q besonders in den Schalen, Blättern, Früchten, Blüten und Pollen von Gemüse- und Obstpflanzen, in dunklem Beerenobst/Wildobst (→ Anthocyane) sowie in Gewürzen, Kräutern, Kräuter- und Grüntees, hochwertigem Kakaopulver, dunkler Schokolade, Kaffee, Schwarztee und Rotwein

Anthocyane und Proanthocyanidine
blaue-rote-violette Farbstoffe mit Verwandten und Vorstufen wie Resveratrol, farblosen oligomeren Proanthocyanidinen/OPC, Cyanine, Delphinidin

🔵 Aroniabeeren, schwarze Johannisbeeren, Brombeeren, Heidelbeeren, schwarze Holunderbeeren, Schlehen, Weißdornbeeren, Melanzani, dunkelrote Süßkirschen, Rotkraut, Granatäpfel, rote Zwiebeln, rote Trauben und Rotwein, Blüten- & Früchte(tees)

Phenol(carbon)säuren

Aromageber wie Zimtsäuren und Kaffeesäure

🔵 Weizen- und Roggenvollkorn, Weizenkleie, Kaffee, Kartoffeln, Nüsse ...

PHYTINSÄURE

(→ „Nährstoff-ABC", Ballaststoffe, S. 245)

nicht löslicher Ballaststoff, gebunden als Inositol-Hexaphosphat

Ⓦ Dieser Quellstoff wirkt durch Volumenzuwachs sättigend und Darmpassage-fördernd, wenn (!) ausreichend Wasser dazu getrunken wird.

⊖ Stört vor allem bei isolierter Zufuhr in großen Mengen die Mineralstoff-Aufnahme. ⊕ Dies ist durch Einweichen, Keimen und Sauerteigführung verbesserbar.

🔵 Schalen von Getreide (besonders in Kleie), Hülsenfrüchten und Ölsaaten

---

„PHYTOÖSTROGENE"/PHYTO-SERMS

(→ Polyphenole, S. 282)

östrogenartig wirkende „Selektive-Estrogen-Rezeptor-Modulatoren" wie Isoflavone (Genistein, Daidzein, Biochanin A) und Lignane, die zur großen Gruppe der stark bioaktiven Polyphenole gehören.

Ⓦ Hormon- und Thermoregulation-modulierende, Stressresistenz-fördernde und antiproliferative Wirkungen (uneinheitliche Studienergebnisse)

Ⓐ Wechselbeschwerden wie Hitzewallungen; Zellschutz für Knochen, Herz-Kreislaufsystem und Brust; Lignane: senken Testosteronspiegel, vermutliche Schutzwirkung auf die Prostata

🔵 Hülsenfrüchte, Soja, Rot-Klee, Leinsamen, Hopfen, Alfalfa, Buchweizen, Weizenkeime, Kichererbsen, Erdnüsse, Bohnen, Anis, Gemüse und Obst, insbesondere Äpfel, Kirschen und Pflaumen

⊖ Diese Hormonmodulatoren können bei Zufuhr größerer Mengen (z.B. Proteindrinks und -pulver, Nahrungsergänzung) über einen längeren Zeitraum insbesondere bei Kindern, Männern und auch unter Umständen bei Frauen mit hormonellen Erkrankungen gesundheitliche Nachteile haben, eine einseitige/hochdosierte Zufuhr sollte daher ärztlich abgeklärt werden. Phytoöstrogene wirken etwa um den Faktor 1000 bis 10.000 geringer auf die verschiedenen Östrogenrezeptoren als Östrogene, wobei Spezialextrakte deutlich wirksamer sein können. Isoflavone zählen zu den am besten untersuchten Naturstoffen und gelten bei gezielter Anwendung im Klimakterium als wirksam und sicher.

PHYTOSTERINE/PHYTOSTEROLE

cholesterin-ähnliche pflanzliche Fettverbindungen wie Beta-Sitosterol

Ⓦ vermutlich günstig für den Fettstoffwechsel, da in Maßen cholesterinsenkend

Ⓐ Fettstoffwechselstörungen

🔵 fettreiche Pflanzensamen, Ölsaaten und deren Öle: Kürbiskern-, Maiskeim-, Sesam-, Sonnenblumen-, Soja- und Olivenöl; Sonnenblumenkerne, Kürbiskerne, Oliven, Sesam, Avocado, Mandeln, Weizen, Bohnen, ölige Samen von Kräutern/Gewürzen (z.B. Nachtkerzensamen, Schwarzkümmel)

Hopfenblüten

Sulfide und Senföle in Lauchgewächsen

Ⓠ Kreuzblütler und Lauchgewächse: Lauch-Arten, Kohl, Kraut, Broccoli (Sulforaphan), Kohlrabi, Kapuzinerkresse, Kresse, Kren, Rettich, Wasabi, Radieschen, Rucola/Rauke, Pak-Choi, Lauch, Bärlauch, Zwiebel, Knoblauch, Schalotten, Senf, Raps, Kapern …

SULFIDE UND SULFOXIDE

schwefelhaltige Aromastoffe wie Diethyldisulfid, Alliin und Allicin

Ⓦ immunstärkend, antiallergisch/antiasthmatisch, antibakteriell/antibiotisch/desinfizierend, anticancerogen, gefäßschützend: antiatherogen und antithrombotisch; Leberstoffwechsel-unterstützend (Detox-Enzyme) und damit „blutreinigend"

Ⓐ Vorbeugung von Herz-Kreislauferkrankungen, Gefäß- und Leberschutz

Ⓠ Bärlauch, Knoblauch, Schnittlauch, Lauch, Zwiebel, Schalotten, Spargel

SULFORAPHAN

(→ Indolglycoside; Senföle/Scharfstoffe; z.B. im Broccoli → „Gemüse-ABC", S. 305)

SAPONINE

seifenartige Zuckerverbindungen, die beim Waschen/ Kochen schäumen

Ⓦ sekretolytisch/verdauungsfördernd, cholesterinsenkend, aber ⊖ roh in großen Mengen blutzell-auflösend (hämolytisch), leberschädigend → ⊕ daher speziell die Hülsenfrüchte gut waschen und garen!

Ⓠ vor allem in Schalen von rohen (!) Hülsenfrüchten (mit giftigen Lectinen) wie Soja, Kichererbsen, Linsen, Erbsen, Bohnen und auch in Getreide wie Buchweizen; geringe Mengen in Hafer, Spargel, Tomaten, Spinat

SCHLEIMSTOFFE

(→ „Nährstoff-ABC", Ballaststoffe, S. 245)

lösliche Ballaststoffe wie Pflanzenschleime und Pflanzengummis, die wasserbindend und gelierend wirken. Sie gehören zur großen Gruppe der komplexen Kohlenhydrate. Die bekanntesten unter ihnen sind Pektin, Alginate, Carragen und Johannisbrotmehl und einige werden als verdickende Lebensmittelzusatzstoffe verwendet.

Ⓦ Quellstoffe; quellend, verdickend, sättigend, Darmpassage-fördernd

Ⓐ Verdauungsstörungen

Ⓠ Leinsamen, Flohsamen, Quitten, Tamarinde, Algen, Johannisbrot/Karob

SENFÖLE/SCHARFSTOFFE/REIZSTOFFE

schwefelige Zucker-Verbindungen wie Isothiocyanate und Indolglycoside (z. B. Sulforaphan). Glucosinolate spalten sich bei Verletzung des Gewebes in die scharfen, stechend riechenden Senföle, die der Pflanze als Fraßschutz dienen.

Ⓦ immunstärkend, antibakteriell, antibiotisch, anticancerogen, virustatisch, antimykotisch, reizend, reinigend, sekretolytisch/verdauungsfördernd, cholesterin- und blutdrucksenkend. Entgegen früherer Meinung nicht generell kropffördernd/thyreostatisch (→ Literatur unter Weuffen).

Ⓐ Immunschwäche, Infekte, Verdauungsschwäche, Vorbeugung von Herz-Kreislauf- und Krebserkrankungen

TANNINE

(→ Gerbstoffe/Polyphenole, S. 282)

Mikronährstoffe

Hier finden Sie Kurzbeschreibungen zu den wichtigsten Mikronährstoffen, ihren bedeutendsten Wirkprinzipien, möglichen Anwendungsgebieten und den jeweils ergiebigsten Lebensmittel-Quellen. Weiterführende Literatur im Anhang.

ÜBERBLICK ÜBER DIE HIER BESPROCHENEN MIKRONÄHRSTOFFE:

Vitamine
fettlösliche: A, D, E, K
wasserlösliche: C, B1, B2, B3, B5/Pantothensäure, B6, Biotin, Folate/Folsäure, B12

Mineralstoffe
Mengenelemente:
Kalium, Calcium, Magnesium, Natrium, Phosphor
Spurenelemente:
Eisen, Zink, Selen, Chrom, Kupfer, Mangan, Fluor, Jod

Vitaminoide
Coenzym Q10, L-Carnitin
(Alpha-Liponsäure, Glutathion, Taurin)

Essenzielle Fettsäuren
(→ „Nährstoff-ABC"/Fette, S. 248)

Essenzielle Aminosäuren
(→ „Nährstoff-ABC"/Eiweiß, S. 246)

Basiswissen Mikronährstoffe:
(mehr dazu im „Nährstoff-ABC", S. 240)
Alle Vitamine und zahlreiche Mineralstoffe sind essenziell, das heißt, sie sind unentbehrlich für den Körper und müssen regelmäßig von außen zugeführt werden. Viele von ihnen wirken als sogenannte Co-Enzyme und Co-Faktoren. Das heißt, sie dienen als ganz spezielle Stoffwechsel-„Werkzeuge" (Katalysatoren), die bestimmte chemische Reaktionen im Ab-, Um- und Aufbau von bestimmten Nährstoffen und Körpersubs-

tanzen ermöglichen. Einige von ihnen sind fettlöslich, andere wasserlöslich, dementsprechend befinden sie sich in bestimmten Körpergeweben und erfüllen dort ihre spezifischen Aufgaben. Einige Mikronährstoffe wirken neben ihrer „Werkzeugfunktion" zusätzlich als „Bau- und Schutzstoffe", andere als „Leit- und Spülstoffe" oder „Entgiftungshelfer", wie an anderer Stelle beschrieben. Sie alle werden jedenfalls laufend zur Abwicklung der komplexen Körperchemie gebraucht und der konkrete Bedarf ist abhängig von der zugeführten Nahrungsmenge und -art, Alter und Geschlecht und natürlich auch von den jeweiligen körperlichen, geistigen und seelischen Anforderungen. Je nach Belastung kann dieser Bedarf erhöht sein, zum Beispiel im Wachstum, in der Schwangerschaft und Stillzeit, im Alter, durch hohen Umsatz und Schweißverluste durch Sport oder schwere Arbeit, im Winterhalbjahr, bei einseitigen Ess-/Trinkgewohnheiten und Unverträglichkeiten, bei Stress, im Falle von Erkrankungen sowie bei Dauereinnahme bestimmter Medikamente.

HINWEIS!

Wenden Sie sich im Verdachtsfall oder bei Beschwerden an orthomolekularmedizinisch ausgebildete Apotheker, Ärzte, Ernährungswissenschafter oder Diätologen, denn diese komprimierte Übersicht ist keine Anleitung zur Selbstbehandlung.

Bei den Einzelsubstanzen werden folgende Abkürzungen verwendet:

WF Wirkform

W Wirkungen; großteils in Fachsprache (→ Glossar, S. 344)

A gängigste anerkannte Anwendungen

Q gute Quellen, absteigende Reihung, soweit nicht gesondert erwähnt

Vitamin A-Quellen

VITAMINE

Vitamine üben vielfältige unersetzliche/essenzielle Stoffwechsel-Funktionen aus – jedes davon ist in seinen Aufgaben nicht austauschbar. Viele von ihnen dienen dabei als Co-Enzyme, ohne die bestimmte Funktionseiweiße/Enzyme gar nicht funktionieren. Manche dieser Enzyme benötigen sogar mehrere Vitamine als Coenzyme zum Funktionieren.

VITAMIN A | RETINOL

„Augen- und Epithelschutz-Vitamin"

Das fettlösliche Retinol ist neben seiner speziellen Funktion am Auge (Hell-Dunkel-Sehen) essenziell für die Intaktheit aller zarten, feuchten, fetthaltigen Biomembranen und damit auch der Oberflächengewebe. Wenn Vitamin A Mangelware ist, wird alles „trockener", anfälliger, unsensibler, regeneriert und heilt schlechter. Dabei arbeitet es übrigens sehr eng mit Zink zusammen.

WF Retinol, Retinoide und Retinsäuren

W Hell-Dunkel-Adaption im Sehpurpur/Rhodopsin; Epithelschutz: Zellteilung, Zell-Zell-Kommunikation; Wachstum und Reparatur aller Biomembranen besonders an Haut, Schleimhäuten, Haaren, Samen-, Ei- und Embryonalzellen sowie Immunzellen

A Mangelausgleich und -prävention: Nachtblindheit, Blendempfindlichkeit, Geschmacks- und Geruchsstörungen; Haut- und Schleimhaut-Trockenheit; Hauterkrankungen wie Akne und Psoriasis; Atemwegserkrankungen wie Bronchial-Infekte und trockene Rhinitis, Blutarmut; Unfruchtbarkeit; Senkung der Kindersterblichkeit in der 3. Welt

Q fettlöslich – Aufnahme gemeinsam mit Fett!

Vitamin A im Fett tierischer Lebensmittel

fette Meeresfische, Fischlebertran, rotes Fleisch, Leber, Leberwurst; Spuren in Eigelb und Vollmilch-Produkten

Provitamin A (Betacarotin)

Gemüse und Obst wie Karotten, Kürbis, Hagebutten, Tomaten(mark), Grünkohl, Spinat, Honigmelonen und Marillen. Ein Teil des Vitamin-A-Bedarfs kann über Betacarotin-Zufuhr gedeckt werden.

VITAMIN D | CHOLECALCIFEROL

„Sonnen-Vitamin"

Dieses fettlösliche Vitamin ist mit seiner Wirkform als Vitamin-D-Hormon weit mehr als „nur" Knochenvitamin, welches die Calcium-Aufnahme und (gemeinsam mit Vitamin K) den Calcium-Einbau in die Knochen steuert und ermöglicht. Auch viele andere hormonabhängige Gewebe und Organe wie Brust, Prostata, Bauchspeicheldrüse, Schilddrüse, Haut, Darm, Herz- und Skelettmuskeln (Muskelkraft), Immunzellen und sogar das Gehirn werden vom Vitamin-D-Hormon stark beeinflusst und sind in ihrer gesunden Zellregeneration von seiner Anwesenheit abhängig. Daher senkt es auch das Krebsrisiko.

WF Vitamin-D-Hormon/Calcitriol

W Calcium- und Phosphat-Resorption, Knochen-Bau/Knochenstabilität; Regulation/Steuerung der Zellteilung/Regeneration von Organen mit Calcitriol-Rezeptoren wie Immunsystem, Haut, Schilddrüse, Brustdrüse, Prostata, Darm, Muskulatur und Gehirn; Muskelkraft

A Mangelausgleich und -prävention: Calcium-Aufnahme, Osteoporose-Prävention und -Therapie; Immunschwäche, Muskelschwäche, Hauterkrankungen wie Psoriasis und Neurodermitis, Winter-Depression, erhöhte Krebsrisiken, Diabetes

Q Eigenproduktion durch Sonne! | fette Meeresfische (fettlöslich!) wie Sprotten, Lachs, Hering und Sardinen; geringe Mengen in Eigelb, Rahm, Vollmilch und Hartkäse; Spuren in Hefe, Pilzen, Kohl, Avocado und Spinat (Fettlösliches Vitamin – Aufnahme im/mit Fett!)

⊕ Vitamin D kann im Sommerhalbjahr (besonders rund um die Mittagszeit) durch *Sonnenbestrahlung* der Haut aus Cholesterol/Cholesterin gebildet werden. Daher sollten Gesicht, Arme, Dekolleté oder auch die Beine mindestens 3-mal wöchentlich je nach Hauttyp etwa 10–20 Minuten ungeschützt Sonne abbekommen, damit Haut, Leber und Nieren im Teamwork eine ausreichende Menge an Vitamin-D-Hormon produzieren können.

⊖ Vitamin D gilt wegen des *weit verbreiteten Mangels in Mittel- und Nord-Europa* schon seit Jahren als Risikonährstoff, deshalb wurden die Zufuhrempfehlungen im Jahr 2012 auf das Vierfache erhöht. Vor allem Säuglinge, Kleinkinder, „Stubenhocker", Bettlägerige, Immigranten und Senioren sind wegen Sonnenmangel besonders gefährdet. Viele alte Menschen sind immobil oder meiden die Sonne und auch die Fähigkeit der Haut, Vitamin D zu bilden, nimmt im Alter ab. Auch dichte Bekleidung und dunkle Haut verhindern/verlangsamen die Vitamin-D-Bildung.

⊖ Achtung: *Sunblocker und Tagescremen* mit LSF > 15 verhindern die Vitamin-D-Bildung fast vollständig.

⊖ Von Anfang November bis Mitte März reicht die vorhandene UVB-Strahlung in unseren Breiten für eine Eigensynthese in der Haut nicht aus. Das heißt, hier zehrt der Körper von seinen Vitamin-D-Sommer-Vorräten in der Leber – falls (vom Sommerhalbjahr) vorhanden.

⊕ Zur Sicherheit ist es sehr empfehlenswert, im Oktober den Blutspiegel bestimmen zu lassen, um Vitamin D gegebenenfalls gezielt über das Winterhalbjahr zur Erhaltung eines optimalen Blutspiegelbereiches zu ergänzen. Dies verbessert die Immunabwehr, die Muskelkraft und mindert die Risiken, die mit einem *Vitamin-D-Mangel* assoziiert sind. Dazu gehören neben Osteoporose nach jetzigem Wissensstand auch einige Krebs-Arten, Diabetes Typ I und andere Autoimmunerkrankungen wie Multiple Sklerose. Vor allem bei Säuglingen und Kleinkindern sollte die empfohlene Gabe von Vitamin-D-Tropfen in den ersten zwei Lebensjahren konsequent durchgeführt werden und (im Winterhalbjahr) auch später weitergeführt werden.

VITAMIN E | TOCOPHEROL
„Anti-Ageing-Vitamin"

Dieses fettlösliche „Brandschutz"-Vitamin (Antioxidans) begrenzt das Ranzigwerden von Fetten – in Pflanzenölen, Nüssen, Ölsaaten, Butter, Getreidekeimlingen und auch im menschlichen Körper. Im Team mit anderen Antioxidantien schützt Vitamin E empfindliche Fettstrukturen vor Zersetzungsreaktionen durch Sauerstoff-Radikale. Dieser Schutz vor dem sogenannten „oxidativen Stress" (z. B. beim intensiven Sonnenbaden, während der mitochondrialen Energiegewinnung oder bei der Immunabwehr) verhindert übermäßigen Zell-Verschleiß, Zellschäden und vorzeitige Zell(membran)-Alterung.

WF Tocopherol und Tocotrienol

W fettlösliches Antioxidans; antiphlogistische/entzündungshemmende Wirkung durch Hemmung von Enzymen wie Cycloxigenase; antikoagulativ/blutverdünnend

A Mangelausgleich und -prävention: Hämolyse/Blutkörperchen-Zerfall; Anti-Ageing/vorzeitige Zell- und Hautalterung; chronisch entzündlich-degenerative Erkrankungen wie Arthritis, Arthrose, Rheuma, Atherosklerose, degenerative Augen- und Nervenerkrankungen; Übergewicht, erhöhte Blutfettwerte und Diabetes

Vitamin D-Quellen

287

Ⓠ kaltgepresste native Pflanzenöle: Weizenkeim-, Sonnenblumen-, Distel-, Maiskeim-, Raps-, Soja-, Haselnuss-, Walnuss-, Traubenkern- und Olivenöl; Nüsse, Mandeln, Samen, Keimlinge; Spuren in Butter, Milch, Margarine, Eiern, Käse, Fleisch und Fisch (Fettlösliches Vitamin – Aufnahme mit/im Fett!)

VITAMIN K | MENACHINON
„Koagulations-Vitamin"

„K" wie (Zwei-Komponenten-)Klebstoff, so kann man die Wirkung dieses fettlöslichen Vitamins beschreiben, welches bestimmte Eiweiße aktiviert, damit diese über Calcium-Brücken miteinander verkleben/koagulieren können. So bewirkt Vitamin K die normale Blutgerinnung, indem es mehrere Blutgerinnungsfaktoren wie Prothrombin vernetzungsfähig macht und damit die Blutstillung und den Wundverschluss in Gang setzt. Vitamin K sorgt auch in unseren Knochen und Blutgefäßwänden nach demselben Prinzip für eine elastisch-funktionelle Stabilität dieser Gewebe.

ⓌⒻ Vitamin-K-Coenzym zur Gamma-Carboxylierung von Glutaminsäure-Resten

Ⓦ (gemeinsam mit Calcium) Koagulation; Knochenmineralisierung; Blutgefäß-Integrität

Ⓐ Mangelausgleich und -prävention; Blutungsneigung; Osteoporose; Gefäßverkalkung

Ⓠ dunkelgrünes Gemüse wie Grünkohl, Broccoli, Spinat, Mangold, Portulak, Blattsalate und Kräuter; Karfiol, Fenchel, Weiß-/Rotkraut, Lauch; Keimlinge, Samen, Haferflocken, Nüsse/Ölsaaten und deren Öle; Hülsenfrüchte und Soja; Spuren in Leber, Eigelb, Fisch und Milchprodukten (Fettlösliches Vitamin – Aufnahme mit Fett!)

VITAMIN C | ASCORBINSÄURE
„Bindegewebs- und Immun-Vitamin"

Das wasserlösliche Vitamin gehört zum Team der antioxidativen Zellschützer und ist unentbehrlich für die Immunabwehr, insbesondere die Aktivität der Fresszellen. Als Kollagen-Vernetzer sorgt es für ein festes Bindegewebe und stabile Blutgefäßwände. Der Vitamin-C-Bedarf ist stark erhöht bei Rauchern, bei chronisch-entzündlichen Erkrankungen wie Diabetes, Rheuma und Krebs sowie bei körperlichem und psychischem Stress.

ⓌⒻ Ascorbat-Redoxsystem und -Coenzym

Ⓦ wasserlösliches Antioxidans/Radikalfänger; humorale und zelluläre Immunkompetenz, insbesondere Phagozytose-Aktivität; Coenzym in Biosynthesen von Kollagen, Carnitin, Corticoiden, Vitamin-D-Hormon

(Calcitriol), Neurotransmittern etc.; Histamin-Abbau; Hemmer der Nitrosaminbildung; anticancerogen; Eisen- und Folsäure-Stoffwechsel

A Mangelausgleich und -prävention: Bindegewebsschwäche: Zahnfleischbluten, Neigung zu blauen Flecken, Couperose, Venenschwäche; oxidativer Stress: Infektanfälligkeit/Immunschwäche, akute/chronische Infektionen, Haut- und Schleimhautentzündungen, Leistungssport, Stress, Diabetes, akute/chronische Entzündungen; unterstützend bei Eisenmangel und Allergien; Cystinurie

Q Sauerkraut, frische Kräuter wie Kresse und Giersch, frisches Gemüse wie Grünkohl, Kohlrabi, Gemüsepaprika, Lauch, unverarbeitetes Tiefkühlgemüse und Pellkartoffeln | frisches Obst wie Acerolakirschen, Amla/Amalaki-Früchte, Hagebutten, Sanddornbeeren, Kornelkirschen, schwarze Johannisbeeren, rote/weiße Ribiseln, Zitrusfrüchte, Waldbeeren, Kiwi, saure Äpfel

---

VITAMIN-B-KOMPLEX | B-VITAMINE

„Energie-Vitamine"

Eine adäquate Versorgung mit allen wasserlöslichen B-Vitaminen ist die Basis für die Energiegewinnung aus der Nahrung und damit einer guten Leistungs- und Konzentrationsfähigkeit. Dabei arbeiten alle B-Vitamine im Team als „Werkzeuge" und Regulatoren eng zusammen. Ohne dass wir es bemerken, brauchen wir relativ viel Energie für die laufend nötige Körpersubstanz-Regeneration, ein intaktes Immunsystem und eine gute Entgiftungsleistung der Leber, also die Verarbeitung und Ausschleusung von verbrauchtem, überflüssigem oder körperfremdem Material.

WF aktive Coenzyme der B-Vitamine

W Energiestoffwechsel, KH-, Fett- und Protein-Auf- und Abbau; Metabolisierung/Entgiftung; Zellteilung, Wachstum, Regeneration; Neurotransmitterbildung, Myelinisierung, Gefäßintegrität (Homocystein-Abbau)

A Mangelausgleich und -prävention: Energiemangel, Müdigkeit, Leistungs- und Konzentrationsprobleme, depressive Verstimmung, Vergesslichkeit, Demenz; Nervosität, Unruhe, Hyperaktivität, Schlafstörungen; Leberbelastungen; Schmerzen/Nervenschmerzen; Wachstum/„Fressphasen" von Kids; Schwangerschaft/Stillzeit; Leistungssport

Q Gemüse, Getreide-Keimlinge, Gemüse-Keimlinge, Sprossen, Vollkorn, Nüsse, Samen, Hülsenfrüchte, Hefe, Speisepilze, Eier, Milchprodukte, Fleisch, Fisch und Innereien

---

TIPP!

Wenn Sie sich müde, schlapp oder gar leicht depressiv fühlen, wenn Sie gereizt und stressanfällig sind, Probleme mit der Konzentration haben und/oder Ihre Leber „schwächelt", sollten Sie an B-Vitamine denken. Sie finden diese in einer ausgewogenen, vollwertigen, gemüsebetonten Ernährung, wie sie aber leider nur selten praktiziert wird. Eine vorübergehende Lösung könnte, bis Sie Ihre Ernährung umgestellt haben, ein gut dosiertes Nahrungsergänzungs-Präparat sein, in dem zumindest alle B-Vitamine enthalten sein sollten. Fachliche Beratung ist im Vorfeld ratsam, da auch besondere Belastungen, Medikamente und Erkrankungen sowie andere Mikronährstoffe wie Vitamin D, Magnesium, Vitamin C oder Zink mitbedacht werden sollten.

TIPP!

Hefepulver ist ein wahres B-Vitaminkonzentrat und eignet sich auch sehr gut zum Binden von Saucen. Hefe schmeckt ganz leicht bitter und nach Bier, was manchen Gerichten ein herrliches Aroma gibt (z. B. Geschnetzeltem oder Gulasch). ⊖ Achtung: Wegen des sehr hohen Purin-Gehaltes keinesfalls bei erhöhten Harnsäurewerten und Gicht verwenden!

VITAMIN B1 | THIAMIN

„Nerven- und Gedächtnis-Vitamin"

Dieses wasserlösliche Vitamin unterstützt in seiner aktiven Wirkform als eines der wichtigsten Zuckerabbau-Werkzeuge die Energieversorgung von Gehirn und Nervensystem, welche auf eine möglichst konstante Zuckerversorgung (aus möglichst komplexen Kohlenhydraten) angewiesen sind. Für die Vitamin-B1-Aktivierung sind Magnesium und energiereiches Phospat/ATP[46] nötig.

---

46. Adenosin-Triphosphat

WF Thiamin-Pyrophosphat-Coenzym

W Energiestoffwechsel, Kohlenhydrat-Abbau; Energieversorgung des zentralen und peripheren Nervensystems, Reizleitung, Neurotransmitterbildung; Immunsystem

A Mangelausgleich und -prävention: Stress, Aufmerksamkeitsdefizit, Konzentrationsprobleme, Vergesslichkeit, Müdigkeit, Reizbarkeit, Hyperaktivität, Depression, Demenz; hohe Zuckerzufuhr, Zuckerstoffwechselstörungen, Diabetes, Alkoholismus, Nervenschmerzen, Empfindungsstörungen, Herzschwäche, Beri-Beri

Q Hefe, Weizenkeime, Sonnenblumenkerne, Vollreis, Vollkorngetreide, -flocken und -brote, Hülsenfrüchte, Paranüsse, Haferflocken, mageres Schweinefleisch

Vitamin B2-Quellen

VITAMIN B2 | RIBOFLAVIN
„Haut- und Energie-Vitamin"

Die wasserlöslichen, dottergelben Flavin-Wirkformen sind gemeinsam mit Vitamin B3 und Coenzym Q10 Werkzeuge und Ladungsüberträger im Energiestoffwechsel der Zellkraftwerke (Mitochondrien). Darüber hinaus übt Riboflavin wichtige antioxidative Schutz- und Entgiftungsfunktionen aus.

WF Flavin-Redox-Coenzyme

W Energiegewinnung/Zellatmung, Ab-/Aufbaustoffwechsel, Metabolisierung/Entgiftung wie z. B. Purinabbau; antioxidativer Zellschutz; Immunfunktion; Hautstoffwechsel

A Mangelausgleich und -prävention: schuppende Hautentzündungen, Mundwinkelrhagaden, Rosacea, Energiemangel, Muskelschwäche, bestimmte Migräneformen, Mitochondrienerkrankungen, Augenschutz (mit Lutein etc.): Vorbeugung von Linsentrübungen und Grauem Star

Q Hefe, Milchprodukte, Molkenpulver, Eier, Getreidekeimlinge, Vollkorn

VITAMIN B3 | NIACIN
„Energie-Vitamin"

Die wasserlöslichen aktiven Niacin-Wirkformen sind gemeinsam mit Vitamin B2 und Coenzym Q10 Schlüsselsubstanzen im Energiestoffwechsel der Zellkraftwerke (Mitochondrien), wo alle drei als unersetzliche „Werkzeuge", als Ladungsüberträger und zugleich als hochwirksame Schutzstoffe gebraucht werden. Direkt davon abhängig sind Ab-, Um- und Aufbau von Fetten, Kohlenhydraten und Eiweiß in Leber, Nervengewebe und Muskeln. Ein Teil des Niacins kann körperintern aus Tryptophan (Eiweißbestandteil) aufgebaut werden. Ständiger Stress forciert diesen Prozess und damit steht weniger Tryptophan zur Bildung der Wohlfühlbotenstoffe – Serotonin für gute Laune, Melatonin für guten Schlaf – zur Verfügung.

WF Nicotinamid-Redox-Coenzyme wie NADH

W NADH als zentrales Antioxidans; Energiegewinnung/Zellatmung, Ab-/Aufbaustoffwechsel, Metabolisierung/hepatische Entgiftung; Fett- und Hautstoffwechsel

A Mangelausgleich und -prävention: Energiemangel, Erschöpfung, vorzeitiger Verschleiß, Hautentzündungen, Lichtallergie-Prävention, erhöhte Blutfettwerte, Lebererkrankungen, Depression, Schlafstörungen, Migräne

Q Hefe, Fleisch, Fisch, Eier, Milchprodukte, Hülsenfrüchte, Pilze, Kartoffeln und Vollkorn(brot) sind reich an Niacin und Tryptophan.

VITAMIN B5 | PANTOTHENSÄURE:
„Haut-Vitamin"

Dieses wasserlösliche Vitamin ist ein überall (panthos) im Körper gebrauchter Molekülaktivator und -überträger. Sämtliche Bildungswege von Körpersubstanzen wie Hormonen, Botenstoffen, Blutbestandteilen, Zellmembranen und aktive Wirkformen anderer Vitamine sind von ihm abhängig.

WF Coenzym A als universeller Molekülaktivator

W Energiegewinnung, Biosynthesen, Metabolisierung

A Mangelausgleich und -prävention, meist in Form von Dexa-Panthenol: Vitalität, Regeneration, Wundheilung, Haut- und Schleimhautpflege

Q Hefe, Hülsenfrüchte, Vollkorn(produkte), Eigelb, Milchpulver, Käse, Erdnüsse, Champignons, Fleisch und Innereien; besonders viel in Gelee Royale, dem Bienenköniginnen-Futtersaft

Vitamin B6-Quellen

VITAMIN B6 | PYRIDOXOL
„Nerven- und Power-Vitamin"

Dieses wasserlösliche Vitamin ist in seiner aktiven Wirkform, dem Coenzym-Pyridoxalphosphat, das Schlüsselwerkzeug im Eiweiß-Stoffwechsel. Jede Umlagerung von Aminosäuren, von biogenen Aminen wie Histamin, von Nervenbotenstoffen wie Dopamin oder die Arbeit von Leber-Enzymen funktioniert nur in Anwesenheit von aktiviertem Vitamin B6. Für dessen Aktivierung sind Magnesium und energiereiches Phospat/ATP nötig.

WF Coenzym-Pyridoxalphosphat (PLP) als Aminosäure-Gruppenüberträger

W Aminosäure/Eiweißstoffwechsel: Bildung/Umbau/Aufbau von Muskelproteinen, Nervenbotenstoffen, biogenen Aminen, Myelinscheiden, Hormonen, Immunzellen, Signalproteinen, Hämoglobin, Enzymen, Cytochromen, Transaminasen etc.

A Mangelausgleich und -prävention: Muskelschwund, Wachstumsstörungen, Kraftsport-Muskelaufbau, Nervenschmerzen, Sehnenscheidenentzündungen, Stress, Allergien und Infekte, Blutarmut, erhöhtes Homocystein, Fruchtbarkeitsstörungen, PMS, Glutamat-Überempfindlichkeit, Leberentgiftung

Q Hefe und Eiweißträger wie Fleisch, Fisch, Hülsenfrüchte, Milchprodukte, Getreidekeimlinge und Vollkornprodukte, aber auch Kartoffeln, Bananen, Avocados und Kohlgemüse

BIOTIN | VITAMIN H
„Haut-Haare-Nägel-Vitamin"

Biotin ist ein häufig unterschätztes wasserlösliches B-Vitamin, welches neben seiner Funktion als Baustoff in Hautproteinen und ihren Anhanggebilden an einigen wenigen, aber sehr entscheidenden Stoffwechselreaktionen beteiligt ist, wie an der Not-Zuckerbereitstellung aus Eiweiß, wenn Glucose im Gehirn fehlt.

WF Biotin-Coenzym

W Energiestoffwechsel, Gluconeogenese, Keratinbildung

A Mangelausgleich und -prävention: Haut-/Schleimhauterkrankungen wie Seborrhoe, Neurodermitis; Haar-/Nagel-Probleme; Energiemangel mit Unterzuckerung bis hin zu Panikattacken

Q Hefe, Leber, Hülsenfrüchte, Vollkorngetreide(flocken), Champignons, Mandeln, Nüsse und (hartgekochte, erhitzte) Eier | ⊖ Rohes Eiklar sollte hingegen möglichst selten gegessen werde, da es einen (durch Hitze zerstörbaren) Stoff enthält, der die Aufnahme von Biotin blockiert.

FOLATE | FOLSÄURE
„Zell-Vitalitäts-Vitamin"

Jede Zellteilung im Körper ist abhängig von aktiven Folat- und Vitamin-B12-Wirkformen, weil diese entscheidende Wachstums- und Regenerationsfaktoren sind. Schnell teilende Gewebe wie Blut-, Schleimhaut-, Keim- und Embryonalzellen sind daher besonders auf eine gute Versorgung angewiesen.

WF Folat-Coenzyme (THF, MTHF etc.) für C1-Gruppenübertragungen

W DNA-Replikation, Proteinbildung, Zellteilung/Regeneration, Wachstum/Embryogenese, Blutbildung; Methylierungsreaktionen/Homocystein-Entgiftung: Myelinisierung, Neurotransmitter-Bildung etc.

A Mangelausgleich und -prävention: Vorbeugung von Schwangerschaftskomplikationen wie Früh- und Fehlgeb-

Folat-Quellen

⊖ *Magensäuremangel* verursacht eine Vitamin-B12-Aufnahmestörung, denn Vitamin B12 ist nur gemeinsam mit einem speziellen, nur im sauren Magensaft gebildeten Protein (Intrinsic Factor) resorbierbar. Deshalb ist besonders bei Senioren, die häufig von Magensäuremangel betroffen sind, eine vorbeugende Gabe, z. B. in Form einer vierteljährlichen Injektion, anzuraten. Dies ist auch bei längerfristiger Einnahme von magensäurehemmenden Medikamenten (z. B. als „Magenschutz" bei Schmerzmitteln) sinnvoll. Eine weitere Mangel-Risikogruppe sind Veganer, da sich Vitamin B12 nur in tierischen und in bakteriell vergorenen Lebensmitteln findet.

urten, Missbildungen wie Gaumenspalten und „offener Rücken"; Herz- und Blutgefäßschutz; Gehirn- und Nervengewebsaufbau und -schutz, Depression, Demenz; Haut- und Schleimhautbildung und -regeneration

Ⓠ ⊕ Frisch, roh oder schonend gegart! Hefe, Getreide- und Gemüsekeimlinge, Vollkorngetreide; Gemüse: Kohlarten, Spinat, Gurken, Tomaten, Salate (dunkle Außenblätter); Hülsenfrüchte; Kräuter, Zitrusfrüchte; Milchprodukte; Fleisch und Leber

Ⓠ tierische Lebensmittel: Fleisch, Leber, Eigelb, Milchprodukte | bakteriell fermentierte Lebensmittel (wobei nicht es nicht ganz gesichert ist, ob diese Form von Vitamin B12 tatsächlich im Menschen vitaminwirksam ist): Hefe, Weizenbier, Sauerkraut, Miso, Tempeh

VITAMIN B12 | COBALAMINE

„Anti-Demenz-Vitamin"

Gemeinsam mit Folsäure ist es essenziell für die Zellteilung, besonders die Blutbildung und die Bildung der die Nervenzellen im Gehirn umgebenden fetthaltigen „Isolier- und Schmierschichten" (Myelinscheiden), welche Reizleitung, Denkprozesse und Gedächtnis ermöglichen.

Ⓦ Cobalamin-Coenzyme (Adenosyl-Co, Methyl-Co) für C1-Gruppenübertragungen: DNA-Replikation, Proteinbildung, Zellteilung, Blutbildung; Methylierungsreaktionen/Homocystein-Entgiftung: Myelinisierung, Neurotransmitterbildung etc.

Ⓐ Mangelausgleich und -prävention: Blutarmut; Kräftigung, Rekonvaleszenz; Leistungssport; Gedächtnisstörungen, Demenz, Alzheimer, Depression; Nervenschmerzen/Neuralgien; erhöhtes Homocystein (gemeinsam mit Folsäure und B6)

Vitamin B12-Quelle

MINERALSTOFFE:
MENGEN- UND SPUREN-ELEMENTE

Die Mengenelemente stellen mengenmäßig den größten Anteil an Mineralstoffen. Dazu gehören Natrium, Kalium, Calcium und Magnesium, wobei diese großteils als *Elektrolyte*, also in Form elektrisch geladener, im Körperwasser gelöster Metall-Ionen vorliegen. Bildlich bezeichne ich diese Mineralstoffe daher gerne als „Leit- und Spülstoffe", da sie die Zell-Erregbarkeit, die Reizleitung (Informationsfluss), den Wasser-Haushalt und Säure-Basen-Haushalt steuern. Immerhin besteht der Körper zu etwa 2/3 aus Wasser und die darin gelösten Mineral-Ionen sind somit entscheidend für die Bindegewebs- und Organ-Durchsaftung und damit für die Versorgung, Entgiftung und pH-Balance sämtlicher Zellen. Deshalb spricht man auch öfters von sogenannten „basischen" Mineralstoffen. Neben ihrer Elektrolyt- und Säure-/Basen-Funktion haben Mineralstoffe diverse weitere Funktionen (→ Einzelbeschreibungen).

Viele weitere Mineralstoffe – die Spurenelemente – braucht der Organismus zwar nur in wesentlich geringeren Mengen, sie sind aber genauso wichtig für das Funktionieren der Körperchemie.

HINWEIS!

Bei (Reise-)Durchfall, Erbrechen oder auch Abführmittel-Missbrauch gehen viele Elektrolyte verloren, was zu massiver Schwäche, Schwindel und Herz-Kreislauf-Problemen führen kann. Zum gezielten Ausgleich gibt es deshalb Notfall-Elektrolytmischungen, welche speziell für die Urlaubs-Apotheke anzuraten sind.

CALCIUM
„Knochenbaustoff"

Mengenmäßig ist Calcium das Hauptmineral des Körpers, welches großteils als Knochenbaustoff und allgemeiner Zellwandstabilisator dient. Calcium ist darüber hinaus als Elektrolyt und Enzymaktivator zuständig für die Reizleitung, die Skelett- und Herz-Muskel-Kon-

traktion und die Blutgerinnung. Der Calcium-Körperbestand, seine Aufnahme in die Knochen und seine sonstige exakte Verteilung wird unter anderem vom Vitamin-D-Hormon gesteuert.

TIPP!

⊕ Die Calcium-Aufnahme aus der Ernährung und der Einbau in die Knochen funktionieren nur unter der *Mitwirkung von Vitamin D*. Das bedeutet, wenn Sie Ihre Calcium-Bilanz verbessern wollen, müssen Sie den Vitamin-D-Spiegel überprüfen lassen und dieses gegebenenfalls ergänzen. Dies alleine ist allerdings zuwenig, denn stabile Knochen brauchen noch mehr Nährstoffe - insbesondere Vitamin K – und vor allem auch regelmäßige Beanspruchung durch Bewegung (→ im Kapitel „Osteoporose", S. 228).

WF Calcium-Ionen als Mineralbaustein, als Cofaktor von Enzymen und als Elektrolyt

W Knochenmineralisierung (Calcium-Apatite); Prothrombin-Aktivator gemeinsam mit Vitamin K; elektromechanische Kopplung gemeinsam mit Magnesium/ATP; Botenstoff/2nd messenger

A Mangelausgleich und -prävention (meist nur gemeinsam mit Vitamin D sinnvoll): Knochenmasse-Erhalt, Osteoporose; Kariesprophylaxe; Gerinnungsstörungen; Muskelkrämpfe; Allergie-Vorbeugung

Q calciumreiche Leitungs- und Mineralwässer; magere Milchprodukte > Vollmilchprodukte, Hartkäse > Topfen und Frischkäse; Grünkohl, Broccoli, Fenchel, Lauch, Kohlrabi, Spinat, Sellerie, Hülsenfrüchte, Mohn, Sesam, Mandeln, Pistazien, Hasel- und Paranüsse, Walnüsse, Sardinen und Sprotten

---

KALIUM
„Blutdruckregulator"

Neben der Gewebsdurchsaftung und dem Säure-Basen-Haushalt sorgt dieses Elektrolyt für normale Darmbewegungen, die Blutdruckregulation, einen stabilen Herzrhythmus und geordnete Nervenimpulse. Es stabilisiert (mit Hilfe von Magnesium) in den Zellen den elektrischen Ruhezustand und gewährleistet damit eine nor-

Magnesium-Quellen

male Erregbarkeit und Reizleitung. Kalium ist zudem „Werkzeug" bei der Energiegewinnung, vor allem im Zucker- und Insulin-Stoffwechsel.

WF Kalium-Ionen als Elektrolyt und als Cofaktor von Enzymen

W Ruhemembranpotenzial, Erregbarkeit, Reizleitung; Wasser- und Säure-Basen-Haushalt, Hydratation; Coenzym im Kohlenhydrat-Stoffwechsel, Glycogenspeicherung, Insulin-Signal; Säure-Basen-Haushalt

A Mangelausgleich und -prävention: Arzt: Arzneimittel bei Kalium-Mangel/Hypokaliämie, Herzrhythmusstörungen, Herzschwäche, Bluthochdruck und (diabetischer) Acidose | Apotheke: rezeptfreie Elektrolytmischungen bei Erbrechen/Durchfall, Darmträgheit/Verstopfung, Schweißverlusten/Sport (Muskelschwäche, Müdigkeit)

Q Gemüse(säfte), Tomatenmark, Kartoffeln, Hülsenfrüchte, insbesondere Sojabohnen, Vollreis, Vollkorngetreide und Keimlinge, Trockenobst, Obst, besonders Bananen, Kiwis und Marillen, Pilze, Pistazien, Milch, insbesondere Milchpulver Magnesium: „Energie- und Anti-Stress-Mineral"

MAGNESIUM

„Energie- und Anti-Stress-Mineral"

Eine gewisse Menge an Magnesium befindet sich im Knochen, wo es Baustein und zugleich stille Reserve bei erhöhtem Bedarf ist. Das „Energie-Mineral" ist in den Zellen unerlässlich für die Energiegewinnung aus Zuckern, Fetten und Eiweiß und zudem ist es gemeinsam mit Phosphat/ATP an allen energieabhängigen Auf- und Umbau-Stoffwechselschritten beteiligt. Zugleich gilt es als „Mineral der inneren Ruhe", weil es Kalium in die Zellen pumpt und dadurch z. B. in Nerven-, Gefäß- oder Herzmuskelzellen der Normalzustand gefördert wird. Auch die Nervenbotenstoff- und Hormonbildung, die Blutzuckerregulation, die Darmbeweglichkeit, der Herzrhythmus sowie die Skelettmuskelaktivierung mit nachfolgender Entspannungsreaktion sind abhängig von Magnesium.

WF Magnesium-Ionen als Cofaktor von Enzymen, im Magnesium-ATP-Komplex und als Elektrolyt

W Energiestoffwechsel: aktivierender Co-Faktor in über 300 Enzymen und Ionenpumpen in Gefäßen, Nerven- und Muskelzellen; Muskelkontraktion und -entspannung, Ruhetonus, Blutgefäßerweiterung; physiologischer Calcium-Antagonist; Entzündungshemmung; Chlorophyll-Baustein der Pflanzen (Photosynthese)

A Mangelausgleich und -prävention: Stress, Unruhe, Schlafstörungen, Energie- und Konzentrationsmangel, Müdigkeit, Sport, Schweißverluste, alkoholbedingte Verluste; Krampf- und Verspannungsneigung, Muskelkrämpfe und -schwäche, Kopfschmerzen, Migräne, Lidzucken, Herzrhythmusstörungen, Bluthochdruck, Magen-Darm-Krämpfe, Verstopfung, PMS, vorzeitige Wehen, Eklampsie-Vorbeugung

Q Getreidekeimlinge, Vollkorn(produkte), insbesondere Haferflocken, Amaranth und Quinoa, Vollreis, grünes Gemüse, Kürbiskerne, Walnüsse, Sonnenblumenkerne, Sesam, Mohn, Hülsenfrüchte, Kartoffeln, Kräuter, Salate, Bananen, magnesiumreiche Mineralwässer, Obst; kleine Mengen in Milchprodukten, Eiern, Fleisch und Fisch

NATRIUM

„Wasserbinder"

Natrium ist das primäre Körperwasser-„bindende" Elektrolyt und dadurch hauptverantwortlich für Körpervolumen, Zell- und Gewebs-Durchsaftung, Kreislauf- und Blutdruckregulation. In der Reizleitung ist es als Gegenspieler von Kalium zuständig für die Zellerregung. Weiters ist es Knochenbaustein und Enzym-Aktivator.

HINWEIS!

Eine bestimmte Menge an Natrium ist lebensnotwendig, es wird aber in der Durchschnittskost meist in zu hohem Ausmaß zugeführt. Denn in vielen verarbeiteten Lebensmitteln ist es in Form von *Kochsalz* Geschmacksträger, Konservierungsmittel (zusätzlich zu natriumhaltigen *Pökelsalzen*) und technischer Hilfsstoff – es erleichtert z. B. die Brotteig-Führung. Eine hohe Natriumzufuhr scheint das Leben zu verkürzen, das Krebs- und Herzinfarkt-Risiko zu erhöhen, definitiv erhöht sie den Blutdruck. Deshalb raten viele Experten dazu, weniger salzig zu essen. ⊖ Verzichten Sie daher weitgehend auf Gepökeltes, in Salz Eingelegtes, stark salzige Backwaren/Snacks/Chips etc. und sparen Sie sich das automatische Nachsalzen.

WF Natrium-Ionen als Elektrolyt, als Cofaktor von Enzymen und Mineralbaustein

W Wasserhaushalt, Hydratation, osmotischer Druck; Säure-Basen-Haushalt; Blutdruck- und Herz-Kreislaufregulation; Zellerregung/Reizleitung

A Mangelausgleich und -prävention (meist nur gemeinsam mit Wasser sinnvoll): Austrocknung durch Durchfall/Erbrechen oder Sport/Schweißverluste; zu niederer Blutdruck, Kreislaufkollaps-Neigung

Q anorganisches Natrium (sparsam): Kochsalz, Pökelsalze, Geschmacksverstärker | organisches Natrium: Stangensellerie, Spargel, Natrium-Bicarbonat-reiche Mineral- und Heilwässer, Speisesoda, Basenpulver (maximal 3 Monate ergänzen!)

PHOSPHOR

„Energiebereitsteller"

Praktisch jede lebende Zelle enthält Phosphate, denn sie sind als Calcium-Phosphate Bausteine der Zellwände und der Knochen-Hartsubstanz. Magnesium-Phosphate sind Teil vieler aktivierter, energiereicher Moleküle, vor allem des inneren chemischen „Treibstoffes" Adenosin-Triphosphat/ATP. ATP wird laufend bei der Verbrennung von Zucker, Fett und Proteinen gewonnen und steht so für alle weiteren Zellaktivitäten wie Aufbau-, Umbau- und Entgiftungsreaktionen zur Verfügung. Die komplexe Nieren- und Hormon-gesteuerte Phospat-, Magnesium- und Calcium-Regulation ist eng miteinander verwoben.

WF aktive, energiereiche Phosphate wie ATP-Magnesium-Komplex, Kreatin-Phosphat, Botenstoffe wie cAMP, Nuklide der DNA und phosphorylierte aktive Vitamin-B-Formen; Mineral-Phosphate; Phosphat-Ionen im Blut

W Energiegewinnung, Energiespeicherung, Energiefreisetzung, Biosynthesen, Phospholipid-/Zellwandbaustein; Knochen-/Zahnbaustein; Phosphat-Puffer des Blutes

A Mangelausgleich: Wachstumsstörungen, Knochen-Mineralisationsstörungen

Q phosphatarm: Gemüse, Obst, Ei, Vollkorn (P im Ballaststoff gebunden) | phosphatreich: Milchprodukte, insbesondere Käse, Fleisch, Fisch, Wurstwaren,

Nüsse, Backwaren, gewöhnliches Brot und viele Fertigprodukte mit künstlich zugesetzten Phosphaten/Phosphorsäuren!

bei der Zellteilung, der Entgiftungsarbeit in der Leber und als „Werkzeug" bei der Hormonproduktion – unter anderem auch in der Schilddrüse.

Ein Mangel an Phosphaten kommt so gut wie nie vor, da diese in allen Lebensmitteln enthalten sind. Eher ist ein Zuviel das Problem, vor allem bei Nebenschilddrüsenunterfunktion und eingeschränkter Nierenfunktion, bei der die Phosphat-Ausscheidung eingeschränkt ist. Dadurch kann es zur Verknöcherung von Herzmuskelzellen und Blutgefäßwänden kommen. Aber auch bei Gesunden – vor allem im Wachstum – ist ein Zuviel an Phosphaten ungesund, besonders in Form von künstlichen Lebensmittelzusatzstoffen.

⊖ Vermindern Sie die Zufuhr von zugesetzten, *künstlichen Phosphorsäuren/Phosphaten* (E-Nummern 338–343; Broschüre, → Literatur), die als Stabilisatoren, Schmelzsalze und Säuerungsmittel besonders in folgenden Produktgruppen enthalten sind: Limos, Softdrinks, insbesondere Cola; Schmelzkäse; Formfleisch wie Leberkäse, Brüh-Würste und Pasteten; Fertiggerichte und süße/salzige Fertigsnacks wie Riegel, Schnitten und Fertigkuchen. Phosphate gelten zu Recht als ⊖ „Calcium-Räuber", da sie in großen Mengen die Calcium-Aufnahme aus dem Darm verhindern. Zudem können einige dieser phosphathaltigen Zusatzstoffe bei Kindern das Auftreten von Unruhe und Hyperaktivität fördern.

Eisenmangel (= innerer Sauerstoffmangel) kann sich durch Leistungsschwäche, Müdigkeit und Infektanfälligkeit bemerkbar machen, lange bevor eine echte Blutarmut mit der typischen Blässe und Schwäche auftritt. Frauen sind wegen der monatlichen Blutverluste besonders Eisenmangel-gefährdet, insbesondere Vegetarierinnen/Veganerinnen wegen weniger guter Eisenquellen im Essen. Es empfiehlt sich deshalb, regelmäßig den Blutspiegel kontrollieren zu lassen. Mangelausgleich mit Präparaten sollte nur bei nachgewiesenem Mangel im Blutbild erfolgen, denn zu viel Eisen ist genauso problematisch wie eine Unterversorgung (→ „Eisenmangel" ausführlich im Gesundheitsteil, S. 238).

WF Eisen-Ionen als Cofaktor von Funktionsproteinen
W Sauerstoffträger/Energiebildung/Funktionseisen: Hämoglobin/Blutbildung/Sauerstofftransport, Myoglobin/Muskelarbeit; Cytochrome, Atmungskette; Metabolisierung, Enzyme und Redox-Enzyme (in Leber, Cytochromen, Schilddrüse etc.); Speicher- und Transporteisen: Ferritin, Transferrin
A Mangelausgleich nur bei nachgewiesenem Mangel im Blutbild: Energiemangel, Müdigkeit, Lernschwäche, Leistungseinbruch, z. B. im Sport; Infektanfälligkeit; brüchige Nägel und Haare, Haarausfall, Mundwinkelrhagaden; dunkle Augenringe, Blässe, Erschöpfung, Blutarmut
Q *gut verfügbares tierisches Häm-Eisen:* rotes Fleisch, Bio-Innereien und Eier
pflanzliches, weniger gut verfügbares Eisen: Gemüse, besonders dunkelgrünes Blattgemüse, Wildkräuter-Spinat, Hülsenfrüchte, Vollkornbrot, Getreideflocken, insbesondere Hafer oder Hirse, Ölsaaten, insbesondere Hanfsamen, Sesam und Kürbiskerne, Getreide- und Gemüse-Keimlinge

EISEN
„Sauerstoff-Versorger"

Im roten Blutfarbstoff Hämoglobin ist Eisen das Sauerstofftransport-Mineral und damit entscheidend für die Sauerstoffversorgung und die aerobe Energiegewinnung (Zellatmung) aller Zellen. Rote, sauerstoffreiche Eisenproteine finden sich unter anderem im Blut, in den Muskeln, im Knochenmark, in der Milz und in der Leber. Eisen spielt obendrein eine große Rolle im Immunsystem,

Die Eisen-Aufnahme aus pflanzlicher Kost können Sie durch eine Extraportion Vitamin C zum Essen verbessern: beispielsweise mit Orangen- oder Zitronensaft, frischen Himbeeren, Ribiseln oder geraffeltem Apfel, den Sie zum eingeweichten Haferflocken- oder Hirsemüsli (mit Hanf- oder Sesamsamen) dazugeben. Auch die Kombination von pflanzlichen und tierischen Eisen-Lieferanten im Rahmen einer Mahlzeit fördert die Aufnahme (mehr dazu → „Eisenmangel" im Gesundheitsteil).

ZINK

„Tausendsassa"

Bekannt ist Zink als Immunregler, da unzählige Immunzellen und Botenstoffe von ihm aktiviert und gesteuert werden. Mehr als 250 Enzyme sind zinkhaltig und immerhin 10 % all unserer Gene codieren für Zinkproteine, wobei viele ihrer Stoffwechselwirkungen noch gar nicht entschlüsselt sind. Unerlässlich ist Zink jedenfalls für Zellteilung und Fruchtbarkeit, für intakte Zellwände und Wundheilung, insbesondere der Haut-, Schleimhaut- und Sinneszellen. Es aktiviert „Schlüsselwerkzeuge" in der Alkohol-Entgiftung, weiters im Säure-Basen-Haushalt und im antioxidativen Zellschutz. Regulierende Bedeutung hat Zink auch im Zucker-/Insulin-Stoffwechsel, dadurch kann es sogar Süßhunger vermindern.

HINWEIS!

Achten Sie auf Ihre Sinnesfunktionen, denn „schwächelnde" Sinne können auf eine Zink-Unterversorgung hinweisen! Riechen, Schmecken, Hören und Sehen sind von Zink anhängig, wobei am Auge gemeinsam mit Vitamin A speziell das Hell-Dunkel-Sehen ermöglicht wird.

WF Zink als struktureller und funktioneller Bestandteil von Enzymen/Proteinen

W Genexpression/Zn-Transkriptionsfaktoren/Zellteilung; Co-Faktor von 250 Enzymen wie Alkohol-dehydrogenase; Retinol-Retinal-Umlagerung; Carboanhydrase (Säure-Basen-Haushalt); Zink-Proteine wie Zn-Thymulin-Komplex, Zn-Insulin-Komplex, Insulin-mimetische Aktivität; Zn-Rezeptoren und -Signalstoffe; Retinol-bindendes Protein

A Mangelausgleich und -prävention: Immunschwäche, Infektanfälligkeit, akuter Infekt, Allergien/Allergievorbeugung; Hauterkrankungen, Wundheilung, brüchige, weißfleckige Nägel; Wachstumsstörungen, Unfruchtbarkeit und Hormonstörungen; Geruchs-, Geschmacks- und Hörstörungen; Nachtblindheit; Leberschäden; Alkoholismus; Übersäuerung (z. B. im Sport); Diabetes, instabile, schlecht einstellbare Zuckerwerte, Acidose; Morbus Wilson

Q Hefe und tierische Lebensmittel: Fleisch, Fisch, Eier und Milchprodukte, insbesondere Käse; viel in Meeresfrüchten (enthalten aber auch Schwermetalle) | Pflanzenquellen: Hülsenfrüchte, Gemüse, Vollkornprodukte, Getreidekeimlinge und -flocken, Ölsaaten, insbesondere Kürbiskerne, Mohn, Pignoli und Sesam

HINWEIS!

⊖ Vegetarier sind eher Zinkmangel-gefährdet als Fleischesser, weil die Zinkaufnahme aus pflanzlicher Kost durch den hohen Ballaststoffgehalt eher erschwert ist.

TIPP!

⊕ Die Zink-Bilanz aus Vollkorngetreide und Kürbiskernen kann durch Keimen, Einweichen, Zerkleinern, Ansäuern (z. B. durch Sauerteigführung oder Zitronensaft) und/oder die Kombination mit Aminosäuren (Eiweiß) verbessert werden.

SELEN

„Feuerlöscher und Schilddrüsenschutz"

Diverse selenhaltige Stoffwechsel-„Werkzeuge" gehören zu den wirksamsten Mitarbeitern unserer inneren „Brandschutz-Truppe" (Antioxidantien), die Verschleiß durch Sauerstoffradikal-Angriffe in den fetthaltigen Zellwänden verhindern oder zumindest einbremsen. Selen wirkt daher

zellschützend/-stabilisierend und entzündungshemmend, insbesondere in den roten Blutkörperchen, im Immunsystem, in der Leber, am Herzen und ganz besonders in der Schilddrüse. Zudem spielt Selen neben Eisen und Jod eine Schlüsselrolle bei der Bildung aktiver Schilddrüsenhormone. Seleno-Proteine sind unter anderem Bausteine in Haaren, Nägeln, Knochen. Einige Selen-Enzyme sind darüber hinaus essenziell für die Entgiftungsarbeit der Leber.

WF Selen als Cofaktor und Proteinbaustein, Selenite als Antioxidans

W antioxidative Seleno-Enzyme wie Glutathionperoxidasen und Thioredoxin-Reduktasen; Dejodasen; Detox-Enzyme; Strukturproteine

> **TIPP!**
>
> Denken Sie besonders bei Schilddrüsen-Erkrankungen an Selen und lassen Sie sich bei Gelegenheit vom Arzt den Blutspiegel (Vollblut-Analytik) bestimmen! Das ist die beste objektive Grundlage einer eventuell nötigen und gezielten Nahrungsergänzung zur Unterstützung der Schilddrüse.

A Mangelausgleich und -prävention: Immunschwäche, Infektanfälligkeit, Fieberblasen/Aphten; Leistungssport; Schilddrüsen-Entzündungen und -Autoimmun-Erkrankungen wie Morbus Hashimoto oder Morbus Basedow; Herzerkrankungen; chronisch entzündliche Erkrankungen wie Atherosklerose, Rheuma, Diabetes und Bauchspeicheldrüsen-Entzündungen, bei erhöhten Leberwerten und Schwermetallbelastung; begleitend in der Krebstherapie

Q Paranüsse, Kokosnüsse; Fisch, Fleisch, (Bio-)Innereien, Eier und Steinpilze; | wenig in Vollkornprodukten, Keimlingen und Gemüse (selenarme europäische Böden)

CHROM
„Blutzucker-Regulator"

Dieses Spurenelement hat als Chrom (III) Bedeutung im Zuckerstoffwechsel als „Helfer" des Hormons Insulin beim Zucker-in-die-(Muskel-)Zellen-Schleusen. Nur dort kann der Zucker mit Hilfe von B-Vitaminen und diversen anderen Mikronährstoffen zu Energie verwertet werden. In Summe sind beim Insulinsignal zumindest Kalium, Magnesium, Phosphor, Zink, Chrom und Vitamin B3 beteiligt, nach weiteren Stoffen wird geforscht.

> **TIPP!**
>
> Zuckerkranke verlieren im Harn große Mengen an Chrom und es ist vorteilhaft, dies mittels gezielter Ergänzung auszugleichen, besonders bei schlecht einstellbaren Zuckerwerten und erhöhten Blutfetten. Idealerweise sollte der Chrommangel mittels Blutbild objektiviert werden, da ein Zuviel an Chrom unter Umständen die oxidative Umwandlung von Chrom (III) in toxisches Chrom (V) fördert.

WF Chrom III als Cofaktor und Proteinbaustein

W Glucosetoleranz-Faktor; Zucker- und Fett-Stoffwechsel-regulierend.

A Mangelausgleich und -prävention: gestörte Glucose-Toleranz, Prädiabetes, Diabetes, insbesondere bei schlechter Einstellbarkeit; erhöhte Blutfette; Leistungssport

Q in fast allen Lebensmitteln in Spuren, besonders in Hefe, Pilzen, Weizenkeimen, Nüssen, Honig, Gemüse wie Gurken, Tomaten und Zwiebeln

KUPFER
„Eisen-Unterstützer und Pigmentierer"

Neben vielen anderen Funktionen, wie zum Beispiel der rot-bräunlichen Pigmentbildung in Haut und Haaren, spielt Kupfer eine besondere Rolle im Eisen-Stoffwechsel und kann daher in manchen Fällen mithelfen, eine Blutarmut gemeinsam mit Eisen erfolgreich zu behandeln. Bei der Stabilisierung des Bindegewebes und bei Wundheilungsprozessen arbeitet Kupfer mit Vitamin C und Eiweiß zusammen.

WF Kupfer-Ionen als redoxaktive Cofaktoren und Proteinbausteine

W Ferrioxidase, Eisenbereitstellung für Hämoglobinbildung; Melaninbildung; Kollagenbildung

A Mangelausgleich und -prävention: hypochrome Anämie, Blutbildungsstörungen; Pigmentierungsstörungen und Bindegewebsschwäche

Q Innereien, Fische, Meeresfrüchte, Nüsse und Vollkorn(produkte)

MANGAN

„Feuerlöscher und Knorpelbildner"

Mangan ist wichtig für die Bildung von Knorpel-, Bindegewebs- und Knochensubstanz. Fast noch wichtiger ist es als Co-Faktor körpereigener antioxidativer Enzyme in den Zellkraftwerken, wo laufend aggressive Sauerstoffradikale im Rahmen der Nährstoffverbrennung entstehen. Ein ganzes Team von Antioxidantien sorgt hier als eine Art „Brandschutztruppe" für den Schutz körpereigener Strukturen und ein Mangan-abhängiges Enzym steht dabei gemeinsam mit Coenzym Q10 in der ersten Reihe. Auch für die Not-Zuckerbildung aus Eiweißbruchstücken ist Mangan gemeinsam mit Biotin zuständig.

HINWEIS!

Je höher die (mikronährstoffarme, „leere") Kalorienzufuhr aus Zucker & Co. ist, desto höher ist der oxidative Stress in den Zellkraftwerken. Die Folge ist mehr Verschleiß und vorzeitige Zellalterung. Das ist der biochemische Grund dafür, dass „restriction of calories", insbesondere die ⊕ Zucker-Reduktion, die besten Anti-Ageing-Effekte hat.

WF Mangan-Ionen als Cofaktor in antioxidativen Enzymen

W Glycosyl-Transferase/Proteoglykanbildung; mitochondriale Superoxid-Dismutase; Gluconeogenese (mit Biotin)

A Mangelausgleich und -prävention: Knorpel- und Gelenkserkrankungen

Q Nüsse und Vollkornprodukte, besonders Haferflocken, Vollreis und Getreidekeimlinge sowie Hülsenfrüchte

---

FLUOR(ID)

„Zahnschmelz-Härter"

Fluor stabilisiert bekanntlich den Zahnschmelz und die Knochenhartsubstanz. Im Allgemeinen reichen Zahnpasta und Zahngele, die unbedingt (!) ausgespuckt werden sollten, für eine gute Zahnversorgung aus. Kinder sollten keine Erwachsenen-Zahnpasten verwenden, da Fluorid in größeren Mengen nicht gesund ist. In bestimmten Fällen sind Fluorid-Tabletten angebracht, allerdings gehören diese unbedingt kindersicher aufbewahrt. Es gilt hier wieder einmal ganz besonders: „Allein die Dosis macht's, dass ein Ding kein Gift ist."

WF Fluoro-Apatite

W Mineralisierung von Zahnschmelz und Kochengewebe

A Härtung des Zahnschmelzes, Kariesprophylaxe

Q Trinkwasser, fluoridiertes Salz, Schwarz- und Grüntee, Fische; in Spuren in vielen Lebensmitteln

---

JOD

„Schilddrüsen-Hormon- und Stoffwechsel-Regulator"

Als essenzieller Bestandteil der Schilddrüsenhormone ist Jod „Knotenpunkt" der gesamten Hormonregulation: Jod(mangel) beeinflusst – schon vorgeburtlich – Wachstum, Gehirnentwicklung (IQ) und Gesamt-Stoffwechsel mit Kalorien-Grundumsatz. Jodmangel ist weltweit ein Riesenproblem, wovon Österreich durch die verordnete Speisesalz-Jodierung deutlich weniger betroffen ist.

WF Schilddrüsenhormone: Thyroxin (T4) und Trijod-Thyronin (T3)

W Schilddrüse: Gehirnentwicklung, Wachstum, Stoffwechsel, Hormonregulation

A Jodmangel(-vorbeugung), z.B. Kropf, Schwangerschaft, Kinder, Vegetarier

Q Meeresfisch, Meeres-Algen; jodiertes Speisesalz (Meersalz ist verdunstungsbedingt Jod-arm), einige Mineralwässer sowie Medikamente (⊖ Achtung Wechselwirkungen!).

VITAMINOIDE

Zu den wichtigsten körpereigenen Vitaminoiden (vitaminartige, körpereigene Substanzen) gehören Coenzym Q10, L-Carnitin, Glutathion, Alpha-Liponsäure, Taurin und Lecithin. Diese nicht essenziellen Substanzen haben wichtige Stoffwechselfunktionen und können üblicherweise im Körper aufgebaut werden, soferne die Energie, die Bausteine und „Werkzeuge" wie Aminosäuren, B-Vitamine und Magnesium dafür vorhanden sind. In Situationen des erhöhten Bedarfes, wie beispielsweise bei Erbkrankheiten mit Enzymstörungen oder bei einseitigen Diäten, können Vitaminoide auch „Vitamincharakter" bekommen, das heißt, eine Zufuhr von außen kann notwendig werden. Das ist auch der Fall bei bestimmten Arzneimittel-Nebenwirkungen, wenn der Bildungsweg eines Vitaminoids gestört wird oder zur Entgiftung des Arzneistoffs ein besonders hoher Bedarf eines Nährstoffes entsteht.

Glutathion, seine Vorläufer L-Cystein und N-Acetylcystein sowie **Alpha-Liponsäure** und **Taurin** spielen eine große Rolle im antioxidativen Zellschutz. Sie sind potente Radikalfänger und damit Schadensbegrenzer, vor allem in Gehirn, im gesamten Nervensystem, am Herzen und in der Leber. Zudem sind sie beteiligt an der Entgiftungsarbeit der Leber und sie fungieren als wichtige „Werkzeuge" im Zucker- und Fettstoffwechsel. Die entsprechenden Präparate und ihre Darreichungsformen haben teilweise Arzneimittelstatus, deshalb sollte der Einsatz dieser Substanzen nur nach fachlicher Beratung erfolgen.

Lecithin ist ein wichtiges fetthaltiges Vitaminoid und kommt als komplexes Gemisch von Glycero-Phospo-Lipiden im Fett aller Zellen vor. Besonders in den wichtigsten Organen wie Gehirn, Nervensystem, Knochenmark oder Nieren ist es in hohen Konzentrationen vorhanden. Es wird sowohl im Menschen, in Tieren und in Pflanzen gebildet als auch über die Nahrung aufgenommen. Seine Wirkungen und lecithinhaltige Lebensmittel sind im Kapitel sekundäre Pflanzenstoffe beschrieben.

Coenzym Q10 und **L-Carnitin** werden im Folgenden näher vorgestellt, da beide in Form von Nahrungsergänzungsmitteln „boomen" und teilweise falsche Informationen dazu im Internet und in Werbebroschüren kursieren. Am besten lassen Sie sich auch zu diesen Substanzen stets persönlich von orthomolekularmedizinisch ausgebildeten Fachleuten beraten. Vitaminoide haben wie alle Mikronährstoffe ein hohes präventives und therapeutisches Potenzial, aber man sollte dazu genau Bescheid wissen und damit möglichst keine ungezielten „Selbstexperimente" durchführen.

COENZYM Q 10

„Energie-Schaufler"

Dieses Vitaminoid spielt neben B-Vitaminen, Eisen und Magnesium eine Schlüsselrolle bei der aeroben Energiegewinnung aus der Nahrung. Es dient bildlich gesprochen als „Kohleschauferl" (Elektronen-Shuttle) innerhalb der Zellkraftwerke, welches ständig „Brennstoff" in Form von elektrischen Ladungen von einer Verbrennungsstufe zur nächsten befördert. Parallel dazu dient es auch der gleichzeitigen Schadensbegrenzung bei der ATP-Synthese (Gewinnung des inneren Universaltreibstoffes), denn die oxidative Verbrennung von Makronährstoffen ist physiologisch ein aggressiver Prozess. Coenzym Q10 verhindert hierbei als fettlösliches „Rost- und Brandschutzmittel" (Antioxidans) oxidative Schäden an den empfindlichen fetthaltigen Zellwänden und an der Erbinformation der Zellkraftwerke.

HINWEIS!

Die körpereigene Bildungsrate von Q10 vermindert sich im Alter und ist unter anderem abhängig von der Anwesenheit fast aller im Energiestoffwechsel dringend nötiger B-Vitamine. Energiemangelgefühle sind daher die logische Folge einer schlechten B-Vitamin-Versorgung, einerseits aufgrund zahlreicher Eigeneffekte des B-Vitamin-Mangels und andererseits wegen des parallel damit einhergehenden Coenzym-Q10-Mangels. ⊖ Auch oxidative Zellalterung (Ageing-Prozesse) und einige cholesterinsenkende Arzneimittel können die innere Q10-Bildung stören. Fragen Sie dazu Ihren Apotheker.

Schaffleisch ist carnitinreich

WF Ubichinon-Ubichinol-Redoxsystem

W Energiegewinnung/Elektronentransport in den Mitochondrien; fettlösliches Antioxidans (→ Biomembranschutz, Zellschutz vor oxidativem Stress)

A Mangelausgleich und -prävention: Energiemangel; Muskel-Schwäche; Herzmuskelschwäche; Erbkrankheiten/Mitochondrienerkrankungen; spezielle Migräneformen; Lebererkrankungen; Nebenwirkungs-Management (bei Arzneimitteln wie Statinen etc.)

Q fettlöslich – Aufnahme im/mit Fett! | Fleisch, Fisch, Nüsse, Samen, Pflanzenöle und Getreidekeimlinge | körpereigene Bildung mit Hilfe von B-Vitaminen aus Aminosäuren und Cholesterin-Vorstufen

---

L-CARNITIN
„Fett-Schlepper"

Carnitin wird oft fälschlicherweise als Fat-Burner bezeichnet. Tatsächlich ist es ein Fett-Transporter, der die Fettsäuren an den Ort ihrer Verbrennung, nämlich in die Zellkraftwerke, einschleust. Effiziente Fettverbrennung erfolgt aber nur mit Muskelarbeit, daher hat Carnitin im Rahmen einer Diät unterstützend nur Sinn, wenn man sich auch ordentlich bewegt. Üblicherweise bildet der Körper diese Substanz mit Hilfe von Vitamin C laufend selber aus Lysin. Bei manchen Erkrankungen und besonderen Belastungen kann aber eine zusätzliche Zufuhr sinnvoll sein, um die Energiegewinnung aus Fett zu unterstützen. L-Carnitin kann daher beispielsweise eine eingeschränkte (cardiale) Leistungsfähigkeit und auch die Ausdauerleistung verbessern, weil die Herzmuskulatur ihren Energiebedarf vorwiegend aus Fettsäuren deckt. Einen hohen L-Carnitin-Bedarf haben auch das Gehirn/Nervensystem (mit seinen fettreichen Isolationsschichten/Myelinscheiden) und das Fettstoffwechsel-Zentralorgan Leber. Eine externe Zufuhr kann daher bei neurologischen, neurodegenerativen und hepatologischen Erkrankungen unterstützend hilfreich sein.

WF Acyl-Carnitin als Acylgruppen-Schleppermolekül

W Fetteinschleusung in die Mitochondrien, Fett-Stoffwechsel/Energiegewinnung, Energieversorgung des Myocards; Myelinscheiden-Aufbau/Regeneration im Gehirn und Nervensystem; Leberstoffwechsel

A Abdeckung erhöhten Bedarfs: bei (Erb-)Krankheiten; Dialysepflicht; Herzinsuffizienz/Herzmuskelschwäche; Angina pectoris; Arrhythmien; Skelettmuskelerkrankungen; Leistungssport; Nervenschutz, Alzheimer-Prävention; unterstützend bei Fettleber, erhöhten Blutfett-Werten und im Rahmen von Diäten (in Verbindung mit Bewegung, Kalorienreduktion und erhöhter Ballaststoff- und Mikronährstoffzufuhr!)

Q Muskelfleisch, besonders Schaf, Lamm; (Bio-)Leber und Muttermilch

Sonnenblumenkerne – Quelle für Coenzym Q10 und Lecithin →

GEMÜSE-ABC

Hier erfahren Sie Wissenswertes zu den gängigsten Gemüsesorten und ihren wertgebenden Makro- und Mikronährstoffen. Nachdem Gemüse (roh und gedünstet) idealerweise etwa die Hälfte einer Hauptmahlzeit ausmachen sollte, ist es sicher interessant, zu diesen wohlschmeckenden Pflanzen mehr zu erfahren. Wenn Sie Raum und Zeit dazu haben, lohnt sich selbst eine kleine *Anbaufläche* im Garten, auf der Terrasse oder sogar am Balkon. In einem zwei Quadratmeter kleinen Halbhoch-Frühbeet lässt sich bei geschickter Fruchtfolge sehr viel ernten. Von Anfang Februar bis Mitte Mai gibt es bei mir zu Hause täglich Eigenbau-Salat – wie auf diesem Bild, wo verschiedene im November ausgesäte Wintersalate (Portulak, Pak Choi, Mizuna, Catalonga, Vogerlsalat, Lollo Rosso etc.) schon zur ersten Ernte bereit sind. Achten Sie bei Saatgut und Jungpflanzenkauf auf Qualität und Nachhaltigkeit, verzichten Sie insbesondere auf Hybrid-*Saatgut*, weil deren nächste Samen-Generation nicht mehr keimfähig ist. Empfehlenswerte biologische *Bezugsquellen* sind beispielsweise die Firma Reinsaat® oder der Verein Arche Noah (→ Literatur, Links, S. 348), welcher sich der Erhaltung, Entwicklung und Verbreitung von vom Aussterben bedrohten Kultur-Sorten verschrieben hat. Kurz-Informationen zu den einzelnen Inhaltsstoffen können Sie im „Vitalstoff-ABC" nachschlagen (S. 278).

TIPP!

⊕ Achten Sie beim Gemüse besonders darauf, dass es aus guter, möglichst ökologischer Quelle kommt und Sie es frisch und schonend verarbeiten, also nicht „totkochen" und gut würzen (→ „Garen und Würzen" S. 31 und „Gewürz-ABC", S. 322).

Winter-Salate im Februar im Frühbeet

KOHL-, KRESSE-, RETTICH- UND SENFGEWÄCHSE

Familie der Kreuzblütler – Brassicaceae

Kraut-/Kohl-Arten: Broccoli, Broccoletto, Chinakohl, Grünkohl, Karfiol/Rosenkohl, Kohlsprossen, Kohlrabi, Romanesco, Rotkraut/-kohl, Weißkraut/-kohl, Wirsingkohl | **Speiserüben:** Steckrüben, Wasserrüben | **Rettich-Arten:** Kren/Meerrettich/Pfefferwurzel, Rettich/Radi, Radieschen | **Kresse-Arten:** Bachkresse, Brunnenkresse, Gartenkresse/Pfefferkraut, Kapuzinerkresse | **Senf-/Raps-Arten:** Raps, Rucola/Rauke/Jambaraps/Wegsenf, Senf, Wildrauke | **Asia-Salate:** Mizuna, Pak Choi, Red Giant, Tatsoi

Sie staunen vielleicht, dass so pikante Beliebtheiten wie Senf, Kren, Radieschen und Rucola auch Kohlgewächse sind. Vielleicht fällt es Ihnen dann leichter, mit dieser Pflanzengruppe Freundschaft zu schließen. Denn die unter dem Namen „Kohl" bekannten Gewächse sind oft nicht so beliebt, weil sie etwas schwerer verdaulich sind und fallweise Blähungen verursachen. Durch die *gekonnte Zubereitung* mit den entsprechenden Gewürzen wie Kümmel, Fenchel, Asa foetida und Lorbeer werden sie verträglicher und geschmackvoller. Bei einigen Sorten wie Karfiol, Romanesco, Broccoli, Wirsing- und Grünkohl empfiehlt sich bezüglich Verträglichkeit zusätzlich ein kurzes Blanchieren in kochendem Salzwasser (Wasser verwerfen) vor dem weiteren Garen. Die auch in unserem Klima hervorragend gedeihenden Asia-Salate sind meist sehr gut verträglich, weil sie kaum blähende Inhaltsstoffe enthalten.

KOHL-GEWÄCHSE UND VERWANDTE

Sie alle liefern reichlich Vitamine, Mineralstoffe, sekundäre Pflanzenstoffe und Ballaststoffe. Wahre Vitamin-C-Bomben sind Grünkohl und Sauerkraut, frischer Kren sowie die zarten, frischen Blätter von Kresse-Gewächsen und jungem Kohlrabi. Eine gemeinsame Besonderheit der Kreuzblütlergewächse sind insbesondere im frischen Zustand die *Scharfstoffe/Glucosinolate/ Senföle*. Diese sind nicht nur für den typischen Geruch und Geschmack verantwortlich, sondern haben vielfältige Heilwirkungen wie desinfizierende, *entgiftende* und *immunstärkende Effekte*. Unter ihnen sticht das antioxidative, zellschützende Sulforaphan (z. B. im Broccoli) hervor. Der extrem hohe Ballaststoffgehalt von Kraut/Kohl dient nicht nur der Sättigung, sondern auch zum Kaloriensparen, da der Körper mehr Energie zum Zerspalten dieser Faserstoffe aufwenden muss, als an Energie im Gemüse mitgeliefert wird. Das wird einerseits bei der *„Kohlsuppen-Diät"* therapeutisch genutzt und andererseits macht dies das Kraut/Kohl zum idealen Partner von eher schweren Gerichten, indem für einen gewissen Ausgleich gesorgt wird (→ z. B. Rezepte: Krautfleckerl, Kraut-Reis-Suppe, Sauerkraut, Süßkraut, Rotkraut, Krautsalate etc., → Rezeptteil ab S. 39).

Wirsingkohl und Broccoli

Blühender Lauch

LAUCH-GEWÄCHSE

Familie der Lauch- und Liliengewächse –
Alliaceae/Liliaceae

Laublauch-Sorten: Bärlauch, Berglauch, Porree/Lauch, Schlangenknoblauch, Schnittlauch, Winterheckenzwiebel | **Lauchzwiebeln:** Knoblauch, Perlzwiebel, Schalotte, Zwiebel | **Spargelgewächse:** Gartenspargel, Gemüsespargel, Thai-Spargel, Wildspargel

Allen Lauchsorten ist eine gewisse Schärfe gemeinsam, vor allem in roher Form. Beim Anschwitzen oder/und Einlegen in Öl wird das Aroma milder, die Pflanzen verdaulicher und einige fettlösliche Wirkstoffe (z. B. Sulfide oder Betacarotin) werden sogar besser verfügbar, andere (z. B. Folsäure, Vitamin C) werden durch Erhitzen aber teilweise zerstört. Lauchgewächse gelten nicht zu Unrecht als verjüngend und vitalisierend, wie ein Blick auf die Inhaltsstoffe zeigt. Knoblauch und Zwiebel sollen sogar glücklich machen – allerdings nicht immer, denn die Ausdünstungen sind (für das Umfeld) oft störend.

HÜLSENFRÜCHTE/LEGUMINOSEN

Familie der Schmetterlingsblütler –
Papilionaceae/Fabaceae

Bohnen: Ackerbohnen/Saubohnen/Dicke Bohnen/Puffbohnen, Feuerbohnen/Prunkbohnen, Gartenbohnen/Buschbohnen/Fisolen, Grüne Bohnen, Limabohnen, Mungbohnen/„Soja"-Sprossen (= Mungbohnen-Sprossen), Sojabohnen | **Erbsen:** grüne Erbsen, Kichererbsen, Markerbsen, Platterbsen, Schalerbsen, Zuckererbsen | **Linsen:** rote, gelbe, schwarze, grüne, gesprenkelte Sorten | **sonstige Arten:** Alfalfa/Luzernen, Erdnüsse, Johannisbrot, Süßlupinen

Diese mehrsamigen Schalen- und Schotenfruchtträger nehmen nicht nur botanisch eine Sonderstellung

47. Achtung: Verwechslungsgefahr mit dem hochgiftigen Maiglöckchen und der Herbstzeitlosen

unter den Gemüsepflanzen ein. Ihre Samen gehören nämlich, was für Gemüse untypisch ist, zu den gehaltvollsten pflanzlichen Eiweißquellen und sind in Kombination mit Getreide ein *perfekter Fleischersatz*. Viele Bohnen und Linsen gehören zu den traditionellen europäischen Grundnahrungsmitteln. Die meisten Sorten sind in getrockneter Form gut haltbar, werden teilweise zu bekömmlichen Leguminosen-Mehlen verarbeitet und dienen als Ausgangsstoff für fermentierte Produkte. Im Garten sind Leguminosen zudem höchst willkommen, da sie mit ihren Wurzel-Knöllchenbakterien Stickstoff aus der Luft im Boden binden können und so als Gründüngungspflanzen und gute Nachbarn für sogenannte Starkzehrer wie Sonnenblumen dienen.

Käferbohnen, geröstete Sojabohnen, grüne Mungbohnen und Mung-Dal

Hülsenfrüchte stehen vielerorts in schlechtem Ruf als „Blähungsverursacher". Bei ungewohntem Genuss können sie tatsächlich blähen, weil die Darmbakterien nicht an das Verdauen der vielen (an sich gesunden) Faserstoffe gewöhnt sind. Bei langsamem Klein-Klein-Einführen in den Speiseplan, regelmäßigem Genuss und geschicktem Würzen (→ „Garen und Würzen", S. 31) ist das jedoch meist kein Problem mehr.

HÜLSENFRÜCHTE

Sie alle liefern reichlich Ballaststoffe, sekundäre Pflanzenstoffe, Vitamine und Mineralstoffe, insbesondere B-Vitamine, Eisen, Zink, Calcium und Magnesium. Die Besonderheit der Hülsenfrüchte liegt in ihrem *hohen Gehalt an pflanzlichem Eiweiß* (Bohnen ~20 %, Erbsen ~26 %, Linsen ~23 %, Soja ~37 %), der Fleisch bei Weitem übertrifft (→ Eiweiß-Baustein im Vital-Teller-Modell, S. 26). Die zusätzlich enthaltenen komplexen Kohlenhydrate und Ballaststoffe haben einen guten Sättigungswert bei einem relativ *niedrigen glycämischen Index* (Ausnahme: Erbsen, Dicke Bohnen und Erdnüsse). Manche Hülsenfrüchte senken sogar ein wenig den Blutzucker, wie z. B. Bohnenschalentee aus der Apotheke. Wenn Sie Hülsenfrüchte immer mehr zum regelmäßigen Bestandteil Ihres Essens machen, wird Ihnen Ihr Körper, besonders Ihr Darm und die Bauchspeicheldrüse danken. Ein wenig Zurückhaltung ist jedoch bei erhöhten Harnsäurewerten/Gicht geboten, da vor allem Linsen und kleine Bohnensorten relativ purinreich sind (→ Gicht im Gesundheitsteil, S. 223). Soja und Rotklee enthalten zusätzlich hormonmodulierende „*Phytoöstrogene*" und Erdnüsse liefern viel Fett und Vitamin E.

⊖ *Rohe Hülsenfrüchte* enthalten *giftige Lectine* (vor allem in den Schalen), daher ist das Durchgaren oberstes Gebot. Darüber hinaus sind schaumbildende Saponine/Seifenstoffe enthalten, weshalb sich gründliches Waschen und Abschöpfen des übermäßigen Schaumes empfiehlt.

HINWEIS: ⊖ Abwechslung ist auch bei den Hülsenfrüchten wichtig, weil sich einerseits die Inhaltsstoffe positiv ergänzen und andererseits Einseitigkeiten durch Kumulation von Stoffen immer gewisse Risiken bergen. So sollte beispielsweise *Soja niemals* über einen längeren Zeitraum *als einzige Eiweißquelle* dienen, da die enthaltenen „Phytoöstrogene" speziell für Männer, (Klein-)Kinder und Frauen mit hormonellen Erkrankungen gesundheitlich nicht unbedenklich sind, obwohl sie auch positive Heilwirkungen entfalten (→ „Vitalstoff-ABC", S. 278).

Karotte

DOLDENBLÜTEN-GEWÄCHSE
Familie der Doldenblütler – Apiaceae/Umbelliferae

Gemüsefenchel/Gartenfenchel | Karotten/Möhren/gelbe Rüben | Knollen- und Stangensellerie | Pastinaken und Wurzelpetersilie | **Gewürze und Gewürzkräuter:** Ajowan, Asant/Asa foetida, Anis, Dill, Fenchel, Gewürzfenchel, Giersch, Kerbel, Kümmel, Kreuzkümmel, Koriander, Liebstöckel/Maggikraut, Petersilie, Sellerie, Süßdolde

Zu den Doldenblütlern gehören einige sehr zart-süß schmeckende, daher auch bei Kindern sehr beliebte Gemüsesorten sowie zahlreiche eher süßlich-milde Gewürzpflanzen. Auf Grund dieser dominierenden Geschmacksrichtung können diese hervorragend zur kalorienarmen, zahngesunden Befriedigung von Süßhunger eingesetzt werden. Die milden Pastinaken zählten im Mittelalter bei uns zu den wichtigsten Grundnahrungsmitteln, bevor sie zunehmend von Kartoffeln und Karotten ersetzt wurden und beinahe in Vergessenheit gerieten. Zahlreiche Arten, vor allem Gewürze, finden nicht nur in der Küche, sondern auch in der Pflanzenheilkunde Verwendung, z. B. als „Kräuter"-Tinkturen oder in Teemischungen zur Verdauungsunterstützung und vielem mehr, wie auch im Kapitel „Gewürz-ABC" näher beschrieben.

SPINAT-GEWÄCHSE UND VERWANDTE
Familie der Gänsefußgewächse – Chenopodiaceae

Spinat: Blattspinat, Sommerspinat/junger Spinat, Wurzelspinat | **Mangold:** Schnitt-, Stiel- und Blattmangold, Roter Vulkan | **rote Rüben/Rote Bete/Rohnen/Randen:** Rüben und deren junge Blätter | Runkelrüben (und daraus hochgezüchtete Zuckerrüben) | **seltene, alte Sorten:** Guter Heinrich, Baumspinat, Erdbeerspinat, Gartenmelde/Spanischer Salat | Quinoa/Reismelde/Reisspinat (Südamerika) → „Getreide-ABC"

Fast alle Vertreter dieser Pflanzenfamilie lassen sich, vor allem in jungem, frischem Zustand, einfach und schnell als köstliches spinatartiges Blattgemüse zubereiten – auch die zarten, rötlichen Blätter der Rohnen. Ganz jung und roh können Sie Spinate auch herrlich als Salat genießen. Rote Rüben können in kleinen Mengen roh, in größeren Mengen besser gekocht gegessen werden. Als tiefrote Suppe (→ Rezept „Think-Pink-Suppe", S. 84), Smoothie oder Gemüse-Salat sind sie besonders köstlich.

SPINAT-GEWÄCHSE UND ROHNEN/ROTE RÜBEN

⊕ Sehr gute Sättigungs- und Gesundheitswirkung durch den hohen Anteil an *komplexen Kohlenhydraten* (plus Zucker in den Rüben) und Ballaststoffen, hochwertigem Eiweiß und etwas Fett. Dazu kommen sekundäre Pflanzenstoffe sowie fett- und wasserlösliche Vitamine und reichlich Mineralstoffe, insbesondere Calcium, Kalium, Magnesium, Eisen, Jod, Kupfer. Vitamine finden sich vor allem in zarter, junger, frischer Rohkost (Folate, Vitamin A, B1, B2, B6 und Vitamin C), die Mineralstoffe bleiben beim Kochen/Dünsten erhalten, soferne das Wasser mitverwendet wird.

⊕ Obwohl eine Kommastelle weniger Eisen im Spinat ist als einst fälschlicherweise beschrieben, ist Spinat dennoch eine gute *Eisenquelle* – insbesondere junger, frischer Spinat-Salat mit seinem schönen Vitamin-C-Gehalt, der die Eisen-Verfügbarkeit fördert. Auch das Kombinieren mit anderen guten Vitamin-C-Lieferanten wie Kresse-Salat oder verdünntem Zitronensaft/Orangensaft erhöht die Eisen-Ausbeute. In gekochtem Zustand ist – ohne begleitendes Vitamin C – die enthaltene Eisen-Menge kaum aufnehmbar. Brennnesselspinat ist deutlich Eisen-, Zink- und Vitamin-C-reicher.

⊕ Bei den sekundären Pflanzenfarbstoffen stechen neben dem leberschützenden *Rüben-Betain* in der ganzen Pflanzenfamilie viele antioxidative, zellschützende Farbstoffe wie oranges Betacarotin, gelbes Lutein, gelborange Betaxanthine, grünes Chlorophyll, blutrotes Betanin und rotviolette Anthocyane hervor. Übrigens ist die beeindruckende, auf den ersten Blick vielleicht irritierende rote Harnfärbung beim Genuss von roten Rüben völlig harmlos.

⊕ *Oxalsäure*, Oxalat-Kristalle und *Nitrat:* Alle Gänsefußgewächse enthalten diese Substanzen – vorwiegend in den Blättern und Stielen. Die Rauigkeit der Kristalle ist manchmal sogar auf der Zunge spürbar. Freie Oxalsäure bindet Calcium (auch aus anderen Lebensmitteln) in Kristallform fest an sich und verschlechtert dadurch die Calcium-Bilanz. Bei empfindlichen Menschen kann der Oxalatgehalt zu Reizungen im Magen-Darmtrakt führen oder auch beim Konsum von großen Mengen Nierensteine verstärken oder verursachen. Der Nitratgehalt hängt von der Düngung und Sonneneinstrahlung ab. Besonders hoch ist er bei konventioneller Erzeugung/Stickstoffdüngung und Glashauskultur. Nitrat in geringer Menge ist nicht gefährlich, weil verstoffwechselbar. Es hat aber in größeren Mengen, bei falscher Zubereitung und gleichzeitigem Vitamin-C-Mangel zwei problematische Abbau-Stoffe: Nitrit und Nitrosamin. Beim wiederholten Erwärmen oder längeren Warmhalten von Spinat zersetzt sich Vitamin C und dadurch entsteht mittels bakterieller Prozesse aus Nitrat vermehrt Nitrit, welches insbesondere bei Babies den Sauerstofftransport im Blut beeinträchtigen kann („Blausucht"). Daher sollten Sie Kleinkindern vor dem 3. Monat keinen Spinat verfüttern. Aus Nitrit kann in der Folge krebserregendes Nitrosamin entstehen – auch das kann Vitamin C bis zu gewissem Grad verhindern.

⊕ Spinat und ähnliche Blattgemüse also *nicht jeden Tag* genießen, und wenn, dann jung/roh, möglichst schonend zubereitet und keinesfalls (insbesondere am Folgetag) aufgewärmt.

⊖ *Nitrate/Nitrite:* Werden in größeren, eher bedenklichen Mengen über Pökelsalze zugeführt.

Rhabarber

AMPFER-GEWÄCHSE

Familie der Knöterich-Gewächse – Polygonaceae

Sauerampfer, Gemüseampfer/Ewiger Spinat, Blutampfer | Buchweizen/Heidekorn/Schwarzplenten | Rhabarber

Fast allen Knöterich-Gewächsen ist der knackig-saure Geschmack gemeinsam. Eine Ausnahmestellung nimmt der Buchweizen ein, von dem nur die wohlschmeckenden, kleinen, eckigen, Buchecker-ähnlichen, stärke- und eiweißreichen Samen verwendet werden. *Buchweizen* wird verarbeitungstechnisch zum *Ersatzgetreide* gezählt (→ „Getreide-ABC", S. 258). Wenn Sie seine rosa-weißen Blüten und die knotigen Verdickungen der Stängel sehen, ist die Verwandtschaft zum Ampfer sofort erkennbar. In vielen Ländern, auch höher gelegenen bergigen Regionen dient er seit Langem als Grundnahrungsmittel, da er eher anspruchslos ist und auch in kühleren Lagen wächst. In den Alpen ist er bekannt als „Schwarzplenten"-Grieß/-Mehl und „Graupen". Ein zusätzliches Plus ist seine Gluten-Freiheit.

NÄHRSTOFF-INFO

AMPFER UND RHABARBER

Ampfergewächse sind reich an verdauungsfördernden Ballaststoffen, Mineralstoffen und Vitaminen, insbesondere Eisen und Vitamin C in den jungen, frischen, rohen oder kurz gegarten Blättern, wobei das Eisen durch den hohen Vitamin-C-Gehalt besonders gut verfügbar ist. Von Nachteil sind ⊖ Oxalsäure und Oxalate als reizende, calciumbindende, saure Begleitstoffe sowie darmreizende Anthrachinone, die in größeren Mengen abführend sind. Daher sollten diese Gewächse nicht in zu großen Mengen konsumiert werden.

NÄHRSTOFF-INFO

BUCHWEIZEN – GLUTENFREIES „ERSATZ-GETREIDE"

⊕ Der ballaststoffreiche, sehr gut sättigende Buchweizen enthält im Eiweiß einige in sonstigen Getreiden eher unterrepräsentierte Aminosäuren wie Lysin, Tryptophan und Arginin. Durch seine Glutenfreiheit ist er gut verträglich bei Zöliakie, allerdings alleine nicht backfähig. Bei den Mineralstoffen punktet Buchweizen mit viel Eisen, Magnesium und Kupfer, zudem liefert er Energiestoffwechsel-ankurbelnde B-Vitamine. Im wertvollen Samenöl findet sich reichlich Vitamin E sowie nervenstärkendes Lecithin und Beta-Sitosterin als Fettstoffwechsel-Optimierer. Antioxidative Polyphenole, darunter Rutin und ⊕ Fagorutin als venenschützende Flavonoide, runden den Gesundheitscocktail ab.

⊖ Das Außenhäutchen der Samen enthält Fagopyrin, einen roten Naphtochinon-Farbstoff, welcher bei hoher Zufuhr besonders bei hellhäutigen Menschen zu UV-Licht-bedingten Hautreizungen führen kann (ähnlich wie der rote Farbstoff des Johanniskrauts). Daher sollten Sie Buchweizen vor dem Garen in einem Sieb heiß waschen und den rötlichen Schleim beim Kochen abschöpfen.

PORTULAK-GEWÄCHSE

Familie der Dickblatt-Gewächse – Portulacaceae

**Gemüse-/Sommerportulak/Postelein/Purzelkraut |
Winterportulak/Tellerkraut**

Mit ihren dekorativen, fleischigen, saftig-öligen, knackigen, angenehm salzig schmeckenden Blättern (und Blüten) sind diese Pflanzen eine willkommene Ergänzung des Wildsalat- und Smoothie-Repertoires. Sie können Portulak auch sauer einlegen oder wie Spinat garen, am besten eignet er sich jedoch einfach zum frischen Genuss. Eine unkomplizierte und schnelle Kultur ist möglich – auch in Balkon-Kistchen oder in der Küche im Sprossenglas. Gewöhnlicher Portulak keimt und überwintert bestens im Frühbeet, sibirischer Winterportulak sogar im Garten. Er kann laufend geschnitten werden und wächst kräftig und zuverlässig bis Mai ständig nach. Die winzigen Blütenknospen sind auch als köstlicher Kapernersatz geeignet.

NÄHRSTOFF-INFO

PORTULAK

Portulak liefert bindegewebs- und immunstärkendes Vitamin C, vitalisierende B-Vitamine, reichlich „basische" Mineralstoffe wie Kalium, Magnesium und Calcium sowie blutbildendes Eisen. Eine Besonderheit des Portulak ist das enthaltene Omega-3-Fettsäure-haltige Öl (4 g/kg Frischpflanze), welches mitverantwortlich für den sämig-würzigen Geschmack ist und zudem die fettlöslichen Vitamine A, E und K beinhaltet. Weitere besondere Inhaltsstoffe sind aktivierend-motivierende Nerven-Botenstoffe wie Glutamat und Dopamin. Je nach Boden reichern sich im Portulak auch ⊖ Nitrat und ein wenig Oxalsäure an (Info zu beiden Stoffen → Spinatgewächse, S. 309).

AMARANTH-GEWÄCHSE

Familie der Fuchsschwanzgewächse – Amaranthaceae

Gemüse-Amaranth-Sorten | Körner-Amaranth („Inka-Korn")

Diese dekorativen, bis 2 m hohen Pflanzen mit ihren wunderschönen, violett-tiefroten, ährenartigen „Fuchsschwanz"-Blüten sind bei uns wenig bekannt, obwohl sie gut im Garten kultivierbar sind. Als Gemüse ist Amaranth angenehm im Geschmack und verwendbar wie Spinat. Die Körner dienen als glutenfreier Getreide-Ersatz und können praktisch und schnell als gut verträgliches ⊕ „Popcorn" zubereitet werden. Amaranth-Gewächse sind übrigens eng mit den Spinatgewächsen verwandt.

NÄHRSTOFF-INFO

AMARANTH – GLUTENFREIES ERSATZGETREIDE
(→ „Getreide-ABC", S. 320)
⊕ Mit allen 8 essenziellen Aminosäuren und darunter 15 % Lysin, welches sonst in Getreiden schwach vertreten ist, sticht Amaranth als besonders hochwertiger Eiweißlieferant heraus, ist aber durch seine Glutenfreiheit alleine nicht backfähig. Sein hoher Sättigungswert liegt nicht nur am Eiweiß, sondern auch am Stärke- und Ballaststoffgehalt sowie am Omega-6-Fettsäure-reichen Samenöl (9 %). An Mikronährstoffen stechen Vitamin B1, B2 und B3 insbesondere Calcium, Eisen und Zink, aber auch Kalium und Magnesium hervor. Wegen der schaumbildenden, in großen Mengen nicht so gesunden Saponine sollten die Körner gut gewaschen werden. Je nach Boden kann Amaranth ⊖ Nitrat und ein wenig Oxalsäure anreichern (→ Spinatgewächse, S. 309).

Sonnenblume

SALAT-, ZICHORIEN- UND DISTEL-GEWÄCHSE
Familie der Korbblütler – Compositae

Blatt-, Schnitt- und Pflücksalate: Eichblatt, Eissalat, Kopfsalat, Lollo, Romana | **Zichoriensalate:** Catalonga, Chicorée, Endivien, Frisée, Radicchio, Zuckerhut | **Speisedisteln:** Artischocken/Erddistel, Karde/Kardone, Eselsdistel/Wolldistel | **Wurzelgemüse:** Schwarzwurzel/Haferwurzel/Winterspargel | **Wildpflanzen (Wurzeln/Sprossachsen):** Alant/Riesenalant, Gänseblümchen, Löwenzahn, Margeriten, Zichorien/Wegwarte

Zur Familie der Korbblütler gehören auch „essbare" Schönheiten wie Sonnenblumen, Margeriten, Löwenzahn oder Gänseblümchen. Die einen liefern Ölsaaten, bei den anderen kann man die jungen Blätter und Blüten in Wildsalaten genießen. Auch viele Gemüsepflanzen gehören zu dieser Pflanzenfamilie, die Verwandtschaft zur noch nicht geöffneten Sonnenblume kann man beispielsweise sehr gut bei Artischocken und Speisedisteln erkennen, bei Salaten käme man gar nicht auf die Idee.

TIPP!

Die Artischocke wird traditionell als Ganzes in Salzwasser weichgekocht, sodass sich die einzelnen Blätter abzupfen lassen. Diese werden in einen Sauerrahm-Dip getunkt und einzeln ausgelutscht.

NÄHRSTOFF-INFO

BLATT- UND ZICHORIEN-SALATE

Sämtliche Salate bestehen zum Großteil aus Wasser, sättigend-füllend-quellend-darmpassage-fördernden Ballaststoffen und einigen Mineralstoffen. Empfindliche Vitamine wie Folsäure und Vitamin C befinden sich nur in ganz frischen Salaten und natürlich in Salat-Sprossen in nennenswerter Menge. Damit Sie in den Genuss fettlöslicher antioxidativer Farbstoffe wie Betacarotin und Lutein kommen, sollten Sie Salat mit Öl und Essig marinieren. Positiv auf die Darmtätigkeit wirken Zichoriensalate mit ihren gallefluss- und fettverdauungsfördernden Bitterstoffen sowie dem Ballaststoff Inulin, der bei ⊖ Fructoseintoleranz meist nicht vertragen wird.

ARTISCHOCKE UND SCHWARZWURZEL

Beide Pflanzen schmecken nicht nur köstlich, sondern liefern fett- und eiweißverdauungsfördernde Bitterstoffe sowie Darmpassage-fördernde Ballaststoffe wie Inulin (⊖ nicht verträglich bei Fructoseintoleranz!). Insbesondere die Artischocke enthält sogar arzneilich genützte Inhaltsstoffe, die als Extrakte bei erhöhten Blutfettwerten, bei Fett-Verdauungsbeschwerden, wie Völlegefühl und Blähungen, zur allgemeinen Entgiftung, als Leberschutz und bei Leber-/Gallen-Erkrankungen verwendet werden. Der Artischocken-Bitterstoff Cynarin wirkt senkend auf Blutfette wie Triglyceride und Cholesterin, indem er die Gallensäurebildung und den Gallefluss, also die Fettemulgierung und -ausscheidung unterstützt. Das Flavonoid Luteolin wirkt der Leber-Verfettung ebenfalls entgegen, senkt das Risiko für Typ-2-Diabetes und ist zudem ein potenter antioxidativer Zellschützer. Vitalisierende B-Vitamine, bindegewebs- und immunstärkendes Vitamin C, nierenanregendes Kalium und knochenstärkendes Calcium runden den gesunden Mix der Artischocke ab.

NACHTSCHATTEN-GEWÄCHSE
Familie der Nachtschattengewächse – Solanaceae

Kartoffel/Erdäpfel | Melanzani/Aubergine/Eierfrucht/ Brinjal | Gemüse- und Gewürz-Paprika, Pfefferoni, Chili | Tomaten/Paradeiser/Paradiesapfel | Physalis/Andenbeere/Blasenkirsche/Lampionblume, Tomatillos

Zu den Nachtschattengewächsen gehören sowohl beliebte, sehr gesunde und bunte Gemüsepflanzen als auch bekannte Giftpflanzen wie die Tollkirsche und das Bilsenkraut. Viele der essbaren Vertreter dieser Familie sind exotischer Herkunft, brauchen viel guten Humus, lieben die Sonne und gedeihen am besten unter Regenschutz.

NÄHRSTOFF-INFO

NACHTSCHATTENGEWÄCHSE
⊕ Die als Nahrungsmittel dienenden Sorten dieser Pflanzenfamilie sind reich an Vitaminen und Mineralstoffen, insbesondere Calcium, Eisen, Zink und Kupfer. Selbst in Pellkartoffeln finden sich nennenswerte Mengen an Vitamin C, B-Vitaminen, Magnesium und Kalium. Für den speziellen Reiz mancher Pflanzen sorgen wunderschöne zellschützende Farbstoffe wie Lycopin (Tomate), Delphinidin (Melanzana), Capsorubin und Capsanthin (Paprika) sowie farbige verdauungsanregende Scharfstoffe wie Capsaicinoide. Die antioxidativen Farbstoffe sind (nicht nur für die Pflanzen selbst, sondern auch für den Esser) Zellschutz und UV-Schutz der Extraklasse, sonst würden die Südfrüchte am Feld bei 40 °C heillos verschrumpeln. Übrigens:
⊕ Lycopin ist besonders kochfest/hitzestabil!

ACHTUNG!

⊖ Zu den Nachtschattengewächsen gehören auch Giftpflanzen wie die Tollkirsche oder das Bilsenkraut. Selbst in bestimmten Pflanzenteilen der Nutzpflanzen befinden sich giftige Alkaloide wie Solanin und Tomatin, welche als Fraßschutz gegen Feinde dienen – leider nicht gegen Nacktschnecken und Kartoffelkäfer. Wegen dieser toxischen Inhaltsstoffe empfiehlt sich das Ausschneiden bestimmter Teile wie z.B. der Kartoffel-Augen und der grünen Stielansätze bei den Tomaten. Die Kartoffelknolle wird überhaupt erst durch das Garen genießbar, die oberirdischen Teile sind giftig. Im Ayurveda werden Nachtschatten-Gemüse eher wenig verwendet, einerseits wegen der Alkaloide und andererseits wegen ihrer (teilweise stark) erhitzenden, austrocknenden Energetik.

Melanzani

313

KÜRBIS-GEWÄCHSE
Familie der Kürbisgewächse – Cucurbitaceae

Kürbis-Arten: Hokkaido, Kalebassenkürbis, Feigenblatt-, Maxima-, Mixta-, Moschata-, Pepo-Kürbisse, Patisson, Riesenkürbis/Ölkürbis | **Zucchini-Arten:** längliche Kürbis-Zuchtformen in Gelb und Grün | **Gurken:** Gewürzgurken, Salatgurken, Scheingurken/Cyclanthera | **Melonen:** Honig-, Wasser- und Zuckermelonen

Die meisten der kunterbunten und höchst kreativ geformten Kürbisse, von denen es schier unzählige Sorten gibt, sind tropischer Herkunft. Daher sind sie sehr wärme- und nährstoffbedürftig, das heißt, sie wachsen und fruchten nicht überall, viele von ihnen bilden zudem Ranken und brauchen Platz. Lagerbar sind sie einfach – warm, in Wohnräumen. Bei zu kalter Lagerung vermindern sich Haltbarkeit und Aroma.

KÜRBISSE und KÜRBIS-KERNE

⊕ Generell sind *Speisekürbisse* (im Gegensatz zu bitteren, leicht giftigen Zierkürbissen) und *Zucchini* als „kleine Kürbisse" sehr bekömmlich, da sie leicht verdaulich, säurearm, mild im Geschmack und nicht blähend sind. Beliebt sind sie daher auch bei Kindern. Zudem wirken Kürbisse (blut)reinigend und blutdrucksenkend, da sie auf Grund des hohen Kaliumgehaltes die Nierenfunktion anregen und leicht entwässernd sind. Kürbisse werden im frostfreien Nachreifen noch gehaltvoller und aromatischer, sind aber auch gut einfrierbar.

⊕ Trotz des „süßen" Geschmacks sind Kürbisse mit 90 % Wasser saftig und kalorienarm, reich an orangem Betacarotin (Provitamin A), B-Vitaminen, Vitamin C und E sowie Kalium, Calcium, Magnesium, Eisen, Phosphor, Selen, Zink. Komplexe Kohlenhydrate und Ballaststoffe sorgen für gute Sättigung und Verdauung. Die Kerne liefern neben essenziellen Fettsäuren auch wertvolle Phytosterine mit günstiger Wirkung auf Harnwege und Prostata.

⊕ Grüne und gelbe Zucchini sind von den Inhaltsstoffen sehr ähnlich und schmecken auf Grund der enthaltenen galleflussfördernden Bitterstoffe etwas weniger süß.

Zucchino

GETREIDE-ABC

- **Getreide:** Dinkel, Grünkern, Hafer, Gerste, Einkorn, Emmer, Kamut, Triticale, Waldstaudekorn, Weizen | *Getreide-Produkte:* Mehl, Grieß, Graupen, Schrot, Kleie, Flocken, „Milch", Couscous, Bulgur

- **Ersatzgetreide (glutenfrei):** Amaranth, Braunhirse, Buchweizen, Hirse, Mais, Spezialhafer, Reis, Quinoa, Wildreis/Wildgräsersamen | *Ersatzgetreide-Produkte:* Mehl, Grieß, Sorghum, Polenta, Flocken, „Milch" etc.

TIPP!

Vollkornmehl sollte möglichst frisch gemahlen sein, da das wertvolle Vitamin-E-haltige Keimöl empfindlich ist. Länger gelagertes Vollkornmehl, z. B. aus dem Supermarkt, hat daher oft einen etwas strengeren Geschmack. Aus geschmacklichen und optischen Gründen empfehle ich Vollkorn-Einsteigern daher generell, nur ca. 2/3 (wenn möglich frisches) Vollkornmehl in Mehlspeisen wie beispielweise Spatzln, Palatschinken oder auch Brot zu verwenden.

Die wichtigsten Getreidesorten

DINKEL

mit seinem charakteristisch nussartigen Geschmack war eines der ersten Anbaugräser in Mitteleuropa und gewinnt im modernen Ökoanbau immer mehr an Bedeutung. Der Eiweiß-Gehalt ist vergleichbar mit Weizen, wobei der Gluten-Gehalt geringer ist. Dinkel trägt zwar pro Ähre viel weniger Körner – ist also eine ertragsarme Getreidepflanze, die glücklicherweise für den industriellen Intensiv-Anbau eher uninteressant ist –, ist aber dem Weizen in mehrfacher Hinsicht dennoch überlegen: Durch den die Ähre schützenden Spelz ist Dinkel sowohl schadstoffarm als auch widerstandsfähig. Darüber hinaus ist er im Anbau anspruchslos und wächst praktisch ohne Dünger (im Gegensatz zum ertragreicheren Weizen) – selbst auf kargen, steinigen Böden. Dinkel enthält daher im Vergleich zu Weizen wesentlich mehr Mineralstoffe (z. B. Eisen, Magnesium), wobei diese aus Dinkelkeimlingen am besten verfügbar sind. Außerdem liefert Dinkel mehr Ballaststoffe, ungesättigte Fette und fettlösliche Vitamine als Weizen sowie das volle Vitamin-B-Spektrum. All dies sind gute Gründe, mehr Dinkel in der Küche zu verwenden – wie schon im Mittelalter von Hildegard von Bingen empfohlen.

GETREIDE und ERSATZGETREIDE

⊕ *Ganze Getreidekörner,* aber auch Vollkornmehle und -produkte zählen im Vital-Teller-Modell zu den Stärke-Lieferanten, denn sie liefern primär hochwertige komplexe Kohlenhydrate, insbesondere Stärke und Ballaststoffe. Dazu kommen noch reichlich Mineralstoffe, wasser- und fettlösliche Vitamine, relativ hochwertiges Eiweiß sowie wertvolle ungesättigte Fettsäuren und Vitamin E aus dem Getreidekeimling. Die meisten klassischen Getreide enthalten im Eiweißanteil etwa 4–10 % Klebereiweiß (Gluten), welches die Backfähigkeit von Mehl ermöglicht. Die Mehrheit der Menschen verträgt Gluten problemlos, ⊖ bei Unverträglichkeit[48] muss auf glutenfreie Getreidesorten (Ersatzgetreide) ausgewichen werden.

⊕ Über Nacht *eingeweichtes Frischkorn* und insbesondere *Getreidekeimlinge* sind wahre Vitalstoff-Konzentrate, weil beim Keimen der Mikronährstoff-Gehalt um ein Vielfaches ansteigt.

⊖ Im Rahmen der industriellen *Getreideverarbeitung/Raffinierung,* vor allem beim maschinellen Säubern, Schälen, Keimling-Abtrennen und „Verfeinern" zu Weißmehl gehen leider große Mengen an Ballaststoffen und Mikronährstoffen verloren (→ „Lebensmittel-ABC", kleine Tabelle, S. 259). Da die meisten dieser Vitalstoffe sich in den Randschichten des Getreidekorns und im Keimling befinden, bedeutet das ohne Zweifel: ⊖ Weißmehl ist stärkereich und zugleich ballaststoff- und mikronährstoffarm! Die Stärke wird sehr schnell in Zucker umgewandelt, weil im Mehl nichts mitgeliefert wird, was einen raschen Blutzuckeranstieg bremsen kann – weder Ballaststoffe noch B-Vitamine noch Magnesium und Zink.

⊕ Sonstige „Körner" (wie Chia, Leinsamen, Mohn, Sesam) sind keine Getreide, sondern nährstoffreiche Ölsaaten (→ „Fette, Öle, Ölsaaten, Nüsse und Oliven", S. 269). Diese können Brot/Müslimischungen mit gesunden Fetten, Mineralstoffen, Vitaminen und Ballaststoffen aufwerten.

EINKORN, EMMER UND TRITICALE

sind uralte, sehr robuste Verwandte des Weizens. Sie enthalten im Eiweiß etwas weniger Gluten, sind stärke-, mineralstoff- und ballaststoffreich und werden vermehrt von Biobauern angebaut. Triticale wird vorwiegend als Tierfutter sowie zur Biogasgewinnung genutzt.

GERSTE

ist ein anspruchsloses, schnell wachsendes Getreide, spielt aber heute kulinarisch nur mehr als traditionell-alpine Suppeneinlage (→ Rezept Gerstlsuppe, S. 163) und in Aufläufen eine gewisse Rolle. Gerste ist reich an Mineralstoffen und B-Vitaminen. Neben einem hohen Anteil an unlöslichen Ballaststoffen wie Phytinsäure enthält Gerste wie Hafer etwa 4, 5 % des löslichen Ballaststoffes Betaglucan (mit allen unter Hafer beschriebenen positiven Effekten). Darüber hinaus enthält auch Gerste glutenhältiges Eiweiß. Hauptsächlich dient Gerste zur Erzeugung von Bier, Malzkaffee und Whiskey.

GRÜNKERN

ist der noch unreife Dinkel und unterscheidet sich von ihm durch einen sehr geringen Glutengehalt, eignet sich daher nicht zum Brotbacken, ist aber bei Gluten-Unverträglichkeiten sogar fallweise verträglich.

HAFER,

der früher primär als Pferdefutter und als Bauernfrühstücksbrei diente, wird heutzutage hauptsächlich zu Haferflocken weiterverarbeitet. Diese sind

48. Näheres dazu im Gesundheitsteil

Essmedizin Hafer

biotikum bestimmte Darmbakterien, die aus Betaglucan kurzkettige Fettsäuren bilden, welche den Darm ansäuern, sodass sich die gesundheitsförderlichen Bakterien umso besser vermehren. Neben immunmodulierenden Effekten des Betaglucans sind seine „einschleimenden" Wirkungen insbesondere in Form von *Haferschleimsuppe* bei Magengeschwüren und sonstigen Übersäuerungsbeschwerden im Magen-Darmtrakt hilfreich. All dies und zusätzliche antioxidative Inhaltsstoffe (Avenanthramide) machen dieses Ausnahmegetreide für jedermann empfehlenswert – ganz besonders für Übergewichtige und Diabetiker. Im Rezeptteil finden Sie bei den Nachspeisen und Frühstücksgerichten einige haferreiche Rezepte, auch solche, wo Hafer einen Teil des Zuckers im Standardrezept ersetzt.

mild, magen- und darmfreundlich und werden oft als Diätetikum verwendet. Allgemein gilt *Hafer als eines der gesündesten und nahrhaftesten Getreide* und ist z. B. ein idealer Bestandteil des Frühstücks. Hafer hat den höchsten Eiweiß- und Fettgehalt (7 %) unter den Getreiden, wobei im Eiweiß 6 (von 8) essenziellen Aminosäuren und im Fett ungesättigte Fettsäuren mit wertvollem Lecithin und Vitamin E enthalten sind. Hafer ist *mineralstoffreich* (besonders Eisen, Calcium, Zink, Kupfer und Mangan) und reich an B-Vitaminen, insbesondere liefert er doppelt so viel Vitamin B1 wie alle anderen Getreide. Hafer ist glutenarm, daher einerseits nicht zu Brot verbackbar, andererseits bei Glutensensibilität meist verträglich (insbesondere deklariert glutenfreie Hafersorten für Zöliakiekranke[49]). Der hohe Gehalt an dem löslichen *Ballaststoff Betaglucan* (4,5 %) sorgt für eine besonders anhaltende Sättigung, weil es durch Schleimbildung zu verzögerter Magenentleerung und Nährstoffaufnahme im Darm und damit zu einer sehr langsam verlaufenden, sanften Blutzuckerwirkung kommt. Dieser Ballaststoff verhindert so nicht nur Heißhunger, sondern unterstützt die Verdauung, eine Gewichtsreduktion, stabilisiert den Blutzucker und wirkt cholesterinspiegel- und blutdrucksenkend. Nur zwei sogenannte *Hafertage* können sogar eine bestehende Insulinresistenz positiv beeinflussen (→ Literatur unter Zerm R.). Zudem nährt dieser Ballaststoff als Prä-

KAMUT®

ist ein Abkömmling einer uralten ägyptischen Hartweizensorte namens Khorasan, der mit einem besonders hohen Eiweißgehalt punktet und dessen Keimöl reich an ungesättigten Fetten und Vitamin E ist. Da aber das Eiweiß des Kamuts glutenhältig ist, sollte dieses fallweise als „Urweizen" bezeichnete Getreide bei nachweislicher Unverträglichkeit gemieden werden.

ROGGEN

ist ähnlich vom Inhalt wie Weizen und Dinkel, enthält aber etwas mehr von der Aminosäure Lysin und zusätzlich 2 % des löslichen Ballaststoffes Betaglucan. Zudem braucht der glutenhaltige Roggen zum Brotbacken Sauerteig zur Lockerung, das Brot hat einen kräftigeren Geschmack und bleibt länger saftig. Roggen ist besonders ballaststoff- und mineralstoffreich und auch gewöhnliche Mehle enthalten noch einiges davon.

WEIZEN

spielt die Hauptrolle in unserer Getreideversorgung, zur Mehl- und Grießerzeugung und für unser tägliches Brot. Weizenkörner (-keime) enthalten Ballaststoffe (mit 0,8 % Betaglucan), praktisch alle B-Vitami-

---

49. Glutenunverträglichkeiten → eigenes Kapitel S. 231

ne, dazu das wertvolle Weizenkeimöl mit Vitamin E, D, A und ungesättigten Fettsäuren, hochwertige Aminosäuren, Gluten und viele Mineralstoffe in leicht aufnehmbarer Form. Besonders Weizenkeimlinge sind eine „Mikronährstoff-Bombe", denn in frisch gekeimtem Getreide steigt der Vitamin- und Mineralstoffgehalt noch um ein Vielfaches an.

⊖ Von *Weizen* gibt es schon viele hochgezüchtete, besonders ertragreiche und glutenreichere Sorten für den *Intensivanbau*, die logischerweise recht viel Dünger und Chemie „brauchen". Die bewusste Züchtung von Sorten mit höherem Glutengehalt dient dabei der verbesserten Backfähigkeit für die industrielle Massenproduktion.

WALDSTAUDEKORN,

fallweise auch als Urroggen bekannt, entstammt einer 2,5 m hohen Pflanze, die in Niederösterreich wieder vereinzelt angebaut wird. Auch dieses Korn liefert glutenhältiges Eiweiß und besticht mit seinem hohen Mineralstoff- und Ballaststoffgehalt.

Die wichtigsten glutenfreien „Ersatzgetreide":

HIRSE

ist eine uralte Getreidesorte mit einigen Spielarten wie Nackthirse, Braunhirse, Sorghumhirse und Japanhirse. Die winzigen, harten Körnchen zeichnen sich durch einen ausnehmend hohen Mineralstoffgehalt (insbesondere Calcium, Eisen, Silizium und Zink) und B-Vitamingehalt aus. Deshalb wird Hirse auch zur Stärkung von Haut, Haaren und Nägeln empfohlen. Hirse enthält kein Kleberprotein/Gluten, allerdings fehlt auch die Aminosäure Tryptophan, was den Eiweißwert mindert. Hirsegerichte sind vor allem im arabischen Kulturkreis weit verbreitet. Bei uns wird Hirse vorwiegend in Form von Hirsebrei, -laibchen, -aufläufen und -knödeln verwendet. Hirseflocken werden durch die ungesättigten Fette des Keimöls trotz ordentlichen Vitamin-E-Gehalts leicht ranzig. Im Ayurveda gilt Hirse als leicht und trocken und eignet sich daher insbesondere für füllige Menschen mit Neigung zu Flüssigkeitsansammlungen.

Glutenfreie „Ersatzgetreide"   Gertreide

MAIS

wurde bereits durch die Azteken und Mayas in Amerika kultiviert, bevor er durch Kolumbus nach Europa importiert wurde. In Deutschland wird Mais hauptsächlich als Viehfutter angebaut, obwohl er auch recht gut für die menschliche Ernährung geeignet ist. Er ist glutenfrei und wird vorwiegend zu Cornflakes und Maisgrieß/Polenta verarbeitet. Speziell ist sein niedriger Eiweißgehalt (günstig für Nierenkranke) und das Fehlen der Aminosäuren Lysin und Tryptophan. Maiskeimöl ist Vitamin-E-reich. Mais wird vor allem in den USA in großen Mengen als billiger Zuckerlieferant zur industriellenFructosegewinnung (high-fructose-corn-sirup) angebaut. *Fructose-Sirup* gilt als besonders ungesund (→ Nährstoff-ABC, Kapitel Zucker).

REIS

ist für mehr als die Hälfte der Weltbevölkerung das Hauptnahrungsmittel. Naturreis hat einen hohen Stärkegehalt, ist reich an B-Vitaminen und Mineralstoffen und enthält kein Gluten. Weißer Reis ist hingegen arm an Mikronährstoffen, da beim Schälen viel verloren geht und sogar das Vitamin-B1-haltige Silberhäutchen abgetrennt wird. Geschälter, weißer Reis ist daher leichter verdaulich, weshalb er auch als sanft nährende Schonkost eingesetzt wird. ⊖ Von europäischen Lebensmittelkontrollbehörden werden gehäuft *Arsenbelastungen von Reis(produkten)* festgestellt. Daher wird von allzu häufigem Reiskonsum (insbesondere von Reiswaffeln) abgeraten – ganz besonders gilt das für die Ernährung von Säuglingen, Kleinkindern und Kindern. Im Übrigen spricht auch die immense Klimabelastung des Reisanbaus für einen eher zurückhaltenden Konsum in unseren Breiten, wo uns viele andere Stärketräger in Hülle und Fülle zur Verfügung stehen.

BUCHWEIZEN

kam im 14. Jahrhundert von Ostasien nach Mitteleuropa und ist ein Knöterichgewächs. Der anspruchslose Buchweizen gedeiht ohne Dünger auf nährstoffarmen Böden auch in großen Höhen. Sein Eiweiß ist glutenfrei und hat einen hohen Nährwert, denn es liefert alle wichtigen Aminosäuren, insbesondere das in vielen Getreiden eher unterrepräsentierte Lysin. Zudem zeichnet sich Buchweizen durch reichlich ungesättigte Fettsäuren und Mineralstoffe, insbesondere Kupfer, Mangan, Selen und Zink sowie antioxidative und gewebs-/gefäßstärkende Polyphenole wie Rutin und Fagorutin aus. Buchweizen kann wegen seines geringen Stärke- und parallel dazu hohen Ballaststoff- und Beta-Sitosterin-Gehaltes als Diätetikum bei erhöhten Blutzucker- und Cholesterinwerten eingesetzt werden, da er anhaltend sättigt und einen moderaten Blutzuckerverlauf bewirkt. Wegen seines Saponin-Gehaltes empfiehlt es sich, Buchweizen vor dem Garen gut zu waschen und den beim Kochen entstehenden rötlichen Schaum abzuschöpfen. Mehr Informationen zum Buchweizen finden Sie im „Gemüse-ABC" unter den Ampfergewächsen.

AMARANTH (Inka-Korn) und QUINOA (Reismelde)

sind miteinander botanisch eng verwandt. Amaranth gehört zu den höchst dekorativen Amaranthgewächsen und Quinoa zu den Spinatgewächsen (→ „Gemüse-ABC", S. 309). Diese beiden angenehm nussig schmeckenden, anspruchslosen Kulturpflanzen aus Mittel- und Südamerika punkten mit hohem Nährwert. Ihr glutenfreies Eiweiß enthält alle 8 essenziellen Aminosäuren (was sonst in pflanzlichen Quellen kaum zu finden ist) und darunter insbesondere viel bindegewebsstärkendes Lysin. Die Körnchen sind stärkereich und durch den quellenden Ballaststoff Amylopektin sättigen und binden sie sehr gut. Daher finden sie sich in Reformhäusern als glutenfreie Nahrungs- und Bindemittel und eignen sich speziell für Vegetarier als vollwertige Eiweißquelle. Herausragend ist ihr Eisen-, aber auch Calcium-, Magnesium- und Zinkgehalt. Ein weiteres Gesundheitsplus ist der hohe Anteil an ungesättigten Fetten, allerdings beschränkt dies die Haltbarkeit der Samenkörner. Die enthaltenen seifenbildenden Saponine sind mittels Abwaschen entfernbar. Bei Quinoa rate ich trotz seiner wertvollen Inhaltsstoffe zu sehr sparsamem, achtsamem Genuss, denn in den Ländern, wo dieses Korn ein traditionelles Hauptnahrungsmittel darstellt, wird mittlerweile der Großteil exportiert und vor Ort steigt der Preis, was wiederum zu Hunger führt. Amaranth wird hingegen auch schon in unseren Breiten kultiviert und wächst auch ohne Probleme im Hausgarten.

Maisbart

GEWÜRZ-ABC

Erst das Würzen macht jedes Essen zum Genuss. Was wäre selbst Brot ohne Salz und Gewürze? Getrocknete, hocharomatische Pflanzen(teile) machen Gerichte erst so richtig lebendig und das Kochen/Essen kreativ und abwechslungsreich. „Süßgewürze" sorgen beispielsweise für das Aroma vieler Süßspeisen, können Süßgelüste mindern (→im Rezeptteil, S. 281) und manche von ihnen können sogar den Blutzuckerspiegel verbessern. Abgesehen davon sind Gewürze regelrechte Vitalstoff-Konzentrate und werten jedes Gericht auch gesundheitlich auf. Das Typische an Gewürzen ist, dass sie schon in geringer Menge sehr aromatisch sind, was durch den hohen Gehalt an ätherischen Ölen, Senfölen und weiteren sekundären Pflanzenstoffen bedingt ist. Viele dieser Inhaltsstoffe haben desinfizierende, appetit- und verdauungsanregende sowie gesundheitsfördernde und heilende Wirkungen. Deshalb gehören Gewürze und Kräuter zu den ältesten Arzneien der Welt und viele davon gibt es in Apotheken auch heute noch in Arzneiqualität und ziemlich günstig lose zu kaufen.

TIPP!

Allgemein Interessantes (auch Historisches) zur Lebensmittelgruppe der Gewürze und Kräuter können Sie im „Lebensmittel-ABC" nachlesen Praktische Würztipps und beliebte Gewürzmischungen finden Sie im Kapitel „Garen und Würzen". Vielverwendete Würzgemüse wie Knoblauch und Zwiebel sind nicht hier gelistet, sondern im „Gemüse-ABC" bei den Lauchgewächsen beschrieben.

Bei den Einzelpflanzen werden folgende Abkürzungen verwendet:
- **I** Inhaltsstoffe (sekundäre Pflanzenstoffe, Mikronährstoffe)
- **W** Wirkungen der Inhaltsstoffe – großteils in Fachsprache (→ Glossar, S. 344)
- **A** Küchenverwendung und anerkannte phytotherapeutische Anwendungsgebiete; volkstümliche und ayurvedische Anwendungen werden gesondert angegeben.

AJOWAN / AMMEI

Trachispermum ammi – Apiaceae – Doldenblütler

Die auch als kretischer Kümmel bekannten scharf-würzig-bitter-herben Ajowan-Früchte ähneln den einheimischen wilden Selleriefrüchten.

Küchentipps: Die winzigen Ajowankörnchen dienen vor allem in der indischen und ayurvedischen Küche zum Ausgleich süßer Gemüse wie Karotten, Pastinaken und Fenchel, für Hülsenfrucht-Dals sowie als Fladenbrotgewürz.

I ätherisches Öl mit viel Thymol; fettes Öl

W aromatisch, sekretolytisch, antimikrobiell

A Gewürz und Heilpflanze, bei Appetit- und Verdauungsstörungen, besonders bei Blähungen

ANIS

Pimpinella anisum – Apiaceae – Doldenblütler

Diese typische Doldenpflanze liebt Kalkböden und Sonne, wächst auch in unseren Breiten und die Früchte schmecken süßlich-bitter-scharf-wärmend.

Küchentipps: Anisfrüchte dienen als Gewürz für Brot, Kekse, Backwaren, Pizza, Obstsalat, Frischkäse und Bonbons und Anisöl als Aroma für Liköre.

I ätherisches Öl mit viel Anethol; Chlorogensäure; Flavonoide; Cumarine; fettes Öl; Zucker

W aromatisch, sekretolytisch, spasmolytisch, carminativ, galactagog, desinfizierend, leicht östrogen

A Gewürz und Heilpflanze, bei Appetit- und Verdauungsstörungen, Blähungen und Bauchkrämpfen, bei Husten und zur Milchbildung

ASANT / ASA FOETIDA / HING

Ferula asa-foetida – Apiaceae – Doldenblütler

Aus der Wurzel dieser 2 Meter hohen orientalischen Wildstaude werden latexartige „Tränen" gewonnen und diese in Form von bitter-scharfen, klebrigen Körnchen oder Pulver mit leichtem Knoblaucharoma gehandelt.

Küchentipps: Eine winzige Prise Stinkasant eignet sich ideal für Hülsenfrüchte und andere blähende Gemüsesorten und es ist daher Bestandteil vieler indischer Gewürzmischungen/Masalas. In Mini-Mengen verstärkt es die Aromen der anderen Gewürze, zu viel davon macht das ganze Gericht extrem bitter.

I ätherische Öle; Harze/Gummis; Schleimstoffe; Bitterstoffe

W aromatisch, sekretolytisch, carminativ, antimikrobiell, anthelminthisch, anticancerogen

A Gewürz und Heilpflanze, bei Appetit- und Verdauungsstörungen, insbesondere Blähungen

BOCKSHORNKLEE

Trigonella foenum-graecum – Fabaceae – Schmetterlingsblütler

Das auch als griechisches Heu bekannte orientalisch-mediterrane, leicht bitter-aromatische Kraut dient in südlichen Ländern vorwiegend der Samengewinnung.

Küchentipps: Die würzigen Bockshornkleesamen eignen sich besonders für indische Currys und Chutneys, mediterrane Fleisch- und Getreidegerichte sowie als Kräuterkäsegewürz (z. B. in der Schweiz).

I ätherisches Öl; Trigonellin; Saponine; Flavonoide; Cumarine; Lignane; Beta-Sitosterol; Schleimstoffe; Fette; Proteine

W aromatisch, einschleimend und antiulcerogen, sekretolytisch, antiseptisch, antiviral (auch gegen Grippe), im Tierversuch antidiabetisch/blutzuckerstabilisierend, lipid- und cholesterinsenkend

A Gewürz und Heilpflanze, bei Appetit- und Verdauungsstörungen, subacider Gastritis und Magengeschwüren, äußerlich als wundheilender Breiumschlag; volksmedizinisch bei trockenem Husten, unterstützend bei Zuckertoleranzstörungen/Diabetes und esslöffelweise als Stärkungsmittel (Fett, Eiweiß)

FENCHEL

Foeniculum vulgare – Apiaceae – Doldenblütler

Die zartfiedrig beblätterte, bis 2 m große, gelb blühende, winterharte Gewürzfenchel-Pflanze liefert ab Oktober herrlich süß-aromatisch-würzig schmeckende graugrüne Früchte, die mancherorts als „Brotanis" bekannt sind.

Küchentipps: Fenchel ist fixer Bestandteil von vielen Brotgewürzen, milden Teemischungen, Kräuteressigen und von indischen (z. B. Fünfgewürz/Panch-Phoron), ayurvedischen (z. B. Pitta-Churna) und arabischen Gewürzmischungen.

Fenchelblüten

🅘 ätherisches Öl mit viel Anethol und Fenchon; Flavonoide; Zimtsäuren; Cumarine; Stilbene; fettes Öl; Proteine

🅦 aromatisch, carminativ, spasmolytisch, sekretolytisch, expectorierend, desinfizierend, galactagog, leicht östrogen

🅐 Gewürz und Heilpflanze, bei Appetit- und Verdauungsstörungen, Blähungen, Völlegefühl und Bauchkrämpfen; bei Husten (Tees, Sirup, Honig). Übrigens wurde Fenchel schon im Papyrus Ebers (~ 1500 v. Chr.) als Heilpflanze genannt und gehört damit zu den am längsten bekannten Gewürzen.

INGWER

Zingiber officinale – Zingiberaceae – Ingwergewächse

Das kriechende, knollig-geweihartige, scharf-zitronig-erwärmend schmeckende Rhizom dieser schilfartigen Tropenpflanze kann bei uns feucht/halbschattig in Töpfen gezogen werden, muss aber ganz trocken im Haus überwintern.

Küchentipps: Frischer Ingwer ist trotz seiner Schärfe aromatischer und milder als das getrocknete Pulver und kann auch recht gut eingefroren werden. Er eignet sich für Currys, Chutneys, Pickles, Kompotte, süß-saure Salate, Gemüse, Fleisch, Fisch, Reis, Brot, Kekse, Schokolade etc. Auch Getränke werden damit aromatisiert wie beispielsweise Ginger-Ale.

🅘 ätherisches Öl mit über 160 Komponenten wie Zingiberol und Citral; Scharfstoffe wie Gingerol und Shogaol; Stärke

🅦 aromatisch, sekretolytisch, choleretisch, antiemetisch, antiulcerogen, lipid- und cholesterinsenkend, antithrombotisch, antioxidativ, anticancerogen, antimikrobiell, anthelminthisch, antiphlogistisch, antiödematös

🅐 Gewürz und Heilpflanze, bei Appetitmangel und (Fett-)Verdauungsschwäche, Reisekrankheit und Erbrechen, Immunschwäche, zur Vorbeugung von Zivilisationserkrankungen; ayurvedische Universalheilpflanze: senkt Vata und Kapha, stärkt Agni/Verdauungsfeuer, Entgiftung, Gewebe und Lebenskraft; bei Verschlackung/Verschleimung, Verstopfung, Blähungen, Übelkeit/Erbrechen, Migräne, Fieber/Erkältung, Schmerzen/Entzündungen, Nervosität/Unruhe und Kälteempfindlichkeit

⊖ **Vorsicht:** *Nicht anwenden bei Schwangerschaftserbrechen!*

KARDAMOM

Elettaria cardamomum – Zingiberaceae – Ingwergewächse

Diese indische Tropenpflanze mit ihren wunderschönen orchideenartigen Blüten kann man bei uns nur in Gewächshäusern kultivieren und bewundern. Die grünen bis beigen Fruchtkapseln und ihre Samen schmecken aromatisch-süßlich-scharf und dennoch eher kühlend.

Küchentipps: Kardamompulver, ganze Kapseln oder die frisch angestoßenen Samen eignen sich besonders für die süße Küche (zuckersparend) und Getränke wie Chai, Punsch und Kaffee, Obstsalat, Chutneys, Kompotte, Brot, Kekse, Kuchen und Desserts wie beispielsweise indischen Grieß-Pudding.

🅘 ätherisches Öl mit viel Cineol und Limonen; Zimtsäuren; Stärke; fettes Öl

🅦 aromatisch, sekretolytisch, carminativ, choleretisch, spasmolytisch, antiphlogistisch, antibakteriell, antiviral, antimykotisch

🅐 Gewürz und Heilpflanze, bei Appetit- und Verdauungsstörungen wie Blähungen und Völlegefühl, volkstümlich bei Mundgeruch

KORIANDER

Coriandrum sativum – Apiaceae – Doldenblütler

Das einjährige, eher zarte, eigentümlich-wanzenartig riechende, winzig weiß blühende Kraut gedeiht auch in unserem Klima. Die kugeligen, aromatischen Korianderfrüchte schmecken bittersüß-herbwürzig-scharf-wärmend.

Küchentipps: Korianderfrüchte und -kraut sind sehr beliebt in der indischen, asiatischen, arabischen, russischen und nordeuropäischen Küche, aber beim Koriandergrün gibt es auch entschiedene Ablehner. Die Früchte sind in vielen Gewürzmischungen enthalten und passen gut in Fleisch-, Fisch-, Pilz-, Gemüse-, Kartoffel- und Linsengerichte, aber auch in Kompotte, Kekse sowie als Brotgewürz. Eine besonders beliebte Dreier-Kombination ist Koriander-Kreuzkümmel-Kurkuma.

I ätherisches Öl mit viel Linalool und Coriandrol; Cumarine; Zimtsäuren; fettes Öl

W aromatisch, sekretolytisch, choleretisch, carminativ, spasmolytisch, antibakteriell, desinfizierend, Lipid- und Cholesterol-senkend

A Gewürz und Heilpflanze, Digestif, bei Appetit- und Verdauungsstörungen wie Krämpfen und Blähungen; in zahlreichen Magen-Darm-Mitteln. Historisch wurde Koriander schon in Mesopotamien (vermutlich zum Mumifizieren) verwendet, wie Keilschrift-Inschriften von ~ 1700 v. Chr. belegen.

KREUZKÜMMEL / MUTTERKÜMMEL / CUMIN

Cuminum cyminum – Apiaceae – Doldenblütler

Das einjährige, eher zarte (sub)tropische Kraut mit seinen kreuzweise stehenden Blattscheiden wächst in Europa in großer Menge nur ganz im Süden. Die leicht scharf-bitteren Früchte schmecken und duften viel aromatischer als gewöhnlicher Kümmel.

Küchentipps: Kreuzkümmel ist das Hauptgewürz für Couscous und schmeckt herrlich in Gemüse-Currys, Chutneys, Suppen, Saucen, Fisch- und Fleischgerichten (z. B. Chili con carne) und ist interessanterweise auch als Käsegewürz z. B. im Edamer in Verwendung.

I ätherisches Öl; Flavonoide; Gerbstoffe; Gummi; fettes Öl

W aromatisch, sekretolytisch, choleretisch, antidiabetogen, antibakteriell, antimykotisch

A Gewürz und Heilpflanze, bei Appetit- und Verdauungsstörungen sowie möglicherweise zur Vorbeugung von Diabetes; volksmedizinisch bei Koliken und Durchfall; Öl äußerlich in Einreibungen gegen Bauchschmerzen und als Badezusatz; zum Haltbarmachen, Desinfizieren von Lebensmitteln und historisch in Balsamierungsölen. Kreuzkümmelfrüchte (und Pfefferkörner) wurden in ägyptischen Pharaonengräbern, z. B. des Tutenchamun ~ 1300 v. Chr., gefunden und diese Gewürze gelten damit (neben Koriander und Fenchel) als zwei der ältesten bekannten Heilpflanzen, deren konservierende/mumifizierende Wirkungen offensichtlich bekannt waren.

⊖ **Vorsicht:** *Kreuzkümmelöl kann photosensibilisierend wirken!*

KÜMMEL

Carum carvi – Apiaceae – Doldenblütler

Die mehrjährige, bis 1 m hohe Pflanze wächst im gemäßigten und mediterranen Klima und liebt es kalkig, feucht und halbschattig. Der scharf-bitter-aromatische Kümmel wird schon seit Jahrtausenden z. B. im alten Ägypten als Gewürz und Heilmittel verwendet.

Küchentipps: Der gewöhnliche Kümmel ist besonders beliebt in der österreichischen und deutschen Küche, vor allem als Brotgewürz, aber auch in Sauerkraut, Aufstrichen, Kartoffel-, Gemüse- und Fleischgerichten und sogar in Kompotten und Kuchen.

■ ätherisches Öl mit viel Carvon; Kaffeesäuren; Flavonoide; Cumarine; fettes Öl; Proteine; Polysaccharide wie Gluco-Mannane

■ aromatisch, sekretolytisch, carminativ, spasmolytisch, anticancerogen, antimikrobiell

■ Gewürz und Heilpflanze, bei Appetit- und Verdauungsstörungen, Bauchkrämpfen, Blähungen und Völlegefühl

⊖ **Vorsicht:** *Große Mengen Kümmelöl wirken abortiv und nierenreizend!*

KURKUMA / CURCUMA / GELBWURZ
Curcuma longa – Zingiberaceae – Ingwergewächse

Diese als Gelbwurzel oder Gelber Ingwer bekannte Tropenpflanze mit ihren wunderschönen, gelben Iris-artigen Blüten liefert knollige, innen leuchtend gelbe Rhizome. Diese Farbstoffe sind im Gegensatz zum zitronig-bitter-scharf-würzigen Aroma nahezu unverwüstlich.

Küchentipps: Wegen der Farbe heißt es Aufpassen mit Tischwäsche, Kleidung und Arbeitsplatten. Kurkuma ist in Kombination mit ein wenig Fett/Öl herrlich zum Würzen und Färben von fast allen (nicht süßen) Gerichten, z. B. Kartoffeln, Gnocchi, Gemüse, Fisch, Fleisch, Linsen-Dals, Reis, Couscous, Senf, Saucen, Aufstrichen, Currys und Chutneys. Das gelbe Pulver ist beliebt in der indischen und indonesischen Küche, vor allem in Kombination mit Ingwer, Knoblauch, Zwiebel und Chili. Kurkuma gibt übrigens dem „Currypulver" (eine ungenaue Bezeichnung für unterschiedlichste gelbe Gewürzmischungen) seine Farbe, denn die fallweise auch enthaltenen Curryblätter selbst sind grün.

■ ätherisches Öl mit viel Turmeron, Zingiberen und Curcumin; gelb-rote Curcuminoide; Turmerin; Stärke und Zucker; Ukonan A (immunstimulierend)

■ aromatisch, sekretolytisch, choleretisch, antioxidativ und cytoprotektiv (besonders an Augen, Haut und in der Leber), antiphlogistisch, antirheumatisch, antimutagen/anticancerogen/antitumoral, antihepatotoxisch, immunstimulierend, neuroprotektiv, antithrombotisch, lipidsenkend und LDL-Cholesterin-oxidationsvermindernd, antibakteriell, antiviral und fungistatisch

■ Bedeutende Heilpflanze, heilsames Gewürz bei Appetit- und Verdauungsstörungen; da die Wirkstoffe des Gewürzes nur in relativ geringem Ausmaß aufgenommen werden, enthalten moderne Phytopräparate besser lösliche und damit wirksamere Kurkuma-Spezialextrakte, mit denen die im Folgenden genannten Wirkungen erzielbar sind: Prävention und Therapie von Gallenbeschwerden und -steinen (nach Rücksprache mit dem Arzt), erprobte Therapie von Arthritis und äußerlich bei Hautpilzen, Haut- und Augenentzündungen; unterstützend/vorbeugend bei Leberproblemen wie Hepatitis, Hauterkrankungen wie Psoriasis, Diabetes, Grauem Star, Krebs, Rheuma, erhöhten Blutfetten, Thrombosen, Herz-Kreislauferkrankungen und Demenz; viel verwendet im Ayurveda zur Immunstärkung bei Erkältungen und bei Rheuma, ebenso in der tibetischen und chinesischen Medizin; wichtiger Lebensmittel- und Textil-Farbstoff.

⊖ **Vorsicht:** *Bei Zufuhr großer Mengen besteht Gastritis-Gefahr durch die erhöhte Magensaftbildung. Nicht anwenden bei Gallengangsverschluss wegen der Gefahr von Gallenkoliken!*

LORBEER

Laurus nobilis – Lauraceae – Lorbeergewächse

Dieser Baum mit seinen lanzenförmigen, glänzenden herb-bitter-würzigen Blättern wächst im Mittelmeerraum, in Mittelamerika und Indien. Bei uns sind Stecklinge als Kübelpflanze ziehbar.

Küchentipps: Zur optimalen Aromaentfaltung empfiehlt es sich, die ganzen Blätter stückig zu teilen oder einzureißen und vor dem Genuss aus den Speisen wieder zu entfernen. Lorbeer ist gut geeignet für Saucen, Suppen, Hülsenfrüchte-Dals, eingelegte Gemüse und Fleisch-Eintöpfe.

ⓘ ätherisches Öl mit viel Cineol; Flavonoide; Bitterstoffe; Gerbstoffe; Lignane; Alkaloide

Ⓦ aromatisch, sekretolytisch, insektenabwehrend, antimikrobiell

Ⓐ Gewürz und Heilpflanze, bei Appetit- und Verdauungsstörungen; vertreibt Mehlkäfer und Küchenschaben; äußerlich als Einreibung bei Rheuma-, bei Hautentzündungen und zur Euterdesinfektion

MUSKAT

Myristica fragrans – Myristicaceae – Muskatnuss-Gewächse

Großer tropischer Baum, dessen Blüten/Macis (getrockneter Samenmantel) und „Nüsse" (ausgelöste Samenkerne) sowie das Muskat-Öl als würzig-wärmendes bis scharf-bitteres Gewürz dienen.

Küchentipps: Muskat schmeckt am besten frisch gerieben in Béchamel-Saucen, Spinat-, Kartoffel-, Gemüse- und Fleisch-, insbesondere Lammfleischgerichten, aber auch in Nachspeisen, Keksen, Lebkuchen, Punsch-, Chai-, Glühwein- und Milchgetränken.

ⓘ ätherisches Öl mit viel Sabinen, Pinen und dem Scharfstoff Myristicin; Lignane; Saponine; Sitosterol; Gerbstoffe; fettes Öl; Stärke

Ⓦ aromatisch, antidiarrhoeisch (hohe Dosen), antiphlogistisch, analgetisch, antithrombotisch; antihyperlipidämisch, MAO-hemmend, entgiftend, antitumoral, antimikrobiell

Ⓐ Gewürz und Heilpflanze, bei Appetit- und Verdauungsstörungen; im Ayurveda gilt Muskat als gutes Mittel gegen Durchfall, Nervosität und Schlafstörungen.

⊖ Vorsicht: *In größeren Mengen (ab 5 g, ~1 kleine Nuss) ist Muskat toxisch, abortiv, psychomimetisch und halluzinogen!*

NELKE / GEWÜRZNELKE

Syzygium aromaticum – Myrtaceae – Myrtengewächse

Die getrockneten Blütenknospen dieses großen tropischen Baumes schmecken durchdringend scharf-süß-brennend-erhitzend.

Küchentipps: Nelken sollten Sie immer sparsam verwenden, da ihr Aroma sehr intensiv ist. Sie eignen sich vorwiegend für Süßspeisen, Kekse, Lebkuchen, Kompotte, Chutneys, Eingelegtes und Getränke wie Glühwein, Punsch und Chai, aber auch für Fleisch-, insbesondere Wildgerichte (z. B. in Form von mit Nelken gespickter Zwiebel) oder für pikante Currys.

ⓘ ätherisches Öl mit viel Eugenol und Caryophyllen; Flavonoide; Gerbstoffe; Zimtsäuren, Vanillin- und Salicylsäure; Beta-Sitosterol

Ⓦ aromatisch, sekretolytisch, carminativ, choleretisch, spasmolytisch, anticancerogen, antithrombotisch, antioxidativ, antiphlogistisch und analgetisch, leicht anästhetisch (lokal), antimikrobiell, v. a. gegen plaquebildende Mundbakterien, fungizid, virushemmend (Extrakt) z. B. gegen Herpes, Insekten-vertreibend

Ⓐ Gewürz und Heilpflanze, bei Appetit- und Verdauungsstörungen, Blähungen und Krämpfen, zur Konservierung von Speisen; Nelkenöl in insektenabwehrenden Repellents; volksmedizinisch zum Kauen bei Mundgeruch und äußerlich zum Betupfen/Pinseln lokal bei Zahnschmerzen, Zahnfleischentzündung und Mückenstichen

⊖ Vorsicht: *Das Öl ist nicht nur betäubend, sondern auch leicht ätzend, es kann daher Zahnfleisch und Haut reizen sowie Allergien auslösen!*

PAPRIKA / CHILI

Capsicum annuum – Solanaceae – Nachtschattengewächse

Dieser einjährige, tropisch-mediterrane Busch hat leuchtend rote, beim Gewürzpaprika (im Gegensatz zum mild schmeckenden capsaicinfreien Gemüsepaprika) scharf-hitzende Früchte und Samen. Im Handel gibt es scharfe, mittlere und edelsüße Sorten.

Küchentipps: Die Schärfe eignet sich besonders für gute „Futterverwerter" mit schwacher Verdauungsleistung, an kalten Tagen und für eher schwer verdauliche Gerichte. Dazu gehören Hülsenfrüchte und fettes Fleisch, z. B. Chili con carne oder Gulasch.

🔲 Scharfstoffe/Capsaicinoide; gelbrote Carotinoide; Saponine; Flavonoide; Saccharide und Stärke; fettes Öl; Eiweiß; Vitamin C (besonders in Gemüsepaprika)

🔲 aromatisch, sekretolytisch, stoffwechselaktivierend, erhitzend, reizend (reflektorisch über Nervenbotenstoffe antiphlogistisch und analgetisch), durchblutungsfördernd, antimutagen, anticancerogen, antibakteriell

🔲 Gewürz und Heilpflanze, bei Appetitstörungen und Verstopfung, zur Stoffwechselaktivierung; äußerlich als hitzende Einreibung und Pflaster bei Hexenschuss, Rheuma- und Gelenkschmerzen

⊖ **Vorsicht:** *in hohen Dosen Gastritisgefahr durch Magenreizung; bei äußerlicher Anwendung fallweise Urticaria*

PFEFFER

Piper nigrum – Piperaceae – Pfeffergewächse

Die herabhängenden roten Ährenfrüchte dieser tropischen Kletterpflanze enthalten bis zu 50 scharfe Samen. Je nach Erntezeitpunkt und Behandlung entsteht grüner (unreif, luftgetrocknet), schwarzer (unreif, getrocknet), weißer (reif, geschält) und roter Pfeffer (vollreif). Von ganz anderen Pflanzen stammen der etwas mildere lange Pfeffer/Pippali, weiters rosa Pfeffer, Kubebenpfeffer, Nelkenpfeffer/Piment und Mönchspfeffer.

Küchentipps: Am besten schmeckt das Universalgewürz frisch gemahlen. Wenn Sie Pfeffer lieben, aber nicht gut vertragen, versuchen Sie es mit dem milderen langen Pfeffer mit seinem ölig-süß-scharf-bitteren Geschmack.

🔲 ätherisches Öl; Scharfstoffe/Piperine; Flavonoide; fettes Öl; Stärke

🔲 aromatisch, reizend, sekretolytisch, choleretisch, diuretisch, antibakteriell, antioxidativ, entgiftend, antiphlogistisch, analgetisch und antipyretisch, spasmolytisch, insektizid

🔲 Gewürz und Heilpflanze, bei Appetit- und Verdauungsstörungen, Gallensaftmangel; zur Konservierung von Speisen; geschätzte ayurvedische „Ama-pachana"-Heilpflanze (besonders der lange Pfeffer): verdauungs- und stoffwechselanregend, reinigend, entschlackend, schleimlösend und vitalisierend

---

PIMENT / NELKENPFEFFER

Pimenta dioica – Myrtaceae – Myrtengewächse

Dieser tropische Baum trägt hollerartige Blütenstände, die zu scharf-aromatisch-nelkig-zimtigen Früchten heranreifen.

Küchentipps: Piment ist als Neugewürz/Allgewürz (quatre-épice) bekannt, da er zugleich nach Muskat, Pfeffer, Nelken und Zimt schmeckt. Er ist gut für Fisch und Fleisch, aber auch für Süßes wie z. B. Dinkelkekse und Lebkuchen geeignet.

🔲 ätherisches Öl mit viel Myrcen und Caryophyllen; Gerbstoffe; Flavonoide; Stärke; fettes Öl

🔲 aromatisch, sekretolytisch, gut konservierend (antimikrobiell, fungistatisch), schwach anästhetisch und antiphlogistisch (wie Gewürznelken, aber schwächer)

🔲 Gewürz und Heilpflanze, bei Appetit- und Verdauungsstörungen, zur Konservierung von Speisen

---

SAFRAN

Crocus sativus – Iridaceae – Schwertliliengewächse

Diese nur in Kultur bekannte mediterran-orientalische Herbstpflanze liefert die begehrten intensiv gelb färbenden, bitter-herb schmeckenden Blütengriffel-Spitzen/Narbenschenkel. Neben Vanille ist Safran eines der teuersten Gewürze der Welt und daher oft gestreckt mit gelben Blüten wie Saflor oder Ringelblumen.

Küchentipps: Safran muss man sparsam verwenden, da er sonst zu bitter-streng schmeckt und *giftig* wirkt. Er schmeckt gut (und ist schön) in traditionellen Fisch-, Fleisch- und Reisgerichten sowie in französischer Fischsuppe, Paella und Risotto alla Milanese, aber auch in Kuchen, Milchreis und indischen Desserts.

🔲 ätherisches Öl mit viel Safranal; bittere gelbrote Safranfarbstoffe/Crocine; orangegelbe Carotinoide wie Protocrocine, Betacarotin, Lutein, Lycopin und Zeaxanthin; Flavonoide; fettes Öl

🔲 aromatisch, sekretolytisch. Die isolierten Wirkstoffe wirken antiatherogen, Lipid- und Choleste-

rin-senkend, antithrombotisch, antitumoral, aphrodisierend und wehenauslösend und abortiv.

🅐 Gewürz und Heilpflanze, bei Appetit- und Verdauungsstörungen, (noch experimentell) bei Depressionen und PMS

⊖ **Vorsicht:** *Ab 5 g abortiv und ab 10–20 g tödlich giftig!*

SCHWARZKÜMMEL

Nigella sativa – Ranunculaceae – Hahnenfußgewächse

Dieses einjährige, unkomplizierte, sandliebende Mittelmeerkraut verzaubert den Betrachter mit traumhaft schönen strahligen Blüten, welche die winzigen schwarzen, bitter-scharfen Samen liefern. Eine verwandte Medizinal- und Zierpflanze ist „Jungfer im Grünen"/Damaszener Kümmel mit noch höheren Gehalten an wertvollem Samenöl.

Küchentipps: Die winzigen Schwarzkümmelfrüchte eignen sich gut für Brot, Cracker und Fladenbrote wie Naan und Chapati, für türkische und indische Gerichte sowie als Zutat für ägyptischen Kaffee (1:6).

🅘 ätherisches Öl mit Thymoquinon; fettes Öl mit viel essenzieller Linolsäure, Gamma-Linolensäure und Vitamin E; Alkaloide; Beta-Sitosterol

🅦 aromatisch, sekretolytisch, spasmolytisch, antiphlogistisch und analgetisch, anthelminthisch, gastro- und hepatoprotektiv, immunmodulierend, antitumoral, antimikrobiell, diuretisch, blutdrucksenkend

🅐 Gewürz und Heilpflanze, bei Appetit- und Verdauungsstörungen. Öl äußerlich und als Nahrungsergänzung bei Hauterkrankungen wie Neurodermitis

SENF

Sinapis alba – Brassicaceae – Kreuzblütler

Der weiße Senf ist ein einjähriges Kraut mit zartgelb-rapsartigen Blüten, das auch in unserem Klima auf sonnigen Kalkböden problemlos wächst. Senfsamen schmecken mild-süßlich bis scharf-würzig. Brauner Senf (Sareptasenf) stammt von einer anderen verwandten Pflanze.

Küchentipps: Senf-Zubereitungen aus Gläsern und Tuben sind beliebt für Saucen, Salate, Fleisch- und Fischgerichte. Die Samen werden zum Einlegen von Gurken, Pickles, Kürbis etc., für indische Gerichte verwendet. Senf-Keimlinge eignen sich zum Aufpeppen und Dekorieren von Salaten und Aufstrich-Brötchen.

🅘 Scharfstoffe/Senföle wie Sinalbin und Glucobrassicin; fettes Öl; Eiweiß, Schleimstoffe; Sitosterin

🅦 aromatisch, sekretolytisch, antibakteriell, hautreizend

🅐 Gewürz und Heilpflanze, bei Appetit- und Verdauungsstörungen wie Verstopfung; äußerlich hautreizende/wärmende Brei-Umschläge bei Husten, Gelenksschmerzen und Rheuma

STERNANIS

Illicium verum – Illiciaceae – Sternanisgewächse

Der große ostasiatische Baum trägt holzige sternförmige Früchte, die süß-würzig-brennend schmecken und anisartig riechen. Sternanis ist eine relativ teure Gewürzdroge, die daher öfters mit giftigen Shikimifrüchten gestreckt (dies wird beispielsweise in Apotheken überprüft) wird.

Küchentipps: Die schönen Früchte eignen sich zum Mitkochen für Kompotte, Chutneys und chinesisch-asiatische Gerichte, sollten aber sparsam verwendet und nach dem Kochen entfernt werden, da sonst der Geschmack zu streng wird.

🅘 ätherisches Öl mit viel Anethol; Flavonoide; Gerbstoffe; Zimtsäuren; fettes Öl

🅦 aromatisch, sekretolytisch, carminativ (wie Anis), antibakteriell

🅐 Dekoration, Gewürz und Heilpflanze, bei Appetit- und Verdauungsstörungen, insbesondere Blähungen, sowie bei Erkältung, Schnupfen und Husten

VANILLE

Vanilla planifolia – Orchidaceae – Orchideengewächse

Diese tropische Urwald-Liane blüht mit bizarren gelben Orchideenblüten, die zu geruchlosen grünen Kapselfrüchten (Schoten) heranreifen. Das typisch blumige Vanillearoma entwickelt sich erst durch schonendes Trockenschwitzen (Fermentieren, Reifen) und findet sich besonders im musartigen Mark der Schoten. Man unterscheidet mexikanische, indonesische und Bourbon-Vanille.

Küchentipps: Vanillezucker hat mehr Aroma als Vanillin-Zucker, der nur die Hauptduftnote enthält. Am intensivsten schmeckt das direkt aus der Schote ausgekratzte Mark oder die aus Extrakten hergestellten Oleoresine. Vanille ist besonders für Süßes geeignet (auch zur Verminderung des Zuckerbedarfs) und harmoniert gut mit Zimt, Piment, Nelken und Ingwer.

I geruchstragende Benzaldehyde mit viel Vanillin; weitere Aromaträger wie Vanillylalkohole, Benzoesäuren, Salicylsäure-Ester, Furane und Vitispirane; Zucker; Schleimstoffe; Wachse; fettes Öl

W aromatisch, sekretolytisch, antioxidativ

A Gewürz und Heilpflanze, bei Appetit- und Verdauungsstörungen

⊖ **Vorsicht:** *Kontaktallergien („Vanillismen")*

WACHOLDER

Juniperus communis – Cupressaceae – Zypressengewächse

Der nadelige, immergrüne Strauch oder kleine Baum mit seinen bläulichen, süßwürzig-aromatisch-bitteren Beeren ist auch bei uns in lichten Föhrenwäldern und an trockenen Waldrändern anzutreffen.

Küchentipps: Das Wacholderbeer-Aroma ist nicht nur in Wildgerichten und Sauerkraut, sondern auch zum Kauen und Schnapsbrennen sehr beliebt.

I ätherisches Öl mit viel Pinen und Sabinen; Cumarine; Flavonoide wie Rutin und Quercetin; Catechingerbstoffe, Proanthocyanidine; Invertzucker

W aromatisch, sekretolytisch, diuretisch und aquaretisch; antiphlogistisch, antidiabetisch/blutzuckersenkend, antimikrobiell

A Gewürz und Heilpflanze, bei Appetit- und Verdauungsstörungen wie Blähungen; wassertreibendes Harndesinfiziens für maximal einwöchige Durchspültherapien, z. B. bei Harnwegsinfekt, Nierenbeckenentzündung oder Ödemen; äußerlich reizend, durchblutungs- und kreislaufanregend

⊖ **Vorsicht:** *Äußerliche Öleinreibungen nicht bei Hauterkrankungen, Fieber, Herzschwäche und Bluthochdruck!*

ZIMT

Cinnamomum ceylanicum – Lauraceae – Lorbeergewächse

Die daumenstarken Wurzelschösslinge und Stockausschläge des immergrünen tropischen Baumes liefern nach dem Schälen die begehrten rötlichen Zimtrinden-Röhrchen mit ihrem balsamisch-würzigen und scharf-bitter-süßlichen Geschmack. Neben Ceylonzimt sind viele minderwertigere (⊖ cumarinhaltigere) Sorten im Handel.

Küchentipps: Zimt ist köstlich in wärmenden Getränken wie Punsch oder Chai, süßen Gerichten, Kompotten, Keksen, Kuchen, Apfelstrudel und Bratäpfeln, aber auch in orientalischen Gerichten mit Reis, Fleisch und Gemüse-Currys, Chutneys, Pickles, Saucen und Suppen (z. B. Terlaner Weinsuppe).

I ätherisches Öl mit viel Zimtaldehyd, Zimtsäure und Eugenol; Proanthocyanidine; Phenolsäuren; Sitosterol; Mannitol (Zuckeralkohol); Schleimstoffe; Stärke

W aromatisch, sekretolytisch, spasmolytisch, carminativ, antiphlogistisch und analgetisch, antioxidativ, antidiabetisch/blutzuckersenkend (noch umstritten), antimikrobiell, insektizid

A Gewürz und Heilpflanze, bei Appetit- und Verdauungsstörungen wie Magen-Darmkrämpfen und Blähungen, in Bittertees und -tinkturen; volksmedizinisch bei Durchfall, Regelschmerzen und Wurmerkrankungen

⊖ **Vorsicht:** *Alle Zimtsorten sind potenziell allergisierend und magenreizend – daher nicht bei Magengeschwüren verwenden!*

⊖ *Chinesischer Zimt/Cassiazimt sollte wegen der hohen Cumaringehalte (Blutungsgefahr) nur eingeschränkt zugeführt werden, z. B. maximal 4–5 Zimtsterne pro Tag für ein Schulkind. Daher ist auch die blutzuckersenkende Wirkung von Zimt, für die hohe Dosen nötig wären, als kritisch zu sehen.*

KRÄUTER-ABC

Permakultur im Garten der Autorin

Was wäre Kochen ohne Kräuter? Ob frisch, getrocknet oder tiefgekühlt, die grünen „Aroma-Wunder" machen Gerichte erst so richtig lebendig. Mit herzerfreuendem Grün, farbenfrohen Blüten, bezaubernden Blattformen, erfrischenden Gerüchen, den erstaunlichsten Geschmacksrichtungen und Konsistenzen werden alle Sinne beglückt. Zudem dienen Kräuter und Gewürze wegen ihrer zahlreichen Gesundheits- und Heilwirkungen seit jeher als „Medizin". Bunte und heilsame Kräuterteemischungen, Gewürzkräuter(mischungen) und aromatisches Kräutersalz sind Geschenke der Natur und aus einer guten, gesunden Küche nicht wegzudenken. Deshalb werden hier die gängigsten Kräuter mit ihren speziellen Besonderheiten vorgestellt. Wissenswertes zu Kräutern im Allgemeinen finden Sie im „Lebensmittel-ABC".

Persönlicher Exkurs: Von der Kräuter-Liebe zur Heil-Kräuterkunde und Kräuter-Küche

Mein inniger Bezug und staunender Zugang zum Reich der Pflanzen war auch maßgeblich an meiner Entscheidung, Pharmazie zu studieren, beteiligt. Daher waren meine Lieblingsfächer Botanik, Pharmakognosie und Drogenkunde[50]: Die Kunde der Pflanzen, der pflanzlichen Arzneimittel, der Heil- und Giftpflanzen und ihrer Inhaltsstoffe ist ein wunderschöner Kernbereich des Studiums und des Apothekerberufes. Ein Teilbereich davon ist das Erkennen, Kontrollieren und Mischen von Kräutertees und das Wissen um deren Wirkungen und Anwendungsbereiche. Auch das Anfertigen von Kräuter-Tinkturen, -Extrakten, -Sirupen, -Pasten und -Salben hängt natürlich eng damit zusammen. Die Laborarbeit in einer Apotheke ist übrigens sehr nah verwandt mit dem Kochen, nur viel geregelter, genauer, hygienischer und wissenschaftlicher. Was im Studium leider fehlte, war die anbautechnische und kulinarische Seite der Kräuter. Mit meinem Interesse für naturnahes Gärtnern und Permakultur holte ich das nach und ayurvedisches Heilkräuter- und Kochwissen gesellte sich noch dazu. Ich lebe meine „innere Kräuterfee" beim Gärtnern, Wildkräutersammeln und in meiner Küche aus. Viele der aufgelisteten Pflanzen wachsen und vermehren sich in meinem Garten auf 900 m Seehöhe.

50. Droge: (getrocknete) Arzneipflanze oder deren Teile

Bergbohnenkraut

Bei den Einzelpflanzen werden folgende Abkürzungen verwendet:

- **I** Inhaltsstoffe (sekundäre Pflanzenstoffe, Mikronährstoffe)
- **W** Wirkungen der Inhaltsstoffe – großteils in Fachsprache (→ Glossar, S. 344)
- **A** Küchenverwendung und anerkannte phytotherapeutische Anwendungsgebiete; volkstümliche und ayurvedische Anwendungen werden gesondert angegeben.

BÄRLAUCH

Allium ursinum – Alliaceae/Liliaceae – Lauchgewächse

Dieses stark knoblauchartig duftende einheimische Lauchgewächs wächst gern auf feuchten, kalkigen, schattigen Waldböden und besticht mit seinem scharf-bitter-süß-hitzenden Geschmack.

Küchentipps: Die Blätter eignen sich nicht zum Trocknen, sind jedoch recht gut einfrierbar. Bärlauch ist ideal für Pesto, Kräuteraufstriche, Salat-Marinaden und Sauce für Gnocchi, Risotti und Nudelgerichte (→ Rezepte für Pasta-Saucen, S. 90) geeignet.

I Lauchöle mit Sulfoxiden wie Allicin, Alliin und Thiosulfinate; Flavonoide; Saponine

W aromatisch, sekretolytisch, cardioprotektiv, antiphlogistisch, antithrombotisch

A Gewürz, Wildgemüse und Heilpflanze, bei Appetit- und Verdauungsstörungen sowie als Gefäß- und Herz-Schutz

⊖⊖⊖ **Vorsicht:** *Verwechslungsgefahr mit tödlichen Giftpflanzen wie Maiglöckchen- oder Herbstzeitlosenblättern!*

BASILIKUM

Ocimum basilicum – Lamiaceae – Lippenblütler

Dieses mediterran-exotische, sonnenhungrige Würzkraut mit pfeffrig-scharf-süß-wärmendem Geschmack ist bei uns gut im Topf oder Hochbeet kultivierbar.

Küchentipps: Die Blätter-Ernte ist bei Topfkultur laufend möglich. Am besten verwenden Sie Basilikum immer frisch und kalt, denn es gibt große Aromaverluste beim Trocknen, Kochen und Einfrieren. Basilikum ist ideal für Pesto, Pasta, Mozzarella, Salat-Marinaden und Aufstriche geeignet.

I ätherisches Öl; Labiaten-Gerbstoffe mit Rosmarinsäure; Flavonoide; Beta-Sitosterin; fettes Samen-Öl mit hohem Gehalt an Alpha-Linolensäure (Omega-3-Fettsäure)

W aromatisch, sekretolytisch, diuretisch, antimikrobiell, antiviral, antiphlogistisch (Öl)

A Gewürz und Heilpflanze, bei Appetit- und Verdauungsstörungen; gilt im Ayurveda als heilige Pflanze, die die Verdauungskraft stärkt, Husten lindert und die Nerven beruhigt.

BERGBOHNENKRAUT

Satureja montana – Lamiaceae – Lippenblütler

Dieser mehrjährige einheimische Zwergstrauch mit aromatisch-scharf-pfeffrig-bitterem Geschmack kann das einjährige Gartenbohnenkraut gut ersetzen.

Küchentipps: Auch im Winter können Zweige mit Blättchen geerntet, abgerebelt und getrocknet oder frisch verwendet werden. Saturejakraut eignet sich zum Mitkochen bestens für Bohnen-, Linsen, Lammfleisch- und Gemüse-Gerichte sowie getrocknet für Kräutersalz.

I ätherisches Öl; Labiaten-Gerbstoffe mit Rosmarinsäure

W aromatisch, sekretolytisch, antimikrobiell, antiviral, antioxidativ, carminativ

A Gewürz und Heilpflanze, bei Appetit- und Verdauungsstörungen, insbesondere bei Blähungen, als Harn-Desinfiziens

Borretsch

BORRETSCH

Borago officinalis – Boraginaceae – Raublattgewächse

Das als Gurkenkraut bekannte, borstig behaarte, blitzblau blühende, nach Gurken riechende und schmeckende große Kraut wächst fast überall, liebt leichte Feuchte und vermehrt sich sehr leicht selbst durch Samen.

Küchentipps: In kleinen Mengen sind Knospen, Blüten und Nüsschen als Gewürz verwendbar (kalt, frisch oder auch getrocknet) und passen besonders zu Gurken-, Zucchini-, Kartoffel- und Tomatensalat sowie zum Einlegen von Gurken oder als „Kapernersatz" (eingelegte Knospen).

ⓘ ätherisches Öl; Pyrrolizidinalkaloide; Kieselsäure; Gerbstoff: Rosmarinsäure; Flavonoide; Cumarine; fettes Samen-Öl mit 20 % Gamma-Linolensäure

Ⓦ aromatisch, sekretolytisch; Pyrrolizidinalkaloide: hepatotoxisch, carcinogen

Ⓐ Gewürz und Heilpflanze, bei Verdauungsstörungen, als Harn-Desinfiziens; äußerlich: extrahiertes Öl bei Neurodermitis

⊖ Vorsicht: *Sparsam verwenden wegen giftiger Anteile!*

BRENNNESSEL

Urtica urens/dioica – Urticaceae – Brennnesselgewächse

Das starkwüchsige „Unkraut" ist trotz seiner Brennhaare ein begehrtes Wildgemüse, welches auf nährstoffreichen Böden in großen Horsten wuchert.

Küchentipps: Die jungen zarten Blätter können mit Handschuhen gepflückt, kurz blanchiert, als köstlicher Spinat-Ersatz gedünstet oder zu Suppe verarbeitet werden. Die getrockneten Blätter dienen als Tee und Würzkraut. Im derzeitigen Smoothie-Boom werden Brennnesselblätter auch frisch roh empfohlen/gegessen (Ich rate aber wegen der reizenden Brennhaare und der damit verbundenen ⊖ Histaminose-Gefahr davon ab.). Die winzigen, reif getrockneten Samen sind in Maßen als gesunde „Deko" von Salaten nützlich, denn sie liefern auch im Winter viele Mikronährstoffe.

ⓘ viel Eisen, Calcium, Magnesium, Kalium und Kieselsäure; Vitamine C, B1, B2, B3; Chlorophyll; Flavonoide; Carotinoide; saures Brennhaarsekret: unbekannter Nesselgiftstoff, Acetylcholin, Histamin, organische Säuren; fettes Samenöl mit 30 % Linolsäure und Vitamin E

Ⓦ Haut-/Schleimhaut-reizend, sekretolytisch, diuretisch, antirheumatisch

Ⓐ Wildgemüse und Heilpflanze, für „Frühjahrskuren" zur Durchspülung, Blutreinigung und Entgiftung, bei Harnwegsinfekten und Mineralstoffmangel, besonders bei Eisenmangel, als stärkendes Tonikum; äußerlich: Wurzeltinktur als Haarbodentonikum

DILL

Anethum graveolens – Apiaceae – Doldenblütler

Dieses einjährige, zarte, süß-duftende, leicht nach Anis mild-scharf-süß-wärmend schmeckende Würzkraut liebt Wärme und ist beliebt bei Groß und Klein.

Küchentipps: Frische oder getrocknete Triebspitzen und reife Körner werden als Gewürz verwendet. Da Dillspitzen beim Trocknen viel Aroma verlieren, ist es besser, sie einzufrieren. Dieses typisch nordische Gewürz harmoniert ideal mit Gurken, Zucchini, Fisch, Eiern und eignet sich für Kräuterbutter, -essige und -aufstriche.

ⓘ ätherisches Öl mit viel Carvon; Cumarine; Flavonoide; fettes Samen-Öl

Ⓦ aromatisch, sekretolytisch, spasmolytisch

Ⓐ Gewürz und Heilpflanze, bei Appetit- und Verdauungsstörungen wie Magen-Darm-Krämpfen und Blähungen

Giersch

DOST / WILDER MAJORAN

Oreganum vulgare ssp. montana – Lamiaceae –
Lippenblütler

Diese anspruchslose, horstartig wuchernde, mehrjährige Staude mit leicht aromatisch-pfeffrigem Geschmack und wenig charakteristischem Duft trägt ährige Büschel von winzigen rosa Blüten.

Küchentipps: Die Blättchen und Blüten können frisch und getrocknet als Gewürz (etwas dezenter als echter Majoran und Oregano), für Kräutersalz oder Tee verwendet werden. Gemüse-Currys, Kartoffelgerichte, Pasta, Pizza, Ratatouille und Aufstriche können mit Dostenkraut gewürzt werden.

I ätherisches Öl mit viel Thymol; Bitterstoffe; Labiaten-Gerbstoffe

W aromatisch, sekretolytisch, expectorierend, carminativ, antibakteriell

A Gewürz und Heilpflanze, bei Appetit- und Verdauungsstörungen wie Blähungen, als Harn-Desinfiziens; volkstümlich in Hustentees und zum Gurgeln bei Halsschmerzen

Dost

ESTRAGON

Artemisia dracunculus – Asteraceae – Korbblütler

Dieses auch als Bertram bekannte, teilweise winterharte, staudige Beifußgewächs mit seinen lanzettlichen mild-bitter-scharf-intensiv schmeckenden Blättern liebt es feuchtwarm und verträgt sich im Beet nicht mit Petersilie.

Küchentipps: Frische und getrocknete (milder!) kleine Blätter und Triebspitzen eignen sich als Gewürz für Kräuter-Essige, -Öle, -Salz und -Senf und passen in Salate, zu Tomaten, Melanzani, Zucchini, Kartoffeln, Gurken, Kürbis, Fleisch, Fisch, Saucen und Aufstrichen. Der in der französischen Küche sehr beliebte Estragon ist in kleinen Dosen gut kombinierbar mit anderen Kräutern.

I ätherisches Öl mit viel Estragol; Zimtsäuren; Lignane; Flavonoide; Cumarine

W aromatisch, sekretolytisch, antimikrobiell

A Gewürz und Heilpflanze, bei Appetit- und Verdauungsstörungen, bei Blähungen, als Harn-Desinfiziens

GIERSCH

Aegopodium podagraria – Apiaceae – Doldenblütler

Dieses unverwüstliche, viel verhasste „Unkraut", welches sich mittels unterirdischer Ausläufer vermehrt, „versöhnt" unmittelbar mit seinem milden, karotte-sellerie-artigen Geschmack. Statt des mühseligen Jätens wird das junge Kraut abgeschnitten und aufgegessen. Bei größeren Flächen sorgt Abmähen für steten Nachschub an Frischware.

Küchentipps: Die jungen 3–5-blättrigen, hellgrün-glänzenden (!) Triebe sind ein traumhaft mildes Wild-Gemüse, sowohl als gedünstet als Giersch-Spinat/-Suppe als auch roh zum Naschen, für Salate, Smoothies und Pestos.

🛈 viel Vitamin C, Vitamin A; ätherisches Öl; Flavonoide; Phenolsäuren

🅦 aromatisch, sekretolytisch, diuretisch

🅐 Gewürz und Wildgemüse; volkstümlich bei Gicht und Rheuma

GUNDELREBE / GUNDERMANN

Glechoma hederacea – Lamiaceae – Lippenblütler

Das auch als Gundermann bekannte violettblühende, bodennah kriechende einheimische Würz-(Un-)Kraut schmeckt mediterran-mild-bitter-herb.

Küchentipps: Getrocknete Blättchen und Blüten ersetzen „Herbes de Provence", auch in Form von Gundelreben-Salz (→ Rezept, S. 53) für Salate, Gemüse und Kräutertopfen. Bildhübsch sind beispielsweise in Gundelreben-Blüten gewälzte Topfenkugerln oder Topfen-Nocken (→ S. 53).

🛈 ätherisches Öl; Bitterstoffe; Labiaten-Gerbstoffe mit Rosmarinsäure; Flavonoide; Saponine; Vitamin C und Mineralstoffe

🅦 aromatisch, sekretolytisch, diuretisch, antidiarrhoeisch

🅐 Gewürz und Heilpflanze, bei Appetit- und Verdauungsstörungen, bei Durchfall; volkstümlich in Blasen- und Hustentees sowie zur Wundheilung

Gundelrebe

Kapuzinerkresse

KAPUZINERKRESSE

Tropaeolum majus – Tropaeolaceae – Kapuzinerkresse-Gewächse

Diese bei uns nur einjährige, weit rankende Staude mit ihren gelb-orange-roten essbaren Blüten, dem scharf-pfeffrigen Geschmack und stechend-scharfen Geruch beim Zerreiben kennen viele nur als Zierpflanze.

Küchentipps: Die frischen Knospen und Blüten schmecken besonders pikant-mild-scharf, sind eine Augenweide auf jedem Salat oder Gemüsegericht und ideal geeignet für Eingelegtes, Würz-Essige, Salatmarinaden, Eierspeisen, Saucen und Aufstriche. Auch kleine Blätter und unreife Früchte sind essbar, aber etwas schärfer, daher achtsam dosieren!

🛈 viel Vitamin C; Scharfstoffe/Senföle mit Glucotropaeolin; Flavonoide; Kaffeesäure; Cucurbitacine; Xyloglucane (stärkeartig); Carotinoide: Lutein und Zeaxanthin in den Blüten

🅦 aromatisch, reizend, sekretolytisch, antimikrobiell (N-Acteyl-L-Cystein im Harn), antioxidativ

🅐 Gewürz und Heilpflanze, bei Appetit- und Verdauungsstörungen, als wirksames Harn-Desinfiziens und Augenschutz

KERBEL / GARTENKERBEL

Anthriscus cerefolium – Apiaceae – Doldengewächse

Gut sortierte Kräutergärtnereien und Qualitätssamen sind sichere Quellen für dieses aromatische, nicht jedermann mundende Kraut. Im jungen Stadium ähnelt Gartenkerbel einer zarten Petersilie, er blüht weiß, sät sich selber aus und wächst im Halbschatten üppig, auch in rauen Lagen. Sein Geschmack ist frisch und zart, aber typisch – süßlich „kerbelig".

Küchentipps: beliebt in der französischen Küche, zum Aufpeppen für geschmacksneutrale Salate/Gerichte, gut für Kräuterbutter, Sauerrahm-Dips, Kerbelsuppe, Topfenaufstriche, Topfen-Nocken (→ Rezept, S. 127) mit Kerbel, zum Würzen für Eierspeisen, Gemüse, Fleisch, Fisch und für Kerbel-Kartoffeln; enthalten in „fines herbes"

🅸 ätherisches Öl mit Estragol; Flavonoide; Cumarine

🆆 aromatisch, sekretolytisch, fallweise phototoxisch, stark antioxidatives Extrakt

🅰 Gewürz und Heilpflanze, bei Appetit- und Verdauungsstörungen; volksmedizinisch harntreibend

⊖⊖⊖ **Vorsicht:** *Große Verwechslungsgefahr bei Wiesenkerbel. Dieses typische Doldengewächs sollte keinesfalls wild gesammelt werden, da es sehr ähnliche, zum Teil tödlich giftige Arten gibt (Hundspetersilie, Schierling, Kälberkropf)!*

Gartenkerbel

KNOBLAUCHRAUKE / LAUCH-HEDERICH

Allaria petiolata – Brassicaceae – Kreuzblütler

Diese zart nach Knoblauch duftende, weißblühende typische Heckenrand-Pflanze wächst auf nährstoffreichen Böden und schmeckt nach Knoblauch und Kresse zugleich.

Küchentipps: Frische Blätter und Blüten eignen sich für Misch-Salate und Kräuter-Dips oder auch als Sauerrahmsauce zu Pasta. Die Samen sind ideal zum Keimen für den Winter oder für Senf-Mischungen verwendbar.

🅸 Scharfstoffe/Senföle; Vitamine, insbesondere Vitamin C, und Mineralstoffe

🆆 aromatisch, sekretolytisch bis reizend

🅰 Wildgemüse, Gewürz

KRESSE / GARTENKRESSE

Lepidium sativum – Brassicaceae – Kreuzblütler

Die auch als Pfefferkraut bekannte schnellwüchsige Pflanze mit scharf-bittersüßem Geschmack ist auch im Winter in Saatschalen gut kultivierbar.

Küchentipps: Ob als Keimling oder ausgewachsen, selbst mit Blüten, Kresse ist frisch und kalt immer ein Genuss. Sie eignet sich weder zum Trocken noch Einfrieren und auch beim Erhitzen leidet das Aroma, daher am besten frisch für Salate, Marinaden, Smoothies, Saucen, Aufstriche oder auch eine „Blitz"-Suppe verwenden.

🅸 viel Vitamin C; Scharfstoffe/Senföle mit Glucotropaeolin

🆆 aromatisch, sekretolytisch, antimikrobiell

🅰 Gewürz und Heilpflanze, bei Appetit- und Verdauungsstörungen, als Harn-Desinfiziens

LABKRAUT

Galium mollugo – Rubiaceae – Rötegewächse

Dieses ganzjährig – sogar unter der Schneedecke – erntbare, fast überall wuchernde „Unkraut" mit seinen typischen Blattquirlen schmeckt (gegart!) zart mild-aromatisch nach jungem Spinat mit einem Hauch Spargelaroma. Neben zwei Heilpflanzen (dem gelb blühenden echten Labkraut und dem klebrigen Klettenlabkraut) gibt viele essbare Labkraut-Arten, manche von ihnen mit leicht

Labkraut

rötlichem Stiel. Diese winzig-weißblühenden Labkräuter sind kaum zu verwechseln mit dem artverwandten, leicht giftigen, herrlich duftenden Waldmeister mit seinen hellgelbgrünen und zudem größeren Blättchen. Geerntet werden junge 5–7 cm lange Triebspitzen, das nahezu unverwüstliche Kraut wächst ständig nach.

Küchentipps: Vor dem weiteren Verarbeiten immer kurz in kochendem Wasser blanchieren. Ideal als Spinat- (→ Rezept: Wildkräuterspinat, S. 72) oder Wild-Spargelersatz (→ Rezept: Spargelgemüse, S. 66), auch für Suppen und Eierspeisen (→ Rezept: Rührei-Variante, S. 99). Die winzigen Blüten können Salate schmücken und die Samen eignen sich im Winter gut zum Sprossen-Keimen.

I ätherisches Öl; Gerbstoffe; Bitterstoffe; Vitamin C; Asperulosid; Labferment (früher zum Käsen verwendet)

W aromatisch, sekretolytisch, leicht spasmolytisch, leicht sedativ; Ferment lässt Milch gerinnen.

A Wildgemüse als Spinat oder Spargelersatz; volksheilkundlich harntreibend und entschlackend

LIEBSTÖCKEL/MAGGIKRAUT

Levisticum officinale – Apiaceae – Doldengewächse

Die als Suppengrün bekannte, bis zu 2 m hohe Pflanze mit ihrem stark aromatisch-bittersüß-hefeartigen Suppenwürzen-Geschmack und den leuchtend gelben Blüten war früher in jedem Hausgarten zu finden und ist durch Stockteilung gut vermehrbar. Verwechslung mit anderen essbaren Doldengewächsen wie Sellerie, Engelwurz, Bibernelle und Pastinaken ist möglich.

Küchentipps: Dieses typische Suppengewürz eignet sich auch gut für Kräutersalz und harmoniert in kleinen Mengen mit fast allen salzigen Gerichten. Frische, getrocknete oder gemahlene Blätter, Wurzeln und Früchte können verwendet und ohne Aromaverlust auch lange mitgekocht werden. ⊕ Liebstöckel ersetzt auf natürliche Weise sämtliche Geschmacksverstärker und Hefeextrakte und sollte deshalb achtsam dosiert werden.

I viel Vitamin C; ätherisches Öl mit „Maggi-Geruch"; Bitterstoffe; Cumarine; seltene geschmackstragende Aminosäuren; Liebstock-Wurzel: zusätzlich Harz, Gummi, Zucker (-25 %), Beta-Sitosterol

W aromatisch, sekretolytisch, cholagog, diuretisch, carminativ, antimikrobiell, östrogenmodulierende Wirkungen (Tierversuch), fallweise photosensibilisierend

A Gewürz und Heilpflanze, bei Appetit- und Verdauungsstörungen wie Blähungen, in Blasentees zur Durchspülungstherapie bei Harnwegsinfekten; verbreitet in Magenbitter-Likören

MAJORAN

Oreganum majorana – Lamiaceae – Lippenblütler

Diese wärmeliebende mehrjährige Staude blüht mit winzigen weiß-rosaroten Blütchen, duftet charakteristisch mediterran und schmeckt sehr aromatisch (ganz besonders der Goldmajoran) bis bitter-brennend.

Goldmajoran

Küchentipps: Verwenden Sie am besten frische oder getrocknete, abgerebelte Blättchen und Blütenknospen für mediterrane Gerichte, Kartoffel-Speisen, Kräutermischungen/Kräutersalz, da das Aroma auch getrocknet recht lange hält.

🄸 ätherisches Öl mit Sabinen-Abkömmlingen; Flavonoide; Phenolglycoside; Labiaten-Gerbstoffe mit Rosmarinsäure; Zimtsäuren; Bitterstoffe; Saponine

🅆 aromatisch, sekretolytisch, carminativ, antimikrobiell, antiviral, antioxidativ

🄰 Gewürz und Heilpflanze, bei Appetit- und Verdauungsstörungen; äußerlich als Salbe bei Husten, Schnupfen und Neuralgien; volkstümlich blutreinigend, bei Blasenleiden, Migräne, Kopfschmerzen und Husten; im Ayurveda als Öleinreibung bei Kopfschmerzen, Rheuma und Neuralgien, das Kraut innerlich bei Verdauungsstörungen und Erkältungen

Zitronenmelisse

MELISSE / ZITRONENMELISSE

Melissa officinalis – Lamiaceae – Lippenblütler

Diese mehrjährige, frisch-aromatisch-zitronig duftende Staude mit weißlich-lila-gelblichen Blüten bevorzugt sandige, trocken-warme Standorte und ist bei viel Regen sehr anfällig für Pilzbefall.

Küchentipps: Frische und getrocknete Blättchen eignen sich besonders für die süße und saure Küche, insbesondere für Fruchtsalate, Kompotte, Marmeladen, Säfte, Drinks (→ Rezept Melissen-Spritzer, S. 58) und Desserts. Frisch zerzupfte Melisse ist köstlich als Wasser/Getränks-Aromatisierung, gehackt aufs Butterbrot oder als mild-beruhigender Kräutertee.

Marokkanische Minze

🄸 ätherisches Öl mit viel Citral und Citronellal; Labiaten-Gerbstoffe mit Rosmarinsäure und Zimtsäuren; Cumarine; Flavonoide

🅆 aromatisch, sedativ, sekretolytisch, spasmolytisch, carminativ, antioxidativ; äußerlich: antimikrobiell und antiviral

🄰 Gewürz und Heilpflanze, Tee und Tropfen bei nervösen Schlafstörungen, Unruhe, Reizbarkeit, Angstzuständen und Herzbeschwerden, bei Verdauungs-Störungen wie Blähungen, Gallenbeschwerden und Bauchkrämpfen sowie bei schmerzhafter Regelblutung; äußerlich bei Hautentzündungen

MINZEN

Mentha-Arten – Lamiaceae – Lippenblütler

Pfefferminze/M. piperita, Orangen- und Zitronenminze/M. citrata, Krauseminze/M. crispa, Poleiminze/M. pulegium, Apfelminze/M. suaveolens und viele andere Arten wie Mojito-, Basilikum-, Marokkanische und Kärntner-Minze.

Alle Minzen haben einen typisch minzig-scharf-kühlenden Geruch und eher kühlen und hinterher brennenden Geschmack, jede in ihrer speziellen Aroma-Note. Sie breiten sich alle mittels unterirdischen Ausläufern aus und lieben es eher feucht bis halbschattig.

Küchentipps: Die Blätter eignen sich frisch oder getrocknet als Gewürz sowohl in der süß-sauren als auch salzig-pikanten Küche. Minzen aromatisieren besonders Lammfleisch (z. B. Kebab) und Geflügel, aber auch Getränke (→ Rezept für Buttermilch-Drink, S. 185), Liköre, Punsch und (Eis-)Tees. Achtung: Minze schmeckt vor, daher in Mischungen sparsam verwenden! Alle weiteren Informationen beziehen sich auf die Pfefferminze (= Heilpflanze).

Oregano

🅸 ätherisches Öl mit viel Menthol (täuscht Kältereiz vor); Labiaten-Gerbstoffe mit Rosmarinsäure und Zimtsäuren; Flavonoide

🅆 (vor allem das ätherische Öl): aromatisch, sekretolytisch, carminativ, cholagog, spasmolytisch, antimikrobiell, antiviral, antioxidativ, antitussiv

🅰 Gewürz und Heilpflanze, bei Appetit- und Verdauungsstörungen wie Bauchkrämpfen, Magenschmerzen, Gallenkoliken, Übelkeit, Erbrechen und Reizdarm, bei Erkältungskrankheiten; äußerlich für Erwachsene in Einreibungen bei Kopfschmerzen, Husten und Schnupfen

⊖ **Vorsicht:** *Minze darf nicht bei Kindern (Stimmritzenkrampf-Gefahr durch Menthol), bei Gallensteinen und schweren Lebererkrankungen angewendet werden!*

OREGANO / ECHTER DOST

Oreganum vulgare ssp. vulgare – Lamiaceae – Lippenblütler

Dieses wärmeliebende, nur bedingt winterharte Würzkraut mit typisch aromatisch-pfeffrigem Aroma stammt meistens von dieser Stammpflanze oder von über 50 anderen mediterranen Arten wie dem kretischen Oregano.

Küchentipps: Dieser fixe Bestandteil der italienischen Küche gehört untrennbar zu Pasta, Minestrone und Pizza, aber auch zu Hülsenfrüchten, Fleisch (→ Schweinsfilet-Rezept, S. 174) und Fisch genauso wie zu Antipasti und Salaten.

🅸 ätherisches Öl mit viel Carvacrol; Bitterstoffe; Labiaten-Gerbstoffe mit Rosmarinsäure

🅆 aromatisch, carminativ, antibakteriell

🅰 Gewürz und Heilpflanze, bei Appetit- und Verdauungsstörungen, insbesondere Blähungen

PETERSIL / PETERSILIE

Petroselinum crispum – Apiaceae – Doldenblütler

Dieses beliebte mild-süßliche bis scharfe Würzkraut liebt nährstoffreiche, feuchte, sonnig-halbschattige Standorte und sät sich gerne selbst aus.

Küchentipps: Die frischen Blätter und die Wurzel (als Gemüse) sind verwendbar. Durch Trocknen verliert Petersilienkraut viel Aroma, daher ist es besser, sie einzufrieren oder gehackt in Öl als Würzpaste (→ Rezept, S. 50, maximal 1 Woche haltbar) zuzubereiten. Petersiliengrün passt fast in jedes salzige Gericht.

🅸 viel Vitamin C; ätherisches Öl mit Apiol, Myristicin und Petersiliencampher; Flavonoide; Cumarine

🅆 aromatisch, sekretolytisch, antimikrobiell; Wurzeldroge: spasmolytisch, diuretisch, wehenauslösend; spezielle Petersilien-Öl-Extrakte zeigen SERM-Wirkung (~ Isoflavone).

🅰 Gewürz und Heilpflanze, bei Appetit- und Verdauungsstörungen. Petersilienwurzel bei Harnwegsinfekten

⊖ **Vorsicht:** *In größerer Menge kontraindiziert in der Schwangerschaft!* ⊖ *Die Früchte sind generell toxisch!*

Pimpinelle

PIMPINELLE

Sanguisorba minor – Rosaceae – Rosengewächse

Die als kleiner Wiesenknopf bekannte, auf kalkigen Böden wachsende Pflanze besticht durch ihre kugeligen, rötlichen „Knopf"-Blüten und die bezaubernd schönen gezähnten Blättchen, die jung einen ganz zart-mild-aromatischen, gurkenähnlich-nussigen Geschmack haben.

Küchentipps: Frische oder tiefgefrorene ganze Blätt-
chen passen besonders gut und hübsch zu Fischfilet,
Kartoffeln oder mariniertem Mozzarella, aber auch in
Saucen und Kräuteraufstriche.

🅸 Phenol- und Zimtsäuren; Gerbstoffe; Flavonoide;
Saponine

🆆 nicht als Heilpflanze in Verwendung

🅰 Gewürz

ROSMARIN

Rosmarinus officinalis – Lamiaceae – Lippenblütler

**Dieser mediterrane Strauch mit seinen nadelartigen
Blättern und blass-lila-rosa-blauen Blütchen, mit seinem herbwürzig-kieferähnlichen Geruch und bitter-her-
bem Geschmack ist bei uns nur in sehr geschützten Lagen winterhart.**

Küchentipps: Die frischen und getrockneten, brüchi-
gen Blätter passen gut zu mediterran-provenzali-
schen Salat-, Gemüse- und Kartoffel-Gerichten und
sind ideal als (Grill-)Würze für Fleisch und Fisch. Es
schmeckt nicht nur hervorragend, sondern vermindert beim Grillen und Braten auch die Entstehung
von krebserregenden Röst- und Kondensationsstof-
fen. Rosmarin ist nicht zum Einfrieren geeignet, aber
fixer Bestandteil von getrockneten französischen Gewürzmischungen („Herbes de Provence", „Fines herbes"), von Grillgewürzen auf Kräuterbasis und von
Kräutersalz.

🅸 ätherisches Öl mit Campher; Phenole und Phenolsäuren; Labiaten-Gerbstoffe mit viel Rosmarinsäure;
Flavonoide

🆆 aromatisch, sekretolytisch, choleretisch, spasmolytisch, hepatoprotektiv, antimikrobiell, antiviral,
stark antioxidativ, anticancerogen, fungistatisch

🅰 Gewürz und Heilpflanze, bei Appetit- und Verdauungsstörungen, bei Leber- und Gallenbeschwerden
und als Leberschutz; äußerlich: bei Rheuma und Ge-
lenksbeschwerden, Kreislaufschwäche und Erschöpfung sowie zur Wundheilung; volksmedizinisch zusätzlich bei Kopfschmerzen und Migräne, Koliken
und Menstruationsbeschwerden, bei Husten und
Harnwegsinfekten sowie äußerlich bei Sportverletzungen

Salbei

SALBEI

Salvia officinalis – Lamiaceae – Lippenblütler

**Der wuchsfreudige, stark verholzende Strauch mit sei-
nen großen, länglichen, silbrigen, wollig behaarten Blättern und violetten Blüten ist geschätzt wegen seines
waldig-harzig-bitter-herb-scharf-campherartigen Ge-
schmackes und Geruches. Er wächst gerne auf kalkigen,
trockenen Standorten und ist sehr robust.**

Küchentipps: Frische oder getrocknete Blätter passen besonders gut zu Kartoffel- oder Topfen-Gnocchi
(→ Rezept Topfen-Nocken, S. 127), Polenta- und Nudel-
gerichten. Auch Fleisch wie z. B. Saltimbocca, Fisch,
Brot wie z. B. Focaccia oder Kräutersalz lässt sich damit rassig-herb aufpeppen. Getrockneten Salbei sollten Sie sparsam verwenden, da das Aroma noch intensiver ist als bei frischer Verwendung (z. B. für köstliche
Salbeibutter).

🅸 ätherisches Öl mit viel Thujon; Phenole und Phenolsäuren; Labiaten-Gerbstoffe mit Rosmarinsäure;
Flavonoide; Ursolsäure

🆆 aromatisch, spasmolytisch, sekretostyptisch, antibakteriell, antiviral, stark antioxidativ; isoliertes Thujon: zentral erregend, psychomimetisch und abortiv

🅰 Gewürz und Heilpflanze, bei Appetit- und Verdauungsstörungen, bei übermäßigem Schwitzen,

zum Abstillen; äußerlich bei Halsschmerzen, Mundschleimhautentzündungen, Aphten, Fieberblasen und Hautentzündungen sowie zur Wundheilung

SAUERAMPFER

Rumex acetosa – Polygonaceae – Knöterichgewächse

Diese typische „Zeigerpflanze" für nährstoffreiche (überdüngte) Böden ist mit ihren säuerlich-frisch bis streng-sauer schmeckenden Blättern nicht bei jedermann beliebt.

Küchentipps: Frische und junge Blätter, z. B. zu saurer Sauce verarbeitet, passen recht gut zu Fisch oder ergänzen einen Wildkräutersalat. Besser verwenden Sie Ampfer nur in kleinen Mengen, da die sauren Inhaltsstoffe eher magenreizend sind.

I Vitamin C, Oxalate und freie Oxalsäure; Zucker; Gerbstoffe; Flavonoide

W sekretolytisch, diuretisch, Mineralstoff-komplexierend (z. B. Calcium)

A Gewürz und Wildgemüse; volkstümlich zur Durchspülungstherapie bei Harnwegsinfekten und zur „Blutreinigung"

SCHNITTLAUCH

Allium schoenoprasum – Alliaceae – Lauchgewächse

Wer kennt dieses scharf-zwiebelig schmeckende Universalküchenkraut mit seinen zart-röhrigen Stängeln und dekorativen violetten „kugeligen" Blütenständen nicht? Es wächst nicht nur im Topf, sondern auch im Garten als „Graslauch" auf kalkig-feuchten Böden, lässt sich mehrmals abernten und ist winterhart.

Küchentipps: Schnittlauch können Sie nur frisch oder tiefgefroren auf fertige Gerichte streuen, da er nicht zum Trocknen und nur bedingt zum Mitkochen geeignet ist.

I viel Vitamin C; scharfe Aromastoffe: Aus Sulfoxiden wie Alliin werden bei Gewebsverletzung Senföle mit Thiosulfinaten freigesetzt; Saponine.

W aromatisch, schleimhautreizend, sekretolytisch, diuretisch, leicht antiseptisch, fungistatisch

A Gewürz und Heilpflanze, bei Appetit- und Verdauungsstörungen

Myrrhenkerbel

SCHNITTSELLERIE

Apium graveolens – Apiaceae – Doldenblütler

Das auch als Staudensellerie oder Blattsellerie bekannte, über 1 Meter hohe Küchenkraut überwintert unkompliziert und kommt jedes Jahr noch üppiger wieder.

Küchentipps: Blätter und dünne Stängel passen klein gehackt gut in Topfenaufstriche, Eiersaucen, Gemüsesuppen (nicht mitkochen) und Salate. Getrockneter Schnittsellerie ist perfekt geeignet für Kräutersalz – entweder als reines Selleriesalz oder in Mischungen. Es empfiehlt sich jedoch, ihn vorsichtig zu dosieren, da er sehr intensiv schmeckt.

I ätherische Öle mit geruchsbestimmenden Phtaliden und Selinen

W aromatisch, sekretolytisch

A Gewürz

SÜSSDOLDE / MYRRHENKERBEL

Myrrhis odorata – Apiaceae – Doldengewächse

Der Myrrhenkerbel oder Aniskerbel ist eine ausdauernde europäische Kultur-Pflanze mit zartgelben Blüten und zart-lakritzartig-süß schmeckenden Blättern und Früchten (frisch). Sie wächst auf leicht feuchtem, durchlässigem Boden und liebt es halbschattig bis sonnig.

Küchentipps: Das Süßkraut ist gut für cremig-fruchtige Desserts wie Obstsalat oder Erdbeer-Eis verwendbar und eignet sich ideal zum „Zuckersparen".

I ätherisches Öl mit viel Anethol; Flavonoide; fettes Öl

W aromatisch, sekretolytisch

A Gewürz

⊖⊖ **Vorsicht:** Keinesfalls wild sammeln, da es sehr (!) giftige Verwandte gibt!

THYMIAN

Thymus vulgaris – Lamiaceae – Lippenblütler

Dieser kleine, holzige, winzig nadelig beblätterte mediterrane Strauch liebt Sonne und trockene, kalkige, sandige Standorte und überwintert in unseren Breiten meist tadellos. Der scharf-brennende, etwas bittere Geschmack und typisch medizinische Geruch sind unverkennbar. Es gibt viele weitere Thymiansorten und auch eine einheimische Wildform, den Quendel.

Küchentipps: Es empfiehlt sich, die abgerebelten, frischen oder getrockneten Blättchen sparsam zu verwenden, da das Aroma sehr intensiv ist. Thymian gehört zu den „Herbes de Provence" und eignet sich gut für süßliche Gemüse, Kartoffeln, Eier, Suppen, Fleisch und Fisch. Zitronenthymian harmoniert besonders gut mit Fisch und Obstsalat.

ℹ️ ätherisches Öl mit viel Thymol; Flavonoide; Bitterstoffe; Zimtsäuren; Labiaten-Gerbstoffe mit Rosmarinsäure; Acetophenone

Ⓦ aromatisch, sekretolytisch, spasmolytisch, antioxidativ, antibiotisch, antibakteriell (z.B. auch gegen Helicobacter pylori), äußerlich: virustatisch, fungizid und im Tierversuch blutdrucksenkend

🅰 Gewürz und Heilpflanze, bei Appetit- und Verdauungsstörungen wie Blähungen und Krämpfen; Tee oder Tropfen innerlich bei Bronchitis, Keuchhusten und Erkältung; äußerlich für Erkältungsbäder und -umschläge, Mundspülungen/Gurgellösungen (1 Tropfen mit viel Wasser) und in Rheuma-Einreibungen

⊖ **Vorsicht:** *Ätherisches Thymianöl ist extrem scharf und darf nur verdünnt zugeführt werden!*

VOGELMIERE

Stellaria media – Caryophyllaceae – Nelkengewächse

Dieses typische, stark wuchernde „Pionierunkraut" überwuchert besonders gerne frisch umgegrabene, offene Flächen, blüht bezaubernd mit winzigen kleinen Sternchen und schmeckt sehr mild, fast nach jungem Mais oder zart-erbsig.

Küchentipps: Wildgemüse für „Einsteiger", das jung und frisch wunderbar als milde Basis für Green Smoothies (statt Vogerlsalat), Wildkräutersalate und -suppen dient.

ℹ️ herausragend hoher Vitamin-C-Gehalt; Eisen; Carotinoide; Flavonoide; Samenöl: Gamma-Linolensäure, Vitamin A, E und K

Ⓦ sanft sekretolytisch, schleimlösend

🅰 Wildgemüse; volksmedizinisch als Verdauungshelfer und bei Husten

YSOP

Hyssopus officinalis – Lamiaceae – Lippenblütler

Der ausdauernde mediterrane Halbstrauch mit seinen herb-würzigen Blättchen und blauen (oder weißen) Blüten gedeiht auch bei uns auf kalkigen, trockenen, sonnigen Böden. Ysop/Josephskraut wird seit dem Mittelalter als Heilkraut in Klostergärten kultiviert.

Küchentipps: Frische oder getrocknete Ysopblätter eignen sich hervorragend für Kräutersalzmischungen/Kräuterbutter sowie für mediterran-orientalische Gemüse-, Eier-, Nudel-, Kartoffel-, Fisch-, Fleischgerichte und insbesondere für Suppen wie z.B. Kartoffelsuppe. Häufig ist Ysop auch in Mischungen wie „Herbes de Provence" und „Fines Herbes" enthalten.

ℹ️ ätherische Öle mit viel Pinocamphon; Labiaten-Gerbstoffe mit Rosmarinsäure; Zimtsäuren; Flavonoide mit dem Bitterstoff Diosmin

Ⓦ aromatisch, sekretolytisch, expectorierend, antimikrobiell, z.B. gegen Tuberkulosebakterien und Candidapilze, antiviral, anthelminthisch; Diosmin: antiphlogistisch und blutgefäßschützend

🅰 Gewürz; bei Appetit- und Verdauungsstörungen; volksmedizinisch bei Husten und Halsschmerzen

Ysop

GLOSSAR

abortiv: Schwangerschaftsabbruch-auslösend, abtreibend

anästhetisch: (lokal) betäubend

analgetisch: schmerzstillend, Schmerz-entgegenwirkend

antiatherogen: Atherosklerose-entgegenwirkend, -vorbeugend

antiasthmatisch: Asthma-entgegenwirkend, -vorbeugend

anticancerogen: Krebs-verhindernd, -hinauszögernd

antidiabetisch: gegen Zuckerkrankheit wirksam, blutzuckersenkend

antidiabetogen: schützend vor Zuckerkrankheit

antidiarrhoeisch: gegen Durchfall wirkend

antihyperlipidämisch: erhöhten Blutfetten entgegenwirkend

antihyperton: Bluthochdruck-entgegenwirkend, blutdrucksenkend

antiinflammatorisch/antiphlogistisch: entzündungshemmend

antimikrobiell: wachstumshemmende/-mindernde Wirkung auf Mikroben

antimutagen: Erbinformation vor Mutationen schützend

antimykotisch: wachstumshemmende/-mindernde Wirkung auf Pilze

antiödematös: Wassereinlagerungen und Schwellungen entgegenwirkend

antioxidativ: vor Zellalterung schützend, verschleißbremsend, „Zellfeuerwehr, Brandschutz", z. B. Schutz vor Ranzigwerden von Fetten

antiphlogistisch: entzündungshemmend

antiproliferativ: überschießender (Tumor-)Zellvermehrung entgegenwirkend

antipyretisch: fiebersenkend

anthelminthisch: gegen Würmer wirksam

antithrombotisch: gerinnungshemmend, Schutz vor Blutverklumpung

antitumoral: Tumoren entgegenwirkend, gegen Krebs wirksam

antiseptisch: keimwidrig, desinfizierend

antiulcerogen: gegen Schleimhäutgeschwüre wirksam

aphrodisierend: sexuell anregend

aquaretisch: wassertreibend, entwässernd

aromatisch: aromagebend

cardioprotektiv: Herz-schützend, risikomindernd im Herz-Kreislaufsystem

carminativ: blähungslösend

cholagog: galletreibend (Galleproduktion oder Gallenblasenentleerung anregend)

choleretisch: die Galleproduktion in der Leber anregend

cholesterinsenkend: günstig regulierend auf bestimmte Blutfette

cytoprotektiv: zellschützend

diuretisch: harntreibend

expectorierend: Auswurf-fördernd (bei Husten)

fungistatisch: Pilzwachstum-hemmend, -bremsend

galactagog: milchtreibend, milchbildend

hepatoprotektiv: leberschützend

hepatotrop: Leberstoffwechsel-unterstützend

immunmodulierend: die Infektabwehr beeinflussend, unterstützend

immunstimulierend: die Infektabwehr anregend, unterstützend

insektizid: Insekten abtötend

lipotrop: Fettabbau-fördernd

344

MAO-hemmend: Monoaminooxidase-Enzymhemmung

neuroprotektiv: schützende Effekte auf Nervengewebe und Gehirn

oculoprotektiv: schützend bei/vor (altersbedingten) Augenerkrankungen

osteoprotektiv: knochenschützend und -stärkend

phototoxisch: lichtsensibilisierend, Lichtallergie-auslösend

präbiotische/prebiotische Wirkung: Stoffe, die als Darmflora-Nährstoffe und/oder über Ansäuerung das Wachstum bestimmter erwünschter (kurzkettige Fettsäuren bildender) Darmbakterien fördern und damit die Darm-Mikrobiota günstig beeinflussen

probiotische Wirkung: konzentrierte Darmbakterienpräparate, die die Darmflora/Darm-Mikrobiota günstig beeinflussen

psychomimetisch: auf das Nervensystem einwirkend

sedativ: beruhigend, dämpfend auf das Nervensystem

sekretolytisch: Verdauungssekret-anregend, schleimlösend bis schleimhautreizend

sekretostyptisch: Sekretfluss-bremsend (z. B. Speichel, Schweiß)

spasmolytisch: krampflösend

virustatisch: hemmend auf die Vermehrung von Viren

KÜCHENGLOSSAR

Batate: trop. Süßkartoffel(pflanze)

Brösel: Semmelbrösel, Paniermehl

Dirndln: Kornelkirschen

Eidotter: Eigelb

Eiklar: Eiweiß

Erdäpfel: Kartoffel

Faschiertes: Hackfleisch

Fisolen: grüne Gartenbohne

Fleckerl: quadratisch geschnittenes Nudelteigstück

Frittaten: in Streifen geschnittene Pfannkuchen oder Palatschinken

Germ: Hefe

Gröstl: Speise aus gerösteten Kartoffeln

Heidelbeere: Blau-, Schwarzbeere

Karfiol: Blumenkohl

Karotte: Möhre

Kohl: Wirsing

Kren: Meerrettich

Lauch: Porree

Marille: Aprikose

Melanzani: Aubergine

Nocken/Nockerln: Klößchen

Orange: Apfelsine

Palatschinke: Pfannkuchen

Panir: indischer Frischkäse mit krümeliger bis schnittfester Konsistenz

Pecorino: ital. Hartkäse aus Schafsmilch

Pelati/Polpa: Dosentomaten

Pfefferoni: Peperoni

Polenta: Maisgrieß

Ribisel: rote Johannisbeere

Rohne: Rote Bete, Rote Rübe

Rotkraut, Blaukraut: Rotkohl, Blaukohl

Sauerrahm: Saure Sahne

Schlagobers: Süße Sahne

Schwammerl: Pilz

Spatzln/Spätzle: Teigwaren

Sugo: (Tomaten)Sauce

Topfen: Quark

Weißkraut: Weißkohl

Zwetschke: Zwetschge

DANKE

Danke,
Stephan!

Dieses Buch ist in eineinhalb Jahren intensiver Arbeit – nicht nur aus eigener Kraft und Konzentration – entstanden. Direkt oder indirekt sind zahlreiche Menschen am Endprodukt mitbeteiligt. All diesen danke ich sehr herzlich für ihren wichtigen Beitrag – allen voran meiner Familie:

Lieber Stephan und lieber Felix! Euch, meinen ehrlichsten Testessern, möchte ich ganz besonders für eure Rundum-Unterstützung danken. Ihr musstet nicht nur meine monatelange mehr oder weniger ausgeprägte „einseitige" geistige „Beschäftigtheit" aushalten, sondern standet mir auch als Diskussionspartner, als Lektoren, rettende Computertechniker, Gourmet- und Sach-Kritiker im besten Sinne des Wortes zur Seite. Ganz speziell danke ich dir, lieber Stephan, für das geduldige, genaue Lektorieren des Manuskriptes und das hingebungsvolle Photographieren vieler Gerichte, Stillleben und Kräuter und die dabei entstandenen verlockend-schönen Bilder.

Liebe Larissa! Danke für dein genaues, bestärkendes Fachlektorat einiger ernährungswissenschaftlich relevanter Teile dieses Buches.

Liebe Mama, liebe Omas und Uromas! Danke, dass ihr mir gutes, gesundes und liebevolles Kochen vorgelebt habt und ich es so ganz einfach „nebenher" lernen konnte. Danke euch, dass ihr Familienrezepte bewahrt und manche davon auch in schriftlicher Form weitergegeben habt, wie z.B. das mich sehr berührende Kriegs-Kochbuch von Uromi Grete (das im Gewürzteil abgebildet ist).

Liebe Köchinnen und Köche meines Umfeldes – darunter meine Schwiegermama, mein Bruder und meine Freundinnen! Eure Kochrezepte, Kochbuch- und hausgemachten kulinarischen Geschenke, besonders die Gespräche und Unternehmungen bezüglich Wildkräutern, Gewürzen und Permakultur-Anbaumethoden, haben mich als Hobbyköchin und -gärtnerin sehr inspiriert. Einige von euch sind namentlich bei den Rezepten erwähnt.

Liebe Frau Dr. Bays! Danke für die tiefgehende Inspiration durch Ihr Buch „Achtsam essen", von welchem ich mir wünsche, dass es noch vielen anderen Menschen dienlich ist. Es motiviert mich, diese Ess-Haltung in diesem Buch vorzustellen, selbst beim Kochen und Essen immer wieder zu üben und auch fallweise „Achtsam-essen"-Workshops anzubieten.

Liebe KollegInnen der Nährstoff-Akademie-Salzburg, liebe ApothekerInnen und PKAs, liebe ÄrztInnen! Ich danke Ihnen/euch für den fachlichen Austausch, das Teamwork, Ihre/eure Bücher und Fachartikel sowie das gemeinsame Bemühen, das Ernährungs- und Nährstoff-Wissen weiterzugeben, um die Epidemie an ernährungsbedingten Krankheiten einbremsen zu helfen.

Liebes Löwenzahn-Verlagsteam, liebes Layout-Team und lieber Verleger! Danke für Ihre Offenheit, Ihr Vertrauen und die kreative, hochprofessionelle und dennoch unkomplizierte Herangehensweise an mein umfassendes Manuskript. Sie alle machten mein Buch in dieser stimmigen, schönen und ausgereiften Form erst möglich – herzlichen Dank für die erfreuliche Zusammenarbeit!

Liebe Vortrags- und Seminar-Teilnehmer! Danke für Ihr/euer Interesse, die vielen anregenden Fragen und die wiederholte Nachfrage nach einem Buch. Sie/ihr wolltet immer wieder wissen, welche Literatur ich empfehle und wo das alles „drinnen steht", was ich vortrage – Sie/ihr waren/wart es im Grunde, die mir den „Schubs" gaben zum Ratgeber-Kochbuch-Schreiben.

Liebe Ernährungsberatungs-Klienten und liebe Apotheken-Kunden! Danke auch Ihnen, durch deren ganz persönliche gesundheitliche Fragestellungen ich mich immer tiefer in bestimmte Teilbereiche der Ernährung, Medizin und Pharmazie hineinarbeiten musste und so ständig dazulern(t)e.

Für diese beiden letzten Gruppen ratsuchender Menschen und für die vielen Kolleginnen und Kollegen in den Apotheken, aber auch für Ärzte und Professionisten aus sonstigen Gesundheitsberufen, die ebenfalls viele Kunden, Patienten und Klienten unterstützen, ist dieses Buch (bewusst in bildreicher, großteils möglichst laienverständlicher Sprache) hauptsächlich geschrieben, möge es für Sie hilfreich sein – inspirierend, motivierend und informierend.

Gott sei Dank! Danke dem Leben, dass ich in einem freien Land in Frieden geboren, gesund und munter bin, eine liebe, stabile Familie und einen großen, fruchtbaren Garten habe! Dass ich mir mein Privatleben, meine Ausbildungen, Fortbildungen und meine Berufe so kreativ und frei gestalten konnte und kann, dass ich auch Zeit zum genussvoll-achtsamen Kochen und Essen, für Yoga und Meditation, zum Wandern und für sonstige Outdoor-Bewegung sowie gärtnerisch-phytopharmazeutische Experimente habe. Besonders danke ich für die Gabe des Vortragens, des motivierenden Unterrichten- und Beraten-Könnens, die mir immer wieder von Zuhörern und Klienten bestätigt wird. Ich hoffe, ein bisschen etwas davon ist auch in diesem Buch spürbar, obwohl mir bewusst ist, dass meine Stärke das lebendige Sprechen ist. Dennoch: Das Schreiben des Buches war mir eine Freude – das Lesen hoffentlich auch.

Karin Hofinger
Igls, im Juli 2016

LITERATUR

Hier finden Sie verwendete sowie weiterführende Literatur (auch einige wenige meiner vielen Kochbücher sind dabei; ausgewählte, persönliche Lieblingsbücher sind in Grün markiert).

LITERATUR FÜR NICHT-FACHLEUTE UND FACHLEUTE:

Bays, J., *Achtsam essen – Vergiss alle Diäten und entdecke die Weisheit deines Körpers*, Arbor, 2009

Bissegger, M., *Meine wilde Pflanzenküche*, AT-Verlag, 2011

Brunner, S. u. M., *Permakultur für alle*, Löwenzahn, 2007

Buchinger, O., *Das Heilfasten und seine Hilfsmethoden als biologischer Weg*, Hippokrates, 1935–2005

Burke, P., *Der Salatgarten für zuhause*, Löwenzahn, 2016

Dähnke, R., *Pilzsammlers Kochbuch*, Gräfe und Unzer (vergriffen)

Dörler, G., *Alt Tiroler Natur-Apotheke*, Pinguin, 1986 (vergriffen)

Elmadfa, I., Aign, W., Muskat, E., Fritsche, D., *Die große GU Nährwert Kalorien Tabelle*, Gräfe und Unzer, 2014/15

Fasano, A., *Die ganze Wahrheit über Gluten*, südwest, 2015

Frawley, D., *Yoga und Ayurveda*, Windpferd, 2010

Frawley, D., Lad, V., *Die Ayurveda Pflanzenheilkunde – Der Yoga der Kräuter*, Windpferd, 2011

Frawley, D., *Soma – Verjüngung und Unsterblichkeit*, Windpferd, 2012

Goedecke, T., Vormann, J., *Chronisch übersäuert?*, fonamed, 2003

Goris, E., *Unser kläglich Brot – Gute Ernährung kommt nicht aus der Tüte*, Droemer, 2007

Grimm, H. U., *Chemie im Essen*, Knaur, 2013

Grimm, H. U., *Garantiert Gesundheits Gefährdend – Wie uns die Zuckermafia krank macht*, Knaur, 2013

Gröber, U., *Vitamin D*, WVG Stuttgart, 2012

Kiefer I., Zifko, U., *brainfood – Fit im Kopf durch richtige Ernährung*, Kneipp, 2006

Kirchmaier, V., *Xundheit – Genießen leicht gemacht*, Tyrolia, 2006

Kochhars, A., *Die neue indische Küche*, Christian Verlag, 2005

Koerber, K., Hohler, H., *Nachhaltig genießen – Rezeptbuch für unsere Zukunft*, Trias, 2012

Löwenstein, F., *Food Crash – Wir werden uns ökologisch ernähren oder gar nicht mehr*, Pattloch, 2011

Loewit, G., *Wie viel Medizin überlebt der Mensch?*, Haymon Verlag, 2015

Mörixbauer, A., *M wie Milch – Mythen und Meinungen*, ernährung heute, 1, 2015

Münzing-Ruef, I., *Kursbuch gesunde Ernährung*, Heyne, 2004 (7. A.)

Ortner, M., Zachl, E., *Permakultur-Gärten sind anders*, Österreichisches Institut für angewandte Ökopädagogik, Stainz, 2009

Rauch, E., Mayr, P., *Milde Ableitungsdiät (nach F. X. Mayr)*, Haug, 2001

Ravnskov, U., Polmer, U. (Hrsg.), *Mythos Cholesterin – die größten Irrtümer*, Hirzel, 2008

Rhyner, H., Rosenberg, K., *Das große Ayurveda Ernährungsbuch*, Königsfurt Urania, 2008

Roth, H. J., *Unser täglich Gift*, Hirzel, 2013

Sabnis, N. S., *Das große Ayurveda-Kochbuch*, AT-Verlag, 2007

Schlett, S., *Die 100 wichtigsten Lebensmittel – Mit der richtigen Ernährung vor Krankheiten schützen*, Zabert Sandmann, 2006

Schroth, R., *Chancen der Orthomolekularen Medizin*, Ralf Reglin, 2002

Schrott, E., Ammon, H. P. T., *Heilpflanzen der westlichen und ayurvedischen Medizin*, Springer, 2012

Schrott, E., Schachinger, W., *Handbuch Ayurveda*, Trias, 2005

Schrott, E., *Ayurveda – das Geheimnis Ihres Typs*, Goldmann, 2003

Schuhbeck, A., *Meine Reise in die Welt der Gewürze*, Zabert Sandmann, 2011

Souci-Fachmann-Kraut, *Lebensmitteltabelle für die Praxis*, Wiss. Verl. GmbH, 2004

Switzer, J., *Dr. Switzers Heilkräftige Wildkräuter-Vitalkost-Rezepte*, Ayurveda Health & Beauty Verlag, 2011

Thea, *Einfach Kochen*, Thea Kochbuch Nr. 11 (keine Angaben)

Uhl, A., Bachmayer, S., Schmutterer, I., Strizek, J., *Handbuch Alkohol – Österreich*, BMG 2015

Volm, C., *Meine liebsten Wildpflanzen rohköstlich – sicher erkennen, vegan genießen*, Ulmer, 2013

WHO, *Staus report on Alcohol and Health in 35 European Countries 2013*, Kopenhagen, 2013

Wallecek, S., *Die Walleczek-Methode – Ohne Diät zum Wunschgewicht*, Ueberreuter, 2007

Zöls, D., Zirkelbach, C., *Wie Zen schmeckt – Die Kunst des achtsamen Genießens*, Kösel, 2010

BROSCHÜREN/KURZ-RATGEBER FÜR NICHT-FACHLEUTE UND FACHLEUTE:

E-Nummern-Broschüre der Arbeiterkammer Österreich, Abteilung Konsumentenschutz

Die Nährstoffe – Bausteine für Ihre Gesundheit, Deutsche Gesellschaft für Ernährung (www.dge-medienservice.de)

Gesund durch ausreichend Vitamine, Mineralstoffe und Spurenelemente, Nährstoff-Akademie-Salzburg (www.naehrstoff-akademie.com)

Unsere Lebensmittel Serie: (Getreide, Milch, Fleisch, etc. mit Kalorientabellen), Gesellschaft für zeitgemäße Ernährung (GZE) und Österr. Gesellschaft für Ernährung (ÖGE) – www.oege.at/bestellservice

FACHLITERATUR:

Ammon, H.P.T. (Hrsg.), Schubert-Zsilavecz, M. (Hrsg.), *„Hunnius - Pharmazeutisches Wörterbuch"*, Verlag Walter de Gruyter, 2014

Austria Codex Fachinformation, Österreichische Apothekerverlagsgesellschaft, 2016

Biesalski, H.-K., Grimm, P., *Taschenatlas der Ernährung*, Thieme Verlag, 2015

Biesalski, H.-K., Bischoff, S.C., Puchstein, C. *„Ernährungsmedizin"*, Thieme Verlag 2010

Biesalski, H.-K., *„Vitamine und Minerale – Mikronährstoffe sicher und gezielt ergänzen"*, Thieme 2016

Bundesministerium für Gesundheit und Frauen, Institut für Ernährungswissenschaften der Universität Wien; *Österreichischer Ernährungsbericht 2012* (2016 in Bearbeitung)

Böhm, U., Muss, C., Pfisterer, M., *Rationelle Diagnostik in der Orthomolekularen Medizin*, Hippokrates, 2004

Brubacher, G., *Was versteht man unter subklinischem Vitaminmangel, in: Mangelernährung in Europa*, WVG Stuttgart, 1982, S. 54

Diener, H., *Fachlexikon Arzneipflanzen und Drogen*, Harri Deutsch, 1987

Choi, H. K. et al., *Vitamin C intake and the risk of gout in men; a prospective study*, Arch Intern Med, 2009; 169: 502–507

Doenecke, D., Koolmann, J., Fuchs, G., Gerok, W., *Karlsons Biochemie und Pathobiochemie*, Thieme, 2005

Ekmekcioglu, C., Marktl, W., *Essentielle Spurenelemente – Klinik und Ernährungsmedizin*, Springer, 2006

Ettenauer, T. *Gaschromatographische Analyse der im Speicherfett des österreichischen Alpenlachs enthaltenen Fettsäuren*; Diplomarbeit an der Universität Wien, Institut für Ernährungswissenschaft, 2010

Eussen, S., Alles, M., Uijterschou, L. et al., *Iron intake and status of children aged 6-36 months in Europe: a systematic review.* Ann Nutr Metab 66, 2015; 80–92

Fink, E., *Ernährung und Diätetik für die Kitteltasche*, WVG Stuttgart, 2008

Fuchs, N., *Mit Nährstoffen heilen*, Ralf Reglin, 2001

Gröber, U., *Mikronährstoffe – Metabolic Tuning – Prävention – Therapie*, WVG Stuttgart, 2011

Gröber, U., *Orthomolekulare Medizin*, WVG Stuttgart, 2008

Gröber, U., *Arzneimittel und Mikronährstoffe*, WVG Stuttgart, 2014

Hahn, A., *Nahrungsergänzungsmittel und ergänzende bilanzierte Diäten*, WVG Stuttgart, 2006

Hahn, A., Ströhle, A., Wolters, M., *Ernährung – Physiologische Grundlagen, Prävention, Therapie*, WVG Stuttgart, 2006

Holtmeier, H. J., *Ernährung und Diät*, ecomed, 2002, Grundwerk und Ergänzungslieferungen

Koerber, K., Männle, T., Leitzmann, C., *Vollwert-Ernährung – Konzeption einer zeitgemäßen und nachhaltigen Ernährung*, Haug, 2012

Koolmann, J., Röhm, K.- H., *Taschenatlas der Biochemie*, Thieme, 2009

Kuklinski, B., van Lunteren, I., *Zellschutz mit Antioxidanzien*, LebensBaum, 2003

Leitzmann, C., Müller, C., Michel, P., Brehme, U., Hahn, A., Laube, H., *Ernährung in Prävention und Therapie*, Hippokrates, 2009

Leitzmann, C., Keller, M., *Vegetarische Ernährung*, Eugen Ullmer, 2010

Melnik, B. C., *The pathogenic role of persistant milk-signaling in mTORC1- and Milk-MicroRNA driven Typ II Diabetes Mellitus*, Curr Diabetes Rev 2015, Jan 2013 (Epub ahead od. print)

Mörixbauer, A., *M wie Milch – Mythen und Meinungen*, ernährung heute, 1, 2015

Nawroth, P., Ziegler, R. (Hrsg.), *Klinische Endokrinologie und Stoffwechsel*, Springer, 2001

Pietrzik, K., Golly, I., Loew, D., *Handbuch Vitamine*, Urban und Fischer, 2008

Püschel et al., *Taschenlehrbuch Biochemie*, Thieme, 2011

Sander, Ohlenschläger, *Ernährungsmedizin – Prävention und Therapie*, Elsevier, 2006

Stanger, O., *Homocystein – Grundlagen, Klinik, Prävention*, W. Maudrich, 2004

Stirban, A., *Pathogenetische Rolle der Advanced Glycation Endproducts*, in: *Diabetes, Stoffwechsel und Herz*, Band 20, 3/2011

Ternes, W., Täufel, A., Tunger, L., Zobel, M., *Lexikon der Lebensmittel und der Lebensmittelchemie*, WVG Stuttgart, 2005

Teuscher, E., *Gewürzdrogen – Handbuch der Gewürze, Gewürzkräuter … und ihrer ätherischen Öle*, WVG Stuttgart, 2003

Trauner, M., MedUniWien, *Interview zur Volkskrankheit Fettleber,* zitiert unter www.forumgesundheit.at

Uhl, A., Bachmayer, S., Schmutterer, I., Strizek, J., *Handbuch Alkohol – Österreich*, Bundesministerium für Gesundheit, 2015

VFED (Verb. F. Ernährung und Diätetik), *Praxis der Diätetik und Ernährungsberatung*, Hippokrates, 2002

Vogelsang, H., *Fructose im Fokus, Journal für Ernährungsmedizin/JEM*, 16. Jg. Nr. 1, 2016

Widhalm, K., Hofbauer, A., *Konkrete Maßnahmen müssen folgen*, Editorial, Journal für Ernährungsmedizin/JEM, 15. Jg., Nr. 1, 2015

World Cancer Research Fund International (WCRF), *Curbing global sugar consumption: effective food policy actions help to promote healthy diets & tackle obesity*, WCRF, 2015

World Health Organization (WHO), *Guideline: Sugars-intake for adults and children*, WHO, 2015

Worlischek, M., *Die Praxis des Säure-Basen-Haushaltes*, Haug, 2003

Zerm, R. et al., *Hafertage bei Diabetes mellitus Typ II und ausgeprägter Insulinresistenz*, Ernährung & Medizin 2014; 29: 13–15

FACHZEITSCHRIFTEN:

Ernährung & Medizin (VFED), Hippokrates-Verlag, www.medizinverlage.de

Ernährungs-Umschau (DGE), www.ernaehrungs-umschau.de

Ernährung aktuell (ÖGE), www.oege.at

Journal für Ernährungsmedizin, Verlagshaus der Ärzte GmbH, jem@aerzteverlagshaus.at

Nährstoff-News (Nährstoff-Akademie-Salzburg), www.naehrstoff-akademie.com

Österreichische Apotheker-Zeitung, Österreichische Apothekerverlagsgesellschaft, www.apoverlag.at

OM – Zeitschrift für Orthomolekulare Medizin, Hippokrates-Verlag, om-zeitschrift@medizinverlage.de

Umwelt-Medizin-Gesellschaft, Forum Medizin Verlagsgesellschaft mbH, www.forum-medizin.de

GENANNTE UND WEITERFÜHRENDE LINKS:

www.ages.at (Agentur für Ernährungssicherheit Österreich; prüft z. B. Schadstoffe in Fischen)

www.aid.de (Infodienst für Ernährung, Landwirtschaft und Verbraucherschutz; u. a. Ernährungspyramide)

www.alkoholohneschatten.at (Verein für verantwortungsvollen Umgang mit Alkohol)

www.arche-noah.at (Verein zum Erhalt, der Verbreitung und Entwicklung vom Aussterben bedrohter Kulturpflanzen)

www.attac.at (Bewegung für ökologische, demokratische, soziale, nachhaltige Entwicklung)

www.bio-austria.at (Netzwerk österreichischer Biobäuerinnen und Biobauern)

www.bund.net (Bund für Umwelt und Naturschutz; Fleischatlas Deutschland 2014 und 2016)

www.das-ist-drin.de (Informations- und Rechercheportal für Verbraucher; u. a. Inhaltsstoffe von Fertigprodukten)

www.diabetes-verhindern.at (Diabetes-Früherkennungs-Inititiave des ÖIAE)

www.ernährungssouveränität.at/nyeleni (Bewegung für Ernährungssouveränität, Nyelini Austria)

www.fairerhandel.de (Netzwerk fairer Handel; Information zu fairtrade-Initiativen)

www.forum-gesundheit.at, unter anderem Dr. Michael Trauner zur Fettleber

www.greenpeace.at (Umweltorganisation; u. a. Information zu Lebensmitteln, insbesondere Fisch)

www.nachhaltig-einkaufen.de (Verbraucherinitiative; u. a. Nachhaltigkeitsratgeber)

www.nachhaltige-ernaehrung.de (Beratungsbüro für ErnährungsÖkologie München, Dr. Karl von Koerber)

www.oege.at (Österreichische Gesellschaft für Ernährung)

www.oephg.eu (Österreichische Pharmazeutische Gesellschaft)

www.optimix-schmeckt.de (Tabellenwerk und Rezepte zum vernünftigen Abnehmen; Deutsche Gesellschaft für Ernährung)

www.permakultur.net (Permakultur-Bewegung Österreich; u. a. Selbstversorgung, Ökologisierung, Wachstumsbegrenzung)

www.phytotherapie.at (Österreichische Gesellschaft für Phytotherapie)

www.purinrechner.de (Deutsche Gichtliga; Hilfestellung für Gichtkranke)

www.reinsaat.co.at (Gemüse-, Kräuter- und Blumensaatgut aus biologisch-dynamischem und biologisch-organischem Anbau)

www.slowfoodaustria.at (Slowfood-Bewegung Österreich; u. a. saubere, faire Lebensmittel, regionale Spezialitäten)

www.uni-giessen.de/geb/volltexte (vegetarische und vegane Ernährungspyramide)

www.vebu.de (Deutscher Vegetarierbund; u. a. vegane Ernährungspyramide)

www.viacampesina.at (Österreichische Berg-/Klein-Bauernvereinigung)

www.was-wir-essen.de (aid-link: Verbraucher-Informationsportal zu Lebensmitteln)

REGISTER

REZEPTREGISTER

Das umfassende Nachschlagewerk lässt Kräuter bei Ihnen zu Hause gesund und üppig sprießen!

Mit dem erprobten Praxiswissen von Andrea Heistinger und Arche Noah versorgen Sie sich das ganze Jahr über mit der besten Kräutervielfalt! Neben wichtigen Grundlagen zum biologischen Anbau beschreibt die Gartenexpertin alle Kräuter in ausführlichen Porträts: an welchen Standorten fühlen sich Kräuter wohl, welche Sorten sich zum Anbau in unseren Breiten eignen und welche Ansprüche die einzelnen Pflanzen an Düngung, Erde, Pflege und Bewässerung stellen.

» **Kräuterpflege einfach erklärt: Düngung, Rückschnitt, richtiger Standort**

» **kostengünstig frische Kräuter aussäen, kultivieren und vermehren**

» **wertvolle Tipps zum Überwintern und Trocknen von Kräutern**

Andrea Heistinger | Arche Noah
Kräuter richtig anbauen
Das Praxisbuch für Biogarten, Topf und Balkon
Vielfalt in über 100 Sorten
312 Seiten, fest gebunden
mit Fotografien von Rupert Pessl
€ 24,90 | ISBN 978-3-7066-2596-8

Für alles ist ein Kraut gewachsen: Kräuterrezepte für jede Lebenslage!

Salben, Tees, Tinkturen, Liköre, Kochrezepte – die Möglichkeiten der Kräuteranwendungen sind unglaublich vielfältig. Die Autorinnen haben 51 Kräuterfrauen besucht, altes Wissen mehrerer Generationen gesammelt und es neu aufbereitet. Entstanden ist daraus ein Buch, das die geballte Kraft der Natur in 350 Rezepten vereint. Altbewährte Heilmittel und neue Ideen für die ganze Familie!

» **Kräuteranwendungen für alle Lebensbereiche – vom Peeling bis zum Hustensaft, vom Aufstrich bis zum Sirup**

» **überliefertes Wissen von erfahrenen Kräuterfrauen**

» **medizinisch fundiert: geprüft von einer Apothekerin**

Irene Hager | Alice Hönigschmid |
Astrid Schönweger
Die Kraft der Kräuter nutzen
350 Rezepte und Tipps für Wohlbefinden,
Schönheit, Küche, Haus und Garten
456 Seiten, fest gebunden
mit über 600 Fotografien
€ 29,90 | ISBN 978-3-7066-2562-3

Abwechslungsreich, köstlich und gesund – Vollwertküche ist voller Genuss!

Die Bio-Pionierin und Vollwertexpertin Johanna Wolfsberger führt klar verständlich und mit viel Charme in die ausgewogene Vollwertküche ein. Getreide in seiner Vielfalt, Linsen, Bohnen, wertvolle Öle, saisonale Gemüse und Früchte – gewinnen Sie dank natürlicher Zutaten und einer vollwertigen Ernährung mehr Energie für den Alltag.

Vom knackigen Feldsalat mit Sesam und Äpfeln über eine köstliche Gemüse-Hirse-Pizza bis zu erfrischenden JoghurtNockerln mit Fruchtsauce – mit den erprobten Rezepten gelingt eine Lebensweise, die einfach guttut!

» umfassende Anleitung für den Einstieg in die Vollwerternährung

» über 250 einfache und wohltuende Gerichte für jeden Tag

» alles Wissenswerte zu Getreidesorten, Hülsenfrüchten, dem richtigen Würzen u.v.m.

Johanna Wolfsberger
Vollwertküche für jeden Tag
Rezepte einer Bio-Pionierin
296 Seiten, fest gebunden
mit Fotografien von Rita Newman
€ 24,90 | ISBN 978-3-7066-2547-0

Gesund und genussvoll selbstversorgt: Füllen Sie Ihre Vorratskammer mit Schätzen aus der Natur!

Versorgen Sie sich das ganze Jahr über mit gesunden Vitaminen und selbst gemachten Köstlichkeiten aus Gemüse, Obst, Kräutern, Nüssen und Blüten. Was nicht gleich verbraucht und vernascht wird, lässt sich im Handumdrehen in praktischen Vorrat verwandeln. Rosemarie Zehetgruber beschreibt ausführlich die verschiedenen Methoden des natürlichen Haltbarmachens, liefert praktische Tipps zur richtigen Lagerung und gibt in über 200 bewährten Rezepten jede Menge Anregungen für nachhaltiges und saisonales Kochen. Selbst gemachte Marmeladen, Sirupe, Säfte oder Pestos sind nicht nur preiswerter und schmackhafter, sie erleichtern auch den Alltag.

» alle Methoden, um die wertvolle Ernte natürlich haltbar zu machen

» einfach umzusetzendes Praxiswissen zum Frischhalten, richtigen Lagern und Konservieren

» rund 200 Rezepte zum schonenden Einmachen und Einlegen von Gemüse, Obst, Nüssen, Pilzen, Kräutern und Blüten

Rosemarie Zehetgruber
Praxishandbuch natürlich Konservieren
Vorrat aus Gemüse, Obst und Kräutern das ganze Jahr genießen.
Alle Methoden & einfache Rezepte
336 Seiten, fest gebunden
mit über 250 Fotografien von Rita Newman
€ 29,90 | ISBN 978-3-7066-2556-2

f Löwenzahn Verlag   www.loewenzahn.at    löwenzahn

Auflage:

2019   2018   2017   2016

4   3   2   1

© 2016 by Löwenzahn Verlag in der Studienverlag Ges.m.b.H.

Erlerstraße 10, A-6020 Innsbruck

E-Mail: loewenzahn@studienverlag.at

Internet: www.loewenzahn.at

Grafische Konzeption: www.labsal.at

Coverfoto: Löwenzahn Verlag, Gericht nach Vital-Teller-Modell

Fotografien: Stephan Hofinger

Gedruckt auf umweltfreundlichem, chlor- und säurefrei gebleichtem Papier.

Bibliografische Information Der Deutschen Bibliothek

Die Deutsche Bibliothek verzeichnet diese Publikation in der Deutschen

Nationalbibliografie; detaillierte bibliografische Daten sind im Internet über <http://dnb.

ddb.de> abrufbar.

ISBN 978-3-7066-2605-7